U0920952

米林年鉴 2023

中共米林县委办公室 编

方志出版社
Publishing House of Local Records

图书在版编目（CIP）数据

米林年鉴. 2023 / 中共米林县委办公室编. -- 北京:
方志出版社, 2023.12
ISBN 978-7-5144-6203-6

Ⅰ. ①米… Ⅱ. ①中… Ⅲ. ①米林县－2023－年鉴
Ⅳ. ①Z527.54

中国国家版本馆 CIP 数据核字(2024)第 029219 号

责任编辑：程倩
责任校对：张玉霞
责任印制：梅中英
出 版 者：方志出版社
地　　址：北京市朝阳区潘家园东里 9 号（国家方志馆 4 层）
邮　　编：100021
网　　址：http://www.zgfzcb.cn
发　　行：方志出版社图书营销中心（010-67110500）
印　　刷：山东黄氏印务有限公司
开　　本：889 毫米×1194 毫米　1/16
印　　张：23.5
字　　数：380 千字
版　　次：2023 年 12 月第 1 版
印　　次：2023 年 12 月第 1 次印刷
定　　价：238.00 元

《米林年鉴（2023）》编纂委员会

数字 Milin Data

米林 2022

◎ 地区生产总值：20.9 亿元

◎ 第一产业增加值：1.91 亿元

◎ 第二产业增加值：8.68 亿元

◎ 第三产业增加值：10.31 亿元

◎ 农村居民人均可支配收入：26663 元

◎ 城镇居民人均可支配收入：43433 元

◎ 农林牧渔总产值：25193.8 万元

◎ 粮食作物播种面积：2814.5 公顷

◎ 青稞种植面积：642.44 公顷

◎ 小麦种植面积：1922.56 公顷

◎ 油料种植面积：285.8 公顷

◎ 蔬菜种植面积：350.54 公顷

◎ 粮食总产量：12060.29 吨

◎ 肉类总产量：1962.35 吨

◎ 奶类产量：4124.11 吨

◎ 禽蛋产量：5.23 吨

◎ 社会消费品零售总额：3.54 亿元

◎ 城镇消费品零售额：2.36 亿元

◎ 乡村消费品零售额：1.18 亿元

◎ 旅游业接待：102.5 万人次

◎ 旅游总收入：9.13 亿元

◎ 邮政业务总量：72 万元

◎ 电信业务总量：3749.4 万元

◎ 一般公共预算收入：7034 万元

◎ 公共财政预算支出：17.7658 亿元

◎ 各项存款余额：20.46 亿元

◎ 各项贷款余额：23.26 亿元

◎ 中学：1 所

◎ 小学：9 所

◎ 医院：3 个

◎ 卫生防疫机构：1 个

◎ 妇幼保健站：1 个

◎ 卫生院：8 所

◎ 卫生技术人员：163 人

4月11日，西藏自治区人大常委会党组副书记、副主任、总工会主席罗布顿珠（左一）到南伊洛巴民族乡琼林村调研产业发展、民族团结等情况

2月18日，西藏自治区人民政府副主席、自治区财政厅党组书记郎福宽（右二）到西嘎门巴村调研民族文物保护情况

5月24日，西藏自治区人民检察院党组副书记、常务副检察长米玛次仁（右二）一行到米林县雪卡村开展补植复绿基地调研

12月14日，西藏自治区乡村振兴局党组书记庄红翔（右二）一行调研米林县乡村振兴工作

5月17日，西藏自治区民政厅厅长索朗嘎瓦（左二）一行到米林县实地调研社区养老服务和基层政权工作开展情况

5月6日，林芝市委书记敖刘全（前排左一）到米林县羌纳乡、南伊乡等地，就森林防火、产业发展等工作开展调研

3月31日至4月1日，林芝市乡村振兴局党组书记副局长闫新航（左四）一行到米林县卧龙镇角木那村、里龙乡巴让村、米林镇雪卡安置点、羌纳乡巴嘎村等村调研“一村一策”工作

1月24日，米林县“两会”党员大会召开

1月29日，米林县召开党史学习教育总结大会

1月24—26日，中国人民政治协商会议第十届米林县委员会第二次会议召开

1 月 24 日，米林县召开 2022 年县委经济工作会议

1 月 25 日，米林县第十三届人民代表大会第三次会议召开

3月28日，中国共产党米林县第十届纪律检查委员会第二次全体会议召开

11月3日，米林县召开学习宣传贯彻党的二十大精神干部大会，会议传达学习党的二十大精神，县委书记严世钦主持会议并讲话

3 月 28 日，米林县举行隆重纪念西藏百万农奴解放 63 周年活动

4 月 6 日，米林县总河办组织举办以“全民开展河道整治　共同保护河湖健康”为主题的整治活动

6月16日，米林县“文化和自然遗产日”系列活动在宇拓公园开幕

7月11—13日，以“投资西藏，从‘林’开始”为主题的广东——西藏（林芝）招商引资推介交流活动在广州举行，图为米林农场党委书记、县委常委、政府副县长林浩生（左一）现场了解相关情况

12 月 16 日，米林县举行慈善会成立大会

12 月 31 日，西藏自治区迎 2022 北京冬奥会滑雪登山活动在米林县举行

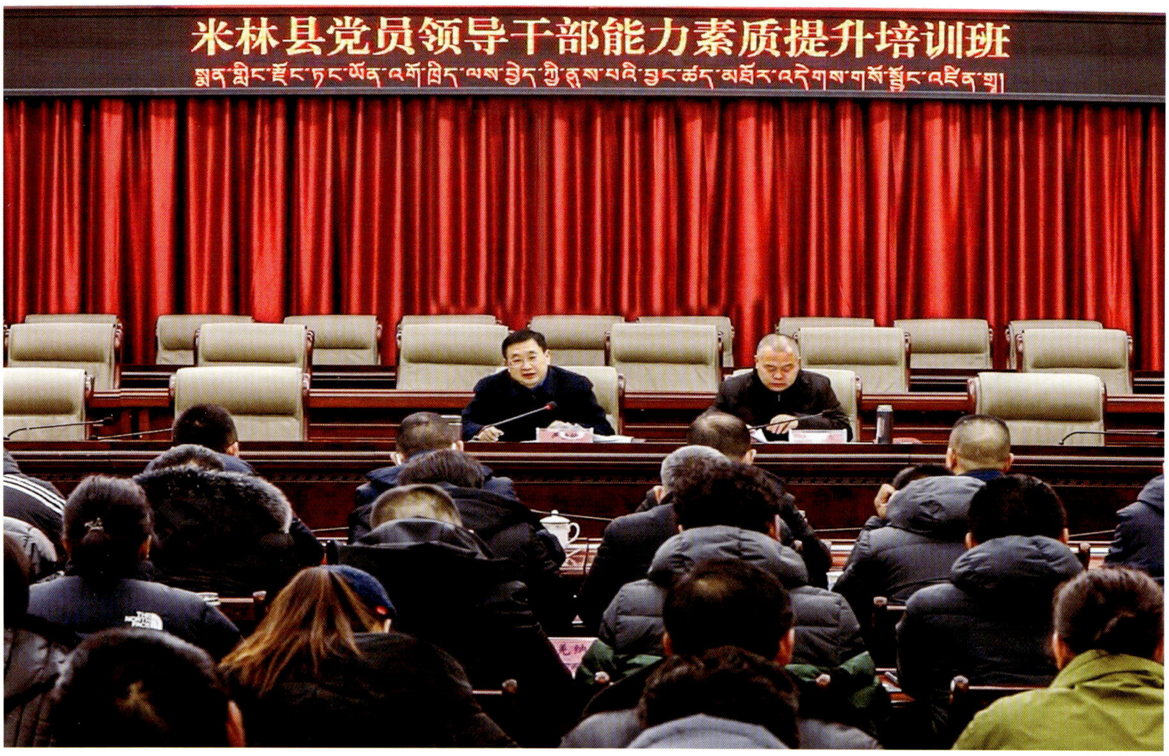

2 月 25 日，米林县党员领导干部能力素质提升培训班开班，县委书记严世钦（左一）讲授开班第一课

6 月 24 日，县委书记严世钦（左一）到县水利局就防汛工作、项目建设开展调研，县领导邱信蛟（左二）、许登顺（右四）一同调研

（阮杰麟、聂　飞）

米林县委书记严世钦（右二）走进田间地头与群众拉家常

2月9日，县委副书记、县长多吉扎西（左四）到扎西绕登乡萨玉村了解三岩搬迁工作情况

9月1日，县委副书记、县长多吉扎西（右一）到羌纳乡调研2023年乡村振兴项目需求情况（袁相普）

9月21日，米林县委副书记、县长多吉扎西（左一）到丹娘乡桑巴村检查复工复产情况

2 月 14 日，水利部水利建设质量工作考核组到米林县开展水利建设质量考核工作

2 月 17—20 日，水利部长江水利委员会调研组一行到米林县就“十四五”规划点等项目开展调研指导工作

6月13日，米林县召开珠海·米林宣传系统对口支援工作座谈会

6月19日，第九批、第十批援藏工作组轮换交接，图为援藏干部人才合影留念

6月22日，水利部珠江水利委员会和广东省水利厅组织相关专家到米林县开展水利建设专业人才援藏技术培训工作

6月29日，河南红旗渠领导到米林县考察洽谈援藏事宜

7月1日，珠海市委常委、副市长郭立仕（左四）一行调研组到米林县开展乡村振兴、对口帮扶调研并看望慰问援藏干部

7月20日，米林县常务副书记、常务副县长、米林县援藏工作组组长冯胜生（左一）带队考察援藏项目建设

8月25日，珠海市委、市政府支援林芝市米林县抗疫物资接收仪式举行

10月4日，“喜迎二十大　农村新变化”——吞不容

12月30日，“新居过新年　生活大变样”，图为琼林村俯瞰图（顿珠多杰）

工布自治区级自然保护区

雅鲁藏布江大峡谷自然保护区

佛掌沙丘

高速

南迦巴瓦峰

编辑说明

一、《米林年鉴》以马克思列宁主义、毛泽东思想、邓小平理论、“三个代表”重要思想、科学发展观、习近平新时代中国特色社会主义思想为指导，坚持辩证唯物主义和历史唯物主义的立场、观点和方法，旨在全面、系统、翔实地记载米林县年度经济、社会发展情况，为社会各界人士了解和研究米林县提供基本的地情资料。

二、本年鉴所用资料收录时限原则上为 2022 年 1 月 1 日至 2022 年 12 月 31 日，为保持内容的完整性，部分内容适当上溯或下延。内容中，记述“全年”或未具体说明年份的表述均为 2022 年；数据增减多少未说明与某一年份相比，即为记载当年（2022 年）与上年（2021 年）比较。

三、《米林年鉴（2023）》采用分类编辑法，主体内容设类目、分目、子分目、条目等结构层次。条目为记述内容的主要形式，一事一条目，个别条目内容较多则采用分段记述。设有特载、大事记、县情概览、中国共产党米林县委员会、米林县人民代表大会、米林县人民政府、中国人民政治协商会议米林县委员会、中国共产党米林县纪律检查委员会　米林县监察委员会、援藏工作、人民团体、法治、军事、经济综合管理、农业农村、金融·商务、应急管理、城乡建设·环境保护、交通·邮政·通信、教育·体育、文化·旅游、卫生健康、社会事业、乡镇、表彰、附录、2022 年米林县国民经济和社会发展统计公报。

四、数字用法、标点符号用法分别采用国家标准《出版物上数字用法》（GB/T 15835—2011）、《标点符号用法》（GB/T 15834—2011），计量单位采用国家技术监督局 1993 年 12 月发布的《量和单位》系列国家标准。考虑到社会使用习惯，全书中亩不统一换算。

五、经济社会统计资料主要由县统计局提供，如供稿单位数据与县统计局数据有出入，编辑部采用县统计局数据。

六、《米林年鉴（2023）》载录的内容资料由各乡镇、各单位等承编部门供稿，稿件经供稿单位审核签批后送中共米林县委办公室初编、统编，再返回供稿单位核对、反复修改确认定稿。

目 录

特 载

大事记

县情概览

中国共产党米林县委员会

米林县人民代表大会

米林县人民政府

中国人民政治协商会议米林县委员会

中国共产党米林县纪律检查委员会 米林县监察委员会

援藏工作

人民团体

法 治

军 事

经济综合管理

农业农村

金融·商务

应急管理

城乡建设·环境保护

交通·邮政·通信

教育·体育

文化·旅游

卫生健康

社会事业

乡　镇

表 彰

附 录

2022年米林县国民经济和社会发展统计公报

特　载

在中国共产党米林县第十届委员会第四次全体会议上的讲话

中共米林县委书记　严世钦

2022 年 12 月 7 日

同志们：

现在，我受县委常委会委托，向全会作工作报告。

2022 年，是全党全国各族人民开启全面建设社会主义现代化国家、全面推进中华民族伟大复兴新征程的一年，也是米林接续奋斗、迎难而上、稳中求进的一年。一年来，在党中央关心关怀下，在区党委和市委的坚强领导下，县委常委会坚持以习近平新时代中国特色社会主义思想为指导，深入贯彻党的十九大和十九届历次全会及中央第七次西藏工作座谈会精神，深入贯彻习近平总书记关于西藏工作的重要指示和新时代党的治藏方略，聚焦“四件大事”、聚力“四个创建”，围绕市委“11364”发展战略，紧盯县第十次党代会既定任务，以做好党的二十大迎接服务和宣传贯彻工作为主线，以党的建设为统领，以建设西藏兴边富民窗口县为目标，统筹疫情防控和社会经济发展，全县社会大局持续和谐稳定，高质量发展迈上新台阶。

一年来，县委常委会主要做了以下几个方面工作。

一、坚持不懈用习近平新时代中国特色社会主义思想凝心铸魂，坚决捍卫“两个确立”、做到“两个维护”

一年来，我们始终把学习贯彻习近平新时代中国特色社会主义思想作为首要政治任务，把坚决捍卫“两个确立”、做到“两个维护”作为根本政治标准，坚持以上率下、率先垂范，引领全县广大党员干部自觉在思想上政治上行动上同以习近平同志为核心的党中央保持高度一致。坚定不移拥戴信赖忠诚捍卫核心。深刻领悟“两个确立”的决定性意义，坚定不移维护习近平同志党中央的核心、全党的核心地位，带头贯彻落实党的二十大关于坚持和加强党中央集中统一领导的各项要求，带头严格遵守党的政治纪律和政治规矩，依托县委党校举办党员政治教育示范培训 15 期，实现全县 4151 名党员政治教育全覆盖。坚持把宣传习近平总书记党的核心、人民领袖作为自觉行动，县委常委班子成员采取包保蹲点集中讲、走访调研入户讲、深入基层示范讲等形式，带头开展广泛宣讲，大力宣传在党中央的特殊关怀下，全县各族群众享受到的优惠政策，生产生活发生的巨大变化，教育引导全县各族党员干部群众不断增强做到“两个维护”政治自觉、思想自党、行动自觉。深学笃行习近平新时代中国特色社会主义思想。坚持不懈用习近平新时代中国特色社会主义思想凝心铸魂，召开22次县委常委会会议、13次县委理论学习中心组学习会，重点围绕党的二十大精神，围绕“十个明确”“十四个坚持”“十三个方面成就”，围绕习近平总书记关于西藏工作的重要指示和新时代党的治藏方略，围绕自治区第十次党代会和林芝市第二次党代会精神，采取研讨交流、专题辅导等多种方式，及时跟进学、融会贯通学、持之以恒学，力求学深悟透、知行合一。自觉从新思想新理论中汲取营养、寻找路径，主动对标区党委、市委各项决策部署，先后召开县委十届三次全会、经济工作会、组织宣传统战工作会等，对思路目标再标定、对任务措施再梳理、对责任分工再压实，强化调研指导和督促督办，确保党中央重大决策部署以及区党委、市委具体安排在米林落地见效，示范带动全县各级党组织和广大党员干部始终用习近平新时代中国特色社会主义思想武装头脑、指导实践、推动工作。全力做好党的二十大迎接服务和宣传贯彻工作。坚持在做好迎接服务党的二十大工作中强化政治担当，严格按照党中央关于做好代表选举工作的要求，坚持以规范的步骤程序、强烈的担当精神组织好代表选举工作，确保了我县选出的二十大党代表符合要求、党员拥护。围绕迎接党的二十大胜利召开主题，精心组织开展“喜迎党的二十大 谈谈家乡发展变化”“非凡十年”“奋进新征程 建功新时代”等线上线下宣传活动300余场次，大力营造团结奋进的氛围。党的二十大召开后，县委及时召开常委会会议，围绕学习宣传贯彻党的二十大精神进行专题工作部署，研究制定《中共米林县委员会关于深入贯彻党的二十大精神 全面建设社会主义现代化新米林的实施方案》，以县委理论学习中心组、专题党课等形式开展集中学习研讨，特别邀请党的二十大代表亚夏为全县党员干部作专题宣讲，县委常委会班子成员带头深入挂点乡（镇）、村（居）示范宣讲党的二十大精神20余场次。加强线上线下同频联动，组建党的二十大宣讲团，在电视台、微信公众平台开辟党的二十大精神学习宣传专栏，通过“宣讲+”“文艺+”“媒体+”等途径，组织开展各类宣传宣讲活动1000余场次，覆盖党员群众3.8万余人次，迅速掀起了学习宣传贯彻热潮。

二、坚持不懈贯彻总体国家安全观，全力确保社会大局持续和谐稳定

一年来，我们认真贯彻习近平总书记“现阶段维护稳定是西藏工作第一位的任务”的政治要求，牢固树立总体国家安全观，坚持以防患于未然为原则做工作，有效确保国家安全和长治久安。

三、坚持不懈贯彻新发展理念，努力推动经济高质量发展

一年来，我们始终把发展作为第一要务，立足区位资源优势，积极融入林芝市“三带”建设，抢抓发展机遇、补齐短板弱项，多措并举稳住经济基本盘。2022年地区生产总值预计达到21.8亿元，同比增长4.96%；农村居民人均可支配收入预计达到28054元，同比增长11%。项目建设扎实推进。坚持把落实好一批重大项目作为夯实发展基础、增强内生动力的重要抓手，强化雅下水电开发“世纪工程”服务保障，全力做好配套产业支持和移民安置工作。实施“乡乡通油”“村村通”工程，乡镇、建制村公路通达率均达到100%。发挥援藏资金优势，落实对口支援规划项目9个，总投资1.51亿元。县城火车站至南伊环线道路、排水防涝、公租房等项目完成建设，米林县沿江路、市政道路、城市道路白改黑等项目加快推进，56个市级重点项目累计完成投资9.58亿元，1—10月份全县固定资产投资完成19.8亿元，同比增长30.6%。产业发展提质增效。大力发展文化旅游、水电能源、商贸物流、藏医药、高原生物五大产业，推动产城融合、产业融合。突出旅游产业支柱作用，落实“冬游西藏·共享地球第三极”政策，创新营销策略、丰富多元产品，今年共接待区内外游客101.46万人次，旅游综合收入达9.05亿元，兑现旅游惠民资金1058.95万元，成功创建自治区级全域旅游示范县。立足雅下水电开发前景，谋划布局技术服务、绿色建材等相关配套产业。培育发展商贸物流产业，吸引极兔快递、申通快递入驻县仓储物流分拨中心，完善28个电商服务站运营管理，推动电子商务进乡村，升级改造电子商务公共服务中心，发挥华发物流园产业带动作用，县域物流保障体系更加健全。全力擦亮“药州”品牌，积极同达尔亚干、奇正藏药、京都念慈菴等企业做好项目衔接，发挥企业市场主体独特优势，辐射带动藏医药全产业链融合发展。通过“家庭农场 + 种植基地 + 农户”模式，种植白肉灵芝800余亩，年总产值达785万元，带动群众增收369万余元。红太阳科技示范家庭农场林下仿野生白肉灵芝试种成功，“生态产业化、产业生态化”初见成效。促进农牧业提质增效，万亩高标准农田建设稳步推进，全县耕地面积、播种面积、粮食产量分别达到8.21万亩、4.84万亩、1.02万吨，切实做到了“三个不减”。推动藏猪、林果等为主的农牧特色产业发展，升级改造水果种植基地1257亩，设立畜种改良点50个，全县藏猪养殖存栏达5.2万头。改革开放持续深化。制定印发《米林县县属国有企业负责人薪酬管理与经营业绩考核办法（试行）》《米林县县属国有企业重组整合实施方案》等管理规定，国有企业改革稳步推进。坚持简政放权补短板，深入推进“五减一提”行动和“互联网+政务服务”工作，250件服务事项实现“一网通办”。制定《米林县政府投资项目概算评审细则》《米林县投资项目委托评审管理办法》等规范性文件，不断优化项目审批流程。坚持“大招商、招大商、精准招商”的理念，持续优化营商环境，加大招商引资力度，累计签约项目3个，签约资金8.35亿元，到位资金超过4亿元。加强农村土地经营权流转，全县农村土地耕地流转0.9万亩，同比增长3.6%。消费潜力不断释放。开展“助企惠民·乐购米林”“乐享周末”“欢度工布新年 助力复工复产”等系列惠民促销活动，进一步刺激消费需求，落实补贴资金150余万元，累计发放消费券1.81万张，消费撬动比例达1∶6，直接带动消费900余万元。通过直播带货方式开展助农线上销售活动，累计网销藏鸡蛋、灵芝、木碗、苹果等土特产品40余万元。以米林县供销源选公司为载体，与消费援藏品牌“林芝源”签订供销合同，多元化拓宽销售渠道，积极探索供销社发展新模式，1—10月份全县社会消费品零售总额累计完成28443万元。

四、坚持不懈加强生态文明建设，持续筑牢国家生态安全屏障

一年来，我们坚定不移贯彻落实习近平生态文明思想，大力推进雅江下游生态文明高地建设，确保米林青山常在、绿水长流。

环境保护进一步加强。完成《米林县农村污水治理规划》编制，严格执行“三高一低”项目零审批、零引进，县域空气质量、地表水、县城集中饮用水均达到Ⅱ类（级）标准。制定米林县森林草原防灭火分布图和防火等级图，严肃查处野外用火、非法占用林草地等违法行为，投入资金124万元升级改造8个乡（镇）森防物资储备库，为县森林消防中队购置应急车辆5辆，森林防火应急处突能力得到进一步加强。采取“责任清单制+限时整改”的方式，严肃整改环保督察反馈问题，中央第四生态环保督察组转办的2起信访案件均在规定时间完成整改销号，环境保护“党政同责、一岗双责”进一步落实。生态文明创建进一步提升。加快国家级生态文明示范县和森林城市创建步伐，大力实施国土绿化工程，完成生态修复造林6382亩、草原生态修复28.6万亩，全县森林覆盖率49.91%，城区林荫道路率70.47%，村庄林木绿化率达30%以上。完成7个乡（镇）、48个村（居）自治区级生态文明示范区资料编制及送审工作，启动自治区级生态文明创建示范县规划编制工作。生态机制建设进一步完善。把生态文明建设纳入领导干部考核评价体系，全面推行林长制、河（湖）长制，设立县乡村三级林长386人、河（湖）长169人，制定出台配套实施方案和考核实施细则，推进生态环境保护宣传教育“七进”活动，建立完善县域山水林田湖草沙常态化管理保护机制。严格落实森林生态效益补偿和草原生态保护补助机制，兑现森林生态效益补偿金2884.35万元、草原生态保护补助奖励资金1048.1万元，落实生态岗位1266个，实现年人均增收3500元，大力发展“庭院经济”，拓展群众收入渠道，实现保护生态、经济发展、惠民增收有机统一。

五、坚持不懈实施固边兴边富民行动，不断夯实边境发展基础

一年来，我们紧紧围绕加快边疆发展、确保边疆巩固边境安全工作主线，以建设西藏兴边富民窗口县为目标，加快推进边境地区高质量发展。高标准夯实发展基础。大力推进兴边富民行动中心城镇试点建设，强化军地双方需求对接、资源共享、基础设施共用，投入资金20.08亿元实施4条边防公路和巡防道路建设，边境一线路网结构和通行能力得到显著改善。规划实施犏奶牛养殖、贝母种植、蔬菜温室大棚等抵边产业项目8个，通过提供临时岗位、租赁施工机械、就地购买建材等带动群众增收9500余万元，真正让群众在参与边境建设过程中谋发展、得实惠。结合边境一线群众产业发展需求，立足219国道沿线支线区位优势，提前谋划布局边境乡村旅游产业，研究“飞地经济”倾斜政策，着力促进区域均衡发展。高质

量强化边境管理。采取“1+12+N”工作方法，在全县69个村（居）成功举办全区深化“五共五固”工作推进会，琼林村在全区率先挂牌“五共五固”建设示范村，我县党建强边工作得到中组部、中央军委政治工作部、区党委和市委充分肯定。

六、坚持不懈保障和改善民生，全面提升人民群众获得感和幸福感

一年来，我们牢固树立以人民为中心的发展思想，坚持把改善民生、凝聚人心作为一切工作的出发点和落脚点，确保人民群众生活水平不断提高、幸福指数不断提升。我们坚持把保障人民群众身体健康和生命安全当成头等大事，建立起全域覆盖的生活物资保供体系，确保了群众生活必需品从货源到终端配送各环节实现“无缝连接”。扎实推动巩固拓展脱贫攻坚成果同乡村振兴有效衔接。严格落实乡村振兴战略“二十字”总方针，坚持农业农村优先发展，健全完善防返贫动态监测和帮扶机制，抓好三岩搬迁群众后续扶持，精准排查识别“三类人口”，消除风险13户37人。以“一村一策”为牵引，不断夯实乡村发展基础、推动产业提档升级，落实各级衔接资金2.45亿元，实施乡村振兴项目19个，打造乡村振兴示范村、整村推进村3个，格嘎村休闲康养中心、桑巴村佛掌沙丘景点提升改造等项目稳步实施。深入开展人居环境整治三年行动，深化推进“四清两改”“厕所革命”，推广生活垃圾集中分类收集处置，积极倡导健康文明的生活方式，美丽乡村成色更足。就业形势持续稳定。深入实施就业优先战略和积极就业政策，实现新增城镇就业508人，农牧民转移就业5035人，区外转移就业74人，转移就业收入超过5900万元，就业人数和收入均超额完成林芝市下达的指标任务。做好高校毕业生“一对一”就业指导帮扶，应届高校毕业生就业达335人、就业率98.53%。加大农牧民群众就业技能培训力度，开展群众性医疗救护、厨艺、挖掘机操作等各类技能培训20期、培训2458人，全方位、多角度提升群众致富能力。社会事业稳步发展。坚持教育优先发展，率先通过学前教育普及普惠市级评估验收，适龄幼儿“好入园、入好园”问题得到有效解决。投入资金6642万元实施教育重点项目8个，其中萨玉村幼儿园、9所中小学“厕所革命”项目已完工并投入使用，县城第二幼儿园项目完成总投资的99%，办学条件不断改善，“五个100%”教育发展目标基本实现。积极推进县域紧密型医共体建设，强化医保、医疗、医药协同，加强医疗人才队伍的建设、培养和管理，分批引进15名援藏医疗人才到县人民医院、藏医院开展技能帮扶，实施“一对一、一对多”帮带培养计划，县域医疗人才能力水平持续提升，藏医药卫生事业加快发展，县人民医院“创二甲”提上日程。推进全民参保计划，城乡居民基本医疗、养老保险参保率均达97%以上。深入开展爱国卫生运动，广泛开展“全民健身日”活动，健康米林建设加快步伐。实施文化惠民工程，加强村级文化活动广场、农家书屋等文化阵地建设，开展“链接时代生活 绽放迷人光彩”文化和自然遗产日活动，非遗舞蹈“孔雀舞”在自治区《格桑花开——青稞飘香》栏目中荣获二等奖。

七、坚持不懈推进民主法治建设，巩固发展团结奋斗良好局面

一年来，我们始终坚持党的领导、人民当家做主、依法治国有机统一，充分发挥党总揽全局、协调各方作用，广泛凝聚社会合力，努力推动形成团结奋斗的良好局面。持续推进社会主义民主政治建设。切实加强和改进党对人大、政协工作的全面领导。全力支持县人大及其常委会依法履行职责，依托“人大代表之家”“代表联络站”，推动代表履职向基层一线延伸，打通联系群众“最后一公里”。今年来，人大及其常委会紧扣县委中心工作开展专题调研6次，开展依法监督事项20余件，有效促进“一府一委两院”工作有序有效。全力支持县政协履行政治协商、民主监督、参政议政职能，引导全体政协委员开展专题协商4次，召开政协全体会议1次、政协常委会会议4次，围绕政府工作报告、国民经济和社会发展计划、财政预算执行情况等提出建设性意见20多条，提交提案28件。目前，全县94件建议和提案已全部办结，办复率、满意率均达到100%，做到了“凡事有交代、件件有着落、事事有回音”。持续推进社会主义法治建设。统筹推进全面依法治县，及时调整充实县委全面依法治县委员会，先后2次专题听取法治政府工作汇报，召开全面依法治县委员会会议，制定印发《中共米林县委员会全面依法治县委员会2022年工作要点》，法治政府建设进程不断加快。结合“八五”普法工作规划，以“法律七进”为载体，通过“订单式”普法、重点人员普法等进一步加强普法宣传，建成公共法律服务中心1个、公共法律服务站5个，受理法律援助案件16件，人民群众法治意识、法治观念不断增强。相继在48个边境村挂牌成立12309检察服务中心，推动行政执法部门依法履职监督向基层拓展。开通12368全国诉讼服务热线，受理案件635件，审执结555件，法定审限内结案率达100%。持续巩固壮大爱国统一战线。坚持大团结大联合，全力支持党外知识分子、新的社会阶层人士、非公有制经济人士开展工作。全力支持工会、共青团、妇联等人民团体依法依章开展工作，新建乡（镇）职工之家3个，举办“共青团藏粤同行”交流活动，设立村一级“巾帼家美积分超市”，广大群团组织联系服务群众的桥梁纽带作用有效发挥。

八、坚持不懈加强党的领导和党的建设，涵养风清气正的政治生态

一年来，我们始终严格落实新时代党的建设总要求和党的组织路线，坚决扛起党要管党、全面从严治党政治责任，不断厚植党在米林的执政根基。强化党的集中统一领导。县委常委会注重持续加强班子自身建设，班子成员带头严守政治纪律和政治规矩，坚决维护党中央权威和集中统一领导。深入贯彻《中国共产党地方委员会工作条例》，不断加强和改进县委常委会工作，认真贯彻执行民主集中制，制定了《县委常委会贯彻落实“三重一大”事项集体决策制度的实施办法》，“三重一大”等重要事项集体决策时，均充分听取各方面意见，努力推动县委决策科学化、民主化。不断提高党内政治制度执行力，严肃党内政治生活，先后

召开县委常委班子市委涉粮问题巡察反馈意见整改工作和党史学习教育专题民主生活会，用好批评和自我批评有力武器，强化党性锻炼、推动自我提升。严格执行重大问题请示报告制度，对事关米林发展的重点问题、重大工作进展及时向市委请示报告。严格落实全面从严治党主体责任，带头履行“一岗双责”，遵守执行党内法规制度，坚持在推动决策落实、持续改进作风、保持廉洁自律等方面为全县党员干部作出表率。严格落实党管武装制度，专题召开县委议军会，研判分析形势、安排部署工作，完善常态化联系和服务退役军人工作制度，不断深化退役军人服务保障和“双拥”工作，推动新时代军民融合深度发展。强化党的组织建设。树立大抓基层的鲜明导向，召开2次党的建设工作领导小组会议，研究制定《米林县委党的建设工作领导小组2022年工作要点》，提出党建引领民族团结、党建引领乡村振兴、党建引领生态文明、党建引领边境建设“四个引领”的基层党建工作思路。深入开展村（居）换届回头看工作，充实村级后备干部442人。统筹推进机关和农牧区党建工作，发展党员92名，排查整顿软弱涣散基层党组织9个，创建自治区级党建示范点2个、市级百佳基层党组织党建示范点16个。大力开展两新组织“两个覆盖”攻坚行动，党组织在“三有标准”企业中的覆盖率达76%，实现有形覆盖到有效覆盖转变。在村镇建设安置点组建3个临时党支部，强化党在边境一线的组织建设。持续发展壮大村集体经济，整合强基惠民产业资金2273.47万元用于发展抵边搬迁村集体经济，推动2个中央财政扶持村集体经济项目落地见效，全县集体收入5万元以上村占比45.95%。强化干部人才队伍建设。始终坚持党管干部原则，严格新时代好干部标准和民族地区干部“四个特别”要求，实施年轻干部“育苗计划”，制定《中共米林县委关于加大年轻干部培养力度的实施意见》，坚持凭能力用干部，以实绩论英雄，今年来共开展干部选拔任用4批次383人。坚持引才育才齐抓，紧扣全县经济社会高质量发展需求，引进44名专业技术型人才到各行业部门开展技能帮扶，选派7名本土人才到珠海跟岗学习，2名科级干部赴那曲、阿里跟岗锻炼，全方位多层次加强干部历练。持续加强公务员队伍建设，制定《米林县公务员平时考核工作实施方案（试行）》，推动监督管理常态化制度化，激励引导广大干部提振状态、干事创业。强化党的作风纪律建设。始终深刻领悟和严格落实以伟大自我革命引领伟大社会革命的重要要求，坚持党要管党、全面从严治党，认真落实“两个责任”，严格执行中央八项规定及其实施细则精神和区党委实施办法，驰而不息纠治“四风”，累计处置违反中央八项规定精神问题线索50件，围绕进一步改进作风狠抓落实工作，开展“是否履职、是否正确履职、是否履职到位”专题活动，全县党员干部查摆问题1688个，完成整改1684个。用好巡察反腐利剑，完成十届县委第二轮巡察，发现问题221个，移交问题线索16件，扎实做好巡察“后半篇文章”，十届县委第一轮巡察反馈问题整改率达100%。持之以恒正风肃纪反腐，加强对“一把手”和领导班子的监督，以“零容忍”的态度惩治腐败，累计受理各类问题线索149件，给予党纪政务处分37人，涉嫌犯罪移送检察机关1人，米林政治生态更加风清气正。

这些成绩的取得，根本在于以习近平同志为核心的党中央的亲切关怀，在于习近平新时代中国特色社会主义思想的科学指引，是区党委、市委坚强领导的结果，是水利部、珠海市无私援助的结果，是全县各级党组织和广大党员干部群众齐心协力、团结实干的结果。一年来，全委会的同志们在各自岗位上求真务实、奋力拼搏，对县委常委会工作给予了大力支持。在此，我代表县委常委会向同志们表示衷心的感谢！

看到成绩的同时，我们也应当清醒认识到工作中还存在一些困难和问题，主要是基础建设、公共服务仍有欠账，协调均衡发展力度还要加大；旅游产业支柱带动潜能激发不够，农牧特色产业链条还不完整，产业深度融合还需加强；一些党员干部宗旨意识树得还不牢，作风建设还需持续发力，等等。针对这些问题，县委常委会将在今后的工作中采取有效措施，认真加以解决。

同志们，清风扬正气，奋进正当时。让我们更加紧密地团结在以习近平同志为核心的党中央周围，在党的二十大精神指引下，在区党委、市委的坚强领导下，深入贯彻落实区党委十届三次全会和市委二届三次全会精神，团结带领全县广大干部群众，不忘初心、牢记使命，脚踏实地、艰苦奋斗，为建设团结富裕文明和谐美丽的社会主义现代化新米林而不懈奋斗！

政府工作报告

——在米林县第十三届人民代表大会第四次会议上

米林县人民政府县长　多吉扎西

2023 年 1 月 4 日

各位代表：

现在，我代表米林县人民政府，向大会报告工作，请予审议，并请各位政协委员和列席人员提出意见。

2022 年工作回顾

2022 年，我们坚持以习近平新时代中国特色社会主义思想为指导，以迎接服务和学习宣传贯彻党的二十大为主线，在市委、市政府的坚强领导和县委的直接领导下，统筹疫情防控和经济社会发展，推动自治区、林芝市稳经济大盘一揽子政策在米林落地落实，全县地区生产总值预计 21.8 亿元，同比增长 4.96%，全社会固定资产投资预计完成 23.26 亿元，同比增长 12%，一般公共财政预算收入预计完成 7000 万元，同比减少 49.29%，社会消费品零售额预计完成 4.04 亿元，同比增长 6.03%，农牧民人均可支配收入预计实现 2.8054 万元，同比增长 11%。全县经济社会发展稳定各项事业稳步迈上新台阶。

这一年，安全发展根基更加牢固。社会局势更加和谐稳定，健全完善县乡村三级维护稳定联合指挥体系，顺利完成党的二十大安保任务。严格落实宗教活动管理“三项要求”，“三升三降”良好局面得到有效巩固。深化民族团结“九进”活动，培育选树民族团结进步模范典型，各族群众“五个认同”不断增强。坚持和发展新时代“枫桥经验”，健全矛盾纠纷化解“七项”工作机制，排查化解矛盾 34 起，依法合理化解信访事项 39 件 48 人次，解决铁路“双拖欠”2362.66 万元。扎实开展安全生产三年专项行动，守好守住森林草原不发生火情的底线，全年无较大以上生产安全事故。

这一年，高质量发展更有成色。56 个市级重点项目有序推进，完成投资 10.57 亿元。乡村两级公路通畅率持续提高。大力发展五大产业，全年接待区内外游客 101.46 万人次，旅游综合收入达 9.05 亿元，索松村获评首批自治区级边境乡村旅游特色村。立足雅下水电开发前景，组建专班，提前谋划技术服务、绿色建材等相关配套产业。培育发展商贸物流产业，完善 28 个电商服务站运营管理，县域物流保障体系更加健全。全力擦亮“药州”品牌，与达尔亚干、奇正藏药、京都念慈菴等企业达成协议，辐射带动藏医药全产业链发展。林下仿野生白肉灵芝试种成功，川贝母产业化种植稳步推进，

“生态产业化、产业生态化”初见成效。稳定发展基础农牧业，万亩高标准农田建设稳步推进，全县粮食种植面积4.84万亩，同比增长4.31%，粮食总产量预计突破1.02万余吨。推动藏猪、林果等为主的农牧特色产业发展，全县藏猪养殖存栏4.1万头、能繁母猪1.7万头，万亩苹果提质增效1257亩，全县苹果产量1.2万吨。

这一年，改革开放持续深化。国有企业改革取得制度性进展。深入推进“互联网+政务服务”，项目审批、便民服务等“一网通办”事项超过250项。持续优化营商环境，加大招商引资力度，累计签约项目3个，签约资金8.35亿元，到位资金4亿元。持续释放农村土地改革红利，全县农村土地耕地流转0.9万亩，同比增长3.6%。深入挖掘消费潜力，开展“助企惠民·乐购米林”“欢度工布新年助力复工复产”等惠民促销活动，落实补贴资金150万元，拉动间接消费900多万元。对口帮扶援助结硕果，实施水利部定点帮扶项目15个，总投资2.274亿元，已到位资金1.71亿元。实施广东援藏规划项目3个，总投资5200万元。

这一年，乡村振兴全面推进。全面巩固拓展脱贫攻坚成果，严格落实防止返贫动态监测和帮扶机制，完成8个乡（镇）4588户18984人的“三类人口”精准识别工作，消除风险户13户37人。积极促进消费帮扶，贫困群众获益928.91万元。多措并举抓好三岩搬迁后续扶持，三岩搬迁群众人均纯收入预计达12070.74元，同比增长14.76%。编制完成68个行政村“一村一策”方案，村镇发展基础不断夯实。落实各级资金2.35亿元，其中衔接资金1.8亿元，衔接资金拨付率99.61%。实施乡村振兴项目19个，打造乡村振兴示范村、整村推进村3个，格嘎村休闲康养中心、桑巴村佛掌沙丘景点提升改造等项目稳步实施，产业兴、乡村美、群众富的崭新篇章加快谱写。

这一年，生态屏障更加稳固。认真组织全县开展中央第二轮环保督察迎检工作，积极开展反馈问题整改。持续推进生态文明建设示范区创建工作，完成7个乡（镇）、48个村（居）自治区级生态文明示范区资料编制及送审工作，启动自治区级生态文明创建示范县规划编制工作。持续改善城乡人居环境，全县推广实施城乡垃圾分类收集模式，公路沿线垃圾收集覆盖率100%，村庄垃圾收集覆盖率86.6%，基本实现农村垃圾科学无害化处理。完成厕所改造4538户，普及率97.11%。持续提升生态治理水平，河（湖）长制工作扎实推进，全面推行林长制，设立县乡村三级林长386人，县域山水林田湖草沙常态化管理保护机制进一步完善。稳步开展水土流失综合防治，全面推进水资源消耗总量和强度双控行动。完成国土绿化6716亩、草原生态修复28.6万亩。兑现森林生态效益补偿金2884.35万元、草原生态保护补助奖励资金1049万元，落实生态岗位1266个，实现保护生态和惠民增收有机统一。

这一年，固边兴边富民行动深入实施。紧盯“十四五”抵边搬迁目标，着眼安置点建设、农村供水保障、水美乡村建设、小流域综合治理等内容，科学编制抵边搬迁工作方案。完成朗贡木如1号、木如2号抵边安置点建设、房屋分配工作，梯次推动搬迁群众入住。

雪卡、邦仲安置点序时推进，分别完成总工程量的51%、56%，完成投资1.95亿元，预计明年6月达到入住条件。南伊、鲁霞、丹娘、巴嘎四个安置点项目前期工作有序开展。大力推进兴边富民行动中心试点城镇建设，投资3.6亿元实施4条边防公路和巡防道路建设，规划实施犏奶牛养殖、川贝母种植等项目8个，通过吸纳就业、租赁机械、购买建材带动群众增收9500万元。兑现边民补助4544.91万元、惠及边境群众8000余人。加强军地共建，统筹资金546.2万元修建洛拉山口边防工程，边防管控专项行动取得关键性胜利。编制完成《水利部定点帮扶米林县三年（2023—2025年）实施方案》，水系连通及水美乡村建设试点县建设项目、农村饮水提升工程稳步推进。

这一年，民生事业持续改善。全面落实各项就业创业政策，实现城镇新增就业508人，农牧民转移就业5035人，转移就业收入5910万元。有序推进高校毕业生“一对一”帮扶工作，2022年应届高校毕业生就业率99.41%。开展特色职业技能培训20期、2458人。办学条件不断改善，萨玉村幼儿园、9所中小学厕所革命建成并投入使用。学前教育普及普惠顺利通过市级初核，“五个100%”教育发展目标基本实现，素质教育质量全面提升。积极推进紧密型医共体建设，加强“三级”对口帮扶医院联系，分批引进15名医疗援藏人才开展技能帮扶，县域医疗队伍技能不断提升，县人民医院“创二甲”提上日程，2022年县域就诊率提升30.6%。持续推进全民参保计划，城乡居民基本医疗、养老保险参保率均达97%以上。实施文化惠民工程，推动村级文化活动广场、农家书屋等文化阵地前移，全县各族群众精神文化更加丰富。

各位代表！一年来，我们坚持党的全面领导，深入学习宣传贯彻党的二十大精神，政府自身建设持续加强。认真接受人大依法监督和政协民主监督，办理人大代表建议和政协委员提案94件、办复率100%、满意度100%。坚持政府过紧日子，将95%以上财力投向民生领域、农牧区发展、边境建设。法治政府、廉洁政府、服务型政府进一步加强，政府治理能力和治理效能不断提升。

一年来，国防建设、国防动员、征兵工作、人民防空、民兵预备役、双拥共建和优抚安置取得新进步，军民融合发展呈现新局面。外事、工会、妇女、青少年、儿童、工商联、残联等事业全面发展，邮政、通信、统计、气象、地震、消防、档案、编译、地方志等工作全面加强。

一年来，我们坚定不移维护习近平总书记的核心地位，坚决服从以习近平同志为核心的党中央的绝对领导，忠诚捍卫“两个确立”，牢固树立“四个意识”、坚定“四个自信”、自觉做到“两个维护”，在思想上拥戴核心，在政治上依赖核心，在组织上忠诚核心，在行动上捍卫核心。在区党委、政府，市委、市政府和县委坚强领导，水利部定点帮扶、珠海市的无私援助下，在人大代表、政协委员监督支持下，在全县各族人民接续奋斗下，着眼米林区位条件和资源禀赋，牢牢把握米林发展史上难得的机遇期，全县经济社会发展成效显著。在此，我代表米林县人民政府，向各位代表、各位委员、各个领域作出积极贡献的广大干部群众、水利部定点帮扶工作组、珠海市以及关心支持米林发展的社会各界人士表示衷心的感谢！特别是向冲锋在抗疫一线的医务工作者、公安干警、基层干部，向驻地部队、武警官兵、消防救援指战员表达最崇高的敬意！

在看到成绩的同时，我们也清醒地认识到工作中还存在一些问题和不足，疫情后经济复苏力度还有待加强，内生发展动力还有待提升，旅游产业支柱带动潜能还有待激发，民生领域还存在短板和薄弱环节。对此，我们必须正视问题，不回避问题，铆足干劲，更上层楼。

2023 年工作安排

2023 年是深入贯彻落实党的二十大精神开局之年，是全面实施“十四五”规划的关键之年。全县上下要牢牢把握区位条件和资源禀赋优势，激发新动力，展现新作为。

做好 2023 年政府工作的总体要求是：高举中国特色社会主义伟大旗帜，坚持以习近平新时代中国特色社会主义思想为指导，深入贯彻落实党的二十大和二十届一中全会及中央经济工作会议、中央第七次西藏工作座谈会精神，深入贯彻习近平总书记关于西藏工作的重要指示和新时代党的治藏方略，深刻领悟“两个确立”的决定性意义，增强“四个意识”、坚定“四个自信”、做到“两个维护”，弘扬伟大建党精神，牢记“三个务必”，坚持以中国式现代化全面推进中华民族伟大复兴，坚持“三个赋予一个有利于”，按照党中央、区党委、市委和县委经济工作部署要求，完整、准确、全面贯彻新发展理念，服务和融入新发展格局，锚定“四件大事”“四个创建”“四个走在前列”，主动服务和融入林芝“11364”发展战略，以推动高质量发展为主题，牢牢把握雅下水电开发这个重大历史机遇，大力实施五大产业，接续奋战建成林芝和谐稳定战略支点、林芝高质量发展重要引擎、雅江下游生态文明高地、全区强边兴边示范样板“四个目标”。

今年经济社会发展的主要预期目标是：地区生产总值增长 9% 以上；地方公共财政预算收入增长 8% 以上；固定资产投资增长 16% 以上；社会消费品零售总额增长 11% 以上；规模以上工业增加值增长 10% 以上；城镇居民人均可支配收入增长 8.5% 以上，农村居民人均可支配收入分别增长 11% 以上；城镇调查失业率控制在 5% 以内；居民消费价格总水平涨幅控制在 3% 以内。

为实现上述目标，我们将做好以下几个方面工作：

一、维护国家安全和社会稳定，积极建设平安米林

（一）创新推进县域社会治理。牢固树立“稳定压倒一切”的思想，建立健全防范措施和防范机制。积极推进县域社会治理，深化联防治理模式，持续完善网格化管理体系，健全群防群治和社会矛盾纠纷多元预防调处化解机制。树牢安全发展理念，压实安全生产“党政同责、一岗双责”责任，积极推进应急管理体系和应急能力现代化建设，巩固提升安全生产专项整治三年行动成果，压实食品药品安全责任，统

筹推进安全隐患系统性治理，确保全年不发生重大安全生产事故和食品药品安全事故。抓牢抓实森防工作，促使火灾风险得到有效化解。

（二）依法加强宗教事务管理。全面贯彻党的宗教工作基本方针，坚持“五个有利于标准”，常态化推进教育实践活动，积极引导藏传佛教与社会主义相适应。严厉打击各种形式的分裂破坏活动。

（三）深入开展民族团结创建。以民族团结进步创建工作为抓手，深化党史学习教育，引导群众树牢“五观”和“三个离不开”思想，持续推进民族团结“九进”活动，不断增进各族群众“五个认同”。大力推广普及国家通用语言文字，促进各民族交往、交流、交融，不断铸牢中华民族共同体意识。

二、深入贯彻新发展理念，持续提升高质量发展动力

（一）加快完善基础设施。坚持规划先行，加快推进国土空间规划、控制性详细规划、总体规划“三规”编制工作，谋划索松村、南伊村、巴嘎村、白拉村、吞布容村等13个重点村庄规划编制工作。紧扣创建全国文明城市，持续提升县城中心城市功能，打造宜居、宜业、宜游县城。扎实做好“十四五”项目中期调整工作，推动实施乡村振兴、民生发展、基础设施等重点项目建设，加快推进普龙村至角木那村、角木那村至阿拉塘村公路改建工程，积极创建自治区“四好农村路”示范县。紧紧抓住水利部定点帮扶机遇，稳步推进各项帮扶举措，加快推进水美乡村水系连通项目建设，完善水利基础设施建设，巩固提升农村饮水安全。加快电网建设和扩容，推进农牧区电网升级改造。加强乡村通信网格建设，特别是边境地区的宽带及无线网络的覆盖率。

（二）全面抓好招商引资。以雅下水电开发为契机，持续优化营商环境，做好已签约项目跟踪服务和衔接，提升项目资金到位率，确保项目早落地、快实施。发挥水利部定点帮扶和珠海市对口支援桥梁纽带作用，寻求更大层面投资合作机会，实现招商项目的精准对接。围绕县域优势，着力引进奇正藏药、京都念慈菴、甘露集团等龙头型、带动型项目或企业，推动优势产业长效发展，为米林经济高质量发展不断注入新的发展活力，力争全年招商引资到位资金5亿元。

（三）全面加快产业融合。立足米林县资源禀赋，启动《米林县产业规划》编制工作。坚持产城融合、产业融合，重点发展五大产业。优先发展文化旅游产业，高质量打造全域旅游示范县，加强民宿管理，制定完善《米林县民宿管理办法》，推动民宿发展和旅游产业深度融合。巩固大峡谷国家AAAAA级旅游景区创建成果，加快南伊沟景区重塑提升。积极创建米林特色旅游品牌，加强线上线下宣传，重点打造人文之旅、生态之旅、红色之旅三条精品旅游线路，实现“生态产业化”，力争全年接待游客200万人次、旅游收入18亿元以上。大力推动高原生物产业，守牢粮食安全底线，守住6.258万亩耕地保有量，持续建好万亩高标准农田，确保粮食种植面积稳定在4.84万亩以上。大力推进现代农牧业，继续做好万亩苹果提质增效，争取林麝养殖、藏鸡保种繁育、牦

牛育肥项目落地实施。努力打造藏猪全产业链，力争新生藏猪6万头以上、能繁母猪保持在1.7万头以上。持续壮大藏医药产业，突出藏医药传承创新和藏药资源保护，发挥藏医药文化馆窗口作用和达尔亚干、奇正藏药、甘露藏药、京都念慈菴等龙头企业辐射作用，加快推进扎贡沟藏药材植物园打造，积极探索藏药材林下仿野生种植，全力推进藏地贝母、灵芝产业化种植，全面打造集藏医药研发、加工制造、康养服务、文化展示等于一体的藏医药全产业链，力争实现“产业生态化”，推动藏医药产业向特色优势产业转化。培育发展商贸物流产业，持续推进电子商务进农村，全面提升村级电子商务服务站点服务能力。充分发挥“铁公机”立体化综合交通枢纽优势，对接区内外和雅下水电开发物流需求，加大招商引资力度，引入实力雄厚企业，形成人流、物流、资金流的聚集，以建设藏东南商贸物流中心为目标，构建县域现代综合物流体系。加快推进水电配套服务业，立足雅下水电开发前景，通过外出考察学习库区移民好经验、好做法，主动服务保障好雅下水电开发前期工作，合理布局配套基础设施，科学谋划技术服务、绿色建材、商贸物流等相关配套产业，让其成为新的经济增长点。

（四）全面深化改革开放。优化“互联网+政务服务”，加强乡（镇）便民服务大厅、村（居）服务站建设。优化便民服务事项操作办理流程，实现全县通办、跨省通办。落实减税降费政策和便民服务措施，持续优化营商环境。保持“清”“亲”新时代政商关系，加快推进国有企业改革进程，提升公有制经济竞争力。鼓励支持民营经济健康发展，激发非公有制经济活力。深化农村体制改革，培育壮大村级集体经济。加强示范引领和农业社会化服务，全面提升农民合作社发展质量。探索宅基地“三权分置”改革模式，适度扩大宅基地权能，建立完善宅基地的多种权益。深化与水利部和珠海市交流合作，完成2023年帮扶计划，持续推进巴宜·米林一体化进程，扩大对外开放力度。

三、构建绿色发展格局，建设生态宜居美丽米林

（一）加快生态创建工作。开展自治区级生态文明创建示范县、示范乡、示范村申报工作，打造琼林村生态文明建设示范村。完成《米林县“十四五”环境保护规划》《米林县生态文明示范县规划》编制工作。强化污染源控制，严把建设项目环境准入关，实施8个乡（镇）级饮用水源地保护工程项目，新建琼林村、朗贡村搬迁点垃圾转移站。

（二）加强生态环境保护。抓好河湖“清四乱”整治工作，深入实施雅尼河谷面山生态修复、防沙治沙、雅江米林段防洪堤等生态工程。围绕大气、水、土壤三大领域，定期对我县县域内地表水、饮用水源地、空气质量进行监测，确保空气质量各项指标达到Ⅱ级标准，地表水和集中饮用水各项指标达到或优于Ⅲ类水质标准。

（三）强化生态体系建设。推行“河（湖）长+检察长+警长”联动工作协作机制，有效治理水环境。深化林长制，全面构建林草资源保护发展长效机制。夯实创建国家森林城市工作基础，配合林芝市创建“国家森林城市”，因

地制宜开展植树造林，积极推动实施乡村绿化、公路沿线绿化、部队绿化、森林村庄建设、脆弱地块生态修复等项目，扩大森林覆盖面。加强生态环保制度体制建设，紧盯短板弱项，深入查漏补缺，全力抓好中央环保督察反馈问题的整改工作。

四、实施守土固边战略，奋力推进边境地区发展

（一）加快边境村镇建设进度。持续推进兴边富民中心城镇试点建设。积极对接服务保障边防公路建设。做好朗贡木如1号、木如2号安置点群众搬迁后续工作，完成朗贡村区划调整和一线边境村和的划定。加快推进邦仲、雪卡安置点建设，提前做实南伊、鲁霞、巴嘎、丹娘安置点前期工作，科学规划水电路讯网等基础设施，完善公共服务设施，确保如期完成4105人搬迁任务。启动朗贡乡行政区划定名申报工作，加快边境一线村划定进程。

（二）提升边境产业内生动力。坚持以业安民、以业强边，因地制宜规划发展边境产业，根据安置点气候特点和自然资源禀赋，探索边境旅游，广泛实施川贝母种植、犏奶牛和林麝养殖等项目，打造边境村“一村一特色”产业布局。加大劳动力培训转移就业力度，支持边境群众自主就业创业，不断拓宽边境群众致富增收渠道，让群众“搬得出、留得住、富得起、守得好”。

（三）打造兴边固边示范样板。积极推进“数字边防”“智慧边防”工程，加快推进5G技术在边境一线应用，不断提升科技管边控边能力。深化“五共五固”军地结对共建经验做法，加大军地守边协作力度，主动衔接上级，建立健全巡边员、职业边民联防联控工作机制，探索实施退役军人职业边民措施，筑牢米林县边境管控新防线。结合水库移民和搬迁政策，继续实施“固边富民扩面工程”。

五、坚持以人民为中心，不断增进各项民生福祉

（一）有效推进乡村振兴。健全完善防止返贫监测和帮扶机制，实现应纳尽纳、应帮尽帮。巩固运用“三保障”成果，全力做好三岩搬迁后续扶持。稳步推进“一村一策”实施，努力解决“四个不平衡”问题。加快乡村振兴衔接资金项目实施，重点开展吞白村民宿休闲和索松村特色民宿等项目建设，进一步完善项目联农带农工作机制，促进脱贫群众稳定增收。接续实施农村人居环境整治提升五年行动，持续打造丹娘、大渡卡等10个美丽宜居示范村。

（二）全面提升就业创业水平。建立健全“互联网就业”体系，积极参与“就业援助月”“珠海援藏招聘会”等公共就业服务专项活动，拓宽就业渠道，高质量推进农牧民转移就业，促进农牧民持续增收。力争年内实现农牧民转移就业5000人以上，转移就业收入4500万元以上。推进高校毕业生充分就业创业，确保应届毕业生就业率达到98%以上。

（三）大力发展教育体育事业。扎实落实“双减”和“五项管理”工作，全面提高教育教学质量，稳步推进义务教育优质均衡发展县创建工作。完成通过学前教育普及普惠国家验收。持续完善区内外教师双向交流机制，推进“校地共建”“名校+”结对帮扶工作，助推米

林学校内涵式发展。全面改善办学条件，开展全县中小学提质扩容行动。推动“传统体育+”融合发展，办好特色体育赛事活动，持续开展“阳光体育1小时活动”。

（四）持续推进健康米林建设。依托医疗卫生人才“组团式”、柔性援藏、三级对口帮扶和县域紧密型医共体建设，改建派镇卫生院，新建丹娘乡卫生院、疾控中心，加快智慧医疗建设进程，全面提升远程看病问诊能力，增强县乡两级医疗综合服务实力。发挥医疗援藏、水利部对口帮扶优势，引进珠海市先进技术和人才，加快县人民医院“创二甲”进程。

（五）推动文化产业繁荣发展。持续开展全国文明城市创建工作，加大宣传力度，提升群众知晓率和支持率。巩固提高未成年人思想道德建设，抓好文明创建工作，力争实现县级以上文明村镇占比≥60%的目标。组织开展各类米林特色品牌活动，不断丰富精神内涵。依法加大文物保护力度，进一步加强文化遗产利用，做好文化遗产项目保护和传承。抢抓文创旅游发展契机，大力推进民族特色文化产业发展，进一步完善南伊乡南伊沟民族文化集体经济展销区。支持农牧区优秀民族文化、独特民俗文化传承发展，促进农村文化优势转化为产业发展红利。

（六）健全完善社会保障体系。配合开展林芝市“一老一小”试点工作，不断完善养老托育服务设施。着力构建未成年人保护网络体系，发动社会力量参与其中。加大残疾人福利设施建设和残疾人家庭扶持保障力度，筑牢特殊人群保障底线。扩大退休职工帮扶覆盖范围。建立乡（镇）、村居医保服务站点，扩大社会保障覆盖范畴。

各位代表！民心是最大的政治。今年，我们将立足人民群众在想什么、干什么、盼什么，办好事、做实事、解难事，持续抓好民生十件实事，让人民群众收获贴心温暖的实惠。一是优化县城空间布局，新建公共停车位约400个。二是加快改善办学条件，完成南伊乡小学的改造提升工作。三是关心关爱老年人健康，完成米林县日间照料中心的运营，进一步填补社区养老服务空白。四是改善偏远乡（镇）交通基础条件，修建仲塘至角木那的柏油公路。五是持续巩固提升高海拔村庄49户218人的供水保障工作。六是全面提升县城居民饮水安全，启动牛布沟自来水厂新建工程。七是鼓励更多的大学生自主创业，入住创业孵化基地，吸纳就业30人以上，选树一批就业创业典型。八是谋划推动邦仲村民小组、雪卡村民小组、扎西新村取水点上移工作，解决170户773人饮水安全问题。九是在卧龙镇、里龙乡、南伊乡、丹娘乡、派镇、扎绕乡6个乡（镇）推广牦牛杂交、黄牛改良，提高畜牧业发展质量。十是完成县人民医院提标扩能，提升县域医疗服务水平。

六、加强党的建设，全面提升政府执政水平

（一）全面加强思想政治建设。坚持把贯彻落实习近平新时代中国特色社会主义思想和党的二十大精神作为首要政治任务，坚决贯彻落实好新时代党的治藏方略，深入开展“政府系统学习二十大，政府‘是什么、干什么、怎么干’学习实践活动”，不断增强政治判断力、政

治领悟力、政治执行力，自觉在思想上政治上行动上同以习近平同志为核心的党中央保持高度一致。把增强“四个意识”、坚定“四个自信”、做到“两个维护”落实到政府工作具体行动上，确保上级党委各项政策及部署要求不折不扣落地落实。

（二）全面加强法治政府建设。尊崇宪法，弘扬宪法精神，严格执行重大行政决策法定程序，自觉接受县人大及其常委会的工作监督和县政协的民主监督，自觉接受监察委员会的监察监督，主动接受社会舆论监督。提高人大代表建议、政协委员提案办理质量和效率。支持工会、共青团、妇联等群团组织更好发挥作用。依法做好政府政务公开工作，提高政府工作透明度、保证行政权力在轨道上运行。弘扬社会主义法治精神，传承中华优秀传统法律文化，引导广大群众做社会主义法治的忠实崇尚者、自觉遵守者、坚定捍卫者，努力使尊法学法守法用法在全社会蔚然成风。加强组织领导，全力做好春秋两季征兵工作。

（三）全面加强纪律作风建设。深入落实全面从严治党要求，严格执行中央八项规定及其实施细则精神和区党委实施办法，进一步加强廉洁政府建设。推进政府系统党风廉政建设和反腐败斗争，以钉钉子精神纠治“四风”，整治形式主义、官僚主义等歪风，扎紧制度笼子，规范权力运行，构建起不敢腐、不能腐、不想腐的体制机制。坚持过紧日子，严控“三公”经费支出，把更多财力用于群众急难愁盼等民生问题上。坚持人民至上，坚持自信自立，坚持守正创新，站稳人民立场，把握人民愿望，不断提出真正解决问题的新理念新思路新办法，打造勤政为民务实的清廉政府和忠诚干净担当的新时代米林干部队伍。

同志们，春风得意启新程，策马扬鞭勇奋进。让我们更加紧密团结在以习近平同志为核心的党中央周围，在区党委、政府，市委、市政府的坚强领导下，在县委的直接领导下，担当作为、守正创新，团结拼搏、笃行致远，为全面建设社会主义现代化新米林而努力奋斗！为林芝市打造中国式现代化西藏篇章模范区贡献米林力量！

名词解释

“四件大事”：稳定、发展、生态、强边。

“三个赋予一个有利于”：所有发展都要赋予民族团结进步的意义，都要赋予维护统一、反对分裂的意义，都要赋予改善民生、凝聚人心的意义，都要有利于提升各族群众获得感、幸福感、安全感。

“一线一场两站”：边境线、机场、米林站、岗嘎站。

“三类”人口监测：脱贫不稳定户、边缘易致贫户、突发严重困难户。

“放管服”：简政放权、放管结合、优化服务。

“四个创建”“四个走在前列”：着力创建全国民族团结进步模范区、高原高质量发展先行区、国家生态文明高地、国家固边兴边富民行动示范区，努力做到民族团结进步走在全国前列、高原高质量发展走在全国前列、生态文明建设走在全国前列、固边兴边富民行动走在全国前列。

林芝市“11364”发展战略：以把林芝建设成全区改革开放先行区为引领，重点做强巴宜区1个核心增长极，打造川藏铁路发展带、雅江下游发展带、边境沿线发展带3个发展带，推动米林、工布江达、波密、朗县、察隅、墨脱6县县域经济组团式发展，在着力创建全国民族团结进步模范区、高原经济高质量发展先行区、国家生态文明高地、国家固边兴边富民行动示范区工作中走在全区前列。

“六稳”“六保”：稳就业、稳金融、稳外贸、稳外资、稳投资、稳预期，保居民就业、保基本民生、保市场主体、保粮食能源安全、保产业链供应链稳定、保基层运转。

“一区一带五支撑”：打造以县城为中心的核心发展区，构建米林沿边发展带，强化文化旅游业、高原生物产业、藏医药产业、商贸物流业、水电配套服务业五大支撑。

“枫桥经验”：矛盾不上交、平安不出事、服务不缺位。

“五个有利于”：有利于维护祖国统一和社会稳定、有利于增进“五个认同”、有利于团结宗教界人士和信教群众、有利于藏传佛教健康传承、有利于减轻信教群众负担。

“五大振兴”：产业振兴、人才振兴、文化振兴、生态振兴、组织振兴。

米林县人民代表大会常务委员会工作报告

——在米林县第十三届人民代表大会第四次会议上

中共米林县人大常委会副主任　巴　珠

（2023年2月1日）

各位代表：

受县十三届人大常委会委托，由我向大会报告工作，请予审议。

2022年主要工作回顾

2022年，县人大常委会在县委的坚强领导和市人大常委会的有力指导下，始终高举习近平新时代中国特色社会主义思想伟大旗帜，聚焦迎接党的二十大召开和学习宣传贯彻落实党的二十大精神这条主线，深入贯彻落实中央、区党委和市委人大工作会议精神，紧紧围绕县委中心工作，找准服务中心的切入点和着力点，主动担负起宪法法律赋予的各项职责，与全县人民风雨同行、携手奋进、共克时艰，各项工作在实践中得到了新提升、展现了新作为、谱写了新篇章。一年来，共召开常委会会议8次、主任会议8次，听取和审议“一府一委两院”专项工作报告6项，作出决议、决定10项，任免地方国家机关工作人员42人次，接受2名市人大代表辞去代表职务、补选市二届人大代表2名，补选县十三届人大代表12名，圆满完成了各项工作任务，向党和人民交出了一份用实干担当书写新时代履职的满意答卷。

一、以党的领导为统领，筑牢政治之“基”

始终把讲政治、顾大局放在首位，坚持党委工作的中心就是人大工作的重心，坚决贯彻落实党的路线方针政策和县委的决策部署，始终与县委在政治上同向、思想上同心、工作上同步、发展上同力。

——坚持常学常新守初心。坚持把学习贯彻习近平新时代中国特色社会主义思想作为贯穿人大工作的主题主线，把学习习近平总书记重要讲话和指示批示精神作为党组会议、常委会会议、主任会议学习第一议题，把学习总书记相关重要论述作为开展调研视察、执法检查等工作的第一课题，全面贯彻落实中央和区党委、市委人大工作会议精神，认真学习贯彻区党委十届三次、市委二届三次和县委十届四次全会的决策部署，深入分析面临的新形势新任务，理清加强和改进人大工作的新思路，制定贯彻落实的新办法，自觉在思想上、政治上、行动上同党中央保持高度一致。

——坚持对标看齐讲政治。立足政治机关定位，始终旗帜鲜明讲政治，忠诚捍卫“两个确立”，坚决做到“两个维护”，认真贯彻“六个必须坚持”，善于从政治上观察和处理问题，在重大问题上始终保持头脑特别清醒、立场特别坚定，任何时候做到政治信仰不变、政治方向不偏。自觉主动把人大工作置于县委领导之下，严格执行向党委请示报告制度，一年来，就开展重大活动、召开重要会议、重大事项决定、人事任免等事项及时向县委请示汇报11次，不折不扣贯彻落实县委指示要求。对县委人事任免、重大决策等，在不违反法律规定的前提下，做到急事急办、特事特办，使县委意图在最短时间内通过法定程序准确落实。

——坚持攻坚克难担使命。找准人大工作在全局工作中的位置，在大事要事上勇于担当、善于作为，以人大制度和职能优势保障推动党中央安排部署和区党委、市委、县委重要决策部署的贯彻落实。按照县委统一安排，常委会领导主动担当，在扎实做好人大本职工作的同时，全力推动抵边搬迁、维护稳定、疫情防控、虫草采集管理等重点工作，深入基层一线，积极作为，各项工作措施得以有效落实。一年来，常委会班子成员深入包片乡（镇）和联系村，调研指导工作平均达80天以上。

二、以贯彻实施宪法为职责，发挥监督之“效”

始终把贯彻实施宪法作为履职行权的根本准则，坚持依照法定职责、限于法定范围、遵守法定程序的原则，着力推进民主法治建设进程，在依宪依法监督中服务发展大局。

——谋实抓细经济预算监督。深入贯彻落实新发展理念，高度关注经济运行和预算执行，听取审议上半年全县财政预算执行情况报告，根据全县经济运行情况，调整年度预算2次，及时向政府提出建议意见，确保了财政资金用在实处、用在难处、用出效益，助推了地方经济社会发展。认真落实中央关于建立报告国有资产管理情况制度要求和自治区人大关于加强国有资产管理情况监督的决定，听取审议县政府关于全县国有资产管理情况报告，推动我县国有资产管理监督日趋规范。

——抓实抓牢重点工作监督。聚焦中心任务，紧扣“四件大事”，紧盯大事要事开展监督，充分发挥好人大在解决问题、推动工作中的独特优势。对米林县农村饮水安全工程运行管理办法落实情况、干部职工保障性住房等落实情况进行跟踪检查，有力推动各项重点工作高效运行。精选调研课题，对边境村镇建设及产业配套、重点工程领域薪资落实、教育领域基础设施管理等情况开展专题调研，形成专题调研报告4篇。同时，积极联合上级人大常委会对民族宗教、森林防火、就业服务等工作进行专题调研6次，有效推进各项工作高质量开展。

——做实做细法律司法监督。以维护社会公平正义为目标，以促进依法行政、公正司法为主题，切实加强对法律实施和司法工作的监督。积极参与第八个五年法治宣传教育规划方案编制，作出了关于开展第八个五年法治宣传教育的决议，配合相关部门结合宪法宣传日等对宪法、民法典等多部法律法规开展集中宣传，推动宪法法律宣传常态化。对医疗卫生与健康促进法、乡村振兴促进法等法律法规进行执法检查，积极配合上级人大常委会开展执法检查

10次，高效推动相关法律法规在我县贯彻实施。坚持党管干部和依法任免相统一，严把提请任免干部的材料送审关、任职资格关和任免程序关，认真落实干部任前宪法知识考试、宪法宣誓、任后评议等制度，增强了被任命人员的宪法意识。有计划地听取“法检”两院半年工作开展情况报告，督促司法部门建立健全工作制度和监督机制，同时常委会还多次组织人大代表旁听法院庭审、参加检察院案件听证等活动，促使检察、审判能力和服务水平有效提升。认真开展规范性文件备案审查工作，完善备案审查工作办法，坚持有件必备、有备必审、有错必纠，一年来共备案审查规范性文件2件，有效维护了法制统一。

三、以拓宽履职渠道为抓手，强化保障之“力”

始终坚持代表主体地位，把联系服务代表作为县人大工作最基础最核心任务，完善制度机制，拓宽平台载体，强化服务保障，通过各项举措让代表工作更接地气，代表履职更具活力，代表建议更贴民意。

——全方位拓宽代表履职路径。加强“双联系”机制的落实，按照“做到真联系、取得真实效”的要求，常委会组成人员带头走访联系代表，经常性听取代表的意见建议，支持和帮助基层代表依法履职。全年共邀请18名代表列席县人大常委会会议，22名代表参加执法检查、专题调研等活动，充分保障代表知情权、参与权、监督权。采取“走出去、请进来”的方式，先后组织县级代表2批26人次，前往阿里、山南等兄弟市县进行考察学习，开拓了代表眼界思维，提升了履职能力。

——全覆盖搭建代表履职平台。创新工作机制，推动平台提档升级，通过2021年设立的代表联络室，规范闭会期间代表接访工作，解决代表在履行职务中遇到的困难和问题，完善代表履职档案管理，持续为人大代表提供服务保障。加强对“人大代表之家”“代表联络站”的管理和使用，对“家”“站”平台使用情况进行督导，健全完善各项职责和制度，优化工作台账，努力把“家站室”打造成听取民意的窗口、服务代表的驿站、助推发展的平台，初步构建起了县有代表“室”、乡有代表“家”、村有代表“站”，全面覆盖、条块结合的代表履职服务网，切实打通代表联系群众“最后一公里”。

——全流程抓好议案建议督办。注重代表建议“减量提质”，突出代表建议精准交办，认真梳理汇总代表建议、批评和意见，及时向政府及有关部门交办代表意见建议66条，对群众关注度高、反响强烈的建议，由人大常委会领导领办，人大“三委”具体督办，一批群众热切关注的问题得到有效解决。截至目前，代表所提建议已全部办复完毕。

——全过程提高代表履职热情。切实抓好代表工作，修改完善《县乡两级人民代表大会代表履职登记和履职补贴发放办法（试行）》，支持指导乡镇人大开展代表述职活动，做到代表当面述职，选民现场评议，落实全县432名县乡两级人大代表联系人民群众通信、交通等费用补贴共计97.3万元，充分激发代表履职积极性，增强代表接受选民监督、依法履行职责的自觉性。

四、以自身建设为基础，强化工作之“魂”

始终坚持以党建为统领，把加强自身建设摆在突出位置，将2022年作为人大“业务提升年”，认真落实“四个机关”建设目标任务，持续完善工作机制，打造过硬队伍，锤炼优良作风，切实提升依法履职的能力和水平。政治建设进一步提升。深入开展进一步改进作风狠抓落实工作，常态化推进“党史”学习教育，紧紧围绕“三个是否”“大调研、大讨论、大落实”等活动，组织开展集中学习42次，专题学习10场次，专题研讨12场次；严格落实中央八项规定及其实施细则，坚持党组理论中心组学习、党员领导干部双重组织生活、机关党支部主题党日、谈心谈话等制度，强化纪律意识、规矩意识和廉洁意识，持之以恒改进作风，努力营造风清气正的良好氛围。制度建设进一步完善。坚持以宪法和法律法规为依据，以现有的工作制度为基础，进一步细化完善议事规则、请示报告、监督、决定、任免等方面制度，通过多次研究讨论、征求意见，编制实施并印发了《米林县第十三届人民代表大会常务委员会制度汇编》和《米林县人大常委会机关制度汇编》，为常委会依法、高效履职尽责提供了条件，为形成目标明确、职责清晰、程序规范、高效运转的机关工作格局奠定了坚实基础。工作联动进一步紧密。自觉接受上级人大工作指导，全力配合做好自治区、市人大常委会组织开展的执法检查、调研视察等工作。坚持县乡人大“一盘棋”，建立常委会领导联系指导乡镇人大工作制度，加强对乡镇人大法定会议、主席团工作、代表活动的指导。以提高县乡人大工作者的作风建设和履职能力为抓手，创新开展县乡两级人大“四抓四强四促进”季度活动，全面增强人大干部履职能力，推动形成上下联动、左右协同、前后衔接的人大监督体系，有力提升了全县人大工作整体水平。模范作用进一步发挥。面对新冠疫情，常委会闻令而动、快速响应，第一时间组织机关党员干部投身疫情防控一线，参与疫情防控志愿服务，第一时间向四级人大代表发出倡议，组织动员代表参与联防联控、捐款捐物，凝聚起抗击疫情的磅礴力量。其间，机关21名党员干部积极参加防控一线、包保片区疫情防控等志愿服务活动累计293天500余人次，各级代表累计捐款捐物31.43万元。宣传联系进一步深化。不断加强人大宣传工作，充分利用网信米林、米林融媒等载体，大力宣传人民代表大会制度、民主法治建设和依法治县的好经验、好做法，讲好米林人大故事、传播人大声音。同时，还十分注重加强与区内外兄弟县（区）人大常委会的工作联系和工作交流，以此来拓宽工作视野，相互促进。

各位代表！这些成绩的取得，根本在于以习近平同志为核心的党中央坚强领导，根本在于习近平新时代中国特色社会主义思想，特别是习近平总书记关于坚持和完善人民代表大会制度的重要思想科学指引，是县委高度重视和坚强领导的结果，是常委会组成人员、全体代表共同努力的结果，是县“一府一委两院”支持配合的结果，是县政协和社会各界、各族干部群众大力关心的结果。在此，我谨代表县人大常委会，向大家致以崇高的敬意和衷心的感谢！

同时，我们也清醒地认识到，常委会工作离新时代人大工作要求还有一定差距：监督力度仍显不足，监督机制和系统性有待进一步提高；代表学习培训抓得不够，代表作用发挥还不够充分；视察、考察、调研工作还缺乏深度，对先进经验的转化运用还不够等。常委会将坚持问题导向，虚心听取代表和各方面意见建议，认真研究、着力解决。

2023 年主要工作任务

2023 年是贯彻落实党的二十大精神的开局之年，是实施“十四五”规划承上启下的关键之年，做好今年工作意义重大、责任重大，县人大常委会的总体工作要求是：在县委的坚强领导下，高举中国特色社会主义伟大旗帜，坚持以习近平新时代中国特色社会主义思想为指导，全面贯彻落实党的二十大和二十届一中全会精神，深入贯彻落实习近平总书记关于坚持和完善人民代表大会制度的重要思想，认真贯彻落实区党委十届三次全会和市委二届三次全会精神，深刻领悟“两个确立”的决定性意义，坚决做到“两个维护”，坚持党的领导、人民当家作主、依法治国有机统一，紧扣将林芝打造成中国式现代化西藏篇章模范区的新实践，按照县委十届四次全会决策部署，深入践行全过程人民民主，以高效能监督推动工作落实，以高水平决定体现共同意志，以高标准服务发挥代表作用，努力为全面建设社会主义现代化新米林提供有力的根本政治制度保障。

（一）着力贯彻党的二十大精神，在建设社会主义现代化新米林上有新作为。坚定不移用习近平新时代中国特色社会主义思想统揽人大工作，全面学习宣传贯彻党的二十大精神，领会精神实质，把握精髓要义，坚定捍卫“两个确立”，坚决做到“两个维护”。深入学习贯彻习近平总书记关于坚持和完善人民代表大会制度的重要思想，切实加强和改进新时代人大工作，保证人大工作始终沿着正确政治方向前进。始终坚持在县委的领导下开展各项工作，严格落实向县委请示报告制度，切实做到县委工作重心在哪里，人大工作跟进到哪里，力量就汇聚到哪里，作用就发挥到哪里。

（二）着力加强监督工作，在履行法定职责上有新进展。用好用活宪法赋予人大的监督权，聚焦党中央和区党委、市委、县委重大决策部署以及工作要求，聚焦人民群众所思所盼所愿，实行正确监督、有效监督、依法监督。围绕预算决算、国有资产管理等事关经济运行的重点环节开展审议审查，全过程跟踪经济运行情况，为塑造高质量发展新样板提供有力保障；全力抓好乡村振兴促进法、乡村振兴促进条例贯彻落实，围绕重大项目建设、特色产业发展等重点领域开展视察调研，更好助力全县经济社会发展；全面落实河湖长制、林长制，常委会组成人员要发挥示范引领，扎实开展巡河巡林工作并深入开展专题调研，积极探索绿色转型新路径升级。围绕事关全局性、长远性、根本性的重大事项，广泛听取各方意见，积极开展讨论研究，科学作出决议决定。坚持党管干部与依法任免干部相结合的原则，认真行使人事任免权，实行干部任前法律知识考试、宪法宣誓和履职评议制度，不断促进被任命干部牢固树立法律意识和责任意识，更好地干事创业、服务人民。

（三）着力加强法律监督，在推进依法治县进程上有新突破。加强民主法治建设，促进“一府一委两院”依法行政、公正司法，全力维护社会和谐稳定。拟听取审议县人民法院全面深化司法改革情况报告、县人民检察院公益诉讼工作情况报告，促进司法机关依法办案，公正司法，努力让人民群众在每一个司法案件中感受到公平正义；拟对食品安全法、残疾人保障法、《自治区民族团结进步模范区创建条例》等法律法规贯彻实施情况开展执法检查，保障相关法律法规的正确实施；认真做好规范性文件备案审查工作，不断提高备案审查质量，从源头上规范行政行为。

（四）着力加强代表工作，在发挥代表作用上有新成效。人大代表是人大工作的主体，也是人大工作的重要基础。要充分尊重代表、依靠代表、服务代表，认真做好常委会组成人员联系代表、代表联系人民群众，促进各专门委员会与本领域的代表密切联系，推动“双联系”经常化、规范化走向纵深，让党委政府通过代表能经常听到来自基层和群众的声音。要加强“人大代表之家”“代表联络站”建设，努力为代表履职提供有效的平台和服务，采取有效措施保障代表知情参政。有效开展闭会期间代表活动，创新方式、丰富内容、增强实效；营造全社会尊重代表、支持代表依法履职的良好氛围，保障代表的合法权益不受侵犯；切实加强代表学习培训，不断提高代表的履职能力和履职水平；按照“两个高质量”要求，组织代表高质量提出议案建议，督促承办部门高质量办理代表议案建议，实现办理由“答复满意”向“结果满意”转变。

（五）着力加强制度建设，在发展全过程人民民主上有新成绩。全过程人民民主，是社会主义民主政治的本质属性，是全链条、全方位、全覆盖的民主，是最广泛、最真实、最管用的社会主义民主。要认真贯彻落实习近平总书记关于发展全过程人民民主的要求，在党的领导下充分发挥人民代表大会制度这一主要民主渠道作用，站稳“人民就是江山、江山就是人民”的根本立场。要积极发展全过程人民民主，构建多样、畅通、有序的民主渠道，在履职选题时要依据群众意愿，把群众的意见贯穿到监督、决定、代表等工作的各环节全过程。要当好人民群众的“传声筒”，主动深入基层一线，全面掌握基层情况，密切关注群众所思所想，及时反映群众所急所盼，以米林生动实践不断丰富全过程人民民主的时代内涵。

（六）着力加强自身建设，在提高履职能力上有新进步。要充分发挥常委会党组核心作用，严守政治纪律和政治规矩，落实全面从严治党责任，自觉不忘初心、牢记使命，确保人大工作正确的政治方向；要重视常委会组成人员和机关干部队伍自身建设，不断提高思想政治素质，提高依法履职、服务保障能力；要加强对乡镇人大工作的指导，健全适合地方国家权力机关特点、充满活力的工作运行机制；要充分发挥县人大及其常委会作为国家权力机关、工作机关和代表机关的作用，积极探索新形势下人大工作的规律和特点，创新工作方法，夯实工作基础；要注重学习借鉴成功经验，落实落细各项规章制度，扎实推进人大工作的制度化、规范化，努力提高工作质量和效率；要加强党风廉政建设，继续在长和常、严和实、深和细上下功夫，不断提高拒腐防变能力，树立地方国家权力机关的良好形象。

各位代表，新的目标激励我们承前启后、继往开来，新的征程需要我们开拓进取、拼搏奋进。让我们紧密团结在以习近平同志为核心的党中央周围，在县委的坚强领导下，笃定笃行践初心，同心同力担使命，实干实为尽职责，奋斗奋进开新局，为推进全面建设社会主义现代化新米林扛起人大担当、彰显代表力量、不负人民期望。

中国人民政治协商会议第十届米林县委员会常务委员会工作报告

——在政协第十届米林县委员会第三次会议上

中国人民政治协商会议米林县委员会主席　马海蕴

（2023年1月31日）

各位委员：

我代表政协第十届米林县委员会常务委员会，向大会报告工作，请予审议。

2022年工作回顾

2022年是党的二十大召开之年，是进入全面建设社会主义现代化国家、向第二个百年奋斗目标进军新征程的重要一年，也是十届米林政协工作创新发展、协商民主有序推进的关键一年。在县委的坚强领导下，县政协及其常务委员会团结引领各参加单位和广大政协委员，聚焦“四件大事”“四个创建”“四个走在前列”，聚力市委“11364”发展思路、县第十次党代会安排部署，在服务大局中主动融入，在推动发展中积极作为，在促进和谐中发挥优势，为全县经济社会发展作出了应有贡献，政协工作实现新发展、取得新成效。

2022年，县政协常委会准确把握新时代人民政协新形势新任务新要求，注重总体谋划，加强系统推进，突出工作重点，体现自身特色，主要表现在三个方面。

——旗帜鲜明讲政治，同心同德把好“方向舵”。把坚持党的领导贯穿到政协全部工作之中，坚持政治引领，把牢政治方向，严守政治规矩，始终在思想上政治上行动上同以习近平同志为核心的党中央保持高度一致。充分发挥政协党组把方向、管大局、保落实的重要作用，确保党中央和区党委、市委决策部署和县委的工作安排在政协不折不扣贯彻落实。认真落实党对人民政协工作领导的组织体系和制度机制，形成了“政协党组＋机关党支部＋党员委员”上下贯通的党建组织架构，探索实现“两个全覆盖”的有效路径，切实把党的领导贯穿到政协履职各方面和全过程。

——完善制度利长远，尽职尽责练好“基本功”。坚持以履职制度体系建设推动米林政协制度更加成熟定型，修订政协委员会、常委会、主席会等工作规则，健全深化调查研究、开展基层协商、广泛凝聚共识等履职制度，制定主席会议成员联系常委、常委联系委员、专委会联系界别等联系制度，完善委员履职考核、激励表扬、动态管理等服务管理制度，健全了履职制度体系，为高质量履职提供制度遵循。

——守正创新提质效，用情用力架好“连心桥”。牢牢把握高质量履职总体要求，以创新理论引领新思维、探索履职新路径、拓展工作新领域。在工作实践中，完善协商计划制定、协商成果办理反馈和提案督办机制，聚力推进有引领性、带动的重点工作，以“点”的突破推动政协工作“面”的提升。积极推动与市政协常态化开展同题调研，建立健全与县直部门对口联系工作机制，就群众关注的重大问题开展联合调研视察，共同向上呼吁争取，有效形成履职合力。

一年来，常委会围绕中心、服务大局，认真履行职能，统筹推进各项工作。

一、加强党的建设，坚守根本保证

坚持把党的领导作为政协工作的根本政治原则，着力发挥“三个重要”独特作用，画出最大同心圆、汇聚强大正能量。坚定正确政治方向。牢固树立“四个意识”，不断提高政治判断力、政治领悟力、政治执行力，坚决捍卫“两个确立”、做到“两个维护”。严格执行重大事项请示报告制度，定期汇报政协党组和常委会工作情况，向县委汇报全面工作 2 次，请示重要事项 7 次，报告专项工作 10 余次，坚决贯彻落实县委各项决策部署，始终与县委保持同心同向。深刻领会新思想。坚持把思想政治建设摆在首位，完善党组会议、党组理论学习中心组、常委会会议、主席会议专题学习制度，加强对习近平新时代中国特色社会主义思想及党的方针政策的学习，用党的创新理论武装头脑、指导实践、推动工作。制定党的二十大精神学习宣传贯彻方案，县政协班子成员带头学习、宣讲、践行新思想，指导各界别开展学习研讨，推进学习教育常态化制度化。政协委员结合参政议政活动和微信工作群开展线上线下学习活动，在学习中不断提高政治站位、增强政治自觉。准确把握性质定位。深刻领会习近平总书记关于“人民政协是统一战线的组织，是多党合作和政治协商的机构，是人民民主的重要实现形式”的重要论述，紧紧围绕人民政协性质地位推进政协协商，把加强思想政治引领、广泛凝聚共识作为中心环节，自觉在宪法法律和政协章程内开展工作，积极发扬民主、团结合作的重要平台作用，进一步增强政治定力，理清工作思路，把握履职要义，增强坚持走中国特色社会主义民主政治发展道路的自觉性和坚定性。

二、聚焦主责主业，把牢工作方向

坚持把协商民主贯穿履职全过程，不断深耕特色、擦亮品牌，紧扣中心、对接重点，制定年度协商工作计划，建好用好“有事好商量”平台，以“小切口、大格局”为基本原则，推动协商民主广泛、多层、制度化发展。突出会议集中协商。围绕“一府两院”工作报告开展全体会议集中协商，积极建言献策，提出建设性意见 20 多条。围绕“民族团结进步模范区创建”等重点工作，召开常委会会议重点协商，提出意见建议，得到重视采纳。完善提案办理协商。修订完善《政协米林县委员会提案工作条例》，严格执行提案审查制度，十届二次会议以来共收到提案 55 件，审查立案 28 件，确定重点提案 3 类 7 件，所有提案均在规定时限内办结、回复。健全提案办理反馈和双向评议机制，探索现场面对面协商督办和会议集中督办，推动提案办理落实见效。创新基层小微协商。用好“有事好商量”平台，完善乡镇政协委员联络员机制。一年来，先后围绕“中小微企业融资”“水果种植后续管理”等民生课题开展小微协商，切实把政协制度优势转化为基层治理效能。

三、助推中心大局，锚定履职重点

自觉把政协工作置于改革发展大局中去谋划、去推进，始终与县委同频共振、步调一致。紧抓重点工作调研。通过实地调研、召开座谈会，重点就万亩果园建设、边境村镇建设进行视察，畅通委员知情明政、参政议政、协商资政渠道。围绕民生热点议政。围绕人民群众普遍关注的“环境污染治理”问题，调研环保督查反馈问题整改、人居环境改善，开展专题视察座谈，听取环保部门工作情况汇报，为美丽米林建设建诤言、献良方。主动维护群众利益。围绕教育、医疗、交通、食品安全等方面，通过调研视察、提案督办、选派特邀监督员等方式开展民主监督，推动有关部门采取有力措施，解决社会各界普遍关注的热点难点问题。如，通过督办加强城市卫生环境管理、居民小区环境改善、安装电动车集中充电桩等建议，有效推动有关部门提升城市现代化管理水平、加强环境治理、加大老旧小区整治力度。同时，协助区、市政协开展“优化城区停车场管理”“边境地区高质量发展”“住校学生就医”等专题调研活动，收集提供第一手资料，促进改革发展成果更多更公平地惠及广大群众。聚焦疫情防控添力。坚持人民至上、生命至上，第一时间响应抗击疫情的部署，县政协班子成员带头深入抗疫一线参与抗疫工作，多次带队督导疫情防控和复工复产。广大委员带头守土有责，多渠道募捐物资，捐款捐物10余万元，在特殊时期展现了政协责任担当。文化文史成果丰硕。以宣传米林为出发点，立足文史资料统战属性，以“书香政协”为载体，充分发挥文史资料“存史、资政、团结、育人”的重要作用，就红色资源保护和利用、传统文化保护和传承开展调研，综合利用现有资源，建设文史资料室，展现米林历史、米林政协发展历程。

四、强化自身建设，夯实关键支撑

坚持把激发政协委员、政协干部“两支队伍”履职干事热情作为出发点，着力破解“两个薄弱”问题，自身建设更加坚实。聚焦激发热情，让政协委员“动”起来。设立政协委员接待室，完善委员履职量化考核办法，健全委员履职档案，探索委员履职“积分制”，推动全体委员提交好年度“委员作业”，实现履职考评信息化、制度化。实施“全员入委”，将全县93名委员按专业特长、界别编入3个专委会，依托专委会平台，开展界别调研协商、专项视察等经常性履职活动，有效解决“年委员、季常委”问题。聚焦能力提升，让干部队伍“强”起来。树立正确用人导向，从严要求、从严管理，促使政协干部主动作为、善作善成，形成不待扬鞭自奋蹄的浓厚氛围。以开展“改进作风狠抓落实”工作为契机，以制度建设为抓手，实施“以‘一改两为三促进’为目标，树立四个‘一线’意识”活动，机关规范化管理和整体服务效能显著提升。2022年8月，区党委常务副书记、政协党组书记庄严来到米林县政协，对县政协工作给予了肯定和表扬。加强党风廉政建设，持之以恒落实中央八项规定及其实施细则精神，纠“四风”、树新风，营造风清气正的政治生态。聚焦担当使命，让专委会“专”起来。进一步优化专委会机构设置，充实提案委工作人员，审定《政协米林县委员会专门委员会工作通则》，发挥专委会团结联系委员、协商民主平台等基础性作用，努力促使专委会工作任务有清单、工作推进有抓手、工作内容有成效，发挥以“专”提质的基础性作用；同时，进一步完善联络机制，配齐配强乡镇政协委员联络员和机关界别联络组，延伸工作触角，确保工作有序开展。

各位委员、同志们，一年来县政协工作所取得的成绩，根本在于习近平新时代中国特色社会主义思想的正确指引，是中共米林县委坚强领导的结果，是县人大、县政府和社会各界大力支持的结果，是县政协各参加单位、全体委员团结奋斗的结果。在此，我代表县政协常委会向大家表示崇高的敬意和衷心的感谢！

在看到成绩的同时，我们也清醒地认识到，工作中还存在薄弱环节，主要是：协商民主机制建设仍需深入推进；建言献策质量仍需不断提高；民主监督水平仍需持续提升；协商成果跟踪反馈和成效转化仍需加大力度等。我们真诚希望各位对常委会工作提出意见和建议，常委会将高度重视，认真研究，积极实践，切实加以改进。

2023 年工作安排

各位委员、同志们！新时代催人奋进，新使命激励前行。党的二十大对发展全过程人民民主和推进协商民主以及人民政协的新使命、新定位作出了明确部署，为做好新时代人民政协工作指明了方向、提供了根本遵循，为人民政协更好履职尽责、服务高质量发展提供了新的重要指引。县委十届四次全会擘画了全面建设社会主义现代化新米林的宏伟蓝图，对新时代人民政协工作提出了明确要求。2023年，县政协工作的总体要求是：以习近平新时代中国特色社会主义思想为指导，全面贯彻党的二十大精神，深入贯彻落实习近平总书记关于加强和改进人民政协工作的重要思想，贯彻落实区、市、县党代会精神，广泛团结动员参加人民政协的各团体和各族各界人士，聚焦党的二十大对政协工作的新要求，聚力“四个创建”“四个走在前列”，深度融入林芝市“11364”发展战略，为把林芝打造成中国式现代化西藏篇章模范区，为全面建设社会主义现代化新米林贡献智慧和力量。

发挥制度优势，坚持党的领导，彰显人民政协独创性。人民政协是中国共产党把马克思列宁主义统一战线理论、政党理论、民主政治理论同中国实际相结合的伟大成果，是中国共产党领导各民主党派、无党派人士、人民团体和各族各界人士在政治制度上进行的伟大创造。人民政协作为中国特色的制度安排，坚持党的领导是人民政协必须恪守的根本政治原则。我们要坚持把学习贯彻习近平新时代中国特色社会主义思想作为首要政治任务，把学习宣传贯彻党的二十大精神作为当前和今后一段时期的重要政治任务，引领各族各界人士，在学习中深刻领悟“两个确立”的决定性意义，增强“四个意识”、坚定“四个自信”、做到“两个维护”。要持续全面推进政协党的建设工作，充分发挥政协党组把方向、管大局、保落实的领导作用，认真落实重大事项、重要问题、重要工作请示报告制度，定期向县委汇报工作，始终与县委同心协力、同轴运转、同向推进，做到县委指向哪里、政协就履职到哪里，党政中心工作推进到哪里、政协双向发力的重点就跟进到哪里。要牢牢把握县委十届四次全会提出的重大使命，切实把思想和行动统一到中央以及区、市、县委的重大决策部署上来，把智慧和力量凝聚到有更大担当的奋斗目标上来。要深入开展具有政协特点的组织建设和活动，积极践行“落实下去、凝聚起来”的政治责任，实现“党的组织对党员委员的全覆盖、党的工作对政协委员的全覆盖”，以高水平党建引领政协工作高质量发展。

发挥功能优势，推进协商民主，彰显人民政协专门性。党的二十大报告强调，坚持和完善我国根本政治制度、基本政治制度、重要政治制度，拓展民主渠道，丰富民主形式，确保人民依法通过各种途径和形式管理国家事务，管理经济和文化事业，管理社会事务。人民政协的主要工作是协商，主要工作方式是“搭台”，工作主旨是双向发力。习近平总书记指出：“在中国社会主义制度下，有事好商量，众人的事情由众人商量，找到全社会意愿和要求的最大公约数，是人民民主的真谛”。作为专门协商机构，我们要牢固树立“商以求同、协以成事”的理念，坚持党的领导、统一战线、民主协商有机统一，把协商民主贯穿于履职全过程，使专门协商机构“专”出特色、“专”出质量、“专”出水平。要坚持围绕中心、服务大局，以助力高质量发展为主题，以落实全县“十四五”发展规划为主线，紧扣“四个创建”“四个走在前列”，科学精准确定协商议政和调研视察重点课题，组织开展广泛深入的调研协商。要坚持推进协商民主广泛多层制度化发展，不断延伸协商主体，丰富协商议题，拓宽协商形式，聚焦党政工作要事、社会治理难事、群众关切实事，深化“有事好商量”基层协商平台建设，创建乡镇“委员之家”，不断形成积极活跃的广泛多层制度化协商层面，多建管用之言，多献务实之策，多谋利民之事，努力把政协制度优势转化为基层治理效能，让政协协商在化解矛盾、理顺情绪、凝聚共识中发挥重要作用，让政协协商更有质量、更接地气、更出成效。

发挥组织优势，强化民主监督，彰显人民政协建设性。习近平总书记强调，人民政协要以促进解决好发展不平衡不充分的问题为工作重点，紧紧围绕大局，瞄准抓重点、补短板、强弱项的重要问题，深入协商集中议政，强化监督助推落实。我们要充分发挥人民政协联系广泛性、主体代表性、巨大包容性的组织优势，渠道畅通、包容性强、代表面广的特点，切实把全过程人民民主的理念和实践要求贯彻到政协民主监督工作中，紧扣实现党的二十大确定的目标任务开展民主监督，明确民主监督内容、完善民主监督形式、规范民主监督程序、健全民主监督机制，寓民主监督于参政议政、政治协商、凝聚共识过程之中。要把推动县委重要决策部署的推进落实情况和经济社会发展的重要工作等作为民主监督的重点，围绕稳定发展生态强边四件大事，选取重点工程项目、民生改善、社会治理等工作开展民主监督，如实反映情况，提出中肯意见，助推工作落实。要完善人民政协民主监督机制，紧紧围绕民生民计，开展好专项监督、视察监督、提案监督，探索民主监督与党内监督、人大监督、舆论监督等监督形式的联动融合，跟进监督成果落实，以成果转化服务社会治理、提升监督实效，走实民主监督的“最后一公里”。

发挥界别优势，当好桥梁纽带，彰显人民政协统战性。新时代新征程，我们要践行人民政协工作的新要求，高举团结民主旗帜，弘扬主旋律、画好同心圆，引导全县各界人士增进最大共识，凝聚助推发展的强大合力。要深化落实党的二十大报告中提出的“完善委员联系界别群众制度机制”，把委员联系和服务群众工作摆到更加突出的位置。突出专委会的界别特色，积极打造专委会特色活动、品牌活动，进一步增强专委会工作对委员的吸引力、影响力、感染力。深入推进政协党组成员联系党员委员、党员委员联系党外委员制度。建立健全政协同无党派人士、非公有制经济人士、新的社会阶层人士经常性沟通联络机制，深入开展“交朋友”活动，讲好“委员故事”“西藏故事”，打通委员联系服务界别群众“最后一公里”。要把政协委员和政协机关干部“两支队伍”的履职能力建设作为一项基础性工作，通过举办“委员履职能力提升培训班”“委员大讲堂”等，分层分类开展学习培训，多样化促进知情明政，增强政治把握能力、调查研究能力、联系群众能力、合作共事能力，切实做到“懂政协、会协商、善议政，守纪律、讲规矩、重品行”。要进一步加强服务管理，完善委员履职信息平台，落实委员履职工作规则，健全考核、激励、约束机制，探索政协常委、委员年度履职工作报告机制，不断增强委员履职意识。让更多委员参与到协商议政会议和视察考察调研等活动中，为推动“四个创建”“四个走在前列”做出新贡献。

各位委员、同志们，新起点开启新征程，新目标赋予新使命。让我们更加紧密地团结在以习近平同志为核心的党中央周围，在中共米林县委的坚强领导下，和衷共济、勠力同心，踔厉奋发、勇毅前行，谱写新时代政协事业发展新篇章，为全面建设社会主义现代化新米林作出更大贡献！

谢谢大家！

名词解释

两个全覆盖：党的组织对党员委员的全覆盖、党的工作对政协委员的全覆盖。

三个重要：坚持和加强党对各项工作领导的重要阵地、用党的创新理论团结教育引导各族各界代表人士的重要平台、在共同思想政治基础上化解矛盾和凝聚共识的重要渠道。

两个薄弱：基础工作薄弱、人员力量薄弱。

“以‘一改两为三促进’为目标，树立四个‘一线’意识”活动：改进作风，为民解忧、为民履职，促进学习能力提高，促进规矩意识增强，促进履职能力提升，树立“凝心聚力第一线、决策咨询第一线、协商民主第一线、国家治理第一线”意识。

落实下去、凝聚起来：把党中央决策部署和对政协工作要求落实下去，把海内外中华儿女实现中华民族伟大复兴的智慧力量凝聚起来。

大事记

1月

10日　米林县公安局举办向第二个“中国人民警察节”致敬系列活动。

11日　米林县邀请北京大学博士、清华大学博士后、西藏大学经济与管理学院副院长、中央财经大学文化经济研究院副教授硕士生导师孔少华一行到米林县对非遗文化、文旅融合、文旅产业发展潜力方面进行实地考察调研。

13日　米林县退役军人服务中心获退役军人事务部和中央军委政治工作部表彰的“退役军人服务保障先进单位”、自治区退役军人事务厅和自治区退役军人服务中心表彰的西藏自治区2021年度示范型退役军人服务中心（站）创建工作“温馨窗口”称号。

15日　米林县2022年“三大节日”慰问退休干部职工座谈会在林芝市举办。会议由县人大常委会主任达顿主持，县委书记严世钦，县委副书记、县长多吉扎西，县政协主席马海蕴等领导出席会议，居住在林芝市的50余名离退休干部职工代表参加座谈会。

18日　米林县召开贯彻落实西藏自治区党委书记王君正关于森林防火和疫情防控批示精神专题会。县委书记严世钦出席会议并讲话，各单位党政主要负责人参加会议。

同日　市委宣传部、市文联联合组织的书法美术家协会一行12人到米林县开展“建功新时代 奋进新征程”2022年新春送祝福活动。此次活动共赠送对联800余副。

同日　米林县司法局联合县疫情办、自然资源局、公安局到扎绕乡萨玉村开展加强农村普法教育、推进农村法治建设宣传活动。

19日　县委书记严世钦先后走访慰问环卫工人、退休工人、三支一扶人员及森防站人员。

同日　米林县交警大队开展节前交通安全大检查行动，重点整治农村面包车、摩托车、客运车、货车等车辆。

24日　米林县召开进一步改进作风狠抓落实工作部署会议，县委书记严世钦出席会议并讲话。县委副书记、县长多吉扎西主持会议。县委常委、人大常委会主任达顿，县政协主席马海蕴及其他四大班子在家领导出席会议。

同日　米林县召开2022年县委经济工作会议，县委书记严世钦出席会议并讲话，会议总结2021年经济工作，分析当前形势，部署2022年经济工作。县委副书记、县长多吉扎西主持会议并做会议总结。县四大班子，各乡镇党委书记、乡（镇）长，县（中、区）直单位主要负责人及部分重点招商引资负责人参会。

同日　政协第十届米林县委员会第二次会议开幕。12个界别的71名政协委员参会。县委副书记、县长多吉扎西，县委常委、人大常委会主任达顿，县政协主席马海蕴等参加会议。

25日　米林县第十三届人民代表大会第三次会议在县白鹭文化活动中心开幕。大会主席团常务主席、大会执行主席严世钦出席会议。大会主席团常务主席、大会执行主席达顿主持会议。大会应到代表125人，出席106人，出席人数符合法定人数。县长多吉扎西代表米林县人民政府向大会作政府工作报告。

25—26日　米林县“扫黄打非”办联合县文化市场综合执法大队、县文旅局、县公安局等，对米林县辖区内8家文化场所进行联合大检查。检查中，发现个别KTV存在违禁歌曲，有些存在未实名制登记情况，在现场对违规情况下达责令整改通知书，要求经营户按照要求进行整改。

27日 县委书记严世钦到县粮储局开展调研。检查县级成品粮存储情况和粮食仓库消防设施、环境卫生条件，查阅粮储局粮食出入库登记台账，查看应急储备粮轮换制度，询问粮储局工作人员生活境况及日常工作值班情况。

同日 米林县召开2021年度干部选拔任用工作“一报告两评议”会议。县委书记严世钦出席会议并讲话，县委副书记、县长多吉扎西主持会议。市委组织部有关负责人到会指导。其他四大班子在家领导出席会议。

29日 米林县党史学习教育总结大会召开，县委书记严世钦出席会议并讲话。县委副书记、县长多吉扎西主持会议。县委、县政府、人大、政协在家县级领导，各乡（镇）党委书记、县（中、区）直各单位主要负责人，县委党史学习教育巡回指导组办公室主任、副主任及各巡回指导小组副组长参加会议。

同日 米林县开展危化品、道路交通等领域联合执法检查行动，由县安委办组织县应急管理局、交运局、交警大队等单位参与检查。检查组先后到诚祥客运站、蓝天燃气等生产经营单位开展检查，重点检查监控系统是否能正常使用、消防器材是否配备齐全、设备是否在检验有效期内运行，安全管理制度是否落实，实操工作人员是否持证上岗，充装是否规范，燃气运输是否规范运输、是否存在销售超标、违禁产品，是否存在非法销售行为等。

30日 羌纳乡娘龙村通过“全国民主法治示范村（社区）”复核，保留“全国民主法治示范村（社区）”称号。

同月 米林县开展2022年“三大节日”慰问退休干部职工座谈会3场次，县委书记严世钦与县四大班子主要领导参加，慰问退休干部243人，发放慰问金24.3万元。

2月

1日 县委书记严世钦，县委副书记、县长多吉扎西等组成慰问小组走访慰问驻地官兵，发放慰问物资。

10日 米林县召开2022年春季农牧业重点工作安排部署会。畜牧兽医站、农技推广站、产权办负责人分别进行详细安排部署，培训讲解畜禽遗传资源普查工作遗漏问题及牧运通申报检疫事项。

11日 县委书记严世钦带队到县市场监督管理局开展调研指导。

14日 县委书记严世钦协同县委副书记、县长多吉扎西现场检查环保督察整改落实情况。

15日 米林县委召开2022年度干部选拔任用工作“一报告两评议”会议，县委书记严世钦，县委副书记、县长多吉扎西出席。

同日 米林县总工会、团县委、妇联联合开展“喜迎党的二十大 共促民族大团结 新年祝福送万家”主题系列活动。有50余家单位、500余人次参加，投入经费1.56万元。

同日 米林县红太阳科技示范家庭农场举行帮扶收购农户灵芝资金兑现仪式。4个乡镇7

个村居的村“两委”班子、乡村振兴专干、村监督委员、农牧民群众等40余人参加。

16—17日　米林镇感恩建材销售农牧民专业合作社在各村举行2021年度分红仪式。为米林镇8个自然村411户农牧民群众分红813万元，户均分红2万元。

22日　由中共林芝市委宣传部、林芝市文化广播电视局联合主办的“幸福不忘共产党 阳光路上梦起航”“我们的中国梦进万家”暨“三大节日”文艺巡演队到米林县里龙乡巴让村、米林县派镇等地开展慰问演出。

23日　米林县新时代文明实践中心邀请市文联书法美术家协会在里龙乡开展“加强生态文明建设、喜迎藏历水虎新年”暨“新年写春联、福字送到家”喜迎藏历新年系列活动。

24日　米林县农业农村局在米林县卧龙镇甲格村开展牦牛经济杂交犊牛推广工作。西藏牧乐科技有限公司现场收购并兑现犊牛收购款5.6万元，市县两级农牧部门对犊牛进行验收。此次从卧龙镇甲格村共收购14头牦牛经济杂交犊牛。

25日　在米林县沿江路建设项目施工现场，举行米林县2022年重点项目集中开复工仪式。

26日　米林县新时代文明实践中心办公室牵头组织米林县宣传部、民政局、乡村振兴局、县人民医院和西藏可心农业发展有限公司党支部等联合开展“支部联动关爱老人　喜迎藏历水虎新年”联谊活动。此次活动共派出志愿者21人，发放鞋子87双，发放药品及购买纪念品、“红包压岁钱”等折合3.4万元。

3月

1日　米林县首个边境基层社羌纳乡久美供销合作社正式开工。

同日　米林县妇联在政务服务便民大厅前举行“粤藏同行、情暖万家”行动母亲邮包发放仪式。此次活动共发放80个母亲邮包。

1—24日　县委统战部（民宗局）协同县普法办，到16处宗教活动场所开展普法宣传宣讲及法律知识测试。

4日　自治区副主席孟晓林一行到羌纳寺、西嘎村、琼林村、县藏医药文化馆调研。

6—7日　自治区党委副书记、常务副主席陈永奇到华发物流园、县人民医院、县藏医药文化馆、红色小牧屋、琼林村、滨江路、甲玛村卡娘小组调研，到南伊乡来果桥边防哨所慰问驻地部队。

7日　自治区水利厅厅长孙献忠带领厅规计处、乡村振兴办一行3人调研组到米林县开展检查调研，县长多吉扎西、副县长张永焕及水利负责人参加调研。

10日　自治区党委常委、组织部部长赖蛟到琼林村调研，入户了解群众生产生活情况。

同日　自治区教育厅党组副书记、厅长尼玛次仁到米林县多卡小学、县中学、县幼儿园、琼林村幼儿园、藏医药文化馆等地，就米林县学校思政教育、开学准备、安全生产、开学第一课、文化馆建设情况进行实地走访调研。

同日　米林县妇联在宇妥公园组织开展“三八”维权周普法宣传活动。宣传部、政法委、总工会、团县委、县人民医院等16家单位应邀参加活动。活动现场，采取发放法制宣传资料、设立维权咨询服务台、现场解答等方式进行广泛宣传。

13 日 县委书记严世钦及县委副书记、县长多吉扎西带领县“四大班子”在家领导到扎绕乡多卡村开展春季义务植树活动，参与此次义务植树的县中（区）直机关企事业单位干部职工 900 余人，出动洒水车 5 辆，植树 4.27 公顷。各乡镇 5000 余名干部群众，完成植树 18 公顷。

14 日 县委书记严世钦到羌纳乡岗嘎村、朗多村、羌渡岗村对产业发展、村居环境建设、森林防火等进行调研，为各村理思路、明责任、传经验、教方法。

17 日 米林县召开 2022 年县委农村工作会议，县委书记严世钦出席会议并讲话，县委副书记周哲文主持会议，县四大班子，各乡（镇）党委书记、县（中、区）直各单位主要负责人参加会议。

18 日 米林县召开森林草原防火工作专题部署会议。县委副书记、县长多吉扎西主持会议。

同日 贵州省政务服务中心“跨省通办”巡回互助工作组一行到米林县政务服务中心就推进基层政务服务与“跨省通办”工作开展考察调研。

22 日 米林县召开“建设美丽幸福西藏共圆伟大复兴梦想”主题纪念西藏百万农奴解放 63 周年座谈会。会议邀请“两代表一委员”人大代表、职工代表、僧尼代表、群众代表、企业代表、退休老干部代表、青少年学生代表等，共 40 人参加会议。

同日 米林县新时代文明实践中心组织县委宣传部、县文旅局等各文明委成员单位，在里龙乡德吉新村开展 2022 年第一季度“五下乡”暨新时代文明实践集中示范活动。此次活动以理论宣讲、文艺会演、送医送药、发放宣传品、面对面宣传等形式进行，以群众喜闻乐见的方式纪念西藏百万农奴解放纪念日 63 周年。

同日 米林县新时代文明实践中心牵头举办的米林县第三届新风道德讲堂活动在米林县中学开展，县中学师生 150 余人参加活动。

23 日 林芝市人社局高校中心宣讲团在米林县开展“五进一送”宣讲活动。此次宣讲活动通过“以会代训”的方式开展集中宣讲，宣讲对象为全县未就业的应往届高校毕业生及其家长、“一对一”帮扶责任人、企业人事负责人。

24 日 米林县召开以“建设美丽幸福西藏共圆伟大复兴梦想”主题纪念西藏百万农奴解放 63 周年座谈会，米林县委宣传部常务副部长布巴桑主持会议。会议邀请“两代表一委员”人大代表、职工代表、僧尼代表、群众代表、企业代表、退休老干部代表、青少年学生代表等，共 40 人参加会议。

28 日 米林县各族各界干部群众代表聚集在米林县白鹭广场，举行纪念西藏百万农奴解放 63 周年“升国旗、唱国歌”仪式，各乡（镇）、学校同步开展纪念活动。

同日 中国共产党米林县第十届纪律检查委员会第二次全体会议召开，会议总结 2021 年工作，分析面临形势，部署 2022 年工作。

30 日　自治区宣讲团到米林县开展纪念“西藏民主改革 63 周年”宣讲。米林县与扎绕乡同步宣讲。

同日　林芝市政协党组书记、主席谢英到米林县雪卡日追、可心农业有限公司开展调研指导。

31 日至 4 月 1 日　林芝市乡村振兴局党组书记、副局长闫新航一行先后到米林县卧龙镇角木那村、里龙乡巴让村、米林镇雪卡村、羌纳乡巴嘎村、羌纳乡娘龙村、结果村 6 个村调研各村基本情况、产业发展情况和发展需求、“一村一策”方案编制情况等。

4月

1 日　米林县开展自然灾害综合风险普查宣传活动，县委副书记、县长多吉扎西，县委常委、常务副县长何正勇，县政府副县长张永焕出席活动。此次活动由米林县应急管理局主办，县自然资源局、交运局等其他县直部门共同协办。

4 日　林芝市委书记敖刘全到米林县调研环保及汛期工作。

同日　自治区党委组织部、区卫健委、北京市第七批医疗援藏工作队在米林县开展送医下乡、物资捐赠活动。

6 日　自治区第一组督导检查组组长、自治区应急管理厅党委委员、副厅长周万书一行人在米林县检查督导森林草原防火工作。

同日　米林县冬虫夏草采集管理工作动员部署会召开。

7 日　米林县民政局（米林县残疾人联合会）举行残疾人创业扶持资金发放仪式。

同日　县委书记严世钦到卧龙镇甲格村、真多村、麦村、塘崩巴村、甲格生产营、林业管护站对“一村一策”、产业发展、虫草管理、红色历史、森林防火等进行调研，为各村理清思路、明确方向、传授经验。

8 日　米林县召开“助推企业发展融资”专题协商会。

9—10 日　中央环保督察组第四组组长李家祥，自治区党委副书记、常务副主席陈永奇，自治区党委常委、常务副主席肖友才一行到米林水库坝址调研。市委书记敖刘全，市委常委、秘书长梅家奎，副市长米次，米林县委书记严世钦参加调研。

11 日　自治区人大常委会副书记、副主任、总工会主席罗布顿珠一行到米林县南伊乡琼林村调研。林芝市人大常委会主任尼玛扎西、米林县委书记严世钦参加调研。

13 日　林芝市人大常委会副主任、党组成员王东升带队的一行调研组到米林县各乡（镇）就《西藏自治区人民代表大会代表建议、批评和意见办理工作条例》实施情况及“人大代表之家”平台作用发挥情况开展调研。

14 日　米林县开展 2021 年农家（寺庙）书屋出版物补充更新发放仪式。

14—16 日　开展为期 3 天的村级医务人员培训工作。培训采取现场操作、理论讲解、现场答疑的方式进行，56 名村级医护人员参加。

15 日　米林县文化和旅游局（县文化活动中心）组织县退休老干部、业余爱好者开展夏季广场舞推动活动，受益 1000 余人。

22 日　米林县文化和旅游局举办“书香林芝春天的阅读会”活动。为偏远村庄、边境村庄、一线工作人员（警务站等）、驻地部队等 8 个单位送出 400 册书，展出场景图片 50 个，受益观众 300 人次。

同日　米林县中学举办由林芝市委宣传部、市新闻出版局主办，米林县委宣传部承办的“扫黄打非”进校园活动。林芝市委常委、宣传部部长邓晓红，市委宣传部常务副部长等领导出席活动。

24 日　米林桃花源威士忌主题文化旅游度假区项目正式落户米林县，在党政楼一楼会议室举行签约仪式。

同日　县委书记严世钦到县幼儿园调研县域学前教育普及普惠工作推进情况。实地查看幼儿园办园条件、师资队伍、班级设置、玩教具配备和户外活动区域设置情况，了解幼儿园的办园情况和存在的问题短板，对幼儿园保教活动开展、整体环境打造等方面提出意见建议 。

同日　米林县召开 2022 年经济和信息化工作会议。

25 日　国家税务总局米林县税务局举办第四届米林县“最美纳税人”颁奖典礼。米林县委书记严世钦，国家税务总局林芝市税务局党委书记、局长边巴扎西出席活动。

28 日　米林县总工会在米林县人民医院进行“两癌”免费筛查活动，此次参与 2021 年“两癌”筛查活动中宫颈癌筛查 170 人、乳腺癌筛查 154 人，投入资金 3.76 万元。

29 日　米林县召开 2022 年组织宣传统战工作会议，县委书记严世钦出席会议并讲话，县委副书记周哲文主持会议，在家县级领导及各单位负责人参加会议。

5月

6 日　林芝市委书记敖刘全到羌纳寺、可心公司、羌纳乡林业管护站（巴嘎村）、岗嘎村、红太阳农场、米林苗圃基地、才召村、米林藏医药文化馆、达尔亚干藏医药产业园区调研。

7 日　县乡村振兴局联合县产业办到 8 个乡（镇）摸排全县“十二五”“十三五”期间扶贫项目资产运营、收益分配、效益发挥及是否闲置等情况。

10—14 日　米林县人民政府组织乡镇主管、县直部门主要负责人和县人大代表、群众代表到昌都市进行移民安置考察。

12 日　山东援藏干部、日喀则市委宣传部副部长王高峰为组长的验收组到米林融媒体中心开展县级融媒体中心验收评估工作。

16 日　林芝市副市长刘春祥在派镇嘎南日追督查寺庙安全生产工作，米林县委副书记、县长多吉扎西参加。

同日　米林县召开政法工作会议暨政法队伍教育整顿总结会，米林县委副书记、国安办主任王卫东出席会议并讲话，米林县委常委、政法委书记张豪杰主持会议。

17 日　将“三类专干”纳入驻村工作队，采取“一村一队三人”的模式，完成第十一批驻村工作队轮换交接工作。

20 日 米林县卧龙镇消防工作站、消防安全委员会、专职消防队正式挂牌成立。

24 日 林芝市农牧技术推广中心、县农技推广服务站组织农技专家到田间地头开展小麦病虫害综合防治技术培训，为麦田中后期管理及产量形成提供保障。各乡镇农牧综合服务中心专技人员及科技特派员共 80 余人参加培训。农技专家以现场培训的方式，通过面对面重点讲解种子包衣及锈病、麦蚜、黑穗病等麦田病虫害发生规律、防治用药及最佳防治时期等进行详解，并就如何完善预控系统、合理高效使用化学药剂和有效配比药剂浓度等进行现场教学观摩。

24—26 日 自治区水土保持局联合长江委长江科学院水土保持研究所、林芝市水利局水土保持站在米林县开展水土保持专项调研。

26 日 米林县召开 2022 年全面依法治县委员会会议，会议由县委书记、县委全面依法治县委员会主任严世钦主持，在家县级领导出席会议。

27 日 米林县委理论学习中心组召开第六次学习会，县委书记严世钦参加会议。市委党校讲师杨翠以《公共安全与突发事件的应急管理》为题作专题辅导，在家县委理论学习中心组成员和县直各单位负责人共 70 余人参加学习。

同日 米林县人民检察院举办“携手落实两法 共护祖国未来”监察开放日活动，县人大、政协、教育局、民政局、教师代表等到现场感受和了解未成年人监察工作。

31 日 西藏自治区青年企业家协会会长格勒巴桑率队到米林参观考察。县委书记严世钦，林芝市商务局党组成员、供销社主任刘勇强，林芝市商务局党组成员、四级调研员叶毅，米林县委常委、常务副县长何正勇，米林县文旅局局长、四级调研员卫建勇参加。

6月

1 日 米林县总工会开展“六一”儿童节慰问活动，为 16 名儿童发放书包、牛奶、酸奶、四件套、餐具等价值 300 元的物资，投入资金 4800 元。

2 日 米林县召开在宗教界开展“国家意识、公民意识、法治意识”教育动员部署会。县委书记严世钦出席并发表讲话，县委、人大、政府、政协在家县级领导，8 个乡（镇）及县直各部门（单位）负责人，统战、民宗、寺管会干部及寺庙僧尼共 60 余人参加会议。

4 日 奇正、念慈菴企业负责人到邦仲沟川贝母种植基地考察，并在 1 号楼三楼会议室举行签约仪式，米林县委书记严世钦参加。

同日 推动米林县藏药材产业发展，壮大米林县藏医药产业，川贝母产业化种植示范项目在米林县落地。

7 日 河南林州市人大常委会党组书记、主任韩爱民，林州市政协副主席葛晓东，红旗渠经开区投资促进局局长常晟一行 6 人代表河南红旗渠经济技术开发区到西藏米林县洽谈援藏事宜，县委常委、常务副县长何正勇及政府办、发改委、商务局等相关部门负责人参加会议。

8 日 全区离退休领域党建工作观摩交流

现场会米林分会场相关活动举办，以“退休不褪色离岗不离党”为主题开展联合文艺演出。

13日 珠海市委常委、宣传部部长谈静一行12人到米林县就宣传思想和珠海援藏工作组工作开展调研。

14日 珠海市委书记吕玉印一行到华发物流园、县人民医院、县中学、琼林村、嘎玛农场调研。林芝市委书记敖刘全，米林县委书记严世钦，县委常务副书记、政府常务副县长黄南荫，县委副书记周哲文参加。

15日 林芝市副市长刘春祥一行人员到米林县南伊乡检查指导安全生产工作。

21日 西藏自治区人大常委会内务司法工作委员会副主任赵桂英带队的自治区人大常委会执法检查组和立法调研组，到米林县开展《中华人民共和国国家安全法》执法检查，并就《西藏自治区人民代表大会常务委员会关于加强新时代检察机关公益诉讼工作的决定（草案）》进行立法调研。

同日 县委书记严世钦先后到县应急管理局、自然资源局调研重点工作开展情况。

22日 米林县“扫黄打非”办联合文化综合执法队开展出版物市场专项检查，现场查处并收缴非法教辅。

同日 县委书记严世钦到卧龙镇角木那村、普龙村、本宗村、本宗下觉村，调研驻村工作、党支部建设、“一村一策”等工作。

同日 水利部珠江水利委员会和广东省水利厅组织相关专家一行4人到米林县开展水利建设专业人才援藏技术培训工作。此次培训采用“以检代训、送训上门、现场教学、集中总结”的方式，从工程质量安全、水保监督检查、水政执法和绩效考核4个方面进行现场培训。

23日 县委书记严世钦主持召开中共米林县委党的建设（基层组织建设）工作领导小组2022年第一次会议。

24日 米林县卧龙镇仙村开展米林县2022年“三下乡”暨新时代文明实践集中示范活动，宣传部、文旅局、公安局、检察院等15家文明委成员单位共同参与，仙村及附近群众近200人参加活动。

28日 辖区国道219线5864KM+800M处突发山体滑坡，大量泥石流冲进国道，阻断道路交通。米林县交警大队联合道路养护部门，第一时间赶到现场指挥应急救援工作。

29日 团区委副书记潘刚平一行到米林县多卡中心小学和米林县南伊乡才召村团支部进行实地走访调研。

同月 米林县开展“我们的中国梦”为主题的喜迎中共二十大巡回演出活动，完成6场次，观众人数500余人。

7月

1日 为庆祝中国共产党成立101周年，米林县全县在家党员在县政府大院举行庆“七一”升国旗仪式，县委书记严世钦及四大班子在家领导出席仪式。

同日 珠海市委常委、副市长郭立仕带队在米林县开展乡村振兴、对口支援等工作，林芝市副市长段刚辉、米林县委书记严世钦参加相关活动。

同日 县委书记严世钦向退休老党员颁发

"光荣在党 50 年"纪念章。

4 日　广东省退役军人事务厅王创一行到米林县开展调研交流和支援对接工作。

5 日　米林县委书记严世钦到扎绕乡吞布容村农畜产品加工厂、吞布容驻村工作队、扎村养鸡场、藏猪养殖场、江热村农田（粮食收成）、雪巴村水果基地调研产业发展情况。到群众家了解生产生活情况并慰问。

10 日　由自治区应急管理厅党委委员、副厅长巩同梁带队，自治区旅游发展厅副处级干部朱小兰等一行人到大峡谷景区开展防汛抗旱暨创建综合减灾示范（社区）督导检查。

同日　国家广播电视总局党组成员、副局长乐玉成一行到米林开展广播电视安全播出监督检查，自治区副主席孟晓林、林芝市市长巴塔等领导参加。

11 日　自治区党委书记王君正到红太阳家庭科技示范农场调研灵芝种植及带动群众增收情况，到彩门村调研党支部转化提升工作、入户达果家了解群众生产生活情况，区党委常委、秘书长达娃次仁，林芝市委书记敖刘全，林芝市委常委、秘书长梅家奎一同参加调研。

15—21 日　组织"黄牡丹"老干部文艺队、"银发"宣讲团、"金秋"志愿服务队共 30 余名成员到 8 个乡镇开展"喜迎党的二十大展老干部风采"等系列活动，展现老干部离岗不离党、退休不褪色的真挚情怀。

16 日　西藏自治区党委书记王君正到米林县彩门村调研。

同日　米林县举行中国三峡集团捐赠米林县农村饮水工程提升工程签约仪式，水利部副部长陆桂华、长江委副主任吴道喜、林芝市政府市长巴塔、自治区水利厅厅长孙献忠、三峡集团西藏分公司总经理陈俊波、米林县委书记严世钦等出席。

19 日　米林县"民族团结共奋进 携手喜迎二十大"第三届"职工杯"足球联赛结束。为期 8 天的赛事，共进行 20 场比赛，黑斑马队在 9 支队伍里脱颖而出，摘下桂冠。

19—20 日　中央政法委副秘书长林锐一行到卧龙镇日村、红色小牧屋、琼林新村调研。自治区党委常委、政法委书记刘江，林芝市委常委、政法委书记柯磊，米林县委书记严世钦，县委常委、政法委书记张豪杰参加调研。

23 日　林芝市委书记敖刘全到琼林村"红色小牧屋"调研。

25 日　自治区党委常务副书记、区政协党组书记庄严一行到藏医药文化馆、达尔亚干藏医药产业园区调研，县委书记严世钦参加调研。

25—30 日　米林县供销合作联合社组织米林县 4 家农牧民专业合作社参加比如县第十四届苏毗娜秀文化旅游艺术节暨冬虫夏草展销会。在 6 天展销时间中，米林县合作社销售额 20.2 万元。

28 日　米林县公安局刑警大队按照"压发案、打金主、断两卡、控重点、挽财损"的要求，精准制订打击计划，详细规划打击路线，组派精干警力到多地打击电信诈骗违法犯罪，在当地公安机关的协助下破获并移交 5 起电信诈骗案件，训诫 1 人，为辖区群众追回资金 13.3 万元，并于 2022 年 7 月 28 日举办资金返还仪式。

28—29日 县委书记严世钦带领在家的21名县级领导，200余名副科实职以上党员干部到林芝市党风廉政建设警示教育基地开展“身边事教育身边人”警示教育活动。

29日 米林县城市管理和综合执法局组织开展城市户外广告和招牌设施设置安全隐患排查整治，共排查辖区内55处户外招牌广告，对发现存在安全隐患户外广告设施，督促商户履行安全管理责任，对户外广告设施进行修复、加固、拆除，做好自查自纠工作，防患于未然。

同月 与珠海市工商联对接“百企连百村”助边行动工作，助推珠海市企业、商会与米林县4个村牵手结对，支持珠海市企业、商会到米林县考察交流，了解边境一线生产生活实际。

8月

1日 全国人大常委会原副委员长热地、自治区人大常委会副主任马升昌一行到红色小牧屋、琼林村考察。

同日 林芝市工商联组织市福建商会5家企业与米林县5个村集体签订“村企共建合作协议书”。

3日 西藏自治区宣讲团到米林县开展“铸牢中华民族共同体意识牢固树立‘国家意识、公民意识、法治意识’”集中宣讲。县委书记严世钦主持并讲话，在家县级领导干部、8个乡（镇）主要领导、县（中、区）直单位负责人、农牧民群众代表、驻村工作队代表、退休老干部代表、企业职工代表、武警官兵代表、僧尼代表等90余人参加会议。

10日 县委书记严世钦到县农贸市场检查指导市场保供稳价等工作。

20日 自治区党委常务副书记、区政协党组书记庄严一行到米林机场、米林县人民医院、米林村等调研。

22日 米林县人民法院派中心人民法庭旅游矛盾纠纷调解室揭牌成立。

25日 米林县组建第一批支援拉萨医疗队，集结25名骨干医护人员出发赶往拉萨。

29日 广东省援藏医疗组到县人民医院等地调研。

9月

4日 里龙乡朗贡线桑格尔桑坡段1千米处（朗贡线K15+600至K15+740）发生泥石流塌方造成道路中断，县交通运输局于当日15：30恢复畅通。

8日 米林县召开统筹推进疫情防控和经济社会发展安排部署会。县委副书记、县长多吉扎西主持会议，政法在家县级领导及县直有关部门负责人参加会议，各乡（镇）负责人以电视电话会议形式参加。

13日 米林县组建第二批医护人员支援拉萨，集结15名骨干医护人员出发赶往拉萨。

20日至10月1日 县乡村振兴局组织全县8个乡（镇）69个村（居）开展“共建清洁家园喜迎党的二十大”村庄清洁行动，发动各村生态岗位人员、村民3500余人，清理垃圾杂物22吨，清理乱堆乱放140余处，清理水塘12处、河道湖泊沟渠16千米，清理沟内淤泥3.5吨。

21日 林芝市副市长赵俊到米林镇雪卡

沟、邦仲沟调研重点项目建设情况等。

27日　建成派墨公路多雄拉隧道口交通站。

同日　县委书记严世钦带领县委办、文旅局及卫健委、疫情办等相关部门负责人对派镇大峡谷景区复工复产前期各项工作落实情况进行督导检查，并进行实地评估。

30日　米林县各界人士齐聚在卧龙镇烈士陵园举行烈士纪念日公祭活动。林芝市副市长赵俊，米林县委书记严世钦以及县四大班子在家领导，县直单位干部职工代表、边防官兵、退役军人代表以及群众代表等110余人参加，深切缅怀革命先烈的丰功伟绩，弘扬先烈的崇高精神。

10月

1日至12月31日　米林县商务局组织开展米林县“助企惠民·乐购米林”消费促进活动，活动通过分三批在网上发放消费券的形式，在餐饮、超市、家电行业开展促销活动。发放3类1.4万张消费券，拉动消费530万元。

4日　在林芝市委宣传部举行“林芝这十年”主题新闻发布会。米林县委书记严世钦出席新闻发布会并作主题发布。

9日　县委书记严世钦在走访调研宣传系统工作时强调，要深入贯彻落实习近平总书记关于宣传思想工作的论述，坚持守正创新、追求卓越，以更加饱满的激情、更加务实的作风砥砺前行，不断开创全县宣传工作新局面。

10日　米林县农业农村局在米林镇邦加村开展小麦生产全程机械化示范现场观摩会。县农技推广站工作人员及米林镇农牧综合服务中心工作人员，邦加村“两委”成员和村民代表共50余人参加现场观摩。

11日　米林县包保领导、林芝市副市长赵俊一行，到米林县卧龙镇日村督导检查。

13日　米林县应急管理局组织县公安局、文旅局、气象局、消防救援大队、森林消防中队、民政局等23家县直部门及8个乡（镇）同步开展以“早预警、早行动”为主题的宣传活动。活动设置防灾减灾知识宣传展板59个，发放宣传品、应急避险常识、急救常识等宣传资料和宣传品2600余份，其中宣传品360余个，宣传资料2240余份，受教育群众1000余人。

14日　县委书记、县委编委主任严世钦主持召开2022年米林县委机构编制委员会会议。

15日　县委副书记、县长多吉扎西带队实地督促指导县委党校校区选址、招商引资、整村提升等重点工作。

15—17日　米林县林草局开展林草有害生物防控实验室配套基础设施建设工作。为有害生物防治实验室安装试验台5个、显微镜2台、解剖器材1套、其他实验工具1套、实验柜4个、低温标本存储箱2个等，进一步建设完善米林县林业和草原局林业有害生物防控实验室，于18日正式启用。

16日　中国共产党第二十次全国代表大会在北京人民大会堂开幕，林芝市赴米林县督导组组长、林芝市政府副市长赵俊，县委书记严世钦，县委常务副书记、政府常务副县长冯胜生等县委理论学习中心组在家成员，部分县直各单位主要负责人在1号楼四楼会议室集中观看现场直播。

同日　米林县南伊珞巴民族乡南伊村亚夏到北京参加中国共产党第二十次全国代表大会。

20日　县委理论学习中心组召开2022年第12次集中学习会，专题学习研讨中共二十大报告精神，县委书记严世钦主持会议并讲话。

21日　县委宣传部联合各乡（镇）新时代文明实践所组织开展“服务群众微信群”群主线上培训会，全县各村（居）党组织书记、乡（镇）宣传委员、包村干部、村（社区）干部共142人参加培训。

24日　县委书记严世钦实地调研米林县城市规划建设情况。县委常委、常务副县长何正勇，副县长乔直达，县发改委、自然资源局、住建局、林草局、水利局、生态环境局、城管局、第三方技术服务公司负责人参加调研。

25日　广东省政府副秘书长、第十批援藏工作队领队吴耿淡一行到琼林村、藏医药文化馆、成勘院米林县基地等调研。

26日　西藏自治区召开学习贯彻中共二十大精神领导干部大会。米林县设分会场，米林县蹲点市级领导、督导组组长、林芝市政府副市长赵俊，县委书记严世钦，县委副书记、县长多吉扎西，在家县级领导，各乡（镇）、县直各单位负责人以及各企业负责人参加视频会议。

27日　米林县林草局在米林县森林草原防火物资储备库举行第三批森林草原防火物资发放仪式。此次发放仪式，共向8个乡镇发放水泵32个、水管64袋、进水管16个、工具箱32个、马甲544件、森防警示片光盘68张、宣传手册4734本。

28日　西藏自治区水利厅河湖处处长柳林，林芝市水利局局长土丹洛桑一行到米林县开展调研并指导米林县河（湖）长制工作。

11月

2日　县委书记严世钦到朗贡调研安置点及附属工程建设情况，并主持召开米林县村镇建设工作座谈会。县长多吉扎西，县委常委、组织部部长许登顺，县委常委、政法委书记、公安局党委书记张豪杰，副县长索朗，卧龙镇、扎绕乡、里龙乡党委书记、县委办、政府办、县民政局、外事办、农业农村局、乡村振兴局、水利局、村镇建设办、边境管理大队主要负责人，卧龙镇扎村、本宗村，里龙乡朗贡村、才巴村，扎绕乡森波村（章达小组）支部书记参加调研及座谈会。

3日　米林县召开干部大会，传达学习贯彻中共二十大精神，县委书记严世钦主持并讲话。

8日　西藏自治区党委以电视电话会议形式召开学习贯彻中共二十大精神中央宣讲团宣讲报告会。米林县设分会场，米林县委书记严世钦，县委副书记、县长多吉扎西，在家县级领导，中共二十大代表亚夏以及各乡（镇）、县直各单位负责人参加会议。

9日　十届县委常委会召开第34次会议。县委书记严世钦主持会议并讲话，会议传达学习有关会议文件精神，研究部署米林县学习宣传贯彻中共二十大精神事宜，听取相关工作开展情况汇报。同日　县委书记严世钦在白鹭文化活动中心为广大党员干部上学习宣传贯彻中共二十大精神专题党课。

11日　米林县委书记严世钦到羌纳寺开展“三个意识”教育宣讲，县委副书记、常务副县长邱信蛟出席会议，全县宗教界人士，县委统战部（民宗局）、县寺管会干部等30余人听取宣讲。

13日　米林县外事办完成米林县7个乡镇48个边境村边民及在边境村待满一年的乡村振兴专干2022年“普惠性”边境居民补助发放工作。

15日　米林县召开2022年度基层党建工作推进会暨“个十百千”品牌创建授牌仪式。米林县文化和旅游局党支部被授予林芝市“百佳基层党建示范点”称号。

16日　林芝市县级干部、科级干部学习贯彻中共二十大精神米林县示范培训班举办，县委书记严世钦出席。

同日　第三批自治区基层理论宣讲示范基地揭牌仪式在米林县南伊珞巴民族乡琼林村举行。

17日　林芝市副市长中次仁、市林草局副局长多吉、县林草局局长勇珠一行到里龙乡开展森林草原防灭火及林长制工作督导检查。

21日　米林县残疾人联合会第一次代表大会召开。相关单位代表列席会议，残疾人代表、残疾人亲友代表共34人参加会议。选举产生米林县残疾人联合会第一届主席团主席、副主席、委员及出席林芝市残疾人联合会第二次代表大会代表；聘请米林县残疾人联合会第一届主席团名誉主席；推举产生米林县残疾人联合会第一届主席团执行理事会理事长、副理事长（兼职）、理事（兼职），并通过其他重大事项。

同日　林芝市县级干部、科级干部学习贯彻中共二十大精神米林县示范培训班举行结业仪式。县委常委、组织部部长许登顺出席结业仪式并讲话，在家县级领导，各部门主要负责人，各乡（镇）负责人共90余人参加结业仪式。

23日　米林县召开2022年冬季至2023年春季森林草原防火灭火暨林长制工作推进会。县委书记严世钦出席会议并讲话。

12月

5日　自治区宣讲团到米林县开展“学习贯彻党的二十大精神自治区集中宣讲报告会”。县委书记严世钦出席并主持，在家县级领导干部，各乡（镇）、县（中、区）直各单位主要领导，基层宣讲员代表、驻村工作队代表、离退休老干部代表、教师代表、企业职工代表、武警官兵代表等90余人参加会议。

同日　县委宣传部联合团县委、县城市管理和综合执法局共同开展“美化城区环境共创文明城市”志愿服务活动。

6日　自治区森林草原防灭火指挥部办公室常务副主任、应急管理厅党委委员王及平带队的自治区森林草原防灭火工作专项督导检查组及林芝市应急管理局党委书记、副局长德青和市应急、市林草局相关单位负责人一行到里龙乡通过查阅资料、实地查看等形式督导检查森林草原防灭火工作。

7日　米林县公安局成功办理全区首例首次申领居民身份证“跨省通办”业务。

同日 中国共产党米林县第十届委员会第四次全体会议召开，全会由县委常委会主持，县委书记严世钦讲话。出席全会的有县委委员23人，县委候补委员4人。中共二十大代表、自治区党委候补委员亚夏，不是县委委员、候补委员的县级领导干部和各单位（部门）负责人列席会议。

同日 由米林县人民政府主办，米林县农业农村局、乡村振兴局承办，米林县委宣传部、统战部（民宗局）、教育局、财政局等部门协办的米林县首届农牧民国家通用语言文字演讲比赛结束。米林县政协主席马海蕴，县委常委、政法委书记、公安局党委书记张豪杰，副县长张永焕，县政协副主席、民宗局局长达娃等县级领导出席。

10日 米林县配合林芝市发改委、民航机场建设集团西南设计研究院有限公司完成通用机场选址踏勘工作。

10—14日 完成2021年度公共租赁住房分配工作，共计100套。

13日 自治区党委副书记，常务副主席陈永奇一行到米林镇调研，林芝市市长巴塔、米林县委书记严世钦参加调研。

同日 水利部水利建设质量工作考核组，水利部建安中心党委书记、主任张严明一行对米林县水利工程建设质量开展考核和质量监督机构进行履职巡察工作。

15日 林芝市委书记敖刘全，市委常委、秘书长梅家奎一行到米林县派镇、丹娘乡、羌纳乡宣讲中共二十大精神并调研，米林县委书记严世钦参加。

16日 米林县慈善会成立大会暨第一次会员大会召开，自此米林县慈善会正式成立。

23日 米林县首个“河长制积分超市”在扎西绕登乡彩门村挂牌。

30日 米林县召开2022年度党组织书记抓基层党建工作述职评议考核会，县委书记严世钦主持会议并作讲话。

31日 “圆梦冬奥 共享未来”为主题的“西藏自治区迎2022北京冬奥会滑雪登山活动暨冬令营”在米林县举行。

县情概览

【位置面积】 米林县地处西藏自治区东南部，林芝市西南部，雅鲁藏布江中下游，念青唐古拉山脉与喜马拉雅山脉之间，位于北纬28° 39′ ~ 29° 50′，东经93° 07′ ~ 95° 12′。全县区域总面积约9490平方千米，东西长约239千米，南北跨度158千米。县驻地东多村海拔2950米，距离西藏自治区首府拉萨市480千米，距离林芝市人民政府所在地巴宜区72千米。

【地形地貌】 米林县总体地貌为高山峡谷地貌。根据其物质组成及形态特征可划分为山地和山间河谷两大地貌单元。

根据地貌形态特征、形成原因、地面物质以及人类生产活动的影响程度，全县大体可以分为高山顶端冰碛——冰川地貌、流水深切高山中山地貌、雅鲁藏布江沿江阶地地貌、洪积扇地貌、风积沙丘地貌等。流水深切高山中山地貌由于山高坡陡、表面物质极不稳定，山崩、泥石流等坡面物质移动活跃，成土母质成分复杂，多为各种岩石风化的坡积物和堆积物，残积物主要分布在雅鲁藏布江沿江阶地，地貌总体地势平坦，成土母质主要为冲积物，部分为冲积—洪积物，自然条件优越，是主要的农业生产基地。洪积扇地貌主要分布在雅鲁藏布江河谷宽谷地段沿江两岸大小沟谷入江口附近，成土母质主要为冲积物和部分冲积—洪积物，由于米林县的洪积扇形成年代久远，多数开垦为农业用地，但部分洪积扇仍受到特大洪水及泥石流的威胁，对发展农牧业生产影响很大。风积沙丘地貌分布在雅鲁藏布江沿岸山麓拆线附近，受大风影响，仍处流动状态。

【植被】 米林县森林植被垂直带谱明显，按海拔高低依次分布为：

高山砾石滩（亚高山冰雪）带：海拔5000—6000米，在石堆及岩石上分布有地衣，雪藻及风毛菊等。

高山灌丛草甸带：一般海拔在4000—4800米，主要有小叶杜鹃、高山柳、雪层杜鹃、金缕梅及蒿草分布。

亚高山寒温带暗针叶林与灌丛带：海拔在3200—3999米，主要树种为冷杉、云杉、圆柏，带状分布的落叶松以及桦木、槭类等。林下木主要有杜鹃、箭竹、忍冬、高山柳、小蘖、绣线菊、沙棘等。地被物有苔藓及少量的蕨类，草本稀疏。

山地暖湿带针阔混交林带：海拔在2800—3199米，主要树种有高山松、华山松、高山栎、桦木、槭树、五角枫、漆树等，林下木有蔷薇、三棵针、忍冬、黄花木及少量的杜鹃。地被物以禾本科草居多，苔藓、蕨类混生。在江边成行排列的西藏巨柏分布在此带。

2800米以下主要为小面积沿河谷地及河滩地，多为杨、柳、沙棘等，小面积阔叶林内附生植物与藤本植物发达。

【气候】 米林县属于高原温带半湿润性季风气候，全县受孟加拉湾暖湿气流影响，境内形成亚热带、温带、寒带并存的特殊气候。夏无酷热、冬无严寒、气温偏低、年温差小、昼夜温差大、气候湿润，垂直变化明显。雨季在4月底或5月初开始，10月初结束，雨量较为充沛，85%的雨水集中在6—9月，年降水量在701.2毫米。年日照时数1611.3小时，日照充足。年均气温9.0℃，最冷月（1月）平均气温0.2℃，最热月（7月）平均气温16.0℃。无霜期163天。年平均降水日数181天。常见气象灾害有暴雨、干旱、雷暴、雪灾、霜冻、冰雹、大风，气象次生灾害有洪涝、山洪地质灾害、森林火灾、病虫害等。经济作物以林果、藏药材为主，经济效益受天气、气候影响较大。

【土壤】 米林县土壤类型受地形、气候和水文的影响，表现为从雅鲁藏布江河谷到山顶土壤类型由高原土壤向寒带土壤过渡的垂直地带性分异，水平上由东向西由高原暖温带湿润气候土壤向半干旱气候土壤过渡的水平地带性分异。主要土壤类型有高山寒漠土、高山草甸土、暗棕壤、棕壤、褐土、草甸土、潮土、沼泽土、风沙土等，适宜不同种类林木生长，为宜林土地。在亚寒带的冷湿环境条件下，形成高山草甸土和亚高山草甸土，自然植被以耐寒的草甸植物为主，为宜牧土地。在此带之上，则为裸岩地及冰川，土壤类型以高山寒漠土为主，除部分地段生长少量极度耐寒的坐垫状植物如点状点地梅、雪莲花外，为不宜农林牧土地。

【自然资源】 米林县大地构造位置处于喜马拉雅造山带，地质构造复杂，岩浆作用强烈，经历多旋回洋陆构造转换，不同块体间大规模的韧性剪切带、中断带和脆性断裂的叠加遍布区内，成矿条件比较优越。但由于特殊的自然地理条件，地质矿产工作程度仍处于较低水平。米林县境内发现铜矿、水晶、建筑用砂砾、石墨、水泥用黏土、板岩、花岗岩、片麻岩等岩浆岩和变质等矿种。全县森林面积473855.572公顷，森林覆盖率为49.91%，林木绿化率55.75%。

【野生动植物】 米林县全境野生动植物类型多样，森林覆盖率高，为珍稀动植物的生存创造了良好的条件。全县共有维管束植物98科407属1005种；哺乳类动物7目16科51种，鸟类12目28科123种，两栖类1目3科3种，爬行类1目2科3种，鱼类2目3科12种，昆虫类14目370种。主要野生植物有巨柏和大花黄牡丹、星叶草、桃儿七、八角莲、胡黄连、假人参、水青树、领春木、西藏延龄草等；主要野生动物有黑熊、棕熊、豺、藏狐、水獭、猞猁、云豹、雪豹、林麝、马鹿、鼠羚、岩羊、雀鹰、藏雪鸡、藏马鸡。

【政区 人口】 2022年，米林县下辖米林镇、派镇、卧龙镇、里龙乡、扎西绕登乡、羌纳乡、丹娘乡、南伊珞巴民族乡8个乡（镇），69个村（居），主要有藏、汉、珞巴、门巴、侗、回、彝、土家、羌9个民族，总人口2.62万人，是多民族和谐聚居的边境县。

【自然灾害】 2022年，米林县地质灾害汛前排查共核查8个乡镇地质灾害隐患点167处。按类型主要分为泥石流、崩塌、滑坡3种。其中，泥石流98处，占灾害点数的58.68%；崩塌38处，占灾害点数的22.75%；滑坡31处，占灾害点数的18.56%。地质灾害隐患点按规模划分：特大型灾害点12处，占总数的7.18%；大型灾害点18处，占总数的10.78%；中型灾害点41处，占总数的24.55%；小型灾害点96处，占总数的57.49%。总体分析，米林县地质灾害规模以中小型为主。

【经济发展】2022年，全县实现县域生产总值（GDP）20.9亿元，按可比价格计算，比上年增长1.89%。其中，第一产业增加值1.91亿元，增长2.74%；第二产业增加值8.68亿元，增长2.12%；第三产业增加值10.31亿元，增长0.51%。三产业的比例为9∶42∶49。全年农村居民人均可支配收入26663元，同比增长5.5%。其中，工资性收入3414.17元，同比增长3.55%；经营净收入15113.02元，同比增长4.15%；财产净收入1454.81元，同比增长62.29%；转移净收入6681元，同比增长1.70%。城镇居民人均可支配收入43433元，同比增长5%。其中，工资性收入37956元，同比增长5.1%；经营净收入2922元，同比增长4%；财产净收入890元，同比增长1.6%；转移净收入1665元，同比增长6.7%。全县一般公共预算收入0.7亿元，同比下降48.97%；公共财政预算收入占地区生产总值的3.37%。各项税收收入0.3亿元，同比减少62.57%；公共财政预算支出17.76亿元，同比增长65.86%。年末金融机构各项存款余额20.46亿元，同比增长18.03%；金融机构各项贷款余额23.26亿元，同比增长6.25%。

2022年，全县固定资产投资比上年同期增长7.4%。其中，民间投资同比下降61.3%。全县社会消费品零售总额3.54亿元，同比下降6.89%。按经营所在地分，城镇消费品零售总额2.36亿元，同比下降5.93%；乡村消费品零售总额1.18亿元，同比下降8.75%。按消费类型分，商品零售2.15亿元，同比下降2.53%；餐饮收入1.33亿元，同比下降12.02%。住宿收入0.06亿元，同比下降27.33%。全年累计接待游客102.5万人次，同比下降45.18%；旅游收入9.13亿元，同比下降44.39%。全年邮政业务总量72万元，同比增长22.03%；电信业务总量3749.4万元，同比增长6.63%。

【人民生活】2022年末，城镇居民社会基本养老保险参保人数13161人，同比增长28.26%。基本医疗保险参保人数22225人，城镇职工基本医疗保险参保人数3169人。失业保险参保人数1438人，同比下降24.95%。工伤保险参保人数2346人，同比下降16.51%。

中国共产党米林县委员会

综 述

【概况】 2022年，全县地区生产总值20.9亿元，同比增长4.96%；农村居民人均可支配收入26663元，同比增长11%。推进雅鲁藏布江下游（雅江下游）生态文明高地建设，确保米林青山常在、绿水长流。围绕加快边疆发展、确保边疆巩固边境安全工作主线，以建设西藏兴边富民窗口县为目标，推进边境地区高质量发展。

【经济发展】 项目建设 2022年，米林县落实重大项目、增强内生动力，强化雅江下游水电开发“世纪工程”服务保障，开展配套产业支持和移民安置工作。实施“乡乡通邮”“村村通”工程，乡镇、建制村公路通达率均为100%。发挥援藏资金优势，落实对口支援规划项目9个，总投资1.51亿元。县城火车站至南伊环线道路、排水防涝、公租房等项目完成建设，推进米林县沿江路、市政道路、城市道路“白改黑”等项目，56个市级重点项目累计完成投资9.58亿元，1—10月全县固定资产投资完成19.8亿元，同比增长30.6%。

产业发展 2022年，米林县发展文化旅游、水电能源、商贸物流、藏医药、高原生物五大产业，推动产城融合、产业融合。突出旅游产业支柱作用，落实“冬游西藏·共享地球第三极”政策，创新营销策略、丰富多元产品，全年接待区内外游客102.5万人次，旅游综合收入9.13亿元，兑现旅游惠民资金1058.95万元，成功创建自治区级全域旅游示范县。立足雅江下游水电开发前景，谋划布局技术服务、绿色建材等相关配套产业。培育发展商贸物流产业，吸引极兔快递、申通快递入驻县仓储物流分拨中心，完善28个电商服务站运营管理，推动电子商务进乡村，升级改造电子商务公共服务中心，发挥华发物流园产业带动作用，健全县域物流保障体系。同达尔亚干、奇正藏药、京都念慈菴等企业开展项目衔接，发挥企业市场主体独特优势，辐射带动藏医药全产业链融合发展。通过“家庭农场+种植基地+农户”模式，种植白肉灵芝800余亩，年总产值785万元，带动群众增收369万余元。红太阳科技示范家庭农场林下仿野生白肉灵芝试种成功，“生态产业化、产业生态化”初见成效。促进农牧业提质增效，推进万亩高标准农田建设，全县耕地面积、播种面积、粮食产量分别为8.21万亩、4.84万亩、1.2万吨。推动以藏猪、林果等为主的农牧特色产业发展，升级改造水果种植基地1257亩，设立畜种改良点50个，全县藏猪养殖存栏5.2万头。

深化改革 2022年，米林县制定印发《米林县县属国有企业负责人薪酬管理与经营业绩考核办法（试行）》《米林县县属国有企业重组整合实施方案》等管理规定，推进国有企业改革。坚持简政放权补短板，推进“五减一提”行动和“互联网+政务服务”工作，250件服务事项实现“一网通办”。制定《米林县政府投资项目概算评审细则》《米林县投资项目委托评审管理办法》等规范性文件，不断优化项目审批流程。坚持“大招商、招大商、精准招商”的理念，持续优化营商环境，加大招商引资力度，累计签约项目3个，签约资金8.35亿元，到位资金超过4亿元。加强农村土地经营权流转，全县农村土地耕地流转0.9万亩，同比增长3.6%。

消费潜力释放　2022年，米林县开展“助企惠民·乐购米林”“乐享周末”“欢度工布新年助力复工复产”等系列惠民促销活动，刺激消费需求，落实补贴资金150余万元，累计发放消费券1.81万张，消费撬动比例1∶6，直接带动消费900余万元。采取直播带货方式开展助农线上销售活动，累计网销藏鸡蛋、灵芝、木碗、苹果等土特产品40万余元。以米林县供销源选公司为载体，与消费援藏品牌“林芝源”签订供销合同，多元化拓宽销售渠道，探索供销社发展新模式，1—10月全县社会消费品零售总额累计完成28443万元。

【生态文明建设】2022年，米林县完成《米林县农村污水治理规划》编制，执行“三高一低”项目零审批、零引进，县域空气质量、地表水、县城集中饮用水均达到Ⅱ类（级）标准。制定米林县森林草原防灭火分布图和防火等级图，查处野外用火、非法占用林草地等违法行为，投入资金124万元升级改造8个乡（镇）森防物资储备库，为县森林消防中队购置应急车辆5辆，加强森林防火应急处突能力。采取“责任清单制+限时整改”的方式，整改环保督察反馈问题，中央第四生态环保督察组转办的2起信访案件均在规定时间完成整改销号，环境保护“党政同责、一岗双责”进一步落实。推进国家级生态文明示范县和森林城市创建，实施国土绿化工程，完成生态修复造林6382亩、草原生态修复28.6万亩，全县森林覆盖率49.91%，城区林荫道路率70.47%，村庄林木绿化率超30%。完成7个乡（镇）、48个村（居）自治区级生态文明示范区资料编制及送审工作，启动自治区级生态文明创建示范县规划编制。生态文明建设纳入领导干部考核评价体系，推行林长制、河（湖）长制，设立县乡村三级林长386人、河（湖）长169人，制定配套实施方案和考核实施细则，推进生态环境保护宣传教育“七进”活动，建立完善县域山水林田湖草沙常态化管理保护机制。落实森林生态效益补偿和草原生态保护补助机制，兑现森林生态效益补偿金2884.35万元、草原生态保护补助奖励资金1048.1万元；落实生态岗位1266个，实现年人均增收3500元。发展庭院经济，拓展群众收入渠道，实现保护生态、经济发展、惠民增收有机统一。

【实施固边兴边富民行动】2022年，米林县科学编制抵边搬迁工作方案，朗贡木如1号、2号安置点完成房屋分配，组织群众陆续搬迁入住；雪卡、邦仲安置点完成全部房屋主体工程，分别完成总工程量的51%、56%，完成投资1.95亿元；南伊、鲁霞、丹娘3个安置点开展前期工作，巴嘎安置点开展项目选址的复勘和论证工作。推进兴边富民行动中心城镇试点建设，投入资金实施边防公路和巡防道路建设，提升边境一线路网结构和通行能力。规划实施犏奶牛养殖、贝母种植、蔬菜温室大棚等抵边产业项目8个，通过提供临时岗位、租赁施工机械、就地购买建材等带动群众增收9500余万元。结合边境一线群众产业发展需求，立足219国道沿线支线区位优势，提前谋划布局边境乡村旅游产业，研究“飞地经济”倾斜政策，着力促进区域均衡发展。支持驻地部队开展工作，统筹资金修建简易车道、溜索桥和市电工程，调派民兵参与边防侦巡分队保障任务。采取“1+12+N”工作方法，在全县69个村（居）持续推广“五共五固”“四个前移”工作经验，举办全区深化“五共五固”工作推进会，琼林村在全区率先挂牌“五共五固”建设示范村，全县党建强边工作得到中组部、中央军委政治工作部、区党委和市委肯定。

【保障和改善民生】 疫情防控 2022年，米林县坚持“以快制快”，启用应对突发疫情应急响应机制，实现疫情防控工作的无缝对接、高效运转；坚持疫情防控和生产生活秩序“两手抓”，建立全域覆盖的生活物资保供体系，确保群众生活必需品从货源到终端配送各环节实现“无缝连接”；坚持全区抗疫“一盘棋”观念，先后派出志愿者和医护骨干5批次、53人次，到林芝、拉萨开展抗疫工作。

巩固拓展脱贫攻坚成果同乡村振兴有效衔接 2022年，米林县落实乡村振兴战略“二十字”总方针，坚持农业农村优先发展，健全完善防返贫动态监测和帮扶机制，做好三岩搬迁群众后续扶持，精准排查识别“三类人口”，消除风险13户37人。以“一村一策”为牵引，落实各级衔接资金2.45亿元，实施乡村振兴项目19个，打造乡村振兴示范村、整村推进村3个，实施格嘎村休闲康养中心、桑巴村佛掌沙丘景点提升改造等项目。开展人居环境整治三年行动，深化推进“四清两改”“厕所革命”，推广生活垃圾集中分类收集处置。

群众就业 2022年，米林县实施就业优先战略和积极就业政策，实现新增城镇就业508人，农牧民转移就业5035人，区外转移就业74人，转移就业收入5900余万元，就业人数和收入均超额完成林芝市下达的指标任务。开展高校毕业生“一对一”就业指导帮扶，应届高校毕业生就业335人、就业率98.53%。加大农牧民群众就业技能培训力度，开展群众性医疗救护、厨艺、挖掘机操作等各类技能培训20期、培训2458人，全方位、多角度提升群众致富能力。

社会事业 2022年，米林县坚持教育优先发展，通过学前教育普及普惠市级评估验收，解决适龄幼儿“好入园、入好园”问题。投入资金6642万元实施教育重点项目8个，其中萨玉村幼儿园、9所中小学“厕所革命”项目完工并投入使用，县城第二幼儿园项目完成总投资的99%，办学条件不断改善，“五个100%”教育发展目标基本实现。推进县域紧密型医共体建设，强化医保、医疗、医药协同，加强医疗人才队伍的建设、培养和管理，分批引进15名援藏医疗人才到县人民医院、藏医院开展技能帮扶，实施“一对一、一对多”帮带培养计划，提升县域医疗人才能力水平，发展藏医药卫生事业，县人民医院“创二甲”提上日程。推进全民参保计划，城乡居民基本医疗、养老保险参保率均超97%。开展爱国卫生运动，开展“全民健身日”活动，“健康米林”建设加快步伐。实施文化惠民工程，加强村级文化活动广场、农家书屋等文化阵地建设，开展“链接时代生活、绽放迷人光彩”文化和自然遗产日活动，非遗舞蹈“孔雀舞”在自治区《格桑花开——青稞飘香》栏目中获二等奖。

【民主法治建设】 2022年，米林县支持县人大及其常委会依法履行职责，依托“人大代表之家”“代表联络站”，推动代表履职向基层一线延伸，打通联系群众“最后一公里”。全年人大及其常委会紧扣县委中心工作开展专题调研6次，开展依法监督事项20余件，促进“一府一委两院”工作有序有效。支持县政协履行政治协商、民主监督、参政议政职能，引导全体政协委员开展专题协商4次，召开政协全体会议1次、政协常委会会议4次，围绕政府工作报告、国民经济和社会发展计划、财政预算执行情况等提出建设性意见20余条，提交提案28件。至年底，全县94件建议和提案全部办结，办复率、满意率均为100%。统筹推进全面依法治县，及时调整充实县委全面依法治县委员会，先后2次专题听取法治政府工作汇报，召开全面依法治县委员会会议，制定印发《中共米林县委员会全面依法治县委员会2022年工作要点》，法治政府建设进程不断加快。结合“八五”普法工作规划，以“法律七进”为载体，通过“订单式”普法、重点人员普法等加强普法宣传，建成公共法律服务中心1个、公共法律服务站5个，受理法律援助案件16件，增强人民群众法治意识、法治观念。相继在48个边境村挂牌成立“12309”检察服务中心，推动行政执法部门依法履职监督向基层拓展。开通“12368”全国诉讼服务热线，受理案件635件，审执结555件，法定审限内结案率100%。支持党外知识分子、新的社会阶层人士、非公有制经济人士开展工作。支持工会、共青团、妇联等人民团体依法依章开展工作，新建乡（镇）职工之家3个，举办“共青团藏粤同行”交流活动，设立村一级“巾帼家美积分超市”，发挥群团组织联系服务群众的桥梁纽带作用。

【党建工作】 2022年，米林县开展村（居）换届回头看工作，充实村级后备干部442人。统筹推进机关和农牧区党建工作，发展党员92人，排查整顿软弱涣散基层党组织9个，创建自治区级党建示范点2个、市级百佳基层党组织党建示范点16个。开展两新组织“两个覆盖”攻坚行动，党组织在“三有标准”企业中的覆盖率76%，实现从有形覆盖到有效覆盖转变。在村镇建设安置点组建3个临时党支部，强化党在边境一线的组织建设。持续发展壮大村集体经济，整合强基惠民产业资金2273.47万元用于发展抵边搬迁村集体经济，推动2个中央财政扶持村集体经济项目落地，全县集体收入5万元以上村占比45.95%。强化干部人才队伍建设，实施年轻干部“育苗计划”，制定《中共米林县委关于加大年轻干部培养力度的实施意见》，坚持凭能力用干部，全年开展干部选拔任用4批次383人。引进44名专业技术型人才到各行业部门开展技能帮扶，选派7名本土人才到珠海跟岗学习，2名科级干部到那曲、阿里地区跟岗锻炼，全方位多层次加强干部历练。持续加强公务员队伍建设，制定《米林县公务员平时考核工作实施方案（试行）》，推动监督管理常态化制度化。强化党的作风纪律建设，累计处置违反中央八项规定精神问题线索50件，围绕进一步改进作风狠抓落实工作，开展“是否履职、是否正确履职、是否履职到位”专题活动，全县党员干部查摆问题1688个，完成整改1684个。用好巡察反腐利剑，完成十届县委第二轮巡察，发现问题221个，移交问题线索16件，做好巡察“后半篇文章”，十届县委第一轮巡察反馈问题整改率100%。持之以恒正风肃纪反腐，加强对“一把手”和领导班子的监督，以“零容忍”的态度惩治腐败，累计受理各类问题线索149件。

县委办公室工作

【概况】 2022年，县委办公室聚焦服务县委领导和全局工作需要，明确议事协调机构联络单位，完善联系沟通机制，全力做好县委文件起草、会议承办、领导调研、工作协调等综合服务工作。全年收发各类文件190余份，整理上报自治区信息1060期，承办全县层面重大会议94场次。

【文字材料工作】 2022年，县委办公室完善各级文件收发流程，要求文电人员参与办公室文件起草，草拟文件呈批意见，加强对涉密文件、普通文件、信息等的签批、传阅、归档管理。全年收发各类文件190余份，未出现文件堆积、处理延迟、工作延误等问题。

【信息编报】 2022年，县委办公室协调专人参与信息收集、编发工作，办公室研究对策将各科室工作人员纳入信息考核范围，要求各科室每周收集、撰写信息，提升单位干部对有效信息的敏锐性和总结提炼的本领。全年整理上报自治区信息1060期，上报林芝市信息2158期，被市委采用121期。

【会务保障】 2022年，县委办公室明确一名副主任分管会务，一名干部专职负责会务，对会场座签摆放、水电保障、LED字幕、电视电话会议系统调试等内容进行系统培训，规范各会场管理。结合基层减负要求，完善米林县会务活动报备申请表，满足全县各单位办会需求，全年承办全县层面重大会议94场次。

【档案工作】 2022年，档案馆开展档案业务轮训1次实现县直单位基本覆盖，业务指导10余次，审核接收文书档案8384件（686盒），接待档案查阅34人次，调阅档案127件，开展“6·9”国际档案日宣传1次，发放宣传手册、宣传品500余份，受教育群众300余人次。

【机要保密】 2022年，全县范围开展系统性保密知识线上答题活动2次，参与2865人，集中开展国家安全日宣传1次，发放宣传手册1600余份、宣传品300余份，开展保密执法检查3次，未发现失泄密事件；县委机要局传输办理电报662份，技术服务保障会议177次。

【综合服务】 2022年，县委办公室完善对上对下联系沟通机制，对全县性工作及时向上报告报备、争取支持，对重要任务及时对接各责任单位主要领导第一时间传达有关工作要求，对综合性工作安排专人对接推进，确保上情下达、下情上达。强化服务职能，根据不同分工，会同县委各部门确定县委常委、机构联络人员，对日常工作动态、会务活动、调研安排及时对接，对各领导分管部门、联系乡镇有关情况办公室加强统筹，及时收集全县性数据、资料，为县委决策提供科学依据。督查室工作人员对县委决策部署及时分解任务下发督办通知，按期办结、跟踪进度、定期汇总汇报，针对县委常委会、县委经济工作会议等全县重要会议，制定督办计划、挂牌督办议定事项，推动县委决策部署落地落实。

【党的建设】 2022 年，县委办公室重视支部建设，加强思政教育，强化理论学习，将支部学习活动纳入常态化机制，形成学习例会制度，每月固定开展 3 次以上支部学习例会，及时将各级会议重要精神、领导重要讲话、文件重要要求纳入学习议程，与工作有机结合。全年开展学习例会 29 次，学习习近平新时代中国特色社会主义思想及区党委、市委、县委相关会议文件精神相关内容 40 余篇；针对中共二十大精神第一时间组织学习交流，分批次对会议精神进行学习安排，要求单位干部交流心得全覆盖。开展主题党日活动、观看红色影片、班子成员与党员干部谈心谈话等，多方位了解党员思想动态、生活困难与工作期待，注重加强党员干部之间的团结。规范党员发展，按照党员发展流程，年内发展转正党员 2 人，发展转预备党员 1 人，按照有关规定和程序，通过考察发展积极分子 1 人。开展廉政教育融入日常工作，组织干部参加线上纪法教育测试，通过学习身边案例督促单位干部筑牢思想防线，工作上注重源头管理，加强对不同岗位人员的纪律教育，树立保密意识、组织意识、安全意识。

（县委办）

组织工作

【概况】 2022 年，米林县委组织部围绕和服务米林发展大局，推进基层组织建设、党员队伍建设、干部队伍建设、人才队伍建设和部门自身建设，较好完成各项工作任务。

【党组织设置】 2022 年，米林县新成立党组织 1 个（米林县藏医院支部委员会）。米林县基层党组织共 205 个，其中 11 个党委、33 个党委（党组）、5 个党总支、156 个党支部。县直机关党支部 55 个、两新“工委”党支部 6 个、退休党委党支部 4 个、乡镇机关党支部 8 个、乡镇小学党支部 7 个、村（社区）党支部 76 个。

【党员队伍建设】 2022 年，米林县新发展党员 92 人。其中，在农牧民群众中发展党员 42 人，占全县全年发展党员总数的 45.65%；在机关事业单位中发展党员 50 人，占全县全年发展党员总数的 54.35%。全县共有党员 4236 人。其中，正式党员 4144 人，预备党员 92 人；女党员 1522 人，占党员总数的 35.93%；农牧民党员 2637 人，占全县党员总数的 62.25%。

【党员干部教育管理】 2022年，米林县发挥县委党校培训主阵地作用，举办中共十九届六中全会精神、自治区第十次党代会精神和米林县领导干部能力素质提升、中共二十大精神等培训班16期，培训党员干部3600余人次。严肃党内政治生活，督促各级党组织落实“三会一课”、主题党日、组织生活会、党员领导干部双重组织生活等制度，开展常态化实地督导检查12次。

【基层党组织建设】 2022年，县委组织部组织召开2次县委中共建设工作领导小组会议，专题研究制定《米林县委党的建设工作领导小组2022年工作要点》。排查整顿软弱涣散基层党组织9个，推进12个机关党组织“一支部一品牌”创建，开展中小学校、公立医院党组织党建工作，完善党组织领导下的校长、院长负责制，持续加强寺管会党组织标准化规范化建设取得新成效。健全完善党员“三包”机制，开展在职党员进社区600余人次。

制定《米林县关于加强组织振兴为“十四五”时期“三农”工作提供组织保障的实施方案》，建立组织振兴“一村一策”69个，开展乡村振兴主题培训23期。发展壮大村集体经济，落实中央衔接资金1.8亿元，实施乡村振兴项目14个，统筹强基惠民产业资金2273.47万元用于抵边搬迁集体经济项目建设，推动2个中央财政扶持村集体经济项目落地，全县69个村实现集体收入5万元以上村占比六成，10万元以上村占比四成。教育引导党员干部严格执行生态环境保护责任制，推行林长制、河（湖）长制落地落实。科学编制《米林县农村污水治理规划》，完成中央第四生态环保督察组转办的2起信访案件整改。推进国家级生态文明示范县和森林城市创建步伐，各级党员干部帮助生态修复造林6382亩，全县森林覆盖率49.91%。探索“党建+生态”模式，发展“庭院经济”，采取水利部定点帮扶“1+3”支部结对联建模式，发展生态绿色产业2个，超60%的村有庭院经济。深化“1+12+N”推广模式，在全县69个村居推广“五共五固”和“四个前移”工作经验，协助市委承办全区深化“五共五固”工作推进会，挂牌全区首个“五共五固”建设示范村。推进朗贡、雪卡、邦仲安置点搬迁工作，制定《米林县朗贡抵边搬迁党组织设置方案》。

深化巩固琼林村全国先进基层党组织创建成果，推进2个全区党建示范点、16个全市百佳基层党建示范点创建工作，逐步形成“点亮一盏灯、照亮一大片”的示范效应。采取严格“选”、全程“帮”、精心“建”、全力“推”的方式，实现党的组织和工作在“三有标准”企业中的覆盖率76%。红太阳家庭农场与驻地部

2022年6月23日，县委书记严世钦（左四）主持召开中共米林县委党的建设（基层组织建设）工作领导小组2022年第1次会议

队和10个村党支部联建，可心农业党支部搭建“企业+村集体+群众”增收致富平台，两新组织累计带动全县群众年创收2000余万元。

【干部人才队伍建设】 2022年，县委组织部通过调研识别和单位推荐，储备优秀后备干部150人，根据工作实际和岗位需求，开展干部选拔任用工作4批次383人。先后选派375名各级领导干部外出培训（网络培训3批次10人），7名干部人才到珠海跟岗学习半年，2名干部到那曲、阿里挂职锻炼4个月，提升干部人才履职尽责能力。实施年轻干部“育苗计划”，制定印发《加大年轻干部培养力度实施意见》，坚持“育、选、管、用”，全方位、多维度培养优秀年轻干部。选用90后正科级干部4人，95后副科级干部3人。引进34名医疗、教育专业技术人才，11名柔性人才到县人民医院、学校、发改、住建等单位、部门开展技能帮扶。落实谈话提醒、诫勉函询、个人有关事项报告等日常管理办法，加强经常性“政治体检”。联合作风办开展干部作风督察，对9名长期病假干部开展专项清理，对4名干部予以免职处理。加大干部关心力度，为5名家庭困难干部申报林芝市关心关爱对象，每人发放慰问金1万元，慰问奋战在疫情防控一线的干部25批1300余人次。将2名干部列入2022年米林县关心关爱对象，发放干部福利费1000元。

【公务员队伍建设】 2022年，县委组织部制定《米林县公务员平时考核实施方案（试行）》《米林县乡（镇）、县直单位和县属国有企业年度综合考核办法（试行）》，建立日常考核、分类考核、近距离考核的知事识人体系，公务员年度考核、平时考核与单位综合考核结合，确保考核指标的连贯性和一致性，形成整体合力，建立完善监督机制，规范考核程序，增加考核透明度，畅通考核监督举报渠道，体现公平竞争原则。注重结果运用，鼓励各单位创造性开展考核工作，坚持把考核结果与干部教育培训、选拔任用、评先选优等挂钩。212名公务员评定为优秀考核等次，24名连续三年优秀等次公务员评定为三等功，发放年度考核一次性奖金35.4万元。年内，调整全县公务员工资1289人次；兑现912名公务员2018年7月至2022年2月西藏特殊津贴标准差额部分；完成881名公务员（参公人员）基本工资标准清算；发文执行846名公务员年终一次性奖金；执行2023年公务员正常晋升工资443人。

【机构编制管理】 2022年，全县新设立、新组建事业机构共3个（米林县委巡察办数据应用中心、米林县招商服务中心和米林融媒体中心），全县机构总数144个，其中8个乡（镇）、45个行政机构、91个事业机构。实有核定编制数1399人，实有人员1876人，超编总量477人，与上年相比降低超编21人。全县核定领导职数490人，与上年相比增加41个副科级领导职数。其中，县层级增加事业科级领导副职1个，乡镇层级增加内设机构领导正职（副科级）40个。完成8个乡镇机构改革，在乡镇统一设置党政综合、经济发展等办公室，差异化设置边境事务、生态环境和自然资源等机构，开展森林防火、基层治安队伍建设、乡镇机构改革、“三定”规定履职等调研工作。完成47名跨县调动、334名县内调整、478名编外人员（聘用干部、工人）信息系统录入工作，完成全县68名专招生台账更新。通过网上审批，办理事业单位变更登记11个、延长有效期5个；机关群团延长有效期2个、变更26个。

【老干部工作】2022年，县委老干部局接收退休干部5人，全县退休干部250人（含区外安置5人）。年内，县委老干部局获评“全区老干部先进集体”。年内，县委老干部局以集中学习、座谈讨论、送学上门等方式，组织老干部开展各类学习活动20余场次，收集老干部心声感言12条。完善“一户一簿、一人一卡”老干部档案，及时了解离退休干部生活情况，精准制定服务措施20余条，开展独居、生病、去世和困难离退休干部及遗属的关爱帮扶工作，慰问生病住院老干部40人，发放慰问金4万元；在“三大节日”“七一”以及重阳节期间，慰问全县离退休干部250名；疫情防控期间，协调解决异地安置老干部医疗费用报销等事项20余件。配备4名在职干部兼任退休老干部党支部委员，实现建强班子、带活队伍的目标。加强活动阵地建设，争取资金30余万元升级改造第四党支部活动场所；争取退休文艺活动经费10万余元，为组织开展老干部文化娱乐活动提供经费保障。以“故地重访话发展”为主题，组织11名安置在拉萨的离退休干部重返米林。组织“黄牡丹”老干部文艺队、“银发”宣讲团、“金秋”志愿服务队共30余名成员到8个乡镇开展“喜迎党的二十大 展老干部风采”系列活动。

2022年1月15日，县委书记严世钦与县四大班子主要领导慰问米林县安置在林芝市的退休老干部

【自身建设】2022年，县委组织部细化完善部务会班子成员党风廉政建设工作主体责任、“一岗双责”清单，健全完善《“三重一大”议事规则》《组工干部行为规范》等规章制度，组织召开部务会23次，常态开展集中教育、警示教育和谈话提醒工作20余次，对照“六大纪律”要求校正组工干部言行举止，自觉接受党员干部和人民群众监督，以实际行动维护组工干部的良好形象。

（杨瑞刚）

宣传工作

【概况】2022年，米林县委宣传部是县委主管意识形态方面工作的职能部门，为米林县正科级行政机关，加挂县人民政府新闻办公室、县新闻出版局、县广播电视局牌子。县委网信办设在县委宣传部，对外保留米林县互联网信息办公室牌子，内设5个科室（部办公室、宣教科、文明办、财务室、档案室）。

【理论学习工作】县委于年初召开2022年组织、宣传、统战工作会议，安排部署意识形态工作，明确工作责任，确保意识形态工作有力有序开展。加强意识形态主体责任，调整充实意识形态工作领导小组，明确1名县委副书记分管意识形态工作。意识形态工作纳入党建工作要点，确保意识形态工作责任制落到实处。贯彻落实中央意识形态工作方针和区党委、市委、县委关于意识形态工作部署要求，每半年向县委提交意识形态工作汇报，研究解决存在的问题和困难。年内，全县以集中学习研讨、专题辅导、实地教学等形式组织县委理论学习中心组学习13次，开展各级党委（党组）中心组巡听旁听工作，以督促学，提升各级党委（党组）理论学习中心组学习质量和效果。发挥142名自治区基层宣讲员、县委党校、新时代文明实践中心（所、站）等人员和阵地作用，创新载体和形式，提升理论宣讲时度效，开展中共二十大、中共十九届历次全会，自治区第十次党代会，林芝市第二次党代会，米林县第十次党代会精神宣传宣讲，推行“理论＋政策”“领学＋谈体会”等宣讲方式，推动理论宣讲进企业、进农牧区、进机关、进校园、进社区、进军营、进网络，米林县各类宣讲队伍和自治区基层宣讲员有序开展宣讲1000余场次，受众3.8万人次。申报琼林村为自治区第三批基层理论宣讲示范基地。提升全县党员领导干部政治素养、理论水平，制作并发放1400本《党员领导干部应知应会手册》。在县新华书店设置习近平新时代中国特色社会主义思想理论书籍阅读区，引导干部群众学理论、悟思想、强素质。

2022年12月5日，米林县开展学习贯彻党的二十大精神自治区集中宣讲报告会

【媒体宣传工作】 2022年，县委宣传部组织“喜迎党的二十大　谈谈家乡新变化”“非凡十年”“奋进新征程　建功新时代”等主题宣传。围绕作风建设、“五共五固”现场会、民族团结进步创建、重大项目建设、疫情防控、援藏工作、乡村振兴等重点工作，推出系列专题报道。“网信米林”“米林融媒”微信公众号、抖音号、视频号共发布推送图文、视频稿件5000余条，累计阅读量1000万余人次。制作新闻成片380期，制作《学习贯彻二十大精神主播微宣讲》《民族团结》《改进作风、狠抓落实》《乡村振兴》等专题栏目，为米林县发展大局提供媒体支持。参加“林芝这十年”系列主题新闻发布会，县委主要领导围绕米林十年发展变化和重大跨越作主题发布并回答记者提问；协调《人民日报》、新华社、西藏广播电台等中央、自治区级媒体100余批次到米林采访拍摄，其中新华社、《人民日报》、“学习强国”学习平台、今日头条、中国新闻网、西藏广播电台等中央、自治区级媒体分别制作《西藏召开深化“五共五固”工作推进会》《大美边疆·西藏林芝：走进“药洲”米林》《二十大代表亚夏：珞巴族群众

的“指路人”》《西藏西嘎门巴民众：从墨脱到米林生活实现蜕变》《给环境做个“体检”，西藏这个县请来了“环保管家”》等各类新闻报道500余条。围绕县委、县政府决策部署、疫情防控政策、基层一线先进抗疫典型等，全面组织开展疫情防控宣传工作，制作《冲在防疫一线的“最美逆行者”》《致勇者》《米林县积极开展滞留游客管控工作》等相关信息、新闻、短讯、微视频2000余条次，在微信公众号、抖音、视频号等各大平台总阅读量累计超800万人次。米林县干部群众通过收听收看、集中学习、交流研讨、专家授课、撰写心得、开展知识竞答等多种方式，共开展集中学习400余场次，组织开展理论文章征集、电影展映等系列活动。利用新媒体资源宣传中共二十大精神，“网信米林”“米林融媒”公众号、抖音号推送《党的二十大代表亚夏让二十大精神“飞入寻常百姓家”》《勠力同心谱新篇 米林县掀起学习宣传贯彻党的二十大精神热潮》《主播微宣讲：跟着主播一起来学习党的二十大金句》等中共二十大相关图文、视频200余条，浏览量10万余人次。

【精神文明创建】 2022年，米林县持续深化全国文明城市、文明单位、文明村镇、文明家庭创建工作，开展群众性精神文明创建活动，制定米林县文明单位、文明村镇测评体系，向市文明办推荐申报市级文明村镇、文明单位。至年底，全县有全国文明单位3个，自治区文明单位5个、文明村镇10个，林芝市文明单位8个、文明村镇15个，县级文明单位18个、文明村镇39个。到乡（镇）、村（居）开展“三下乡”暨新时代文明实践集中示范、新时代文明实践志愿服务和普法宣传等活动，以理论宣讲、文艺会演、送医送药、发放宣传品、面对面宣传等形式，为群众送政策、送服务。年内，全县新时代文明实践中心（所、站）发动志愿者万余人次，开展文明实践活动2000余场次。在县中学开展米林县第三届新风道德讲堂活动，提升师生自身道德修养和文明素质。在新时代文明实践中心（所、站）、学校、公园、活动中心等场所制作宣传展板，传播社会正能量，弘扬社会主义核心价值观。推荐“米林县米林镇东措社区”“争当河湖卫士·守护共同家园志愿服务项目”以及在疫情防控、乡村振兴、政策理论宣讲方面表现突出的最美志愿者参加2022年度全国学雷锋志愿服务“四个100”先进典型评选活动。

2022年6月24日，米林县2022年“三下乡”暨新时代文明实践集中示范活动在卧龙镇仙村举行

【文艺文化工作】 2022年，米林县举办“迎新春送温暖喜迎冬奥会文艺演出”“美丽乡村欢乐过大年——我们的节日”主题村晚、“雪中边民情 非遗过大年”文化进万家、“弘扬民族文

化、促进民族团结”主题迎藏历新年活动、“我们的中国梦、喜迎二十大”巡回演出、全区深化“五共五固”工作推进会汇报演出和“书香林芝 春天的悦读会”等活动，丰富干部群众精神文化生活，推动县域文化事业发展。全年创作小品类、舞蹈曲艺类新作品9个，其中“孔雀舞”代表林芝市参加《格桑花开——青稞飘香》栏目，获二等奖。联合“扫黄打非”成员单位开展各类专项检查，累计出动100余人次，检查经营单位累计200余家次；开展“扫黄打非”进校园—护苗，“护助少年儿童健康成长，远离和抵制有害出版物”主题班会等活动。发挥文化市场监管职能，坚持常规巡查与重大节日、重要活动集中治理相结合，采取“联合+专项”的方式，对县域范围内文化市场每月至少开展1次检查督导，保障文化市场环境平稳有序。开展农家（寺庙）书屋出版物补充更新工作，为全县68个行政村、5个寺庙配发146包5848册图书资料；推进乡村阅报栏建设和使用工作，米林县8个乡（镇）、69个村（居），利用乡（镇）办公楼、村新时代文明实践所（站）、村党群服务中心、宣传栏等场所显著位置，建立阅报栏。

2022年3月24日，米林县新时代文明实践中心组织县委宣传部、县文旅局等各文明委成员单位，在里龙乡德吉新村开展2022年第一季度“五下乡”暨新时代文明实践集中示范活动

【网络管理工作】2022年，全县登记备案网站2个、微信公众号26个、抖音号2个。

（县委宣传部）

统战工作

【概况】2022年，米林县提名为西藏自治区民族团结模范县；完成米林县寺管会机构改革，原有的4个寺管会1个特派员机构优化整合为米林县寺管会。成立着力创建全国民族进步模范区专项组办公室。年内，县委统战部（民宗局）聚焦“四件大事”“四个确保”，聚力“四个创建”“四个走在前列”，全面贯彻落实“大团结、大联合”“铸牢中华民族共同体意识”“宗教中国化”等工作。

【民族团结进步创建】2022年，米林县成立着力创建全国民族进步模范区专项组办公室，组建县、乡、村三级宣传队开展民族团结专题宣传教育600余次，举办第32个民族团结进步宣传活动月活动；开展“民族团结一家亲，喜迎党的二十大”线上答题活动，参与人数达3000余人次；推进民族团结千里示范带、白鹭文化广场民族团结大型宣传标语、宇妥公园民族团结文化长廊等项目建设，追加投入资金制作“民族大团结万岁”山体宣传大字，设置高炮、民族团结文化长廊等户外各类广告牌65个，悬挂宣传横幅500余条，发放民族团结宣传读本、宣传资料和宣传品等5000余份。2022年，米林县提名为西藏自治区民族团结模范县。

2022年12月5日，米林县“红石榴”志愿队开展普法宣传教育

【宗教事务管理】 2022年，县委统战部（民宗局）结合“两项教育”和寺庙法治宣传教育，以一月一专题形式展开宣讲，累计开展各类宣讲活动190场次，实现全县宗教活动场所全覆盖，僧尼参与率100%。宗教界开展各类实践活动25场次，参与僧尼200余人次。完成米林县寺管会机构改革，原有的4个寺管会1个特派员机构优化整合为米林县寺管会。开展宗教界人士慰问4场次，提供生活物资价值近2万元，解决寺庙僧尼的实际困难。累计排查安全隐患50场次，开展应急演练5场次，排查出的各类隐患均当场整改。

【爱国统一战线】 2022年，米林县坚持“党委统一领导，统战牵头，有关部门密切配合”的工作要求，开展党外代表人士选拔推荐，提名推荐2名西藏自治区政协委员。开展回国定居藏胞思想沟通和政策宣传，关心他们的生产生活，帮助其解决实际困难；完善藏胞档案，调动各乡镇统战工作人员；开展归国藏胞慰问活动，慰问资金1500元。

【自身建设】 2022年，米林县统战民宗系统开展“四查四问”研讨活动和理论学习研讨各4次，共查找班子存在问题60条，个人问题60条。通过部门深入开展“个人找、同事提、领导评”活动，查找个人问题20条，并建立相关整改台账，对作风纪律方面存在倾向性问题的1名干部进行谈话处理。围绕专题活动总目标，开展“三个是否”专题学习4次，作风大讨论活动2次，支部书记上党课1次，开展“三个是否”专题组织生活会1次，针对“三个是否”方面存在的突出问题开展批评与自我批评。活动前后共撰写党员学习体会14篇，撰写专题发言提纲24篇。以集中有效的学习讨论，提升支部党员理论水平。设立群众监督举报信箱，收集整理群众反映的问题线索。主要领导到各乡镇、寺庙、村居，听取僧尼和信教群众意见建议，了解民情、掌握实情，收集意见建议2条，起草民族工作调研报告1篇，解决实际问题3件。

（亚　依）

强基惠民工作

【概况】 2022年，米林县强基办全面统筹驻村各项工作，督促指导第十一批驻村工作队推进驻村工作“五项重点任务”，着力在干部驻村“六个下功夫”上做文章，依托制度管人、机制育人、清单管事、合力成事，推动驻村工作。

2022年5月24日，县强基办邀请市委党校教师为驻村工作队队长授课

【铸牢中华民族共同体意识教育】 2022年，驻村工作队采取田间课堂、“红色喇叭”、入户宣传、文体活动等方式，向农牧民群众宣传宣讲习近平新时代中国特色社会主义思想和“两个确立”的决定性意义，宣传宣讲习近平总书记关于西藏工作的重要指示和新时代党的治藏方略以及自治区第十次党代会精神，开展爱国主义、民族团结、马克思主义“五观”教育等。年内，各驻村工作队组织开展宣传宣讲活动519场次，覆盖农牧民群众2.1万人次。

推进全国民族团结进步模范区创建“九进”工程，把民族团结融入村规民约、居民公约，鼓励支持区内群众到区外就业、安家休养，引导各族群众互嵌式居住生活，促进民族交往交流交融向更大范围、更广领域、更深层次拓展。各工作队组织学习民族团结进步创建条例172场次，覆盖群众6800余人次，利用重要节庆日、民族传统节日，开展群众性民族团结进步创建活动348场次，覆盖群众1.4万人次。

【带领群众增收致富】 强化基层组织建设 2022年，驻村工作队指导村（社区）党组织持续加强基本组织、基本队伍、基本活动、基本制度、基本能力、基本保障建设，协助整顿7个软弱涣散基层党组织，培养党员致富带头人97个，提升村级组织政治功能和组织力。

实施乡村振兴战略 2022年，米林县实施以“神圣国土守护者、幸福家园建设者”为主题的乡村振兴战略，推动巩固拓展脱贫攻坚成果同乡村振兴有效衔接，协助开展常态化监测和精准帮扶，守住不发生规模性返贫的底线。各驻村工作队组织宣讲巩固脱贫攻坚成果、实施乡村振兴战略相关政策310场次，受教育群众1.3万人次，协助开展易致贫人口常态化监测，配合相关部门对17户“三类人员”开展返贫监测，协助制定完善“一村一策”发展规划69个。

发展壮大集体产业 2022年，驻村工作队帮助村（社区）因地制宜探索和发展特色农牧业、乡村旅游业、民族手工业、农村电商等新产业新业态。帮助村“两委”理清发展思路9条，组织开展实用技能培训82场次，受益群众0.25万人次，开展勤劳致富典型人物宣传257场次，受教育群众1.1万人次。县强基办与县直相关部门沟通，整合强基惠民工作经费2273.48万元，新建温室大棚65696平方米，发展帮仲抵边搬迁川贝母种植项目，支持村集体经济发展。

民生实事 2022年，县强基办开展为民办实事专项行动，同各驻村工作队走访摸排，与有关部门对接，协调解决土地纠纷、看病困难、邻里纠纷等问题48件。

【维护稳定】 2022年，发挥村（社区）党组织、“三包”党员等作用。各驻村工作队协助村（社区）党组织完善矛盾纠纷隐患及时发现、多元化解机制，推动健全村党组织领导的自治、法治、德治相结合的乡村治理体系，完善村规民约，落实“四议两公开”，强化村务监督，推进移风易俗，破除封建迷信，教育引导群众理性对待宗教。加强《中华人民共和国宪法》《中华人民共和国民法典》等法律法规宣传。各驻村工作队协助村班子完善村规民约77条，指导落实“四议两公开”制度，开展破除封建迷信宣传教育活动237场次，开展法律法规宣传教育391场次，受教育群众1.56万人次。

（陈丽玲）

米林县人民代表大会

综 述

【概况】 2022年，米林县实有县级人大代表126名。年内，县人大常委会共召开常委会会议9次、主任会议9次，作出决议、决定10项，任免地方国家机关工作人员42人次，接受2名市人大代表辞去代表职务、补选市二届人大代表2人，补选县十三届人大代表11人，完成各项工作任务。

【监督工作】 2022年，县人大常委会贯彻落实新发展理念，关注经济运行和预算执行，听取审议上半年全县财政预算执行情况报告，根据全县经济运行情况，调整年度预算2次，及时向政府提出建议和意见，确保财政资金用在实处、用在难处、用出效益，助推地方经济社会发展。落实中央关于建立报告国有资产管理情况制度要求和自治区人大关于加强国有资产管理情况监督的决定，听取审议县政府关于全县国有资产管理情况报告，推动全县国有资产管理监督日趋规范。跟踪检查米林县农村饮水安全工程运行管理办法落实情况、干部职工保障性住房等落实情况，推动各项重点工作高效运行。精选调研课题，开展边境村镇建设及产业配套、重点工程领域薪资落实、教育领域基础设施管理等情况专题调研，形成专题调研报告4篇。联合上级人大常委会对民族宗教、森林防火、就业服务等工作进行专题调研6次，推进各项工作高质量开展。加强对法律实施和司法工作的监督，参与第八个五年法治宣传教育规划方案编制，作出关于开展第八个五年法治宣传教育的决议，配合相关部门开展宪法宣传日等宣传活动，对《中华人民共和国宪法》《中华人民共和国民法典》等多部法律法规开展集中宣传活动，推动宪法宣传常态化。对《中华人民共和国医疗卫生与健康促进法》《中华人民共和国乡村振兴促进法》等法律法规进行执法检查，配合上级人大常委会开展执法检查10次，推动相关法律法规在米林县贯彻实施。坚持党管干部和依法任免相统一，落实干部任前宪法知识考试、宪法宣誓、任后评议等制度，增强被任命人员的宪法意识。有计划地听取“法检”两院半年工作开展情况报告，督促司法部门建立健全工作制度和监督机制，发挥检察、审判职能。开展规范性文件备案审查工作，完善备案审查工作办法，坚持有件必备、有备必审、有错必纠，全年备案审查规范性文件2件。

2022年4月25—26日，米林县人大常委会到卧龙镇、里龙乡、扎绕乡边境村庄，专题调研边境村建设及产业配套情况

【代表工作】 2022年，县人大常委会落实“双联系”机制，按照“做到真联系、取得真实效”的要求，常委会组成人员带头走访联系代表，经常性听取代表的意见建议，支持和帮助基层

代表依法履职。坚持邀请代表参加各类履职活动，邀请18名代表列席县人大常委会会议，22名代表参加执法检查、专题调研等活动，保障代表知情权、参与权、监督权。采取“走出去、请进来”的方式，先后组织县级代表2批26人次，到阿里、山南等市县进行考察学习，开阔代表眼界思维，提升履职能力。创新工作机制，推动平台提档升级，通过2021年设立的代表联络室，规范闭会期间代表接访工作，解决代表在履行职务中遇到的困难和问题，完善代表履职档案管理，持续为人大代表提供服务保障。加强对“人大代表之家”“代表联络站”的管理和使用，督导工作开展情况，健全完善“家”“站”各项职责和制度，优化工作台账，把家站室打造成听取民意的窗口、服务代表的驿站、助推发展的平台，初步构建县有联络室、乡有代表“家”、村有联络站，全面覆盖、条块结合的代表履职服务网，打通代表联系群众“最后一公里”。注重代表建议“减量提质”，突出代表建议精准交办，梳理汇总代表建议、批评和意见，向政府及有关部门交办代表意见建议66条，群众关注度高、反响强烈的建议，由人大常委会领导领办，人大“三委”具体督办，一批群众热切关注的问题得到解决。至年底，代表所提建议全部办复完毕。提高代表履职热情，修改完善《县乡两级人民代表大会代表履职登记和履职补贴发放办法（试行）》，支持指导乡镇人大开展代表述职活动，做到代表当面述职，选民现场评议，落实全县432名县乡两级人大代表联系人民群众的通信、交通等费用补贴97.3万元。

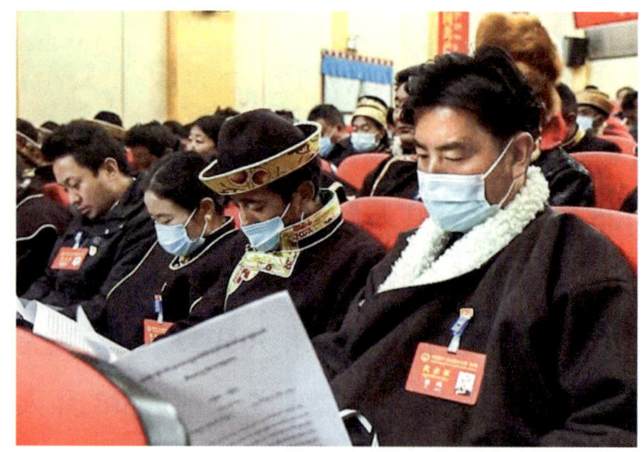

2022年1月25日，米林县第十三届人民代表大会第三次会议上代表审议各项工作报告

【重要会议】 2022年1月5日，米林县第十三届人民代表大会常务委员会第四次会议召开。会议由县人大常委会党组副书记、副主任巴珠主持。会议传达学习习近平总书记二〇二二年新年贺词、王君正在全区改进作风、狠抓落实工作动员部署会上的讲话精神、敖刘全在林芝市干部大会上的讲话精神；审议通过米林县第十三届人民代表大会常务委员会代表资格审查委员会关于个别代表暂时停止执行代表职务的代表资格审查报告（草案）；审议通过许可对米林县第十三届人民代表大会代表茹长春采取刑事强制措施的议案；审议通过林芝市公安局《关于提请许可对米林县人大代表茹长春（涉嫌危险驾驶罪）采取刑事强制措施的申请》；表决通过《米林县人民代表大会常务委员会关于许可对县人大代表茹长春采取刑事强制措施的决定（草案）》。

2022年1月13日，米林县第十三届人民代表大会常务委员会第五次会议召开。会议由县委常委、人大常委会党组书记、主任达顿主持。会议传达学习自治区十一届人民代表大会第五次会议精神、林芝市二届人民代表大会第二次会议精神；审议通过米林县第十三届人民代表大会第三次会议的有关事项：县十三届人大三次会议建议日程、通过米林县人民代表大会常务委员会工作报告（草案），提请米林县第十三届人民代表大会第三次会议审议、县十三届人大三次会议主席团和秘书长建议名单、县人大常委会工作报告人建议名单。决定通过县十三届人大三次会议列席人员名单；接受米林县人民政府关于十二届九次会议代表所提意见建议办理情况的报告。

2022 年 1 月 24—26 日，米林县第十三届人民代表大会第三次会议召开。会议听取和审议米林县人民政府工作报告；审查米林县 2021 年国民经济和社会发展计划执行情况与 2022 年国民经济和社会发展计划；审查米林县 2021 年财政预算执行情况与 2022 年财政预算；听取和审议米林县人大常委会工作报告；听取和审议米林县人民法院工作报告；听取和审议米林县人民检察院工作报告。会议提出书面意见建议 66 件、口头建议 58 条，并对 6 个报告做出决议。此次会议应出席代表 125 人，因事因病请假 15 人，出席 110 人，符合法定人数。

2022 年 1 月 26 日，米林县第十三届人民代表大会常务委员会第六次会议召开。会议由县委常委、人大常委会党组书记、主任达顿主持。会议审议通过许可对米林县第十三届人民代表大会代表茹长春采取刑事强制措施的议案；审议通过米林县检察院《报请许可采取强制措施报告书》；表决通过《米林县人民代表大会常务委员会关于许可对县人大代表茹长春采取刑事强制措施的决定（草案）》。

2022 年 1 月 29 日，米林县 2022 年度人大代表建议意见和政协委员提案建议交办会召开。会议由人大常委会办公室主任支张主持，县人大常委会副主任尼玛次仁、政府副县长陈冬，县政协副主席次仁平措出席会议。会议交办人大代表书面建议 66 件、口头意见 58 条，政协委员提案 28 件、意见 25 条、口头建议 15 条。

2022 年 3 月 15 日，米林县第十三届人民代表大会常务委员会第七次会议召开。会议由县人大常委会党组副书记、副主任巴珠主持。会议传达学习全国两会精神和市委书记敖刘全在市纪委二次全会上的讲话精神；审议通过《关于米林县 2020 年财政预算与 2021 年上半年财政预算执行情况的报告》；表决通过部分人员的任免职事项。

2022 年 4 月 29 日，米林县第十三届人民代表大会常务委员会第八次会议召开。会议由县人大常委会党组副书记、副主任巴珠主持。会议传达学习《中共西藏自治区委员会关于加强自治区党委常委会自身建设的意见》和尼玛扎西在市二届人大常委会第七次会议闭幕会上的讲话精神。表决通过个别代表资格和有关人事免职事项。

2022 年 7 月 18 日，米林县第十三届人大常委会第九次会议召开。会议由县人大常委会党组副书记、副主任巴珠主持。会议传达学习自治区制定的《西藏自治区乡村振兴促进条例》《西藏自治区平安建设条例》，学习西藏自治区第十一届人大常委会第四十次会议精神和林芝市人大常委会基层立法联系点工作管理办法；审议通过《中共米林县委宣传部县司法局关于在全县公民中开展法治宣传教育的第八个五年规划（2021—2025年）》，通过《米林县人大常委会关于开展边境村镇建设及产业配套情况的调研报告》和《〈米林县农村饮水安全工程运行管理办法〉贯彻落实情况跟踪检查的报告》，接受2人辞去县人大常委会副主任和代表资格审查委员会副主任委员的职务，表决通过个别代表资格和有关人事免职事项。

2022年8月3日，米林县第十三届人民代表大会常务委员会第十次会议召开。会议由县人大常委会党组成员、副主任人选吉律主持。传达学习习近平总书记在中央统战工作会议上的讲话、全国人大常委会委员长栗战书在西藏调研时的讲话和自治区党委人大工作会议精神，接受3人辞去米林县第十三届人民代表大会代表的职务和有关人事免职事项。

2022年11月14日，米林县第十三届人民代表大会常务委员会第十一次会议召开。会议由县人大常委会党组副书记、副主任巴珠主持。会议传达学习习近平代表第十九届中央委员会向中共二十大作的报告、习近平总书记在二十届中共中央政治局第一次集体学习会上的讲话精神和西藏自治区党委书记王君正在自治区领导干部大会上的讲话精神、尼玛扎西在市二届人大常委会第九次会议闭幕会上的讲话精神；审议通过《关于2021年米林县本级财政预算第二次调整方案》《关于2022年米林县本级财政预算第一次调整方案》，听取《关于米林县2022年上半年财政预算执行情况的报告》《米林县人大常委会赴阿里地区考察学习的报告》和法检两院2022年上半年工作总结及下一步工作计划，表决通过有关人事免职事项。

2022年12月8日，米林县第十三届人民代表大会常务委员会第十二次会议召开。会议由县人大常委会党组副书记、副主任巴珠主持。传达学习《中国共产党章程（修正案）》、中国共产党西藏自治区第十届委员会第三次全体会议和中国共产党林芝市第二届委员会第三次全体会议精神，补选2名林芝市第二届人民代表大会代表，接受4人辞去县十三届人大常委会委员职务和6人辞去县十三届人大代表职务的申请，修改完善《米林县县、乡两级人大代表履职经费保障及管理办法（试行）》。

【重要活动】 2022年4月13日，林芝市人大常委会副主任、党组成员王东升带队的一行调研组到米林县各乡（镇）调研《西藏自治区人民代表大会代表建议、批评和意见办理工作条例》实施情况及“人大代表之家”平台作用发挥情况。

2022年4月15日，米林县人大常委会组织召开2022年第一季度“四抓、四强、四促进”工作会议，强化县、乡两级人大作风建设，狠抓工作落实。进一步提高县、乡（镇）人大工作者的综合素质和履职能力。

2022年4月25—26日，米林县人大常委会到卧龙镇、里龙乡、扎绕乡边境村庄，专题调研边境村建设及产业配套情况。调研组由县人大常委会副主任巴珠担任组长，部分县人大社建委委员、县级人大代表和抵边搬迁村“两委”班子为成员。

2022年5月12—13日，林芝市人大常委会党组成员、副主任次仁央宗带队的调研组到米林县调研公益林管护资金落实情况及森林防火工作开展情况。

2022 年 6 月 9—10 日，米林县人大常委会副主任巴珠带队组织各乡镇人大主席、副主席到山南市加查县和林芝市朗县，开展第二季度“四抓、四强、四促进”活动，依托交流研讨、教育培训、季度总结，强化自身建设、业务建设和作风建设。

2022 年 6 月 21 日，西藏自治区人大常委会内务司法工作委员会副主任赵桂英带队的自治区人大常委会执法检查组和立法调研组，到米林县开展《中华人民共和国国家安全法》执法检查，并就《西藏自治区人民代表大会常务委员会关于加强新时代检察机关公益诉讼工作的决定（草案）》进行立法调研。

2022 年 6 月 28—29 日，林芝市人大常委会副主任扎西带队的一行检查组，对米林县贯彻实施《中华人民共和国土壤污染防治法》情况开展执法检查。

2022 年 6 月 30 日，林芝市人大常委会检查组到米林县开展《中华人民共和国土壤污染防治法》执法检查

2022 年 10 月 26 日，米林县人大教科文卫委主任委员白玛益西联合统战部组成的执法检查组，对全县民族团结进步创建工作及贯彻实施《西藏自治区民族团结进步模范区创建条例》（以下简称《条例》）情况开展执法检查。

2022 年 11 月 2 日，林芝市人大教科文卫委主任委员燕商明带队的调研组，到米林县调研减轻义务教育阶段学生作业负担和校外培训负担的工作开展情况。

2022 年 11 月 9—11 日，米林县人大常委会副主任巴珠带队到里龙乡、卧龙镇抵边搬迁相关村居开展中共二十大精神宣讲和抵边工作调研检查。通过实地查看项目建设、配套设施建设、群众搬迁前期各项工作安排部署情况以及和搬迁群众交流谈心等，了解抵边搬迁相关工作推进过程中遇到的实际困难以及群众真实诉求，用通俗易懂的语言，结合群众实际，以自身心得体会宣讲中共二十大精神，推动中共二十大精神深入人心。

2022 年 11 月 16—17 日，林芝市人大常委会副主任扎西带队的执法检查组，到米林县开展《中华人民共和国就业促进法》执法检查。

2022 年 12 月 10 日，米林县人大常委会党组副书记、副主任巴珠到卧龙镇扎村宣讲中共二十大精神，勉励扎村党员群众心往一处想、劲往一处使，沿着中共二十大指引的方向勇毅前行。扎村驻村工作队、村“两委”、党员群众共 50 余人聆听宣讲。

2022 年 12 月 14 日，米林县人大常委会副主任人选吉律主持召开林芝市二届人大三次会议米林代表团代表建议初审会。会议对代表提出的 21 条建议意见进行初步审查，经研究讨论决定将其中具有针对性、前瞻性和可行性的 10 条意见建议提交林芝市人大常委会。县人民政府副县长张永焕参加会议。

【自身建设】2022年，县人大常委会开展进一步改进作风狠抓落实工作，常态化推进党史学习教育，围绕“三个是否”“大调研、大讨论、大落实”活动，组织开展集中学习42次，专题学习10场次，专题研讨11场次；落实中央八项规定及其实施细则，坚持党组中心组学习、党员领导干部双重组织生活、机关党支部主题党日、谈心谈话等制度，强化纪律意识、规矩意识和廉洁意识。进一步完善制度建设，坚持以《中华人民共和国宪法》等法律法规为依据，细化完善议事规则、请示报告、监督、决定、任免等方面制度，通过多次研究讨论、征求意见，编制实施并印发《米林县第十三届人民代表大会常务委员会制度汇编》和《米林县人大常委会机关制度汇编》，为常委会依法、高效履职尽责提供条件。自觉接受上级人大工作指导，配合自治区、市人大常委会组织开展的执法检查、调研视察等工作。坚持县乡镇人大“一盘棋”，建立常委会领导联系指导乡镇人大工作制度，加强对乡镇人大法定会议、主席团工作、代表活动的指导。依托提高县、乡镇人大工作者的作风建设和履职能力，创新开展县乡两级人大“四抓四强四促进”季度活动，增强人大干部履职能力，推动形成上下联动、左右协同、前后衔接的人大监督体系，提升全县人大工作整体水平。发挥模范作用，组织机关党员干部投身疫情防控一线，参与疫情防控志愿服务，组织动员代表参与联防联控、捐款捐物，各级代表累计捐款捐物31.43万元。加强人大工作宣传，利用网信米林、米林融媒体等载体，宣传人民代表大会制度、民主法治建设和依法治县的好经验、好做法。

常委会办公室工作

【概况】2022年，米林县人大常委会下设“一室三委”（县人大常委会办公室、人大财经委员会、人大社会建设委员会、人大教科文卫委员会）。县人大常委会机关推动机关各项工作取得新成效。

【政治理论和业务学习】2022年，县人大常委会机关全面贯彻落实中共二十大精神及中央人大工作会议、中央第七次西藏工作座谈会精神，贯彻落实习近平总书记关于坚持和完善人民代表大会制度的重要思想，贯彻落实区党委、市委和县委的各项决策部署，采取集中学习、专题党课、组织生活会、支部主题党日活动等多种形式，利用“学习强国”平台、“网信米林”等新媒体平台，深化党员干部政治思想教育、党性修养锤炼。强化理论武装，提升业务能力水平。按照进一步改进作风狠抓落实工作要求，学习政治理论，结合人大工作实际，学习贯彻《中华人民共和国宪法》《中华人民共和国各级人民代表大会常务委员会监督法》《中华人民共和国民法典》等法律法规和人大业务知识，提高干部职工服务基层、服务发展、服务群众的业务水平和工作能力。至年底，共组织支部学习38次，参学率400余人次，开展集中研讨8次，撰写研讨发言材料及心得体会30篇，组织党员干部观看爱国主义短视频、红色电影等3场次。

【服务机关工作】2022年，县人大常委会办公室持续健全完善公文处理制度，实行分级负责制，进一步规范公文写作、审核、签发、印制、发送等程序，及时准确签收办理文电信息。执行机关车辆、财务、公务接待等管理，为常委会及机关提供优质高效的后勤保障。加强与县委、“一府一委两院”的沟通联系，为机关日常工作顺畅运转营造环境。开展文稿起草、会议程序及筹备安排等工作。全年策划常委会会议8次、主任会议8次，完成县人大十三届三次会议有关筹备和会务后勤等工作。

【建议督办】2022年，县人大常委会机关开展代表依法履职保障工作，梳理汇总县十三届人大三次会议代表建议、批评和意见，建立完善交办制度和责任落实制度，向政府及有关部门交办代表意见建议66条。提高意见建议办理成效，规范办理流程，召开督办会1次，发出督办通知1期。群众关注度高、反响强烈的建议，由人大常委会主任、副主任领办，人大“三委”具体督办，解决一批群众热切关注的问题。

【机关党支部工作】2022年，县人大常委会机关党支部不断完善支部班子责任分工，支部党建任务细化分解到人，责任落实到人，坚持制度管人管事管行为，不断细化完善县人大常委会及其机关各项制度17项，优化班子整体功能，推进党建工作目标、制度、责任、实效的落实。创新开展县乡两级人大“四抓四强四促进”季度培训活动，提升全县人大工作整体合力。全年开展培训活动3次，参学90余人次。坚持强化党员日常管理，执行党费收缴管理制度等，壮大党员队伍，加强党员培训、管理和监督。开展违规违纪发展党员专项整治，深入查摆问题，及时对照整改，进一步规范支部发展党员程序，强化党员队伍建设。全年召开党员大会3次，支部书记讲党课3次，党日活动12次，新发展党员2人，共收缴党费11090元。疫情防控期间，机关21名党员干部参加物资转运等志愿服务工作累计300余天，到包保楼栋、商铺开展防控督查200余人次。

【作风建设】2022年，县人大常委会机关落实坚持党组理论中心组学习、机关党支部主题党日、党员领导干部双重组织生活、谈心谈话等制度，学习贯彻《中国共产党廉洁自律准则》《中国共产党纪律处分条例》等，加强警示教育，结合人大工作实际，常态化组织党员干部学习各类违纪违法典型案例，收看警示教育片、爱国主义短视频、红色电影等，发挥“以案为鉴、以案促改”警示作用，增强人大党员干部践行初心使命的热情。至年底，签订承诺书40余份，观看警示教育影片9场次，典型案例学习20余篇。

（人大常委会办公室）

米林县人民政府

综　述

【概况】2022年，米林县地区生产总值完成20.9亿元，同比增长1.89%；全社会固定资产投资完成22.32亿元，同比增长7.4%；一般公共预算收入5739万元（不含留抵退税），同比下降58.42%；社会消费品零售额完成3.54亿元，同比下降6.9%；农村居民人均可支配收入26663元，同比增长5.5%。全年办理人大代表建议和政协委员提案94件，办复率100%，满意度100%。95%以上财力投向民生领域、农牧区发展、边境建设。法治政府、廉洁政府、服务型政府建设一体推进，政府治理能力和治理效能不断提升。

【安全发展】2022年，米林县坚持和发展新时代“枫桥经验”，健全矛盾纠纷化解“七项”工作机制，排查化解矛盾34起，依法合理化解信访事项39件48人次。开展安全生产三年专项行动，守好守住森林草原不发生火情的底线，全年无较大以上安全生产事故。

2022年7月24日，米林县副县长张永焕（左一）带领联合检查组，对全县安全生产工作进行专项大检查

【经济发展】2022年，推进56个市级重点项目，完成投资10.57亿元。提高乡村两级公路通畅率。发展五大产业，全年接待区内外游客102.5万人次，旅游综合收入9.13亿元，索松村获评首批自治区级边境乡村旅游特色村。立足雅江下游水电开发前景，组建专班，提前谋划技术服务、绿色建材等相关配套产业。培育发展商贸物流产业，完善28个电商服务站运营管理，健全县域物流保障体系。与达尔亚干、奇正藏药、京都念慈菴等企业达成协议，辐射带动藏医药全产业链发展。林下仿野生白肉灵芝试种成功，推进川贝母产业化种植。稳定发展基础农牧业，推进万亩高标准农田建设，全县粮食种植面积4.84万亩，同比增长4.31%，粮食总产量突破1.2万吨。推动藏猪、林果等为主的农牧特色产业发展，全县藏猪养殖存栏5.2万头、能繁母猪1.7万头，万亩苹果提质增效1257亩，全县苹果产量1.2万吨。

【深化改革】2022年，米林县国有企业改革取得制度性进展。推进“互联网+政务服务”项目审批、便民服务等“一网通办”事项超250项。持续优化营商环境，加大招商引资力度，累计签约项目3个，签约资金8.35亿元，到位资金4亿元，完成年度目标任务。持续释放

2022年3月22日，贵州省政务服务中心“跨省通办”巡回互助工作组一行到米林县政务服务中心就推进基层政务服务与“跨省通办”工作开展考察调研

农村土地改革红利，全县农村土地耕地流转0.9万亩，同比增长3.6%。挖掘消费潜力，开展“助企惠民·乐购米林”“欢度工布新年助力复工复产”等惠民促销活动，落实补贴资金150万元，拉动间接消费900余万元。对口帮扶援助实施水利部定点帮扶项目15个，总投资2.274亿元，到位资金1.71亿元。实施广东援藏规划项目3个，总投资5200万元。

【乡村振兴】 2022年，米林县全面巩固拓展脱贫攻坚成果，落实防止返贫动态监测和帮扶机制，完成8个乡（镇）4588户18984人的“三类人口”精准识别工作，消除风险户13户37人。促进消费帮扶，贫困群众获益928.91万元。开展三岩搬迁后续扶持，编制完成68个行政村“一村一策”方案。落实各级资金2.35亿元，其中衔接资金1.8亿元，资金拨付率99.61%。实施乡村振兴项目19个，打造乡村振兴示范村、整村推进村3个，实施格嘎村休闲康养中心、桑巴村佛掌沙丘景点提升改造等项目。

【生态环保】 2022年，米林县组织开展中央第二轮环保督察迎检工作，开展反馈问题整改。持续推进生态文明建设示范区创建，完成7个乡（镇）、48个村（居）自治区级生态文明示范区资料编制及送审工作，启动自治区级生态文明创建示范县规划编制工作。持续改善城乡人居环境，全县推广实施城乡垃圾分类收集模式，公路沿线垃圾收集覆盖率100%，村庄垃圾收集覆盖率86.6%，基本实现农村垃圾科学无害化处理。完成厕所改造4538户，普及率97.11%。持续提升生态治理水平，推进河（湖）长制、林长制工作，设立县乡村三级河（湖）长169人、林长386人，不断完善县域山水林田湖草沙常态化管理保护机制。开展水土流失综合防治，推进水资源消耗总量和强度双控行动。完成土地绿化6716亩、草原生态修复28.6万亩。兑现森林生态效益补偿金2884.35万元、草原生态保护补助奖励资金1049万元，落实生态岗位1266个，实现保护生态和惠民增收有机统一。

2022年5月6日，米林县森林督查反馈问题整改工作推进会召开

【固边兴边富民行动】 2022年，米林县围绕安置点建设、农村供水保障、水美乡村建设、小流域综合治理等内容，科学编制抵边搬迁工作方案。完成朗贡木如1号和木如2号抵边安置点建设、房屋分配工作，梯次推动搬迁群众入住。雪卡、邦仲安置点序时推进，分别完成总工程量的51%、56%，完成投资1.95亿元。南伊、鲁霞、丹娘、巴嘎4个安置点项目前期工作有序开展。推进兴边富民行动中心试点城镇建设，投资3.6亿元建设4条边防公路和巡防道路，规划实施犏奶牛养殖、川贝母种植等项

目8个，通过吸纳就业、租赁机械、购买建材带动群众增收9500万元。编制完成《水利部定点帮扶米林县三年（2023—2025年）实施方案》，推进水系连通及水美乡村建设试点县项目、农村饮水提升工程。

2022年5月10—14日，米林县委副书记、县长多吉扎西（左三）带队到昌都市考察移民安置工作

【民生事业改善】2022年，米林县落实各项就业创业政策，实现城镇新增就业508人，农牧民转移就业5035人，转移就业收入5910万元。推进高校毕业生“一对一”帮扶，2022年应届高校毕业生就业率99.41%。不断改善办学条件，萨玉村幼儿园、9所中小学厕所革命建成并投入使用。学前教育普及普惠通过市级初核，实现“五个100%”教育发展目标，提升素质教育质量。推进紧密型医共体建设，加强“三级”对口帮扶医院合作，分批引进15名医疗援藏人才开展技能帮扶，不断提升县域医疗队伍技能，年内县域就诊率提升30.6%。推进全民参保计划，城乡居民基本医疗、养老保险参保率均超97%。实施文化惠民工程，推动村级文化活动广场、农家书屋等文化阵地前移。

【疫情防控】2022年新冠疫情发生后，米林县第一时间启动应急响应，充实完善专项小组，形成防控合力。建立全域覆盖的生活物资保障体系，确保群众生产生活秩序。先后派出志愿者和医护骨干5批、53人次，到林芝、拉萨市开展抗疫工作。米林县率先实现复工复产、复商复市、复农复学，人民群众生产生活秩序稳步恢复。

政府办公室工作

【概况】2022年，政府办围绕县政府中心工作主题主线，提效能、优服务、重协调、促落实，有力保障县政府各项工作高效推进。

【机要工作】2022年，政府办开展文件收发、归类存档工作。参与谋划制定政府文件44份，政办文件37份，印发各类会议纪要54期。推动政风文风会风“短实新”，起草政府工作报告等综合性文稿，编报各类信息640余条。办理各类请示238件，按期办结203件、未办结35件，办结率85.29%。承办专题会议20次，政府常务会议14次，政府党组会议19次。实行交办、反馈、办结等闭环清单化管理，突出服务好稳定、发展、生态、强边四件大事，督办民生十件实事落实、重点项目推进等各类事项4期，按期办结率100%。开展民生实事办理，办理办结政协提案28件、人大议案66件，办结率和满意度均为100%。开展编译工作，翻译各类重大会议、重大决策藏文材料30余万字。疫情防控期间，编译各类宣传画册1000余件。制作中共二十大精神相关材料600余份。

【纠纷化解】2022年，政府办依法受理（接待）群众来访43件、53人次，同比上升79%，均为个体访。依法合理化解39件、48人次，涉及资金506万余元。对化解的矛盾纠纷坚持跟踪回访，确保真正案结事了。

【后勤保障】2022年，政府办从紧从俭安排后勤保障，接待各类工作组210余次、3200余人，派遣公务用车3500余台次，为疫情防控一线工作人员提供后勤服务保障。强化财务管理，完善财务管理制度，加强财务报销的审核、签字关，实现“三公”经费与2021年同期支出持平。做好机关大院环境卫生工作，加强机关大院的排水、绿化工作，改善干部职工工作和生活环境。发挥政府办公室协调职能作用，做好政府各部门间的协调服务工作，确保工作协调顺利开展。

【驻村工作】2022年，政府办选派2名综合素质兼优的领导干部到羌纳乡结果村驻村点驻村分别任第一支部书记和驻村工作队队长，政府办工作队按照县委、县政府的安排部署，围绕群众利益无小事，开展疫情防控、脱贫攻坚、乡村振兴等各项工作。

【政务信息公开】2022年，政府办贯彻落实保密工作领导责任制，成立保密领导小组，定期组织办公室全体干部职工召开保密工作会议，进行保密宣传，提高领导干部的保密意识。提升改革创新能力，深化“放管服”改革。加强政务公开，规范米林县政府网站管理，县长信箱留言办结率100%，公开信息552条，涉及教育、医疗等民生内容，提高运用法治思维和法治方式开展工作、解决问题能力，提升政府行政效能和治理效能。

【理论学习】2022年，政府办开展党支部集中学习20余次，引导党员干部转变思想观念，以新发展理念促进新的思维方式和工作方式，自觉推动各项决策部署落地见效。开展“改进作风 狠抓落实”工作，组织“是否履职、是否正确履职、是否履职到位”专题活动，开展“我为群众办实事”活动2次，开展“参观红色小木屋”“集中观看大型专题电视片——领航”活动，提升广大干部为民务实能力。优化选人用人机制，提升办公室生机和活力。开展“三个是否”专题活动，组织全体干部学习《中国共产党章程》《中国共产党纪律处分条例》以及自治区第十次党代会、林芝市第二次党代会精神和米林县第十次党代会精神等，推进节约型机关建设。

（政府办）

行政审批和便民服务

【概况】2022年，米林县行政审批和便民服务局贯彻中共二十大精神，推进行政审批制度改革，打造便民、优质、规范、廉洁、高效的政务服务环境，促进政府服务提质增效，累计受理各类服务事项32797件；开办“跨省通办”业务，帮助群众办理异地政务服务业务，提高办事群众满意度；创新服务方式，开展互联网+政务服务工作，提升政务服务能力，受理咨询服务13456人次，实现“最多跑一次”“零跑动”的目标任务；加强服务规范管理，加大内部监督检查力度，形成正向激励良性循环；落实主体责任，多措并举，确保政务服务工作安全、高效、有序。

【政务服务】 2022 年，米林县加快三级政务服务标准化建设，推进“三集中三到位”，县级 16 个承担审批服务职能部门的 69 项审批服务事项入驻米林县政务服务中心；政务服务大厅线上线下按期办结率 100%，受理咨询服务 29526 人次，依托西藏政务服务平台组织协调开展乡村信息的采集、梳理、录入工作。全县 8 个乡镇、69 个村居认领政务服务事项，各乡镇认领 4 项，各村居认领 3 项，录入政务服务数据 1329 条。推进政务服务中心（站）示范点建设。参照《西藏自治区五级政务服务大厅（站点）标准化建设方案（暂行）》要求，逐步在派镇、里龙乡，东措社区、琼林村开展示范点建设。

【“跨省通办”业务】 2022 年，米林县政务服务中心提高医疗保障、户籍等政务服务“跨省通办”业务办理效率，方便群众跨省办理户籍业务。在医疗保障相关业务方面，米林县政务服务中心采用“代收代办”“两地联办”等方式受理住院结算 178 笔，门诊结算 364 笔，药店购买药品 597 笔。在户籍办理相关业务方面，米林县于 2022 年 1 月底面向米林县人民正式开通与四川、重庆、贵州等地的“跨省通办”户籍业务，受理户籍“跨省通办”咨询业务 142 件。

2022 年 2 月 28 日，米林县推动医疗保障、户籍业务从“能办”向“好办”转变，逐步实现更多政务服务事项“跨省通办”

2022 年 3 月 21 日，贵州省政务服务中心“跨省通办”巡回互助工作组到米林县政务中心考察交流

【互联网 + 政务服务工作】 2022 年，县行政审批和便民服务局为群众现场受理各类服务事项 13622 件，发放各类证照 1241 个，按期办结率 100%。在服务大厅每个窗口放置一次性告知事项清单和办事指南，发放一次性告知事项清单 1236 份。推行“主动服务、亲切阳光、贴心高效”服务，建立“1+N”服务体系，“1”即在米林县政务服务中心设立导办台、“党员示范岗”“学雷锋志愿服务岗”，让企业和办事群众了解找谁办、怎么办；“N”即根据实际需求，在现有资源的基础上增设图书角、免费自助手机充电站等便民设施，将米林县政务服务中心打造成群众之家。

【服务规范管理】 2022年，县行政审批和便民服务局抓实政务服务规范管理工作。制作米林县政务服务中心窗口人员考勤表，建立人工巡查和电子监察相结合的管理机制，日巡查、周汇总、月反馈，及时动态掌握中心运行情况和窗口工作人员在岗情况及工作状态，做到心中有秤、奖罚有据、公平公正。落实政务服务“好差评”工作，畅通外部监督渠道，依托西藏政务服务平台“好差评”系统，推动实现线上线下全覆盖。发挥评价的正向激励作用，将群众的点赞转化为政务服务人员持续改进工作的动力，推动政务服务开创新局面。全县汇聚“好差评”评价数据3276条，好评率达100%。

【网上服务】 2022年，县行政审批和便民服务局做优网上服务。引导办事群众“预约办”“错峰办”，鼓励并指导办事群众通过西藏政务服务网、西藏政务等渠道实现“网上办”“掌上办”办理业务。严格“三包”工作责任制，采取局领导干部“一包一”商铺的形式，对所包经营商铺实行“分片包干、责任到人”。参与志愿活动。县行政审批和便民服务局组织领导干部参与工作当中。派出志愿者22人次，参与机场、医疗物资转运等工作。

（米林县行政审批和便民服务局）

外事工作

【党建引领】 2022年，县外事办党支部结合各个重要时间节点开展党建活动，推进“五型”机关党组织创建。通过党建活动开展主题党日活动，组织党员观看《跨过鸭绿江》《中组部党章电视辅导教材视频》，开展党员志愿者参与机场入林人员身份登记工作，组织开展党员入户了解包户基本情况、党员包商铺活动。落实理论学习制度。确定每周四下午为政治理论及业务学习时间，每次集中学习不少于2小时，确保学习成效。坚持领导带头，落实“三会一课”制度，开展专题党课2节。完善群团组织建设，以党建带团建，以团建促党建，争创“最强党支部”，形成合力的基层组织建设。县外事办党组召开专题会议，就落实米林县专题活动动员大会会议精神、成立专题学习教育领导小组、召开教育动员会、制定实施方案等作出具体安排。

【党风廉政建设】 2022年，县外事办以习近平新时代中国特色社会主义思想为指导，贯彻落实中共十九大、中共十九届历次全会精神、中共二十大精神以及十九届中央纪律检查委员会第六次全体会议、自治区纪委十届二次全会精神。于年初召开2022年党风廉政建设工作部署会，结合专题学习教育，把抓党风廉政建设责任制工作及惩治和预防腐败体系建设列入县外事办党组重要议事日程，作为“一把手工程”来抓，组织全体领导干部观看五级专题片《零容忍》，增强党员干部廉政意识和拒腐防变的能力。党组成员落实“一岗双责”，在抓好所分管业务工作的同时抓好党风廉政建设形成风清气正的政治生态环境；要求党员干部把讲规矩、守纪律作为立身之本，贯彻落实中央八项规定、实施细则精神，知敬畏、守规矩，做忠诚干净担当的好干部。

【队伍建设】 2022年，县外事办将护边员、外事巡边员及其他巡护边群防力量整合，统称为“护边员”（对内仍保留“外事巡边员”称谓），统一名称、统一管理、统一招录、统一待遇、统一培训，组建一支人员稳定、素质过硬、技能全面的护边员队伍。

（达娃卓玛）

中国人民政治协商会议米林县委员会

综 述

【概况】2022年，米林县政协围绕“一府两院”工作报告开展全体会议集中协商，提出建设性意见20余条。深入现场调研考察，开展民主监督，推动解决社会各界普遍关注的问题。

【理论学习】2022年，县政协完善党组会议、党组理论学习中心组、常委会会议、主席会议专题学习制度，加强对习近平新时代中国特色社会主义思想及中共方针政策的学习。制定中共二十大精神学习宣传贯彻方案，县政协班子成员带头学习、宣讲、践行新思想，指导各界别开展学习研讨，推进学习教育常态化制度化。政协委员结合参政议政活动和微信工作群开展线上线下学习活动。

【政治协商】2022年，县政协制定年度协商工作计划，利用“有事好商量”平台，推动协商民主广泛、多层、制度化发展。围绕“一府两院”工作报告开展全体会议集中协商，建言献策，提出建设性意见20余条。围绕“民族团结进步模范区创建”等重点工作，召开常委会会议重点协商，提出意见建议。修订完善《政协米林县委员会提案工作条例》，执行提案审查制度，十届二次会议后共收到提案55件，审查立案28件，确定重点提案3类7件。健全提案办理反馈和双向评议机制，探索现场面对面协商督办和会议集中督办，推动提案办理落实。利用“有事好商量”平台，完善乡镇政协委员联络员机制。先后围绕“中小微企业融资”“水果种植后续管理”等民生课题开展小微协商。

2022年6月17日，米林县政协召开“水果种植后续管理”专题协商会

【民主监督】2022年，县政协采取实地调研、召开座谈会等形式，重点考察万亩果园建设情况、边境村镇建设，畅通委员知情明政、参政议政、协商资政渠道。围绕“环境污染治理”问题，调研环保督察反馈问题整改、人居环境改善，开展专题座谈，听取环保部门工作情况汇报。围绕教育、医疗、交通、食品安全等方面，通过调研考察、提案督办、选派特邀监督员等方式开展民主监督，推动有关部门采取有力措施，解决社会各界普遍关注的问题。协助自治区、市政协开展“优化城区停车场管理”“边境地区高质量发展”“住校学生生病就医”等专题调研活动，收集提供第一手资料，促进改革发展成果更多更公平地惠及广大群众。

2022年4月19日，林芝市政协副主席旺东（右四）调研耕地保护、羌纳乡小学情况

【文史资料】 2022年，县政协立足文史资料统战属性，以“书香政协”为载体，发挥文史资料“存史、资政、育人”的重要作用，围绕红色资源保护和利用、传统文化保护和传承开展调研，综合利用资源，建设文史资料室，展现米林历史、米林政协发展历程。

【自身建设】 2022年，米林县设立政协委员接待室，完善委员履职量化考核办法，健全委员履职档案，探索委员履职“积分制”，推动全体委员完成年度“委员作业”，实现履职考评信息化、制度化。实施“全员入委”，全县90名委员按专业特长、界别编入3个专委会，依托专委会平台，开展界别调研协商等经常性履职活动，解决“年委员、季常委”问题。依托“改进作风狠抓落实”工作，实施“以‘一改两为三促进’为目标，树立四个‘一线’意识”活动，提升机关规范化管理和整体服务效能。优化专委会机构设置，充实提案委工作人员，审定《政协米林县委员会专门委员会工作通则》，发挥专委会团结联系委员、协商民主平台等基础性作用；完善联络机制，设乡镇政协委员联络员和机关界别联络组。

【疫情防控】 2022年，县政协班子成员带头到抗疫一线参与抗疫工作，多次带队督导疫情防控和复工复产。广大委员多渠道募捐口罩、防护服等物资，捐款捐物10余万元。

【全体会议】 2022年1月24—26日，中国人民政治协商会议第十届米林县委员会第二次会议召开。会议应到委员90人，实到委员75人。会议听取和审议政协第十届米林县委员会常务委员会工作报告；听取和审议政协第十届米林县委员会常务委员会提案工作情况的报告；学习中央和区、市、县有关会议及文件精神；列席第十三届米林县人民代表大会第三次会议，听取并讨论政府工作报告及其他有关报告；审议通过政协第十届米林县委员会第二次会议政治决议；审议通过政协第十届米林县委员会第二次会议关于常务委员会工作报告的决议；审议通过政协第十届米林县委员会第二次会议关于常务委员会提案工作情况报告的决议；审议通过关于政协第十届米林县委员会提案委员会关于政协十届二次会议提案审查情况的报告；其他事项。

【常务委员会第四次会议】 2022年1月19日，政协第十届米林县委员会常务委员会第四次会议在2号楼三楼会议室召开，由县政协主席马海蕴主持。会议传达学习自治区党委书记王君正在林芝市考察调研时的讲话精神、自治区党委书记王君正关于林芝市森林火灾和疫情防控有关情况的报告上的批示指示精神、自治区政协十一届五次会议精神、市委经济工作会议、市政协二届二次会议精神；审议通过关于召开政协第十届米林县委员会第二次会议的决定；审议通过县政协十届二次会议相关材料。

【常务委员会第五次会议】 2022年1月25日，政协第十届米林县委员会常务委员会第五次会议在2号楼三楼会议室召开，由县政协主席马海蕴主持。会议审议通过县政协十届二次会议三项决议（草案）；审议通过关于县政协十届二次会议提案审查情况的报告（草案）。

【常务委员会第六次会议】 2022年4月8日，政协第十届米林县委员会常务委员会第六次会议在2号楼三楼会议室召开，由县政协主席马海蕴主持。会议主要内容为“助推企业发展融资”专题协商会。

【常务委员会第七次会议】 2022年8月3日，政协第十届米林县委员会常务委员会第七次会议在2号楼三楼会议室召开，由县政协副主席达娃主持。会议传达学习《中国共产党政治协商工作条例》；审议《政协第十届米林县委员会常务委员会关于加强自身建设的意见（草案）》、关于巴桑央吉免职的通知；办公室主任、副主任人选名单；提案委员会主任、副主任人选名单。

【常务委员会第八次会议】 2022年11月11日，政协第十届米林县委员会常务委员会第八次会议在2号楼三楼会议室召开，由县政协主席马海蕴主持。会议主要内容为“民族团结进步模范区创建”专题协商会。

【常务委员会第九次会议】 2022年12月29日，政协第十届米林县委员会常务委员会第九次会议在2号楼三楼会议室召开，由县政协主席马海蕴主持。会议审议通过关于召开政协第十届米林县委员会第三次会议的决定；审议通过县政协十届三次会议相关材料。

【重要活动】 2022年1月5日，县政协组织开展十届一次会议重点提案现场督办会。2月15日，走访慰问卧龙镇下却村驻村工作队，调研村产业发展。同月16—22日，调研各乡镇水肥一体化基地运行情况。3月11日，组织开展监督检查生态环境保护督察反馈问题整改落实情况。同日，县政协主席马海蕴走访看望卧龙镇县级政协委员。同月23日，县政协主席马海蕴调研羌纳乡产业发展。4月12—13日，县政协主席马海蕴调研各乡镇水肥一体化基地。同月22日，组织开展“书香政协·读书日活动”。5月17日，完成2022年度驻村工作队轮换。同月24日，县政协主席马海蕴调研派镇、丹娘乡民族团结、水果种植工作。6月20日，县政协党组书记、主席、卧龙镇挂点领导马海蕴，到卧龙镇角木那村，调研软弱涣散基层党组织整顿工作。7月25日，自治区党委常务副书记、政协党组书记庄严走访看望米林县政协机关干部和政协委员，召开市、县政协工作座谈会。8月3—12日，组织部分政协委员赴昌都市，考察学习民族团结、产业发展、合作社运营、寺庙管理以及乡镇政协委员之家建设等方面好的工作做法。9月27—28日，县政协主席马海蕴调研民族团结、水果种植后续管理工作。同月30日，举行“喜迎二十大、欢度国庆节、奋进新征程”系列主题活动。10月25日，调研农机具加油问题。10月31日至11月2日，调研各乡镇、各单位民族团结创建。11月29日，县政协主席马海蕴到卧龙镇麦村宣讲中共二十大精神。同月30日，市政协宣讲团到红太阳科技示范家庭农场宣讲中共二十大精神。

政协办公室工作

【概况】 2022年，米林县政协办公室为正科级行政设置。全年起草县政协、县政协党组各类公文10余件，编撰各类会议材料20余件，完成会议的组织筹备和服务工作。接待区内外各级政协考察、学习工作组18批170余人次。

2022年3月9日，中共米林县政协办党支部2021年度组织生活会召开

【文字材料工作】 2022年，县政协办办文力求精简、规范、优质，不断提高公文起草工作的针对性和实效性，对公文处理作进一步改进和完善，做好文件起草、审核、收发工作，确保办文质量，提高办文效率。全年起草县政协、县政协党组各类公文10余件，编撰各类会议材料20余件。

【会务保障】 2022年，县政协办在会议筹备过程中，提前加强与相关部门的衔接和联系委员，及时送达会议材料，周密安排会议程序，细致做好保障工作，确保会议质量。年内，政协办完成1次全委会、6次常委会、12次党组会议、11次主席会议及10余次各种专题座谈会、协商会、机关会议的组织筹备和服务工作。

【后勤服务】 2022年，县政协办开展政协领导、政协委员参加各类会议和活动的联络与服务工作。节前慰问老干部，组织他们参加全委会，听取老干部的意见，进一步提高服务质量。协助县级领导完成高校毕业生就业帮扶，制订县政协办就业帮扶计划，为帮扶对象推荐就业岗位。

2022年4月22日，委员读书活动

【队伍建设】 2022年，县政协办实施“以‘一改两为三促进’为目标，树立四个‘一线’意识”活动，全体机关党员坚定理想信念，提高党性觉悟，提升机关规范化管理和整体服务效能。

（谢　瑾）

中国共产党
米林县纪律检查委员会
米林县监察委员会

综　述

【概况】2022年，中国共产党米林县纪律检查委员会和米林县监察委员会内设综合室、党风政风监督室、监督检查室、审查调查室、案件审理室5个科室和纪检监察信息中心。米林县纪委监委以习近平新时代中国特色社会主义思想为指导，围绕中心强化政治监督，践行“两个维护”；协助推动全面从严治党主体责任落实，批准立案审查13人次，请示汇报工作16次；运用“四种形态”进行批评教育帮助，加强党风廉政建设和组织协调反腐败工作，立案41件45人；开展监督检查，进一步改进作风狠抓落实工作；利用“常委会+党支部+业务大学习”模式，强化内部管理，加强自身建设。

【全面从严治党】2022年，米林县纪委监委协助推动全面从严治党主体责任落实，强化“三重一大”议事决策程序；处置违反政治纪律和政治规矩问题3件，涉及领导干部3人。抓好党员干部思想政治教育，对学习习近平总书记重要讲话、中共十九大及十九届历次全会精神，以及中央、区市县重要文件会议精神开展监督检查5次，发现并责令整改问题11个。围绕县委中心工作，纠正上有政策下有对策、有令不行有禁不止行为；依托“一把手”监督，协助县委对8个乡（镇）党委班子、县直部门领导班子开展全面从严治党廉政谈心谈话；中共二十大召开期间，派出2个督导检查组，在全县范围内开展督导，发现问题32个，立行立改31个，督促整改1个，下发通报7期。围绕中心服务大局，担起监督职责，制定《米林县纪委监委疫情防控监督检查工作方案》，开展监督检查84批次，监督检查发现问题归纳整理108个，全部整改，通报批评单位14家，约谈、谈话提醒21人，督促监管部门停业整顿商铺9家。

【党风廉政建设】2022年，米林县纪委监委受理问题线索152件（次），同比增长310.8%，办结96件，收缴违规违纪资金0.26万元，运用“四种形态”批评教育帮助和处理87人次。其中，运用“第一种形态”处理47人次，运用“第二种形态”处理35人次，运用“第三种形态”处理4人次，运用“第四种形态”处理1人次，占比分别为54%、40%、5%、1%。完善“不能腐”的制度机制，针对监督执纪过程中发现的共性问题和制度漏洞，下发监察建议书4份、纪律检查建议1份；在干部选拔任用、人事调动、评先选优等方面为4257人次出具党风廉政意见，提出暂缓或否定性意见32人次；派出12人次参与干部考察工作，对民主推荐、公示任命等环节进行监督；正确对待受处理的干部，做到不放弃、不抛弃，开展回访教育6人次。筑牢“不想腐”的思想根基，公开通报全县查处的违纪违法典型案例1起，转发上级典型案例通报52起；开展乡科级警示教育大会，受教育400余人；组织在家的21名县级领导、200余名副科实职以上干部参观“身边事教育身边人”廉政警示教育展；依托米林县第27个党风廉政建设宣传教育月，联合25家单位开展廉政宣传，发放宣传手册、宣传物品2000余份，受教育3000余人次。

【监督检查】 2022年，米林县纪委监委进一步改进作风狠抓落实工作，制定《关于“四风”突出问题、干部不担当不作为问题、漠视侵害群众利益问题专项整治工作方案》，选派业务骨干参与县委作风办督导检查，开展联合监督检查，发现共性问题22个、个性问题8个、“三个专项整治”问题16个，反馈并要求整改。在重要时间节点推进“四风”纠治，下发节前廉政提醒通知8条，开展监督检查13次，发现并责令整改问题29个，处理违反中央八项规定精神问题线索35件，办结24件，其中立案4件，给予党纪政务处分5人。“两会”期间，制作并发放“会风会纪温馨提醒卡”180余份，监督会场14次、驻地2次、娱乐场所2次。推进巩固脱贫攻坚成果同乡村振兴衔接专项监督，召开专项监督工作例会2次，开展调研3次，谋划专项监督。开展专项监督2轮，发现并责令整改问题8个，督促整改中央第四批环保督察转办问题2个，受理微腐败问题线索9件，立案1件，正在初核8件，开除党籍、开除公职1人。对2个村集体开展“三资”提级监督，发现问题6个，督促整改。推进惠民惠农财政补贴资金“一卡通”专项治理，督促县财政局制定并下发《米林县加强惠民惠农财政补贴资金“一卡通”管理工作实施方案》；在乡（镇）排查“一卡通”资金发放情况的基础上，抽查56张进行核实，对发现的4个共性问题和3个个性问题进行督促整改。推进粮食购销领域专项整治，以查阅资料和实地入仓的方式，对粮食局的台账登记、制度执行和资金预算等情况进行监督检查5次，督促整改问题4个；办理市委涉粮问题专项巡察组移交的问题线索5起。其中，立案1件，诫勉3人，下达监察建议书1份，3人移交上级纪委处置。推进优化营商环境专项行动，督促各职能部门贯彻落实县委、县政府决策部署3次，压实主体责任，结合进一步改进作风狠抓落实工作，关注职能部门办事效率不高、服务审批制度不畅、服务意识不强等突出问题，开展集中检查2次，督促整改问题8个，为企业解决困难2件。

2022年1月29日，米林县纪委监委、县委巡察办召开进一步改进作风狠抓落实动员部署会议

【自身建设】 2022年，米林县纪委监委强化理论学习，把学习贯彻习近平新时代中国特色社会主义思想作为首要政治任务，提高政治判断力、政治领悟力、政治执行力。召开纪委常委会、监委委务会20次，党支部集中学习32次，业务大学习集中学习10次。利用全县开展的“三个是否”专题活动，组织在家党员干部通过“大学习、大讨论、大转变”，梳理出履职尽责方面的问题68条，整改措施45个。制定《米林县乡（镇）纪检监察片区协作工作机制实施办法（试行）》，整合乡（镇）纪委力量，提

升监督执纪质效。选派16名干部到上级纪委跟案学习、选派12名干部进行网上培训，抽调9名乡（镇）干部到县纪委跟案，提升干部队伍的业务能力。修改完善《米林县纪委监委干部职工分工》，制定《米林县纪委常委会议事规则》《米林县纪检监察系统信息报送工作制度（试行）》，强化内部管理。遵守自治区“限酒令”“禁赌令”和林芝市纪检监察干部“十条禁令”等规定，制定提醒牌。建立全县纪检监察干部问题线索台账，下发内部通报2期，谈话提醒3人。

（中共米林县纪律检查委员会、米林县监察委员会）

巡察工作

【概况】 米林县委巡察机构为正科级建制，设立中共米林县委巡察工作领导小组办公室、中共米林县委巡察一组、中共米林县委巡察二组、县委巡察办数据应用中心。2022年，县委巡察机构坚持以习近平新时代中国特色社会主义思想和党的十九大、二十大精神为指导，深入学习贯彻习近平总书记关于巡视巡察工作的重要论述，贯彻落实中央、区党委、市委和县委关于巡视巡察工作的新部署新要求，紧紧围绕政治巡察职能定位和县委中心工作开展监督检查，践行“发现问题、形成震慑，推动改革、促进发展”工作方针，取得了良好的成效，利剑作用充分彰显。

2022年4月12日，十届米林县委第二轮巡察工作动员部署会暨巡察进驻会召开

【学习培训】 2022年，县委巡察机构立足政治巡察定位，紧盯问题导向和目标导向，紧贴巡察工作实际，紧紧围绕“三个聚焦”，开展十届米林县委第二轮、第三轮巡察并组织巡前培训。培训内容涉及如何开展常规巡察、如何精准发现问题线索、如何提高发现问题能力和水平、如何做好问题底稿等方面。同时，选派巡察干部参加市委巡察机构组织的业务培训，进一步夯实巡察干部理论基础，提升解决巡察工作疑难复杂问题的能力，丰富巡察干部业务知识储备，为圆满完成巡察任务奠定坚实的基础。

【巡察机制】 2022年，县委巡察机构进一步完善巡察工作制度机制，确保巡察工作高质高效开展。年初研究制定2022年县委巡察工作计划，明确了2022年巡察时间、巡察任务、巡察方式和工作要求，并在每轮巡察前制定巡察工作方案。组织专人起草并提请县委常委会研究通过了《中共米林县委员会2022—2026年巡察工作五年规划（试行）》，印发至各乡（镇）、县直各单位。汇总梳理十届米林县委巡察对象，制定十届县委第一至十轮巡察工作推进表，并根据市县上下联动任务进行动态调整，确保十届县委巡察全覆盖任务序时推进、圆满完成。

【巡察监督】 2022年，县委巡察机构认真落实巡视巡察上下联动工作要求，根据市委、县委统一安排部署，精心组织开展了十届米林县委第二轮、第三轮巡察工作。全体巡察干部坚决捍卫“两个确立”、增强“四个意识”、坚定“四个自信”、做到“两个维护”，牢牢把握政治巡察职能定位，紧扣“三个聚焦”，围绕被巡察党组织的职能责任认真开展巡察监督，充分发挥了巡察利剑作用。十届县委第二轮巡察对教育局党组及其所辖的县中学、县小学、县幼儿园、多卡小学、7个乡（镇）小学，县自然资源局、商务局、农业农村局、林草局党组开展了常规巡察，反馈问题221个，向县纪委监委移交问题线索16件17人；十届县委第三轮巡察对丹娘乡党委，丹娘乡丹娘村、桑巴村党支部，南伊乡党委，南伊乡南伊村、才召村党支部，县财政局党组（含县城市建设和投资有限责任公司及其子公司、扶贫开发创业投资有限公司、自来水厂）开展常规巡察，对丹娘乡白拉村、康布热村、鲁霞村、仲莎村，南伊乡琼林村党支部以“巡乡带村”方式开展巡察，反馈问题198个，向县纪委监委移交问题线索6件4人。

【巡察整改】 2022年，县委巡察机构认真贯彻落实中央《关于加强巡视巡察整改和成果运用的意见》，在强化巡察整改日常监督方面，积极推动巡察与纪委监委、组织的协作配合、贯通融合，进一步增强监督合力，扎实做好巡察“后半篇文章”。由县纪委牵头、会同县委组织部、县委巡察办对被巡察单位整改落实情况进行了督查督办，对未完成整改任务的被巡察党组织，及时向党组织主要负责人反馈相关情况，并要求限期完成整改。截至2022年12月，十届县委第二轮巡察发现问题已全部整改完成，十届县委第三轮巡察完成反馈、整改工作正有序进行。

【巡察宣传】 2022年，县委巡察机构坚持把巡察工作的宣传教育放在重要位置，着力营造全县上下“人人知晓巡察、人人支持巡察、人人参与巡察”的良好氛围。依托县电视台、网信米林、廉洁药洲等新闻媒介，及时发布有关县委巡察工作动员部署会、进驻动员会、巡察反馈会等巡察工作重要信息，并通过发布张贴巡察公告、巡察整改情况“双公开”等方式，及时向社会各界宣传县委巡察工作进展情况，有效扩大县委巡察工作的社会影响力，体现县委坚定不移推进全面从严治党的决心和信心。

2022年11月2日，米林县委常委、县委巡察工作领导小组一行督导检查十届县委第三轮巡察工作

（米林县委巡察办）

援藏工作

综　述

【概况】 2022年6月，广东省第十批援藏工作队米林县（珠海）工作组进藏。广东省第十批援藏工作队米林县（珠海）工作组有56人。其中，广东省委组织部从珠海选派第十批对口支援米林和米林农场工作组干部9人，教育组团援藏教师、柔性援藏干部、三级医院帮扶医疗人才、国企援藏干部、支教大学生等47人。工作组学习宣传贯彻落实中共二十大精神、贯彻落实习近平总书记关于西藏工作的重要指示和新时代党的治藏方略，围绕粤藏两省区各级党委政府援藏工作部署，以及省工作队“1+1+5”（深入学习宣传贯彻中共二十大精神，同心同德打造一支高质量工作团队，扎实推进民生、产业、人才、技术和平台支援）对口支援工作要求，弘扬“老西藏精神”和特区精神，推动米林经济社会发展。工作组坚持“一岗双责”，把党风廉政建设和队伍管理放在重要位置来抓，与援藏业务工作同部署、同落实，对援藏干部坚持严管与厚爱，树立“讲政治、守纪律、懂团结”的特区干部形象，落实和跟进米林县规划内项目7个，投资2.45亿元。

【工作交接】 2022年，工作组组员在开展援藏压茬工作交接后，到各乡镇开展调研。对标对表梳理工作要点，编制工作组2023年工作计划和三年援藏工作规划。

【项目摸排】 2022年，工作组摸排“十四五”规划项目和规划外项目情况。其中，林芝市交通局实施项目（投资5500万元）1个，取消项目（投资2800万元）1个，在实施项目（投资5400万元）1个，未实施项目（投资1.08亿元）4个。“十四五”规划外，珠海支持建设的项目（合计支持4400万元）4个。

【项目实施】 2022年，工作组纳入年度计划实施项目2个，分别为里龙乡朗贡村抵边搬迁配套项目和热嘎村乡村振兴项目。其中，里龙乡朗贡村抵边搬迁配套项目（投资4606万元，建筑面积7300平方米）主要建设内容为土地平整、产业配套和公共基础设施等，完成主体建设进度的73%。热嘎村乡村振兴项目（计划投资750万元）主要建设内容为村内道路、绿化、管网的升级改造和藏餐馆建设等，提前2个月完成建设。

【项目调整】 2022年，工作组重视“十四五”规划项目中期调整工作，对规划内项目进行论证。4月，环雅江乡村振兴产业带二期项目用地通过招商引资全部租让，后续建设和运营使用由承租方负责实施。工作组根据“林芝所有、林芝所需、广东所能”原则，与米林县委县政府沟通，将环雅江乡村振兴产业带二期项目建设资金（4300万元）计划调整到南伊村整村搬迁项目，得到省队的同意支持。

【项目规划】 2022年，工作组提前谋划未来三年项目，争取提前完成任务。提前谋划2024年高原农业、藏药示范基地项目建设，加强与奇正藏药的投资意向联系，推进藏药植物文化园等项目的落地。推动米林县委党校建设。工作组在完成项目立项和规划设计的基础上，促进项目进入实质性建设。加快推进南伊乡小学宿舍楼建设。项目立项和规划设计等前期工作完成，项目处在建设阶段，工作组保质保量按时完工。做好仲朗贡村仲麦觉单庄园文化建筑保护修复项目调整。争取林芝粤林雪山朗玛矿泉水厂配套项目（2021年取消项目）的2800万元建设资金，用于米林县重新规划新项目。

支援成果

【民生支援】 2022年，工作组全体组员开展结对帮扶活动，对西嘎村18户村民进行帮扶；帮助里龙乡贫困户修缮破漏房屋；组员个人捐款7000元帮助三岩搬迁困难学生上学。

【就业支援】 2022年，工作组协调珠海市人社局提供600余个就业岗位。

【消费支援】 2022年，工作组参与粤港澳线上消费平台，将米林产品大礼包纳入珠海国企年货采购系列。

【产业支援】 2022年，工作组参加林芝市在广州、成都举办的招商推介活动。对接奇正药业等制药企业，做好藏医药产业园建设前期工作。

【人才支援】 2022年，珠海在藏的援藏干部人才发挥专业优势，在各自受援地任职单位开展“传帮带”工作，为米林县培养一批管理、技术骨干人才，医疗人才与6名米林县医护骨干签订“师带徒”帮扶协议。

【技术支援】 2022年，工作组谋划米林农场循环水养殖、果蔬种植、林下养殖等高原农业项目。帮扶米林县制定国土空间规划和控制性详细规划。

【智力支援】 2022年，工作组帮助米林县制定完善规章制度、技术文件30余项，规范肺炎、高血压等患者的诊疗流程。

【交往交流交融】 2022年，工作组促成珠海、米林两地公安、检察、宣传、外事、工会、残联、镇街等单位的对接。

防疫支援

【概况】 2022年，工作组全体干部、医疗人才、教育组团教师及柔性人才参与疫情防控和生产生活秩序恢复等工作；成立援藏医疗专家组，在一线重点领域进行专业指导；协调珠海相关单位为米林县捐赠医疗物资，组织医疗队支援拉萨；协助米林县制定重点项目复工复产方案，在短时间内推动米林县校（园）实现全部复课。

【援米医疗专家组】 2022年，工作组成立援藏医疗专家组，为米林县疫情防控提供决策参考。珠海援藏医疗人才发挥专业优势，成立以其为骨干的医疗救治专家组，带领医疗、护理、院感等团队，检查医疗设备是否完好，防护物资是否充足，排查各种安全隐患，组织医护人员开展培训，为全县制定措施提供重要决策建议，并在一线重点领域进行专业指导。

【医疗物资保障】 2022年，工作组协调珠海市委、市政府、香洲区、市侨联、市人民医院、市中西医结合医院等珠海大后方单位捐赠口罩、防护服等物资2批400余箱，加上第九批采购的医疗物资12万份，为米林县捐赠物资价值120余万元。

【防控一线工作】 2022年8月初，医疗援藏满半年期限的周冬梅等8名珠海援藏医疗队队员申请延期。队员们投身防控一线，参与米林县各项工作；克服高原反应，到米林县海拔4500米以上的卧龙镇阿拉塘、派镇雪嘎村等偏远且海拔高的村落开展工作。

【支援医院】 2022年9月13日，珠海援藏医疗队支援拉萨医院，周冬梅任第二批支援队队长，胡晓刚、毛金山、张虹等4名医生护士参加，历经66天，4名援藏医疗人才完成支援任务。周冬梅等4人被拉萨市评为“抗疫先进个人”。

2022年11月14日，林芝市米林县支援拉萨医疗队队员合影

【复工复产】 2022年，工作组协助米林县制定重点项目复工复产方案，指导30个重点项目在林芝市实现100%复工复产。协助推进米林县线上教学，全县3～9年级2656名学生实现全员在线学习，在短时间内推动米林县校（园）实现全部复课。米林农场在副组长林浩生的带领下，协调各方资源解决周边农户果蔬滞销问题，帮助农户销售各类果蔬超5万千克，销售额达105万元。

［广东省第十批援藏工作队米林县（珠海）工作组］

人民团体

工 会

【概况】2022 年，米林县总工会贯彻落实中共十九大、二十大报告精神和习近平总书记关于工运事业系列重要讲话、重要指示精神，加强党史学习教育，开展“改进作风、狠抓落实”主题教育，围绕“我为群众办实事”工作重点，抓好基层组织建设，开展为职工谋福利、帮扶困难职工、到基层服务调研、职工之家建设等方面工作，推动全县工会组织事业发展。举办以“交流读书体验 享受读书快乐”为主题的世界读书日活动，活动分为“阅读一本好书，分享读书心得”“巾帼心向党，喜迎二十大”爱国主义诗歌朗诵和《中华人民共和国家庭教育促进法》知识讲座三部分。开展爱国卫生环境清扫整治活动 3 次，提升小区环境面貌的同时，增强大家的环境保护意识。开展普法宣传活动，让干部职工群众知法、懂法，营造遵章守法的氛围，构建安全和谐社会。

【思想政治教育】2022 年，县总工会组织开展党史学习教育和“改进作风、狠抓落实”专题教育，加强对党章党规、《中华人民共和国工会法》、《中国工会章程》及中共十九大、中共二十大精神的学习，加强工会党员干部自身理论学习和党性教育。把思想和行动统一到党中央、区党委、市委、县委部署上来，坚持以习近平新时代中国特色社会主义思想武装头脑、指导实践，注重党员干部教育，开展思想政治教育活动。召开党组会议 13 次；通过自学、座谈会、专题讨论等形式开展党支部集中学习 25 次；组织党员干部开展党员日活动 8 次、组织生活会 1 次，集中观看警示及红色教育片 7 次，撰写心得 15 篇。教育引导工会干部职工增强“四个意识”，坚定“四个自信”，做到“两个维护”，在政治上思想上行动上同以习近平同志为核心的党中央保持高度一致，保持正确的政治方向。2 月 15 日，“三大节日”期间，县总工会举办“喜迎党的二十大 共促民族大团结 新年祝福送万家”主题系列文体活动，迎接中共二十大胜利召开。县委常委、组织部部长许登顺出席活动，50 余家单位的 500 余人次参加。

2022 年 2 月 15 日，米林县举办“喜迎党的二十大 共促民族大团结 新年祝福送万家”主题系列活动

【关爱职工】2022 年，县总工会为职工订购生日蛋糕、购买灵芝粉、发放节日福利等，采用直接拨付各单位和各单位消费后凭发票报账两种方式支出 184.34 万元。开展慰问活动，总计发放物资及慰问金 7.47 万元。元旦、春节、藏历新年等节日期间，慰问劳模、困难职工、西部计划工作者、社会化工会工作者、驻村工作队队员等 40 余人，慰问林芝市机场和米林县火车站、岗嘎火车站稳岗留工就地过节的职工和机场值班工作人员，慰问全县 8 个乡镇、5 个

加油站和1个液化气站的14个蹲点督导值班点，慰问生育女职工1人、去世职工亲属4人。协助林芝市总工会在米林县开展“守边有你，温暖有我”送温暖活动，走访慰问团体（派镇人民政府、南伊乡人民政府、米林边境管理大队）和个人（南伊边境派出所5人、鲁霞边境派出所10人、派镇边境派出所5人、米林县基层工作人员20人），投入慰问金4.3万元。开展“两癌”免费筛查活动，开展“女职工关爱行动”，帮助女职工了解乳腺癌、宫颈癌等疾病的防治知识，培养健康、文明、科学的生活方式，乳腺癌筛查154人、宫颈癌筛查170人，投入资金3.76万元。

【帮扶困难职工】 2022年，县总工会对米林县3户在档困难职工家庭进行入户走访，做好困难职工解困脱困工作，为1名在档困难职工子女发放中央帮扶资金助学救助0.9万元，为另外2名在档困难职工进行相应的医疗费用报销。开展“六一”儿童节慰问活动，为16名困难职工子女发送书包、牛奶、酸奶、四件套、餐具等价值300元的物资，投入资金0.48万元。

【基层调研】 2022年，县总工会加强与基层工会的交流和沟通，了解他们的困难，收集各基层工会对县总工会的意见和建议，提高工作和服务能力，做好干部职工的贴心“娘家人”。县总工会利用2天时间，到8个乡镇开展基层工会组织建设调研检查工作。

【职工之家建设】 2022年，县总工会维护职工合法权益，促进基层工会工作发展。到乡镇基层工会开展走访调研活动，调研8个乡镇工会和派镇大峡谷景区工会工作开展、经费使用、阵地建设和“八有”目标等情况。重点加强南伊乡职工之家、丹娘乡职工之家、羌纳乡职工之家的建设。其中，南伊乡职工之家建设投入35万元，丹娘乡职工之家建设投入42.2万元（市总工会拨付20万元），羌纳乡职工之家建设总投入75万元（市总工会拨付25万元、珠海市援藏资金50万元）。县总工会加强产业工人队伍建设，通过挖潜、排查、跟踪企业开业等方式开展工会组建工作，扩大会员覆盖面，帮助基层工会改扩建农牧民“妇女职工之家”，投入资金70万元。

【普法宣传】 2022年，县总工会围绕“一法一办法”的贯彻实施，组织有关部门利用微信、公众号等媒体宣传“一法一办法”的重要性。利用宣传月、宣传周、宣传日和“五一”国际劳动节等时段发放《中华人民共和国工会法》《中华人民共和国劳动法》等法律法规宣传资

2022年3月29日，米林县总工会确定西藏尼洋律师事务所为米林县总工会职工定点法律维权合作单位

料，制作宣传横幅及展板，提高全县干部职工群众对工会工作的知晓率。参与各级各类主题宣传教育活动6次，将法律法规宣传资料及生活用品1500余份发放到职工群众手中，增强职工群众的法治意识，学会利用法律保护自身的合法权益。确定西藏尼洋律师事务所为米林县干部职工定点法律维权合作单位，保障全县职工群体在合法权益遭到侵害时能获得法律援助，突出工会维权职能，发挥工会组织在构建和谐劳动关系、维护职工合法权益3中的作用。

（县总工会）

共青团

【概况】2022年，共青团米林县委员会下辖各级团组织96个。其中，基层团委9个（乡镇团委8个、中学团委1个），团工委1个，基层团支部81个，毕业生团组织5个，团员1238人。团县委下辖各级少工委26个，其中学校少工委10个、乡镇（社区）少工委8个、村（街道）少工委8个。团县委专职团干部3人，基层团组织团干部183人。9所小学和1所中学有少先队大队10个、中队101个，少先队员3116人，大队辅导员10人、中队辅导员101人。

【重要会议】2022年1月14日，团县委组织召开米林县贯彻实施《西藏自治区中长期青年发展规划（2018—2025年）》第二次县际联席会议，县委组织部副部长、编办主任、四级调研员李清来出席并讲话。会议总结米林县2021年规划实施成效，协调实施中的重难点问题，推进全县青年发展工作落地落实。11家联席会议机制成员单位相关领导15人参会。3月25日，召开全县青联委员培训会议。8月10日，召开2022年米林县西部计划志愿者派遣大会，与用人单位强调西部计划志愿者的管理办法及要求，按照“谁用人，谁受益，谁负责”“培养与使用并重”的原则管理和使用西部计划志愿者。在重大节日前召开相关安全培训会议10余次，确保米林县西部计划志愿者安全。

【重要活动】2022年2月15日，“三大节日”期间，团县委举办“喜迎党的二十大 共促民族大团结　新年祝福送万家”主题系列文体活动，50余家单位、500余人次参加。组织米林县各级团组织，各中小学团员、学生观看“喜迎二十大　永远跟党走　奋进新征程”——中国青年五四奖章线上分享会。4月27日至5月4日，开展“喜迎二十大 建团百年史”主题系列庆祝活动，活动包括环境整治、朗诵比赛、知识竞赛、参观学习等，68人参加。5月10日，组织米林县各级团组织，县直中小学（10所），县直单位的青年、团员、西部计划志愿者、团干部观看“庆祝中国共产主义青年团成立100周年大会”线上直播。5月26—30日，开展以“喜迎二十大 筑梦向未来”为主题的庆“六一”系列活动，包括以“喜迎二十大 永远跟党走 奋进新时代”为主题的研学暨庆“六一”红领巾寻访活动、米林县2021—2022年度“红领巾奖章”二星章颁奖仪式及“心系红领巾 做好引路人”为主题的少先队辅导员培训班。8月7—12日，组织少先队参与藏粤同行交流活动，米林县10名优秀少先队员参与活动。

2022年5月26日，米林团县委在南伊红色小木屋开展“六一”红领巾寻访活动

【基层组织建设】2022年，团县委以青年大学习为平台，学习习近平新时代中国特色社会主义思想、中共二十大精神和习近平总书记系列重要讲话精神，参与2.87万人次。团县委下发米林县2022年团员分配名额92个。其中，中学62个、乡镇团委30个。新发展团员92人，团员信息全部录入智慧团建系统。10月，根据西藏自治区《中共西藏自治区委员会关于全面加强新时代少先队工作的实施意见》及2022年初下发的任务分工表第15条“推动30%符合条件（辖区内有中小学校）的乡镇（街道）、村（社区）建立少工委”的要求，建立米林镇、卧龙镇、派镇、羌纳乡、扎西绕登乡、南伊珞巴民族乡、丹娘乡、里龙乡8个乡镇（街道）少工委，卧龙镇嘎加村、派镇多雄村、羌纳乡羌渡岗村、扎绕乡多卡村、扎绕乡雪巴村、南伊乡南伊村、丹娘乡丹娘村、里龙乡里龙村8个村级少工委。确定派镇小学、羌纳乡岗嘎村、羌纳乡西嘎村、丹娘乡政府4个边境乡镇少先队队室的建设试点。

【预防青少年违法犯罪】2022年3月14日，团县委联合县检察院、县法院、县教育局开展“开学第一课”暨法治教育宣传活动，为米林县小学、县中学850余名师生讲授法治教育课。5月13日，团县委联合县委组织部、县委宣传部、县人民法院、县中学，组织学生30人，在米林县法院第一法庭开展“学习法律知识、感悟用法青春”青少年模拟法庭活动。

【志愿服务】2022年，团县委按照团区委、区文明办、区民政厅印发的《关于进一步加强县级青年志愿者协会建设的通知》，依托新时代文明实践中心建设，推进米林县青年志愿者发展建设。1月20日，开展宣传教育志愿服务活动，13名青年志愿者参加活动。1月30日，联合法院、检察院开展以“青春自护平安春节”为主题的青少年自护志愿服务活动，100余名学生参加活动。3月22日，联合水利局组织青年志愿者20余人开展清洁河道志愿活动，在米林县白鹭文化中心开展青年环保宣传活动，以实际行动做好生态保护。联合宣传部门全年开展“五下乡”暨新时代文明实践集中示范活动；组织志愿服务队开展预防青少年违法犯罪等相关宣传6次。

【疫情防控】2022年，团县委书记带头，全员出动，协调派出3名团委干部、10余名西部计划志愿者参与新冠疫情防控专项工作。履行关心关爱成员单位职责，对志愿者、工作人员进行关心慰问。组织乡镇团委开展大学生志愿服务活动。发挥团员青年、返乡大学生作用，动员青年力量，发挥青年担当，组建青年志愿服务队。全县各乡镇有大学生、青年团员志愿者500余人，参与志愿者服务1200余人次。组织少先队员开展线上系列活动，少先队员们以绘画、制作视频、写作的形式向一线工作者致敬，参与活动的少先队员约2000人。

（团县委）

妇　联

【概况】2022年，米林县妇联围绕县委、县政府中心工作，加强思想教育和理论学习，开展党支部集中学习27次。结合进一步改进作风狠抓落实工作，建立整改责任落实清单并完成整改。协调和推动社会各界为妇女儿童服务，开展关爱服务活动，引领妇女参与和发展。宣传和普及有关妇女儿童的法律法规知识，维护妇女儿童的合法权益。带领全县妇女参与乡村振兴建设，开展就业创业培训，拓宽基层妇女视野，启发工作思路，促进妇女人才成长。参与环境治理，营造干净舒适的生活环境。争取资金搭建平台，为妇女儿童提供教育、娱乐活动场所，促进妇女儿童身心全面健康发展。

【思想教育】2022年，县妇联组织妇联干部加强对党章党规、《中国共产党廉洁自律准则》、《中国共产党纪律处分条例》等的学习，将习近平新时代中国特色社会主义思想，中共十九届历次会议精神，区、市、县党代会精神纳入党支部必学内容，推动党性教育与理想教育走深走实。创新宣传教育载体，通过公众号、微信、发放宣传手册等平台和形式宣传党的方针、路线、法律法规和中共二十大精神，引导各族妇女铸牢中华民族共同体意识，教育引导妇联干部增强“四个意识”、坚定“四个自信”、做到“两个维护”，为妇女儿童办实事。

【理论学习】2022年，县妇联党员干部围绕《中国共产党章程》《中国共产党纪律处分条例》撰写心得体会2篇；开展专题研讨5次，党支部书记上党课4次，召开组织生活会1次、民主生活会1次。将学习贯彻中共二十大精神与进一步改进作风狠抓落实工作相结合，召开学习中共二十大精神动员部署会，采取集中学习和自学的形式，组织干部集中学习4次，做到学原文、悟原理。

【作风改进】2022年，县妇联召开动员部署会，对进一步改进作风狠抓落实工作再动员、再部署。成立由党组书记任组长、党组成员任副组长，办公室人员任成员的领导小组，领导小组下设办公室，办公室设在妇联办公室，安排专人负责。结合《米林县委办公室关于印发〈2022年进一步改进作风狠抓落实工作实施方案〉的通知》文件精神，制订米林县妇联2022年进一步改进作风狠抓落实工作计划，明确工作目标。单位对照“四查四问”“八个落实”“六个表率”要求，查摆班子及个人问题34条，制定整改措施34条并全部完成。

【乡镇调研】2022年，妇联班子成员到8个乡镇开展调研，通过走访困难家庭、村妇女集体产业、“妇女儿童之家”等，与村妇联共同探讨妇女儿童维权、“妇字号”项目产业发展，帮助村妇女理清发展思路，形成调研报告2篇。

【平台搭建】2022年，县妇联争取5万元资金，在里龙乡康桑村建立自治区级“美丽家园幸福人家”示范点；争取资金4万元，分别在东措社区及羌纳乡娘龙村建立市级“美丽家园幸福人家”示范点；争取资金10万元，在琼林村“妇女儿童之家”实施提质扩容项目；争取资金3万元，在里龙乡里龙村建立“妇女儿童之家”示范基地；争取资金1万元，在南伊村建立市级巾帼农业科技示范基地。

【妇儿权益保障】2022年，县妇联与司法局协商，将婚姻家庭纠纷调解室建到妇联。4月16日，婚姻家庭纠纷调解室建设完成，推进诉源治理，促使婚姻家庭纠纷得到及时化解。7月18日，县妇联在米林县司法局米林中心司法所设立米林县第10个“妇女儿童维权岗”，推动“建设法治米林·巾帼在行动”维权服务活动，发挥基层在维护妇女儿童权益方面的积极作用，保障妇女儿童合法权益。

【关爱服务活动】2022年，县妇联实施“母亲邮包”“恒爱行动”“把爱带回家”等公益品牌项目，把党和政府的关心与社会各界的关怀送到妇女儿童的手中。春节、藏历新年、“三八”妇女节、母亲节、“六一”儿童节、“七一”建党节和“八一”建军节等节日期间，开展集中慰问活动，走访慰问米林县单亲、贫困和优秀母亲205人，县城环卫女工人75人，贫困学生、困难儿童和一线子女26人，曾担任村干部的困难妇女3人，发放慰问金3.78万元。开展“中华民族一家亲 巾帼喜迎二十大”庆“三八”妇女节活动、“巾帼心向党 喜迎二十大”感恩母亲节活动、“关爱护士团队 护佑人民健康”护士节活动、“加强民族团结 传承中国文化”活动、“喜迎二十大 筑梦向未来”庆“六一”教育活动、“喜迎党的二十大 党在我心中 奋力新征程”庆“七一”建党节主题党日活动等，提高妇女的思想认识，引导妇女在实践创造中自强自信，全面发展。开展“我为群众办实事 爱心衣物暖人心”爱心捐赠衣物发放活动，爱心衣物发放群体涉及三岩搬迁群众、贫困、残疾妇女及单亲母亲等。2022年3月，米林县妇联向全县8个乡镇、米林县东错社区及县城管大队等发放爱心物资。开展“两癌”救助申报工作，为1名“两癌”患者争取资金1万元。开展“自然堂春蕾助学”申报工作，10名在校困难女大学生参加申报。

【就业创业培训】2022年，县妇联开展“乡村振兴巾帼行动”，激励妇女担当作为、干事创业的积极性、主动性和创造性。2月11日，米林县妇联在南伊乡琼林村开展为期7天的“为民办实事”织布培训活动，参加培训的妇女有30名，通过培训弘扬珞巴传统手工织布制作技艺，推动米林县妇女手工织布发展，促进妇女增收致富。2月18日，米林县妇联组织15名妇女前往工布江达县惠民民族服装加工合作社及售卖点、江达镇残障缝纫友谊合作社、仲莎乡贡巴村扶贫氆氇加工作坊等交流学习，学习织布制作技艺先进经验和做法，在学习中找差距、找不足、找短板。

2022年5月7日，米林县妇联组织开展"巾帼心向党 喜迎二十大"母亲节系列活动

【普法宣传】2022年，县妇联通过"三八"维权周普法宣传活动、"三下乡"暨新时代文明实践集中示范活动和"'5·26'我爱路"暨"美好生活·民法典相伴"主题宣传活动等，利用讲座、宣传册、横幅等形式，开展妇女儿童权益相关法律宣传工作，倡导正确的家庭教育观念，增强妇女儿童维权意识，弘扬中华民族重视家庭教育的优良传统，促进未成年人健康成长。开展各类宣传活动7次，发放《中华人民共和国反家庭暴力法》《中华人民共和国妇女儿童权益保护法》《家庭教育促进法手册》《妇女儿童健康手册》等法律法规和宣传手册1500余册。加大对《中华人民共和国家庭教育促进法》的宣讲与学习力度，开展宣讲活动10余次。邀请援藏律师举行知识讲座，组织妇联干部进机关、进村（居）、进学校等，就家庭教育促进法的出台时间、法律条文、正确的家庭教育概念及家庭教育内容等方面进行宣讲，增强家长依法、科学带娃的意识，引导家长重视家庭教育，履行家庭教育主体责任。推动乡（镇）及村（居）成立宣讲团，扩大宣传面。

2022年2月21日，米林县妇联带领全县妇女参与"凝聚巾帼力量 助力乡村振兴"建设，组织妇女前往工布江达开展交流学习

【环境治理】2022年，县妇联践行"绿水青山就是金山银山、冰天雪地也是金山银山"理念，做好全县城乡环境卫生综合整治工作，提高群众的生活环境水平。全县8个乡镇、69个村（居）的巾帼志愿者队伍开展清洁行动30余次，参加妇女人数达到2500余人次，清理生活垃圾120余吨；开展新时代文明实践活动之巾帼志愿者系列活动50余次，参加人数达2000余人次。贯彻落实习近平总书记的重要指示精神，打通宣传群众、教育群众、关心群众、服务群众的"最后一公里"，米林县妇联以"巾帼家美积分超市"作为服务平台，争取资金，在彩门村建立"巾帼家美 积分超市"，培树一批以"美丽家园幸福人家"为核心的爱清洁、讲文明、爱家园、树新风的先进典型，调动群众参与乡村环境治理的积极性。完成四个季度积分兑换，20户家庭的35名群众获得表彰。

【榜样引领】2022年，县妇联开展"最美家庭”“平安家庭”“三八红旗手”“抗疫最美家庭”“最美巾帼抗疫者”和“巾帼兴粮节粮最美家庭”等主题评选活动。妇联组织推荐评选出国家级“最美家庭”2户、“全国家庭工作先进个人”1人；自治区级“最美家庭”1户；市级“最美家庭”3户、“巾帼建功标兵”1人、“巾帼文明岗”1个、“巾帼建功集体”1个；推荐市级“抗疫最美家庭”2户、“最美巾帼抗疫者”4人、“巾帼兴粮节粮最美家庭”1户、“平安家庭”3户。

【疫情防控】2022年，县妇联动员妇女发挥“半边天”作用，投入新冠疫情防控工作中。自8月8日始，县妇联派出志愿者和医护人员、公安干警一起，开展疫情防控知识宣传工作。同时，县妇联在线上同步进行宣传，推送公众号14篇。做好“妇”字号基地复工复产工作，普及科学知识，把党和政府的温暖关怀以及妇联“娘家人”的关心关爱送到妇女手中，“十一”国庆节期间，县妇联到“妇”字号基地、驻村点、妇女儿童之家、织布工坊等地，走访慰问村医、村妇联主席、驻村妇女、妇女儿童维权岗人员等，发放慰问物资3000元。

（次仁拉姆）

工商联

【概况】2022年，米林县工商业联合会内设2个办公室。县工商联领会贯彻中共二十大精神，将其作为开展工作的重要指南、民营企业发展经济的根本动力。围绕全县中心工作，学习、宣传、落实党的方针政策，加强会员队伍建设。履行工作职能，发挥参政议政作用，做好优秀企业家推荐工作。拓展服务领域，做好自身建设，加强非公经济人士理想信念教育，引导非公经济人士承担更多社会责任，投身公益“光彩事业”。通过宣传和组织，发动16家企业帮扶15个村，提供岗位17个，巩固拓展脱贫攻坚成果、接续推动乡村全面振兴。

【党建引领】2022年，县工商联坚持“两个覆盖”的基本原则，开展民营党建工作。米林县工商联（商会）联合党支部针对民营企业中党员具有较强流动性的特点，对全县民营企业中党员和党组织情况适时掌握，加强完善党员信息等工作。依托米林县工商联（商会）联合党支部，完善“三会一课”制度、党员学习制度、民主评议党员制度、发展党员制度、党员联系企业制度、党支部管理制度等。通过派驻党建指导员、挂靠等形式，开展党建工作。全县有民营经济党支部6个，民营经济人士党员29人、预备党员3人、入党积极分子2人、递交入党申请书9人。

【参政议政】2022年，县工商联鼓励和推荐优秀企业家参加人大、政协组织。县工商联会员企业中，有区党代表1人、市政协委员3人、县党代表1人、县人大代表1人、县政协委员7人。

【非公经济】2022年，米林县市场主体3335户，注册资本143.91亿元。其中，民营企业577家，同比新增企业71家，增长率为

14.03%，注册资金134.5亿元；农牧民专业合作社212家，注册资金3.6亿元；个体工商户2546家，同比2021年新增个体工商户135家，增长率为5.60%，注册资金5.81亿元。

【队伍建设】2022年，县工商联在会员发展中按照不求数量、注重质量、成熟一个发展一个的原则，重点发展一批经济实力强、思想觉悟高、热爱工商联工作、热心社会公益事业的民营经济代表人士入会。组织民营经济代表人士和会员企业到区、市、县技能培训，会员整体素质逐渐提高，促进会员单位健康发展，民营经济人士健康成长。全县工商联会员62家，其中企业会员38家、个体工商户会员24家。

【乡村振兴】2022年，县工商联认真贯彻落实习近平总书记关于乡村振兴重要指示精神和党中央决策部署，按照全国工商联等六部门联合下发的《关于开展“万企兴万村”行动的实施意见》、自治区工商联等五部门联合印发的《关于印发〈西藏自治区“万企兴万村”行动实施方案〉通知》，采取各种措施帮助困难群众，累计投入资金约3193万元。发挥企业家典型示范和传帮带作用，西藏可心农业发展有限公司、米林县米林镇红太阳科技示范家庭农场、米林县久米农牧特色产品供销合作社、西藏扎旺生物科技有限公司、林芝银丰农牧科技有限公司等5家企业在乡村振兴项目中投入3171.98万元。

【结对帮扶】2022年，县工商联根据市工商联印发的《林芝市工商业联合会关于“林芝福建商会赴五个边境县开展大学生‘一对一’结对帮扶”相关事宜的函》，上报10名符合条件的在校大学生。福建商会帮扶资金1.97万元，通过县工商联单位账户下发至10名大学生账户。

【疫情防控】2022年，县工商联按照实施方案组织干部担任志愿者，召开班子会议，发布捐资倡议书，倡导所有会员企业捐款捐物，捐款5万元物资，民营企业家无偿捐献4 .5万元现金及价值8.65万元物资，提供一定的物资保障。建立微信群，对片区住户、商户进行防控知识宣传，不定期到商铺开展检查工作；对片区内存在困难的住户和商户开展1000余元的“送温暖”活动，帮助滞留群众解决找住房、购票等困难；在复工复产方面，对全县14家会员企业进行走访调查，梳理出企业面临的困难问题4条、意见建议2条，将情况反馈至上级部门协调解决。会员企业为租户减免房租16.3万元。其中，米林康布梅朵客栈减免1—12月房租8万元，米林县慈祥阳光旅游服务农民专业合作社减免6—8月房租8.3万元。

（县工商联）

法　治

政法委及综治

【概况】 2022年，县委政法委重点防范化解影响安全稳定的突出风险，提高预测预警预防各类风险能力，加强综治中心规范化、标准化、实体化建设，开展平安创建、市域社会治理现代化、基层社会治理创新、“先进双联户”创建活动，为米林长治久安、高质量发展提供保障。在3月综治宣传月、6月综治宣传周、“‘9·16’平安西藏宣传日”期间，发放综治宣传资料1.25万份、宣传品8500余份，宣传覆盖群众1.2万人。

2022年11月16日，林芝市委政法委二级调研员、市平安建设年度考评组长巩雷斌（右三）一行，到米林县开展考评工作

【隐患治理】 2022年，县委政法委围绕影响社会稳定的重大风险，开展易发高发领域隐患治理，坚持和发展新时代“枫桥经验”，健全“七项”工作制度，探索预防化解矛盾纠纷的方法途径，建立滚动式县、乡（镇）、村三级矛盾排查调处机制，经常性排查与集中排查、普遍排查与重点排查相结合，完善上下贯通、纵横交织排查化解网络，综合运用政策、法律、经济、行政等手段和教育、协商、调解等方法，依法、及时、合理解决群众反映的问题，重点开展

2022年6月19日，县委副书记王卫东（右一）一行参加2022年度米林县综治宣传活动

“双拖欠”问题防范排查处置工作，打击恶意欠薪行为，落实黑名单制度，从源头上化解矛盾纠纷。

【社会治理】 2022年，县委政法委推动大数据、人工智能等现代化科技与社会治理深度融合，加强政法科技创新，推进综治信息化平台建设，探索“智能+”治理模式，提升基层服务管理科学化、精细化、智能化水平，搭建“平安米林”社会治理系统。米林县政法综治数据中心和公安数据中心平台搭建完毕。全县有县、乡、村三级78个综治中心（网格化服务管理中心），均统一规范标牌、标志，综治中心与网格化服务管理中心一体化建设、一体化运行全覆盖，完善米林县网格化信息采集报送共享制度、米林县网格员工作职责、事务分级处置机制、工作人员管理制度等工作制度，完善配套设施，推进基层组织向末端延伸。至年底，全县8个乡镇配备政法委员8人、综治干事17人，做到一个体系领导、一个平台统揽、一个机制运行、一个窗口服务，协调配合，规范有序。

【护路联防工作】 2022年，县委政法委落实

"属地管理""谁主管、谁负责"的原则，护路联防工作与平安建设工作同部署、同检查、同考评、同奖惩，纳入"一把手工程"，推动一级抓一级的责任链条，确保铁路绝对安全畅通。

【平安创建工作】2022年，县委政法委开展平安创建工作。至年底，全县有市级平安乡镇8个、平安村居41个、平安单位31个、平安寺庙7个、平安校园11个、平安医院（卫生服务中心）8个、平安企业2家、平安家庭45户、平安小区3个、平安市场2个、平安宾馆（酒店）4个；县级创建率98%。

【整治养老诈骗专项行动】2022年，县委政法委成立专项行动领导小组，研究制定《米林县打击整治养老诈骗专项行动工作方案》《米林县打击整治养老诈骗专项行动宣传方案》，明确工作责任。组织开展打击整治养老诈骗宣传工作，宣传发动人民群众支持参与打击整治，引导群众有效防骗识骗。全年开展讲座23场次，走村入户宣讲461次，悬挂标语120条、横幅80条，发放宣传资料1.2万份，提供法律政策咨询2700余人次，累计推送图文信息47条。

【政法队伍建设】2022年，全县政法各部门共组织召开理论中心组学习会45次，集中学习172次；开展专题党课7次、进行交流研讨600余人次；开展中共理论知识测试8次，开展政治轮训3次。加强队伍能力建设，开展政法机关"五大专项行动"，全年组织干警开展各类学习600场次，讨论200场次，受教育干警5800人次；开展素质强警能力培训50场次，受训干警1600人次；观看警示教育片52场次，受教育干警5200人次。组织开展"我为群众办实事"活动91次，帮助解决各类群众反映困难问题104件，提供法律政策咨询216人次。

（罗布旺加）

公安

【概况】2022年，米林县公安局开展夏季治安打击整治、疫情防控等工作，完成安保工作14次，其中二级以上3次，共投入警力1103人次。投入188名边防警力、263名护边员建立"四道防线"，落实24小时双向巡查制度，坚持固定检查与流动缉查相结合模式，形成社会治安整体防控合力。

【实战训练】2022年，县公安局围绕政治理论、党内法规、队列基础、体能素质、武器警械、执法办案、突发事件处置等内容组织开展集中练兵。全年组织开展"五小练兵"20余场次，分2批次组织开展集中警务技能实战培训，参训民辅警400余人次。

【案件办理】2022年，县公安局开展打击"盗抢骗""黄赌毒"及严重暴力犯罪和多发性侵财犯罪行动；加强对抢劫、入室盗窃、电信诈骗、养老诈骗等重点案件的梳理、研判，对排查出有价值的线索开展专案侦查，集中攻坚。开展各类安全宣传，提高辖区安全防范意识。全年抓获犯罪嫌疑人13人，抓获网上在逃人员1人；挽回群众被骗资金13.3万元；集中开展扫黑、禁毒、反诈骗等宣传269次，专题宣讲活动25次，发放宣传资料、宣传册1万余份，受教育群众1万余人次。

2022年4月11日，米林县公安局开展反诈宣传

【社会面管理】 2022年，县公安局落实公安部、公安厅、市公安局关于夏季治安打击整治"百日行动"和"利剑1号"专项行动工作安排部署，成立专项领导小组、突出工作重点。全年开展宣传62次，悬挂横幅80条，发放宣传资料3500余份，受教育群众1万余人。

【人口服务管理】 2022年，县公安局开展人口登记、建档工作，办理居住证623张，居住证登记卡3775张，证件未过期的1762人，累计办理二代身份证1892张，异地身份证办理186人，户口本办理442本，办证率100%。12月7日，办理西藏自治区首例首次申领居民身份证"跨省通办"业务。

【虫草采挖服务管理】 2022年，县公安局加大对虫草主产区、治安重点地区和盲区的管理力度，加大矛盾纠纷排查力度，有效预防和妥善处理因虫草引发的矛盾纠纷。全县有14个虫草采挖区，设置固定检查卡点3个，投入警力180余人次，劝返无证采挖人员842人。

【矛盾纠纷排查化解】 2022年，县公安局围绕重要时间节点，针对容易引发不稳定因素的重点领域，深化"123"矛盾纠纷调处工作模式，加大矛盾纠纷排查调处化解力度。全年排查各类矛盾纠纷780余次，排查各类矛盾纠纷79起，化解79起。开展法治宣传112次。

【行业场所监管】 2022年，县公安局落实民爆物品管理、加油站实名登记和寄递物流"三个100%"等措施，到涉爆单位开展安全检查76次，检查涉爆单位148家次，开展法治宣传84次。

【交通安全监管】 2022年，县公安局科学调配警力，常态分析易发生事故的路段和时段，落实"五十公里一警车"勤务制度，加大对辖区道路的巡逻管控及交通违法行为的查处力度。全年处理各类交通事故134起，查处各类交通违法行为3800余起，排查各类安全隐患13处；开展交通安全宣传30余场次，受教育群众4500余人次；办理驾驶证业务352笔，机动车业务183笔。

【消防安全监管】 2022年，县公安局同应急管理、消防救援大队等部门建立联合执法机制，严查乱拉乱接电气线路、占用疏散通道、锁闭安全出口、堵塞消防车通道、损坏消防设施等行为，保持排查整治高压态势，消除监管死角和盲区。全年检查各类场所500余家次，发现整改消防安全隐患85处。

2022年1月29日，县公安局开展节前大清查行动

【森防隐患排查】 2022年，县公安局森林警察大队联合县林草局、乡（镇）政府等到各乡镇开展隐患排查，督导检查公益林专业管护站、林业管护点等管护员在岗履职情况。结合各专项行动，加大对各店非法收购、出售野生动植物及其制品违法行为清查力度，从源头上遏制乱捕、滥捕、滥食野生动物和走私、非法经营利用野生动物及其制品的违法行为，打击破坏野生动物资源违法犯罪活动。全年检查入林施工单位185次，检查各类场所846家，发放宣传资料2123份。

2022年3月25日，县公安局森警大队开展森防无人机巡逻

联合县林草局救助国家和自治区重点保护野生动物红腹角雉1只、短耳鸮1只、雕鸮1只。

【党建工作】 2022年，县公安局落实"第一议题"学习制度，坚持"党委理论中心组学习""三会一课"等制度，开启"进一步改进作风狠抓落实""躺平式行为"专项整治活动，推进"喜迎二十大 忠诚保平安"主题活动。全年召开党委理论中心组学习13次，各党支部、各部门集中学习100余次，交流研讨100余人次。

【队伍建设】 2022年，县公安局组织全部警员集中观看反腐败专题纪录片《零容忍》5场次、开展专题交流发言3场次。启动2022年度民警保障性住房分配工作，为符合条件民警分配周转房7套；落实体检制度，组织5批民警到林芝市人民医院进行体检；通报表扬195人，申报疫情防控期间职级晋升40人，为30人、8个集体申报表彰奖励；中秋节期间，为全局民辅警购置6.3万元慰问品；投入资金7.43万元，开展"三大节日"和生病住院人员慰问活动，为3名因工受伤民辅警申报工伤认定，为8名民警、辅警申报意外伤害保险赔付3.32万元。加强民警、辅警个人安全防护，启动应急物资储备，加大防疫防护物资采购和储备力度。

（公安局）

检　察

【概况】 2022年，米林县人民检察院有内设机构3个，分别为检察业务部、综合业务部、检察综合部（政工科、司法警察大队），设驻米林县看守所检察室，由检察业务部负责指导。设有院党组、党支部、检察委员会。年内，领导班子带头办案 83 件，占比 81.37%。深化司法体制配套改革，落实检察人员分类管理制度，内设机构数量从 10 个精简为 3 个。深化人、财、物统管，开展固定资产盘点，开展第三方审计，完成 2023 年预算编制，实现财务由市级统一管理改革目标。

【刑事检察】 2022 年，县人民检察院依法批捕各类刑事犯罪 2 件 6 人，受理审查起诉案件 25 件 30 人，起诉 13 件 17 人，刑事案—件比 1∶1.08。坚持监检衔接，审查起诉监委移送职务犯罪案件 3 件 3 人。树立落实办理轻微犯罪案件依法少捕慎诉羁押具体工作要求，对犯罪情节轻微的，不起诉 9 件 10 人。前移检察监督端口，督促侦查机关立案 1 件，提前介入引导侦查取证 3 件。加强审判活动精准监督，发出纠正检察建议 1 件，被采纳。开展认罪认罚从宽工作，适用率 96.29%。

【民事检察】 2022 年，县人民检察院办理 6 起农民工工资支持起诉案件，助力农民工群体追讨工资 15 万余元。围绕重点民生项目开展民事检察职能宣传、走访协调。健全纠正违法、检察建议等监督方式，依法提出审判违法行为监督检察建议 1 件。贯彻落实正卷副卷一并调阅制度，利用裁判文书网、调阅卷宗等方式依职权审查生效裁判、调解书和卷宗 21 件 67 册。

【行政检察】 2022 年，县人民检察院探索推进行政违法行为检察监督，调阅行政处罚案件 30 件，向发现的 4 起违法行为制发检察建议。深化行政检察监督依法护航民生民利“小专项”活动，围绕就业、教育、社保、医疗、住房、养老、社会治安等民生热点进行走访调查 10 余次，促进地区行业领域突出问题的源头治理和系统治理。

2022 年 5 月 23—24 日，对全县辖区范围内的诊所、药店开展专项检查

【公益诉讼监督】 2022 年，县人民检察院履行公共利益保护职责，加强公益诉讼“4+9”法定领域案件办理。全年办理案件线索 26 件，立案 18 件，提出检察建议 8 件，磋商 8 件，整改率 100%。办理环资领域案件 5 件、国有财产保护领域案件 1 件，挽回经济损失 5 万余元。公益受损问题全部在诉前解决。深化“检察 +”协同工作机制，加强与驻地部队、武装部、邻县检察院等单位联系，建立《关于加强军检协作工作的意见》《关于在办理雅鲁藏布江流域生态环境资源案件中加强协作配合的意见》，构建信息共享、线索互移、职能互助等工作格局。

【为民司法】 2022 年，县人民检察院践行新时代“枫桥经验”，依托“12309”检察服务中心、检察网络新媒体等平台，群众足不出户即可表达诉求。落实“群众信访件件有回复”制度，接收的6次群众来电来访均在7日内告知，30日内办理完毕。检察长带头办理疑难复杂信访案件4件，办结率100%。向行业领域制发检察建议2份。推行公开听证，邀请人大代表、基层群众等36人次，对12起案件以听证形式参与案件评议。坚持将“教育、感化、挽救”方针融入未成年人司法全过程，办理涉未成年人案件3件6人。持续落实“一号检察建议”，开展“检爱同行 共护未来”“护蕾2022·深挖保护伞”等未成年人法律监督专项行动。选派7名检察官担任法治副校长，开展校园普法宣讲16场，受益3000余人次。发出《督促监护令》一份，督促纠正家庭教育不当的问题。聘任4名行政机关人员担任特邀检察官助理。围绕“稳定、发展、生态、强边”四件大事，将检察元素融入“11364”新发展格局，开展边境检察，完成全县48个边境村“12309”检察服务中心挂牌工作，实现7个边境乡（镇）全覆盖，构建“一乡一检”网格化管理布局。依法保护农民工、老年人等弱势群体合法权益，开展“打击整治养老诈骗专项行动”，派送“法治大礼包”，以“检察蓝”守护“夕阳红”。推进落实“四号检察建议”，敦促职能单位修复、更换窨井盖81个。救助生活陷入困境的受害方2人3.4万元，助力巩固脱贫攻坚成果、助推乡村振兴。深化“河（湖）长+林长+检察长”工作，开展巡林巡河7次，发现的问题线索移交办理。

2022年3月17日、18日，米林县人民检察院检察官走进学校进行法治宣传

【队伍建设】 2022年，县人民检察院全面学习贯彻中共二十大精神，党组班子讲党课5次，党组、党支部、检委会专题学习46次，干警撰写心得体会139份，开展大学习大讨论大宣讲20次，畅谈体会39人次。持续巩固政法队伍教育整顿成果，对照最高检巡视反馈问题查遗补缺、纠偏正向。开展“提笔练文、读书分享”活动11次，撰写文章263篇，其中原创98篇、市检察院采纳12篇；采取“轮岗任用+常态交流”培养复合型人才，加强对年轻干警培养使用。

（彭　云）

法　院

【概况】 2022年，米林县人民法院有5个内设机构和4个派出法庭，9个部门均为副科级建制，其中内设机构为政治部、综合审判庭、执行局（司法警察大队）、立案庭（诉讼服务中心）、审判管理办公室（综合办公室）；派出法庭为米林县丹娘乡人民法庭、卧龙中心人民法庭、派中心人民法庭、南伊珞巴民族中心法庭。全年受理各类案件670件（含旧存94件）、同比下降70%，审执结617件、审限内结案率100%。结案标的额1.73亿元。

【审判工作】 2022年，县人民法院依法强化综合审判职能，维护社会稳定。全年受理刑事案件19件35人（旧存3件11人），依法审结18件，结案率94.74%，法定审限内结案100%。开展法律援助工作，加强司法人权保障。指定辩护律师18人，做到刑事案件律师全覆盖。落实“两个一律”“一案三查”要求，完善扫黑除恶常态化工作机制，摸排梳理年内审结的16件刑事案件、311件民事案件、245件执行案件，均未发现涉黑涉恶及涉“保护伞线索”问题。全年受理民商事案件342件（旧存31件），结325件，未结17件，审结率95.03%。推进少年法庭建设，加强未成年人司法保护。推进法律进校园，加强未成年人法治教育，组织开展模拟法庭、普法课堂等活动41场次，受教育师生3000余人。

采取“线上”和“线下”相结合方式，减轻疫情对经济社会发展的影响，互联网在线审理案件54场次。全年审结买卖、租赁、运输、承揽、建设施工等合同纠纷231件；助力法治政府建设，受理行政案件3件，审结3件，推动行政争议实质化解，依法保障行政相对人合法权益；会同县纪委组织40余名领导干部旁听受贿案件审判。在法院系统向党员干警发出疫情防控倡议书，全院党员干警整装上阵下沉5个村（社区）宣传疫情政策。组建涉疫案件审判团队，开展线上服务430人次、线上办案10件次，线上审判14场次。

组建环境资源审判专业合议庭，依法审理涉环境资源案件1件，到社区、村居开展环境保护法等法治宣传5场次，受教育群众180余人次。对接乡村振兴战略和边境群众司法需求，开展矛盾纠纷大排查大化解，妥善处理边境各类矛盾纠纷，以司法审判方式服务兴边富民行动和守土固边工程。依托驻村平台办理实事17件，开展各类法治和政策性宣讲11场次，受教育群众228人次；各边境法庭办结案件11件，化解矛盾纠纷2件；落实每周二院领导及员额法官定期接访，其他时间由专职信访人员负责接访制度。院长开展“大接访”活动4次，共接访200余人次，化解信访案件1件。

2022年2月17日，米林县人民法院执行完毕一起涉农民工工资案件

【司法为民】 2022年，县人民法院开通司法服务“绿色通道”，对涉及老年人、未成年人、残疾人、农民工等追索劳动报酬、赡养费、抚（扶）养费、抚恤金等涉民生案件采取“三快两先”方式，兑现合法权益。全年受理执行案件305件，执结245件、执结率89.18%，执行到位标的额1323.10万元。精准适用联合惩戒措施，曝光失信被执行人152人次、限制高消费72人次。配合有关部门开展干部选拔任用诚信核查1783人次。延伸司法便民服务，围绕人民群众急难愁盼问题，精准定位南伊边境法庭、派旅游法庭、丹娘人民法庭、卧龙虫草法

庭职能，挂牌成立派中心法庭旅游调解室。落实“谁执法、谁普法”要求，开展“法律十进”活动，共开展各类政策宣讲和法治宣讲活动24场次，发放宣传资料近1万份，现场解答群众法律咨询305人次，受教育干部群众8000余人次。通过车载流动法庭审理案件86件，行程32567.6千米；以诉前调解方式结案101件，通过“12368”诉讼服务热线，为群众提供来电咨询服务470余人次，接待群众1553人次；受理当事人网上申请立案66件。综合运用批评、教育、训诫、惩戒等措施，维护婚姻家庭关系和谐稳定、促进家庭文明建设。全年审结婚姻家庭案件20件，调解15件，判决2件，撤诉2件，移送管辖1件。

2022年3月23日，米林县人民法院开展“大走访、大调研”活动

【法院改革】 2022年，县人民法院推进“分调裁审”、繁简分流改革，构建普通、简易、速裁程序相配套的多层次诉讼制度体系，推动多数纠纷通过分、调、裁渠道化解；组建调解、速裁团队，成立涉扫黑除恶、环境资源、涉疫案件等专门合议庭，提升案件审判效率。速裁团队受理案件203件，简案快审率91.7%。落实上级法院关于一站式多元解纷和诉讼服务体系建设的指导意见，投入167.8万元强化诉讼服务中心文化建设和智慧诉服建设，接待群众1500余人次，实现诉讼事项“一站”通办。起草《进一步改善矛盾纠纷多元化解机制深入推进治理实施方案》，完善“多元调解＋速裁”纠纷化解机制，发挥人民法院在诉源治理中的参与、推动、规范和保障作用。创新和发展新时代“枫桥经验”，推进人民法庭工作，利用人民调解平台委派委托诉前调解模式，实现“司法确认线上＋线下”双运行。通过平台调解纠纷200件，调解成功141件，申请司法确认66件，调解成功率100%，平均办理时长2.59天。推进“审判流程、庭审公开、裁判文书、执行信息”四大公开平台建设，提升司法审判工作透明度，在中国庭审公开网直播庭审85件，累计播放17302次。利用网络查控系统查控被执行人财产255余次。

【党建工作】 2022年，县人民法院开展“深刻领悟‘两个确立’决定性意义，坚决做到‘两个维护’”主题教育，组织开展大学习、大检视、大宣讲等活动37场次，查找整改问题10个，完善措施5项。学习习近平新时代中国特色社会主义思想、习近平法治思想和《习近平谈治国理政》等内容，采取“线上＋线下”的学习模式，开展线上答题8次，线下考试2次。落实“第一议题”“第一课题”制度，组织开展党组理论中心组学习会议11次，组织开展党组书记上党课3次，开展“主题党日”活动6次，组织干警集中学习43场次，干警自学28人次；以专题研讨、谈心得体会等形式，组织开展中共二十大精神专题学习15场次。修订完善《米林县人民法院党组重大事项请示报告实施办法（试行）》，向县委、县委政法委请示重要工作、重大事项2次，报告重大案件1次。围绕“四查四问”“八项整治”要求，自查检视、整改各类问题74条，开展专题研讨2次、理论测试1次。围绕诉源治理、巩固基本解决执行难成果、人民法庭建设等工作开展调研，撰写调研报告4篇，提出可行性思路建议15条。开展“为群众办实事示范法院”创建活动，健全完善为民办实事工作举措3项，为群众办实事25件。完善《米林县人民法院“三重一大”集体决策制度实施办法》，各党组成员按照民主集中制原则研究重大事项。全院干警完成“三个规定”季填报4次，月填报12次，填报事项36次，未发现违反“三个规定”事件。

【自身建设】 2022年，县人民法院组织干警参加政治轮训2期21人次、参加法官学院培训6期39人次、自行组织业务培训5期100余人次。完善人员分类管理，提请县人大常委会对8名法官及法官助理进行法律职务任免（任命5人、免职3人）；完成1名司法警察身份转换；退出员额法官1人；新招录聘用制司法警务辅助人员4人。县法院党组共向县委请示汇报工作8次、向中院党组汇报工作8次、向县委政法委请示汇报工作5次；向人大、政协报告工作2次，邀请人大代表、政协委员旁听案件审理2人次，办结代表委员意见建议1条；邀请检察长列席审委会1人次、协助调阅卷宗11件，配合检察院调阅卷宗10件次；向纪委提供“三个规定”报告1份。在中国裁判文书网公开裁判文书96篇；推进庭审公开，直播80场次，人均直播9场次；通过各种新闻媒介平台发布信息7条。

（格　桑）

司法行政

【概况】 2022年，米林县司法局坚持深化改革，提升政府依法履职效能；优化公共法律服务，提高依法治理能力；各项工作有序开展。全年各级人民调解组织排查矛盾纠纷894次，排查矛盾纠纷51件，调处矛盾纠纷51件，涉及金额590余万元；申请司法确认案件9件，涉及金额378.4万元。

【深化改革】 2022年，县司法局落实行政执法“三项制度”，分三批次对全县231名行政执法人员和16名执法监督人员换发行政执法证和监督证。加强行政规范性文件审查，聘任律师担任政府法律顾问，为政府及其各部门、乡镇审查行政规范性文件9件，审查民事合同53件，提供法律意见96条。组织开展2022年全县行政执法监督检查，对随机抽查的9家执法单位开展执法监督检查，反馈整改问题16条。组建“法治米林”人才库，将历届援藏律师和12名通过国家法律职业资格考试的国家工作人员纳入，充实全县法治力量。推进“互联网+政务服务”工作，梳理全县27家职能部门行政权力事项3610项，取消证明事项8项，政府服务中心大厅线上线下受理各类行政审批和服务事项4310件。

【公共法律服务】 2022年，县司法局组织开展法治宣传136场次，出动宣传人员296人次，悬挂横幅184条，发放各类普法宣传资料3万余份，受教育群众28426人次，接收普法订单8份，完成订单8份；调整充实村（居）法律顾问217人、法律明白人266人。建成米林县公共法律服务中心和5个公共法律服务站，开展法律援助法学习宣传，完成全区司法局局长和司法所所长观摩考察任务。年内，县法律援助中心受理法律援助案件16件，律师见证认罪认罚案件6件，为群众代写法律文书364份，解答群众法律咨询321人次。依托乡镇司法所、综治中心、警务室、双联户等基层力量，将全县7322户，22972人，划分为69个网格、766个联户单位，通过“网格化”条块治理。

【重点人群管理】 2022年，县司法局探索创新监督管理模式，强化帮扶教育，提升社区矫正监管和安置帮教工作水平。开展入户走访宣传23次，接受特殊人群法律咨询32次；在“三大节日”期间，为20名困难特殊人群帮扶1万元物资，协助3名人员申请民政临时救助1.7万元。开展社区矫正对象走访80人次，为2名患病困难人员捐款4000余元。

2022年12月15日，米林县司法局组织全县社区矫正委员会成员单位召开社区矫正委员会第二次会议

【思想政治建设】 2022年，县司法局先后组织学习《法治中国建设规划（2020—2025）》和《法治社会建设实施纲要（2020—2025）》等相关法律法规。至年底，县委、县政府主要领导听取法治政府工作汇报2次，组织开展法治学习5次，全县各级党委（党组）集中开展习近平法治思想专题学习78场次。调整充实以县委书记为主任、县长为常务副主任的县委全面依法治县委员会，组织召开米林县委全面依法治县委员会2022年第一次会议，制定并印发《中共米林县委员会全面依法治县委员会2022年工作要点》。

（司法局）

军　事

人民武装

【概况】 2022年，米林县人武部统筹推进各项工作，完成民兵组织整顿、国防潜力调查、年度兵员征集、巡逻驻哨训练、新冠疫情防控等大项任务，被西藏军区表彰为“先进人武部”。

【思想政治建设】 2022年，县人武部筹划“学习强军思想、建功强军事业”教育实践活动5个专题学习，常态组织经常性思想教育、针对性教育和纪律教育，开展防范涉酒问题“8个严禁”和“两严”专项整治。坚持“第一议题”制度，跟进学习习近平主席最新讲话精神，同步参加军区、军分区党委理论中心组学习，分层分级开展党员干部自学，党委书记、副书记带头学讲话、上党课、做宣讲、谈体会。开展“严禁违规喝酒、严防酒驾醉驾”专项教育整治和“四类问题”防范纠治。10月，完成军区党委对米林县人武部的常规巡察。宣传展示人武部正规化建设特色亮点，先后有12篇新闻报道及政研文章在西藏军区以上网络、媒体刊发，其中撰写的《认真履行党管武装工作职责，扎实推动国防后备力量建设发展》文章在中央军委机关网发表。

【军事训练】 2022年，县人武部坚持定期召开议战议训议边形势分析，研究战备训练及边防管控形势，落实党委议训管训抓训。根据军分区明确的任务，跟进修订完善各类战备方（预）案。1月，组织两级人武干部和民兵参加军分区开训周系列活动；7—8月，组织基干民兵进行野外驻哨训练；11月，组织民兵分专业、分区域开展年度军事训练。12月，在军分区组织的人武部系统年终考评中取得第一名。

【国防动员】 2022年，县人武部组织召开米林县武装工作会议，传达学习上级党委扩大会议精神，梳理年度工作任务，制定印发《国防动员工作要点》《民兵军事训练计划》《民兵政治工作计划》。协调县委、县政府召开党管武装述职会暨党委议军会、人民武装委员会例会、国防动员全会等，落实党管武装“九项制度”和人武工作“八项内容”，提升质量水平。4月，组织召开民兵整组任务部署会，明确军地职能部门职责任务，筹划展开基干民兵和普通民兵布局调整，开展征兵工作。

2022年8月12日，开展征兵宣传活动
（县人武部　供图）

【双拥共建】 2022年，县人武部组织庆祝建军95周年活动，开展国防教育、组织升国旗、观看宣传片、展示武器装备、观摩战术演练、体验实弹射击“六个一”活动，强化干部群众国防意识、边防意识。协调解决驻地部队边防道路、前推点板房、水电网及营区建设和训练征地等问题，推动2022年县委议军会12项提案落实。

（胡文光）

武警米林中队

【概况】 2022年，武警米林中队协助地方统筹推进文化场馆建设，开展群众性文化活动，促进当地精神文明建设。重点加强处置突发事件等科目的专勤专训，修订各类方案预案并加强针对性演练。

【思想政治建设】 2022年，武警米林中队围绕中心任务，开展常态执勤，学习中共创新理论，统一思想，加强实战化训练，提高履职执勤能力。年内，配合公安部门完成重要节点巡逻任务。

【精细化管理】 2022年，武警米林中队坚持精细化管理，提升标准意识、精细化建设水平。在日常训练中依托正“三象”提升官兵形象气质，以扬“三声”、治“三乱”纠治官兵日常素养，以此进一步规范中队一日生活制度。

（武警米林中队）

米林边境管理大队

【概况】 2022年，米林边境管理大队完成年度各项安保任务。全年整理上报各类情报信息47条，随案查获藏刀5把、物资6件，到15处抵边生产作业点开展排查120余次，发现整改安全隐患13个。

【治安管理】 2022年，米林边境管理大队会同政府有关部门开展矛盾纠纷和隐患排查，排查化解矛盾纠纷179起。整治治安隐患55个，同步规范人员管理档案，加强基层基础工作，统筹推进各类专项行动。

【服务经济】 2022年，米林边境管理大队履行属地管理责任，在甲格沟、阿拉塘沟虫草产区设立虫草采挖警务室1个、执勤卡点2个，慰问困难群众2次，医疗救助7人。落实常态化走访要求，跟进解决边民群众实际困难和问题28件，征求改进边境管理工作意见建议31条。服务保障驻地旅游经济发展，依托“护游”警务开展旅游景区及沿线治安整治、报警求助、安全防范等工作，维护辖区旅游秩序。全年为游客提供救助服务20起42人，帮助挽回经济损失32.58万元；协同县文旅局和交管局行政执法部门开展旅游“黑车”乱象联合执法检查行动16次，保障游客生命财产安全和合法权益。落实“放管服”改革要求，结合边境派出所户籍业务、边境通行证签发窗口服务工作，推行业务预约、网上咨询、上门服务等便民利民举措，执行“本地游”9项惠民措施，提供业务咨询455条，开展送证上门服务141次，办理边境通行证1673张。抽选6名执法骨干组建大队案件办理队，赋予其复杂案件侦办、案情分析、案件审核、人才培养、法律咨询5项职能，助推执法办案质效整体提升。深化执法监督管理，发挥14名专（兼）职法制员职能作用，推行一案一考评、执法月度回访及案件联审等制度，加强对执法源头、执法过程、执法案卷的全方位监督。开展“八五”普法暨“法润雪域边关”法治宣传教育活动，依托“110”宣传日、全民国家安全教育日、宪法宣传周等时机，组织民警进机关、进学校、进村庄、进寺庙、进企事业单位，开展《中华人民共和国宪法》《中华人民共和国民法典》《中华人民共和国国家安全法》《中华人民共和国陆地国界法》等法律法规宣讲和民族团结、反分裂斗争、爱国主义教育活动117场次，发放宣传资料4400余份，悬挂横幅154条，受教育群众1.4万人，提升边民群众、干部职工法治观念和国家安全意识。协调米林县教育局、司法局，完成6名民警兼任学校法制辅导员和57名法律明白人选聘。

2022年，米林边境派出所民警在辖区开展法治宣传活动

【后勤保障建设】 2022年，米林边境管理大队党委牵头完善后勤保障机制，根据工作实际对被装录入发放、防疫物资领取分发、物资整理拉运等工作进行部署。年内，大队后勤保障队伍完成民警新式警服量体、拉运、发放工作。各类防疫物资、警用装备、净化水设备、配发弹药按需按时按量有序发放到各单位，充实各单位装备物资储备量，满足日常所需各类装备物资需求。改善营区基础设施，推进米林边境派出所选址、征地各项工作，征集米林边境派出所、卧龙边境派出所基建方案意见。

【疫情防控】 2022年，米林边境管理大队加强与公安警种、卫生防疫部门的沟通联系和协作配合，配合开展各类勤务。因疫情防控工作成绩突出，2人被林芝市疫情防控领导小组授予“疫情防控先进个人”称号，89人获得疫情防控荣誉证书，31名民警和11名辅警获米林县优秀表彰。

【思想政治建设】 2022年，米林边境管理大队组织召开党委理论中心组学习10次、党委会议17次；开展正（副）书记授党课90余课时，50余名民警走上讲台谈体会、谈感受，撰写心得体会280余篇。开展“三个对照”（对照党章党规、对照岗位职责、对照先进典型）活动，提升民警履职尽责能力。依托“喜迎二十大忠诚保平安”和“深入学习宣传贯彻党的二十大精神”活动，合理安排基层党组织依托驻地有利资源，开展系列活动（参观红色教育基地、重温入党誓词、向警旗宣誓、党员过集体“政治生日”、烈士陵园扫墓、“我想对党说”系列活动），教育引导党员民警坚定理想信念，提升党员民警的荣誉感、责任感、使命感。全年开展座谈讨论20余场次，参观红色教育基地3次，烈士陵园扫墓2次。

【党建工作】 2022年，米林边境管理大队开展民主集中制学习200余课时，收集意见建议70

余条，查摆整改突出问题5个，制定整改措施30余个。大队4个基层党组织（里龙边境派出所2020年、2021年连续两年被总站授予“先进基层党组织”称号，鲁霞边境派出所2021年被总站授予“先进基层党组织”称号，羌纳边境派出所2021年被总站授予“先进基层党组织”称号，南伊边境派出所2022年被总站授予“先进基层党组织”称号）先后获得总站“先进基层党组织”称号；打造并推出党建品牌4个（南伊边境派出所打造“五联五强”党建品牌，里龙边境派出所打造推出“互联网+智慧党建”品牌，羌纳边境派出所打造推出“三化三合”党建品牌、鲁霞边境派出所打造推出“民心工程”党建品牌）。

（米林边境管理大队）

退役军人事务管理

【概况】 2022年，米林县退役军人事务局是米林县机构改革新组建的政府工作部门，下辖米林县退役军人服务中心，内设局办公室、拥军优属办公室、就业创业办公室、褒扬纪念办公室。县退役军人事务局围绕上级退役军人事务部门关于退役军人工作的决策部署，边推进业务，边谋划发展，打造“一站式服务”平台，做好退役军人服务管理工作，提升工作的效能和服务水平，全县退役军人事务工作稳中求进。米林县退役军人服务中心、8个乡（镇）和69个村（居）退役军人服务站全部挂牌成立，每个服务中心（站）配备基本办公设备。

【党建引领】 2022年，县退役军人事务局组织开展集中学习会议31次，主题党日活动12次，党组书记上党课2次，党支部书记上党课4次，党组理论学习中心组开展集中学习15次，研讨交流发言8人次。组织召开2022年全面从严治党暨党风廉政建设工作部署会，开展党风廉政谈话8人次。贯彻落实民主集中制、“三重一大”，加强班子自身建设，按照“一岗双责”要求，听取党组成员工作思想汇报，推动工作落实。教育党员干部筑牢拒腐防变的思想道德防线，加强岗位廉政教育和警示教育；开展“改进作风狠抓落实 聚焦民生主动作为”“党员筑初心 巾帼心向党”“致敬英雄 缅怀先烈 清明祭扫志愿活动”“共学军魂之勇毅 砥砺前行磨党性”“牢党性、稳作风、强实干”喜迎党的二十大等主题活动，保持党员先进性教育成果。

【拥军优属】 2022年，县退役军人事务局在“三大节日”“八一”建军节期间开展走访慰问驻地部队活动，送去慰问物资；走访慰问三属、荣获二等功以上退役军人等，发放慰问金，弘扬拥军优属光荣传统。完善双拥工作体系，与13家商户签订拥军优抚合作协议，壮大米林县拥军优抚合作队伍，全县有拥军优抚合作门店37家、单位4家。组织全县干部参与清明、“‘9·30’烈士纪念日”祭扫活动，同时开展网上祭扫活动，活动范围涵盖退役军人党员，十八军老战士、最美退役军人。组织驻地部队官兵、退役军人志愿者观看爱国撤侨影片《万里归途》；在双拥宣传月、学雷锋日、“我为群众办实事利民政策宣传月”“八一”建军节、“民族团结进步宣传月”等节点，向现役军人、退役军人及群众发放宣传册，开展政策宣讲2场次，发放宣传资料890份，受益群众1686人次。发放“光荣之家”牌匾。为立功现役军人家庭送喜报发慰问金，营造“一人当兵、全家光荣”氛围，提升全县军人军属的幸福感、荣誉感。为现役军人家庭送去三等功奖状1张、优秀士兵奖状7张和4100元奖金。

【志愿服务工作】 2022年，米林县退役军人志愿服务队全县范围招募退役军人志愿者，探索新时期退役军人志愿服务模式，发动县、乡、村三级退役军人共同参与。志愿服务包括疫情防控、治安巡逻、矛盾调解、文明劝导、环境保护、政策宣传、技能传授、帮助就业创业8个主题；开展清明节祭扫活动，前往部队军事陈列馆参观，前往羌纳小学开展爱国主义教育，退役军人“兵支书”讲述事迹，米林县退役军人事务局在火车站开展退役军人志愿者活动，举行退役军人座谈会、烈士纪念日活动，观看电影《万里归途》，开展卫生环境整治活动。激励各乡镇、县直机关挖掘退役军人典型，组织学习退役军人榜样典型17次，提升退役军人价值认同。联合县电视台拍摄《扎西旺堆，藏在里龙的一等功臣》宣传片，通过米林融媒平台宣传一等功臣扎西旺堆优秀事迹。县退役军人事务局派出干部志愿者8人，做好疫情防控、宣传等工作。组建县乡村防控工作退役军人志愿者服务队，全县发动退役军人捐款捐物价值13.9万元。

【就业创业】 2022年，县退役军人事务局做好移交安置工作，接收自主就业退役士兵，建立个人信息台账，涵盖退役军人的学习、技能、需求等信息，引导退役士兵参加职业技能培训，提高就业能力。开展政策宣传和就业创业指导，促进退役军人就业创业。向各政府部门争取就业岗位，为退役军人提供就业平台，通过层层把关推荐后，由用人单位进行面试。向全县退役军人推送拉萨消防人员招聘信息、米林县公安局辅警招聘信息、拉萨机场招聘厨师信息等，鼓励退役军人参与报名面试。宣传面向退役军人招录公务员考试信息，鼓励符合条件的退役军人参加考试，有符合条件的退役军人报名考试。做好退役军人就业创业政策宣传，统计全县有就业需求的退役军人信息和培训意愿，与米林县人力资源和社会保障局沟通，提交《米林县退役军人事务局关于请求开展退役军人职业技能培训的函》，协调开展专题培训，提高全县退役军人职业技能。

【优抚褒扬纪念活动】 2022年，县退役军人事务局联合县森林消防中队、卧龙镇边境派出所、卧龙镇人民政府开展“致敬英雄·缅怀先烈”清明祭扫志愿服务活动，退役军人志愿代表、党员代表参加；在“9·30”烈士纪念日组织第九个国家烈士纪念日公祭活动，县四大班子在家领导，县直单位干部职工代表、边防官兵、退役军人代表以及群众代表等举行烈士纪念活动。借助微信公众号、“网信米林”等网络平台，开展网上祭扫，向英烈敬献电子鲜花7214朵，点亮电子酥油灯7214盏；与卧龙镇村“两委”、管护人员签订烈士陵园管理协议，明确三方责任，健全烈士陵园日常管理机制。向有关单位、驻地征集革命事迹，收集烈士遗物，丰富展陈内容。

【优待抚恤】 2022年，县退役军人事务局发放各类优抚对象抚恤和补助金。每月协调县财政局、代发银行足额、按时、准确发放优抚资金，发放60岁以上农村籍退役军人生活补助、三属人员、伤残人员抚恤金；为2021年安置就业退役军人发放退役安置期生活补助；发放2021年退役军人一次性经济补助和一次性家庭优待金。2022年初，米林县退役军人服务中心以各县直机关、乡（镇）为单位，更新完善全县退役军人基本信息，做到退役后及时收集信息，确保人员信息准确。协调解决退役士兵保险补缴工作。完成符合条件退役士兵保险的补缴工作。安排专人参加自治区、林芝市退役军人事务部门组织的培训，学习掌握建档立卡和优待证申领工作。将信息录入和申领工作落实到人，明确采集范围和采集要求，周密安排，推进落实。通过张贴公告、网信米林、微信公众号、微信群、电话通知等形式进行宣传，确保退役军人及其他优抚对象获取通知信息，提升建档立卡和优待证申领工作的知晓率。组织乡（镇）退役军人服务站工作人员进行培训，讲解退役军人建档立卡和优待证申领的工作流程以及办理过程中遇到的问题。

（舒鹏州）

经济综合管理

宏观经济管理

【概况】2022年，米林县发展和改革委员会与经济和信息化局、粮食和物资储备局合署办公，下设项目评审中心，承担综合办公、铁路“双拖欠”、项目审批、经济受援、粮食储备、经济和信息化、物资转运、价格认定等工作职能。县发改委坚持党建引领，加强理论学习，开展主题党日活动12次，探讨重大工作任务10次；推进项目建设，重点项目56个，总投资19.30亿元，完成10.57亿元。重视粮食安全，安排专人值守，落实安全责任。完善应急物资供应保障网络，开展价格监管和经信工作，推动高原经济发展，抓好稳定、发展、生态、强边四件大事。

【党建引领】2022年，县发改委将学习贯彻习近平新时代中国特色社会主义思想和党的重大方针政策作为党组理论中心组学习和党支部学习的重要内容，强化理论学习，充实领导干部理论知识储备，通过每周集中学习例会、个人自学等多种形式，开展书记上党课4次、党组理论中心组学习12次、党支部集中学习32次。党支部书记履行“第一责任人职责”，其他领导履行“一岗双责”，坚持党建工作和业务工作同安排、同部署，形成责任明确、齐抓共管的格局。将党的政治思想建设摆在首位，严格党内生活，教育引导全委干部坚定理想信念，树立“四个意识”，锤炼党员干部忠诚干净担当的政治品格，开展民主生活会2次、组织生活2次。围绕“四查四问”找短板，结合“是否履职、是否正确履职、是否履职到位”专题活动，通过“大学习、大讨论”实现“大转变”，开展进一步改进作风狠抓落实工作，制定《米林县发展和改革委员会2022年改进作风狠抓落实工作方案》。制定《米林县发展和改革委员会党员管理细则》《米林县发展和改革委员会2022年党员经费使用方案》，健全管理制度，提升管理能力和执行能力。充实党员后备力量，建强党的后盾，吸纳发展对象2名、入党积极分子1名。

【责任落实】2022年，县发改委明确党组书记第一责任人的职责，坚持“谁主管，谁负责”的原则，优化相关文件及年度、季度、重要时间段工作方案、预案等，健全防范措施和防范机制，做到工作同计划、同部署、同落实，在组织、制度上夯实基础。简化畅通群众信访渠道，规范接访制度，让群众有地方说话、有地方办事、有地方表达合理诉求，拉近群众与部门的关系。

【经济运行情况】2022年，米林县域生产总值20.9亿元，按可比价格计算比上年增长1.89%；规上工业增加值下降47.9%；全社会固定资产投资同比增长7.4%，完成全年目标任务的100%；社会消费品零售额完成3.54亿元，同比下降6.89%；地方公共财政预算收入完成7000万元，同比下降48.97%。农村居民人均可支配收入实现2.67万元，同比增长5.5%，完成全年目标任务的100%；城镇新增就业508人，完成全年目标任务的101.6%；实现农牧民转移就业4918人，完成全年目标任务的98.36%；接待区内外游客102.5万人次，实现旅游总收入9.13亿元，分别同比下降45.18%和44.39%。

【项目建设】 2022年，米林县在建政府项目56个，其中续建项目22个、新建项目34个、完工项目32个，占比57%，未达到开工条件1个，占比1.78%。评审中心评审项目85个，审定资金7亿元。完成零星项目95个，报审3085.3万元，审定资金2567.15万元，核减率17.03%。研究自治区、林芝市关于评审方面指导性文献，收集总结典型项目评审工作资料，建立土建数据库（西藏林芝常用材料价），房建工程、市政工程及安装工程零星项目常用全费用综合单价数据库等，拟定《米林县政府投资项目概算评审细则》《米林县房屋建筑和市政工程勘察设计变更管理实施意见》《米林县投资项目委托评审管理办法》《米林县政府投资项目独立费用（工程建设其他费用）计费指引——水利水电工程》等文件。

【粮食安全】 2022年，县发改委按照“三专四落实”标准，做好专仓储存、专账记载、专人保管，加强库区防火防盗等安防工作，确保粮食存储安全。2022年5月18日，与林芝工布粮油有限责任公司签约，完成2022年第一次粮食更新轮换作业；11月，完成第二次粮食轮换作业。联合市场监管、商务等部门进行粮食市场动态监测，以定期检查、随机抽查的方式开展执法检查工作，防范发生囤积居奇、哄抬物价、以次充好等行为，维护粮食流通秩序，开展市场物价监测25次。2022年7月6—25日，市委第二巡察组对米林县粮食和物资储备局进行巡察，发现2个方面7个问题。县粮储局细化整改措施14条，制定《米林县粮食和物资储备局关于机动巡察整改工作方案》，完成整改任务4项。

2022年1月27日，米林县委书记严世钦（右二）深入县粮储局开展调研工作

【物资管理】 2022年，县发改委以“应急物资管理平台”系统为载体，将信息化管理运用到物资出入库、金额、品种使用等各个环节，完善《应急物资保障机制》，推动健全应急物资供应保障网络，强化物资管理信息化、智能化管理，实现物资使用管理可追溯、透明化、规范化管理，提高物资管理水平。

【价格监管】 2022年，县发改委执行《西藏自治区发展和改革委员会关于公布〈西藏自治区定价目录〉的通知》，按照“合法性、合理性、相关性、权责发生制”原则，对客运公司成本进行审核，完成客运线路成本监审工作，为价格监管提供基础数据。

【经信工作】 2022年，县发改委加强与电力、电信、移动、联通等单位的沟通衔接，实现行政村4G网络100%覆盖。其中，4G基站437个（电信129个、移动238个、联通70个），5G基站38个（电信11个、移动10个、联通17个），解除偏远地区信号盲区和用电难问题。金融机构为受影响较大的困难企业、中小微企业、个体工商户加大融资力度，发放贷款8笔385万元，为18户办理延期还本付息995.4万元。减免税收2868.21万元，实现退还增值税留抵税额2586.04万元，涉及纳税人27户次。减免“六税两费”48.66万元，涉及578户。为4户生产、生活性服务业纳税人加计抵减增值税14.15万元。为33户小规模纳税人减免增值税109.34万元，为5户制造业小微企业延缓缴纳税款17.61万元；帮助4家企业8个项目申报4.47亿元中长期贷款需求。把好碘盐检测配送关、守住群众健康关，落实碘盐定期抽样检查工作，完成全县农牧区碘盐配送工作，累计配送99.1吨，覆盖农牧民1.88万人。

【铁路建设】 2022年，县发改委召开专题协调会19次，出动工作人员141人次，协调80次，解决大部分铁路“双拖欠”问题。拉林铁路（米林段）施工方中铁各局完成支付农民工工资、地材、运输费、机械租赁费等2362.66万元。采用村级大会、实地调研等方式到拉林铁路米林段沿线村庄普及法律法规、护路知识等30余次，严防人为破坏、牲畜进入铁路沿线网围栏等现象发生，保障铁路畅通无阻。

2022年7月5日，米林县发改委协调中铁一局、十七局、十九局拖欠当地材费、民工工资、机械租赁、运输费用等款项事宜

【安全生产】 2022年，县发改委坚持以安全第一、生命重于泰山为基本原则，通过专项安全生产宣传教育活动、日常工作引导等方式方法，增强安全管理者、生产从业者的安全生产意识，消除内在的安全隐患。开展安全生产教育活动2次、安全生产专项宣传4次、日常工作引导40余次，发放安全生产手册1000余份；开展安全生产大检查活动6次，不定期抽查生产活动场所30余次，查处操作安全隐患4人次，线路、设备等安全隐患8处。

【保密工作】 2022年，县发改委加强教育、完善制度，组织传达贯彻县委保密工作文件、会议精神，提高全委上下保密意识；按照保密要求做好保密工作，加强保密管理，建立完善保密工作台账，提高保密工作科学化水平；加大对保密工作自查自评力度，发现问题及时整改落实。

【驻村工作】 2022年，县发改委重视对驻村工作的管理，将业务能力强、综合素质高的干部选派为驻村干部，年初集中研究驻村工作1次、到驻村点看望慰问驻村干部1次，主要领导带队到驻村点开展督导4次，解决驻村工作困难难题。

【方案制定】2022年，县发改委拟定《米林县“着力创建高原经济高质量发展先行区”实施方案》《米林县“着力创建固边兴边富民行动示范区”实施方案》《米林县“建设全区改革开放先行区”实施方案》和2022年工作方案。依据城市和乡村发展，编制《米林县建设兴边富民中心城镇试点方案》等方案，完善发展规划。

【疫情防控】2022年，县发改委制定应急处置演练方案、秋冬季工作方案。落实“三包”责任，安排专人到机场、各参建单位开展工作。落实重点项目建设领域防控机制，制定《米林县2022年复工复产方案》，为推进全县重点项目建设创造条件，做好物资储备，推进项目复工复产。县市级56个重点项目中，完工项目23个，在建项目29个，未开工项目4个。

（县发展和改革委员会）

自然资源管理

【概况】2022年，米林县自然资源局履行全民所有土地、矿产、森林、草原、湿地、水等自然资源资产所有者职责和所有国土空间用途管制职责，坚持全县“一盘棋”理念，融入自治区“四个创建”“四个走在前列”目标任务和林芝市“11364”发展战略，编制《米林县国土空间总体规划（2021—2035年）》，遵循国家、自治区、林芝市对米林的目标定位，落实相关“十四五”规划目标，结合米林资源禀赋，将米林县城市定位为世界级生态文旅目的地、国家清洁能源产业基地、高原民族特养生基地、固边兴边战略保障区、藏东南门户交通枢纽。

【国土空间总体规划】2022年，米林县国土空间总体规划完成阶段性成果，完成三轮“三区三项”规划工作，面向县相关职能部门完成阶段性成果汇报及征求意见工作，规划涵盖8个乡镇及中心城区。坚持交通优先策略、产业集聚策略、品质提升策略及城市更新策略，以城镇总体规划为龙头。米林县编制米林县城区控制性详规及派镇镇区控制性详规、产业发展规划、旅游发展规划、交通专项规划等多规合一，规划涵盖米林站片区、军民融合产业园、水电产业园、米林新城、藏医药产业园、岗嘎片区及空港枢纽片区及派镇。推动空间上产城一体、功能上合理分区、产业上有机融合，增强规划对城镇的引领作用，提升城镇对产业的服务功能。推进米林县城区和派镇镇区控制性详细规划编制工作，提前预留雅江水电开发营地等城市空间，科学划分商贸服务、产业发展、公共设施等城市分区、完善城市主体功能。

2022年1月13日，林芝市、米林县国土空间规划第二次对接会在市局三楼会议室召开

【村庄规划】2022年，米林县确定米林县村庄分类与布局的名单，包括保留改善类2个、城郊融合类7个、聚集提升类7个、守土固边类19个及特色保护类4个，搬迁撤并类29个。结合米林县实际情况，按照重新编制原则、规划调整原则、通则管理原则及控规覆盖原则，暂缓编制村庄规划的行政村53个，搬迁的行政村2个，编制剩余的13个行政村“多规合一”实用性村庄规划，形成正式成果。

（拉　珍）

财　政

【概况】2022年，米林县财政局与县国有资产监督管理委员会合署办公。县财政局理论学习，强化党风廉政建设，完成2023年财政预算编制、部门预算公开工作以及2022年决算上报工作；开展全县财政“一体化”系统改革工作，通过预算平台提高财政资金使用效益，加强财政宏观调控能力，一体化系统国库集中支付完成1.75万笔，涉及金额19.77亿元；落实“三保”工作和机关事业单位人员增资政策；完成涉粮问题巡察反馈意见涉及财政部分整改工作。

【理论学习】2022年，县财政局贯彻落实关于进一步改进作风狠抓落实工作的重要讲话精神，根据文件明确的实施步骤开展学习。局领导带头参加，结合党组学习、党支部学习，采取集中学习和个人自学的方式，学习中共十九届历次全会、中央第七次座谈会、自治区第十次党代会、林芝市第二次党代会等上级党委政府的重要会议精神，习近平总书记在考察西藏时的重要讲话、习近平总书记在2021年春节团拜会上的重要讲话等系列重要讲话精神，以及《中华人民共和国简史》《中国共产党章程》等重点内容。开展集中学习24次、自学20次，开展主题党日活动12次，开展交流研讨6次，参与人数20余人次，撰写心得体会20余篇。

【党风廉政建设】2022年，县财政局坚持落实习近平总书记和上级党委、政府关于党风廉政建设和加强作风建设重要批示指示精神，结合进一步改进作风狠抓落实工作，将党风廉政建设与财政中心工作任务相结合，以开展党风廉政建设促进财政工作任务落实，以财政工作任务落实情况检验党风廉政建设相关工作开展成效，做到两手抓、两手硬。局党组召开相关工作安排部署会议2次，传达学习相关文件精神，贯彻财政厅党风廉政建设工作会议精神，研究制定财政局全面从严治党具体措施，对推进全面从严治党工作进行安排部署，召开民主生活会1次、组织生活会1次，观看警示教育片3次，修订完善财政局内控制度、采购方案等5个制度，依托人民政府门户网站，在规定时间内公开2022年预算情况，接受群众和社会监督，并在全局范围内开展公车接送请休假公车私用问题专项整治、公务接待中是否提供酒水问题、进一步改进作风狠抓落实工作自查自纠等活动。

【一般公共预算执行情况】收入方面。2022年，米林县一般公共预算收入完成5739万元，同比减少8064万元，下降58.42%。其中，税收类收入完成1685万元，同比减少6300万元，下降78.9%，占总收入的29.36%；非税收收入类完成4054万元，同比减少1764万元，下降30.32%，占总收入的70.64%。

支出方面。2022年，米林县一般公共预算支出完成17.77亿元，增长65.86%。其中，一般公共服务支出完成2.6亿元，增长9.43%；国防支出完成0.01亿元，增长14.44%。公共安全支出完成8090万元，增长16.3%；教育支出完成2.01亿元，增长51.44%；文化体育与传媒支出完成2539万元，增长25.88%；社会保障和就业支出完成1.05亿元，增长39.65%；卫生健康支出完成9668万元，增长36.8%；节能环保支出完成6940万元，增长57733.33%；城乡社区事务支出完成2.15亿元，增长196.15%；农林水事务支出完成5.43亿元，增长67.67%；交通运输支出完成2682万元，增长202.37%；资源勘探电力信息等事务支出完成54万元，增长100%；自然资源海洋气象等支出完成1176万元，增长204.66%；住房保障等事务支出完成5068万元，增长17.07%；灾害防治及应急管理支出完成993万元，增长101.42%；债务付息支出完成192万元，与2021年持平；其他支出完成7612万元，增长2480.34%。

【政府性基金收支情况】 2022年，米林县政府性基金收入完成1716万元，增长1616%；政府性基金支出完成206万元，增长255.17%。

【“三公”经费管理使用】 2022年，米林县“三公”经费预算为862.46万元。其中，公务接待费为110.38万元，公务车辆运行及购置费为752.08万元（车辆购置费预算数为90万元、上年结转资金数为38.08万元）。支出完成601.77万元，下降10.94%。其中，公务接待完成29.52万元，下降49.75%；因公出国（境）费用支出完成0万元，下降100%；公务车辆运行费及购置费支出完成572.25万元，下降5.89%。

【政府采购业务】 2022年，县财政局办理政府采购业务69项，采购资金1.59亿元，完成采购业务63项，成交价1.269亿元，节约249.49万元，其余成交价以实际中标下浮百分比为准。

【项目财政评审】 2022年共计财政投资评审项目103个，其中完成项目竣工决（结）算投资评审75个，评审内容涉及城乡建设、节水灌溉等项目，送审决（结）算资金额总计为2.16亿元，审定决（结）算资金额总计为2.08亿元，审减资金额总计为820.41万元，项目结余资金额总计为421.78万元，上缴国库资金额总计为1242.19万元，完成项目概（预）算审核投资评审28个，评审内容涉及货物采购、维修改造等项目，送审概（预）算资金额总计为3797.32万元，审定概（预）算金额总计为3419.46万元，审减资金额总计为377.87万元。

【“一卡通”发放清理】 2022年，县财政局完成2018—2020年惠民惠农补贴资金“一卡通”发放清理工作，根据惠民惠农补贴资金发放要求，与县人社局、农行、建行沟通协调，做好

"一卡通"社会保障卡的办理、激活等工作，确保惠民惠农补贴及时、足额兑现，办理社会保障卡2.34万张。

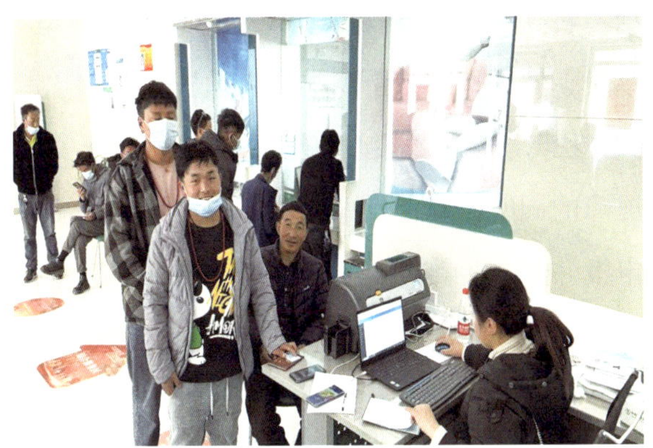

2022年3月22日，米林县财政局开展惠民惠农财政补贴资金"一卡通"专项整治工作

【疫情防控】 2022年，县财政局明确党组书记为财政局疫情联防联控工作的第一责任人，与相关部门沟通协调，保障米林县所需资金，县本级配套1938万元用于后勤保障及物资采购，与市财政沟通申请缺口资金。县财政局党支部起草请战书，全局党员干部自愿请战，参与新冠疫情防控工作。捐赠牛奶、水果等价值1000余元的生活物资，慰问米林县防控一线工作者。安排11名志愿者参与米林县第三片区工作。

（刘杰燕）

税　务

【概况】 2022年，米林县税务局贯彻落实税务总局、区局、市局和县委、县政府的决策部署，学习贯彻中共二十大精神，坚持党对税收工作的全面领导，围绕"四件大事"，发挥税收职能作用，推进"四个创建"，做到"四个走在前列"，实现"四个确保"，组织各项收入2.52亿元，为米林县经济社会健康发展夯实物质基础。

【党建引领】 2022年，县税务局以党委会、党委理论中心组、党支部学习、支部书记讲党课为载体，引导全局干部学习习近平新时代中国特色社会主义思想，捍卫"两个确立"，增强"四个意识"、坚定"四个自信"、做到"两个维护"。组织全局干部每周五开展学习习近平新时代中国特色社会主义思想、习近平系列重要讲话精神、中共二十大精神，以及改进作风狠抓落实部署会议精神，中央、区、市、县经济工作会议精神等。落实县委县政府工作安排，结合税收工作开展"新春慰问送祝福 情暖最美边防兵"、"珍爱绿色 珍爱我们共有的家园"、"春风问需 满意服务"、庆"七一"喜迎党的二十大等主题党日活动。在办税服务大厅纳税人权益保护室每月第三周周一开展"纪检组长接待日"活动，畅通问题线索反映渠道，改进工作作风，营造风清气正的税收执法环境。

【组织税收收入】 2022年，县税务局贯彻落实"依法征税、坚决不收过头税、坚决防止和制止越权减免税"的组织收入原则，组织税收收入8056万元，社会保险费和非税收入1.71亿元。

【征管职责划转】 2022年，县税务局围绕征管体制改革总体部署，依据中央政策、依靠地方政府、依托有关部门，做好社会保险费和非税收入划转工作。在往年划转的基础上，实现国有土地使用权出让收入划转税收征收、工会经费税务代收。

【优化纳税服务】 2022年，县税务局扛起抓牢税费政策贯彻落实的政治责任，以“央珍工作室”为平台，开展“税法进校园”“留抵退税政策宣讲会”“留抵退税座谈会”等多项线下税宣活动，在税企微信群、大厅LED发布自制的政策宣传解读短视频，宣传“非接触式”办税咨询途径。落实留抵退税风险“管理跟得上、风险防得住、案件查得准”的工作要求，以《留抵退税一体化风险防控工作方案》《留抵退税审核操作指引》为指导，在“退前”，发挥财税库快速退税机制作用，结合风险指标，扫描疑点，确保事前风险防范到位；在“退后”，县局主要负责人把关，结合审核办理情况，带领工作人员入企排查核实16次，为国家挽回税款损失，同时加大县公安、县检察院等部门震慑打击力度，保证事后打骗追缴及时。

【“减税降费”工作】 2022年，县税务局将退税减税政策落实作为一项重大政治任务，把握内外“两条主线”，对内完善工作机制，成立以主要负责人为组长的退税减税政策落实工作领导小组，落实宣传培训、政策落地、规范征管、督察督办和举措问效，打造学习领会、党委研究、任务分解、持续改进、追责问责的工作闭环，做到任务到岗、责任到人、横向到边、纵向到底。对外加强与地方各级党委政府的请示汇报，争取工作理解、支持，强化部门沟通协调，明确职责分工，压缩退税时限，确保一个工作日即可办结退税，为留抵退税政策落地提供全方位保障。召开专题会议8次、减税办例会11次、向地方党委汇报6次、获得地方党委政府主要领导批示3次。

【疫情防控】 2022年，县税务局响应米林县防疫办号召，指派干部人员参与志愿工作。启动办税大厅应急预案，暂停办税大厅线下业务事项，转换业务办理方式，发挥“央珍工作室”惠民、便民作用，帮助纳税人缴费人首选“指尖办税”，提供“非接触式”服务，在筑牢安全屏障的同时，确保发票供应、政策宣传、纳税申报、全电发票试点等纳税服务开展。

（王　浩）

统　计

【概况】 2022年，县统计局以习近平新时代中国特色社会主义思想为指导，学习贯彻中共十九大和十九届历次全会精神，中共二十大精神以及区党委第十次党代会、市委第二次党代会、县委第十次党代会精神，开展进一步改进作风狠抓落实工作，抓统计数据质量提升，强化统计分析、统计监测和统计服务，夯实统计基层基础，加强对年度资料的收集、整理、保管、统计等，完善档案管理制度，为全县经济社会高质量发展提供统计服务。

【党建引领】 2022年，县统计局各班子成员履行职责，学习党建、党风廉政建设的业务知识，夯实履行“一岗双责”的基础，把党建工作与业务工作同研究、同部署、同考核，推动党建和党风廉政建设及各项重点工作任务落到实处。把学习贯彻习近平新时代中国特色社会主义思想，中共十九大、十九届历次全会精神作为首要政治任务和重要政治责任，推进“两学一做”学习教育常态化制度化，推进完善党组理论中心组学习和党支部学习制度，创新学习方式方法，强化全体干部思想政治建设。召开党组会议18次、党组理论中心组学习12次、党支部学习47次，开展主题党日活动10次、支部书记讲党课活动4次，撰写心得体会37篇。专题学习中共二十大精神，对学习贯彻中共二十大精神进行安排部署。召开党组专题学习会议2次、党支部学习会议3次，进行交流研讨1次，撰写心得体会10篇。成立进一步改进作风狠抓落实工作领导小组，制定完善工作方案。组织集中观看《零容忍》《警示教育》等纪录片3次，观看24人次，开展大讨论4次。组织理论知识测试，平均成绩在95分以上。集中组织学习应知应会40条，干部掌握32条。

2022年4月9日，米林县南伊乡、统计局党支部联合开展森林防火主题党日活动

【经济指标监测情况】2022年，米林县地区生产总值（GDP）完成20.9亿元，同比增长1.89%；固定资产投资完成22.32亿元，同比增长7.4%；社会消费品零售总额完成3.54亿元，同比减少6.9%；农村居民人均可支配收入达到2.67万元，同比增长5.5%。

【乡镇统计规范化建设】2022年，县统计局组织全县8个乡镇统计干事16人前往工布江达县，进行乡镇基层统计规范化建设观摩学习；对8个乡镇统计规范化建设的组织机构、工作人员、场地、办公条件、管理制度、资料存档等检查5次，指出工作薄弱环节，要求对存在的问题立行整改；开展“加强乡镇统计规范化建设 提高统计数据真实性”调研，完成调研报告1篇。

【统计分析和调查工作】2022年，县统计局加强部门监测联动和信息互通，撰写各行业经济运行情况分析报告3篇；开展发展指标调查分析研究工作，撰写政务信息4条、统计业务信息10条；收集、整理与核对统计数据，编印《2021年米林县统计公报》；选聘住户专职调查员2人，完成住户调查大样本轮换前期准备和试记账工作。

【统计法治建设】2022年，县统计局利用十一届“中国统计开放日”、宪法日等时机，通过业务培训会、送法到乡镇的方式，加强基层统计人员统计法治培训，提高统计干部和社会各界的统计法律意识和统计法治观念；从县乡累计选派10人参加市局组织的2022年第一期、第二期统计干部能力素质提升班，提高统计队伍素质。

【统计业务培训】2022年，县统计局组织召开2022年统计年报工作暨业务培训会议，加强各乡镇对统计年报工作的重视和领导，确保完成此次统计年报工作任务；完成县域内规模（限额）以上统计联网直报企业统计人员5人的专题培训，确保企业上报数据的真实性和准确性。

2022年10月25日，米林县2022年年终统计工作培训会召开，县委副书记、政府常务副县长邱信蛟出席并讲话

【督察整改】2022年，米林县成立落实国家统计督察反馈意见整改工作领导小组和办公室，对照督察反馈意见和整改要求，县委办、县政府办联合印发《米林县贯彻落实国家统计督察反馈意见整改工作方案》，形成4个方面23项具体整改措施。10月5日，县委副书记、政府常务副县长召开“米林县贯彻落实国家统计督察反馈意见整改工作推进会”。起草制定《米林县统计报表定时报送及管理制度（试行）》《米林县防范和惩治统计造假、弄虚作假责任制问责制实施细则》，开展《中华人民共和国统计法》等相关法律法规贯彻落实情况检查、违反统计法精神文件清理和涉嫌故意编造虚假数据问题清查工作，通过明确责任领导、责任单位和整改时限，完成国家统计督察反馈意见整改工作。

【平安建设工作】2022年，县统计局贯彻落实依法治国方略和综治目标管理要求，做好综治安全工作。组织全体干部学习社会治安管理相关法律法规，增强干部综治工作的责任意识，抓好安全工作落实。在重大节假日和党支部例会上，向干部和驻村人员强调水电交通等与工作生活相关的安全知识，增强防火防盗安全意识。单位实行值班制度，确保工作日以外的时间信息畅通和单位安全。制订年度平安建设工作计划，完善机关安全管理制度、车辆管理制度、财务管理制度等多项综治制度。通过建章立制、规范行为，推进平安建设工作。

【保密工作】2022年，县统计局加强涉密文件和设备管理，履行涉密文件各环节手续，涉密计算机及非涉密计算机粘贴明显标识，指派专人管理，配备文件保密柜、防盗门、防盗窗等设备。不定期组织开展保密学习、保密自查等工作，张贴保密制度。

【疫情防控】2022年，县统计局成立疫情防控工作领导小组，明确责任分工，制定相关方案，确保责任落实到人，充实单位物资储备，面向单位和包片商户开展知识宣传、环境消杀等工作。

（卓　玛）

市场监管

【概况】2022年，米林县市场监督管理局围绕全县中心工作，贯彻党和国家的政策方针，以维护市场秩序、构建和谐米林为己任，加强监督，优化服务，保障民生，提升营商环境，各项工作取得新进展。米林县有市场主体3341

户，注册资金144.43亿元。其中，企业577户，注册资金135亿元；农牧民合作社212户，注册资金3.6亿元；个体工商户2552户，注册资金5.83亿元。

【思想政治教育】 2022年，县市场监管局以习近平新时代中国特色社会主义思想为指导，增强“四个意识”、坚定“四个自信”、做到“两个维护”，贯彻落实习近平总书记关于宣传思想工作的重要论述。召开2次专题会议，学习系列重要论述，认识做好工作的重要性、基本概念和当前形势，使全局党员干部明白做好工作的重要意义。加强理论学习，强化党性培养和思想教育，以党组理论中心组为龙头、党支部为基础，通过中心组学习、专题讨论、“三会一课”、支部“主题党日”活动等方式，促使党员干部坚定政治立场，强化思想认知，在思想上、政治上、行动上同党中央保持一致。将党史，中共十九届五中、六中全会和中共二十大精神，习近平总书记系列重要讲话精神以及各级领导讲话等列入重点学习内容，丰富党内知识，提高党员干部理论知识水平。局党组理论中心组集中学习11次，党支部集中学习22次，专题学习中共二十大精神3次，学习交流28人次。按照市委“改进作风狠抓落实年”的要求，进一步改进工作作风，提升为民服务的能力。开展《“两个确立”引领复兴征程及改进作风狠抓落实应知应会讲解》《加强作风建设、强化责任担当、推进工作落实》等4场专题党课。用好“学习强国”“珠峰云”等软件和米林县市场监督管理局党建活动室，开展党性教育活动，重温入党誓词。开展谈心谈话活动24人次，单位主要领导与副职领导开展谈心谈话，副职领导与普通干部开展谈心谈话。结合进一步改进作风狠抓落实活动，分阶段开展“三个是否”专题活动，组织党员干部集中学习2次，专题党课1次，集中交流2次。

【党风廉政建设】 2022年，县市场监管局落实“一岗双责”，构建“一把手亲自抓、班子成员配合抓、党员干部人人抓”的领导机制和工作格局，严格政治纪律和政治规矩，年初召开专题会议部署党风廉政建设责任制工作，明确责任，与每名党员干部签订党员干部党风廉政承诺书，强化党员干部管理，做好党员不信仰宗教工作。开展党风廉政建设工作会议4次，观看《跨过鸭绿江》《零容忍》等红色电影和警示教育片4次。

【制度建设】 2022年，县市场监管局谋划、沟通、协调并征求局领导班子和党员干部的意见建议，重新制定印发《中共米林县市场监督管理局议事规则》《关于调整米林县市场监督管理局领导班子成员分工的通知》，健全规章制度，提高局党组议事质量和决策水平，实现“用制度管人，靠制度管事”的工作局面。

【价格监控】 2022年，县市场监管局严打哄抬物价、串通涨价、囤积居奇、牟取暴利等行为，加强药品和医用耗材市场价格监管，督促经营者做好商品明码标价，严禁经营者哄抬物价等扰乱正常市场秩序的行为，特别加大对全县农贸市场、超市、粮油店等销售重要民生商品的市场主体的价格执法检查力度，守护好群众的“菜篮子”“米袋子”。组织执法人员向商户宣传相关法律法规，并在米林县农贸市场设置公平秤1台，保护消费者合法权益，营造公平交易的市场秩序。

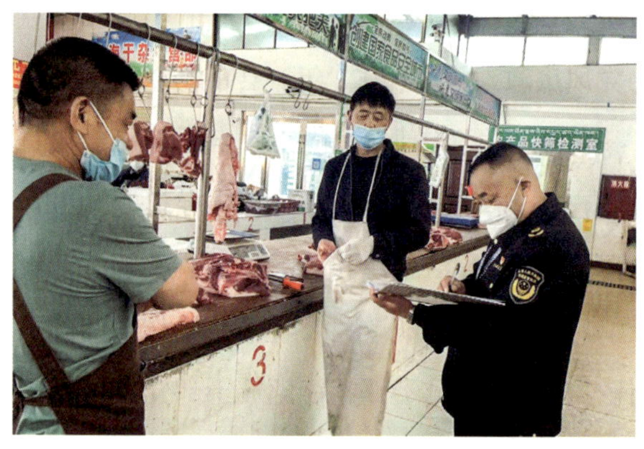

2022年8月17日，米林县市场监督管理局对县域内农贸市场进行专项检查行动，维护好县域内的市场价格秩序

【“放管服”改革】 2022年，县市场监管局推行“企业名称自主申报”，推进登记注册“全程电子化”服务，推行电子营业执照，做好“互联网+”工作，加大网上办公力度，提高工作效率，减少群众办证时间，落实群众“最多跑一次”理念，做好群众“最后一公里”工作。新设立市场主体349户，注销各类市场主体14户，新办理食品经营许可证109张，办理从业人员健康证1410册。

【食品安全监管】 2022年，县市场监管局完成食用农产品质量抽检108批次。其中，上半年抽检23批次，抽检合格率为100%，另外85批次的食品抽检项目完成采样。加强对流通环节的监督检查，重点对食品经营者是否落实进货查验制度和保存相关记录、凭证等情况进行监督检查，打击未经检验检疫或检验检疫不合格的肉类、“三无”食品、过期食品等违法行为。加大对全县各类餐饮店和学校食堂的监督检查力度，全县45所中小学、村级幼儿园食堂监督检查全覆盖，学校食堂量化分级B级（良好）以上达到100%，联合县教育局开展开学季学校食品安全专项检查2次，检查各类学校22家次，发现问题15条，存在的问题全部整改完成。依托农贸市场专项整治行动，联合城市综合执法部门规范市场准入，对上市农产品实行抽样快检，每天公示检测结果，经快检不合格的农产品一律禁止入市上架。农贸市场快检室抽检农产品850批次，抽检合格率100%。米林县餐饮单位“明厨亮灶”联网监管系统建设项目于2022年10月完成招投标。开展粮食经营主体专项检查工作，督促粮食经营者落实粮食质量安全主体责任，对粮食明码标价，实现价格透明。各类粮食经营主体有41家。开展各类食品安全检查58次，排查市场主体1800余家次，立案查处食品安全案件2件。结合食品安全“守底线、查隐患、保安全”行动，开展冷链食品监督检查，筑牢冷链食品安全防线，7家冷链食品经营主体均未购进和销售进口冷链食品。围绕“‘3·15’消费者权益日”“食品安全宣传周”等活动，抓食品安全宣传工作，做好创建食品安全城市工作。通过设立宣传栏、发放宣传资料及电视媒体等多种方式，加强食品药品安全宣传教育。全面推进文明餐桌行动，倡导使用“公筷公勺”，树立文明、卫生用餐新风尚。举办各类宣传咨询活动12场次，制作横幅 20 条，发放食品安全宣传手册 2 万册。

【药械化检查】 2022 年，县市场监管局加强药品安全监管工作，检查药店诊所 128 家次，排查安全隐患 37 处，下达检查建议 15 份，查处过期药品 80 瓶。加强“四类药品”监管工作。发挥零售药店“哨点”作用，筑牢药品流通环节防线，强化“四类药品”销售实名登记工作，对辖区药店诊所进行专项检查。检查药品经营主体 18 家次，督促整改问题 2 条。

【特种设备隐患排查】 2022 年，县市场监管局提前部署，在广东省特种设备检测研究院的帮助下，对全县电梯、锅炉、压力容器等特种设备分布情况进行摸排统计，完善特种设备登记档案，对全县 139 台（套）特种设备开展安全隐患排查工作，实现特种设备安全隐患排查工作全覆盖，发放安全隐患排查通知书 14 份。针对电梯维保单位未按照相关相律法规要求定期维保这一问题，对县辖区内的维保单位进行约谈，强调维保间隔不得超期、维保记录不完整等问题，规范米林县电梯维保行业，严把特种设备安全关。督促米林县蓝天燃气站建立气瓶追溯系统并投入使用，初步完成县辖区内液化气瓶充装的规范化与系统化。联系林芝市特种设备检验所与内江市特种设备检测院、广东省特种设备检测研究院，帮助企业进行 2022 年度米林县特种设备的年度检验工作，强化日常监督管理。

2022 年 5 月 1 日，林芝市市场监督管理局党组书记罗恒伟（左二）一行到米林县督导检查指导特种设备安全生产工作

【营商环境】 2022 年，县市场监管局做好政府部门涉企信息归集公示工作，将企业信息统一归集于企业名下，依法向社会公示，推进企业信用体系建设。强化落实“双随机、一公开”监管全覆盖、常态化，加强事中事后监管。列入企业经营异常名录 380 户，经企业补报年报后按照法定程序移出经营异常名录 120 户。推进知识产权保护政策措施落地，一手抓服务，一手抓保护，加强打击侵权假冒工作，发挥知识产权激发创新活力，维护市场秩序，优化营商环境，促进经济发展。开展反垄断和反不正当竞争工作，加大对民生领域、社会关注度高的行业反垄断调查，强化反不正当竞争执法，做好保健品领域市场乱象专项检查。联合检查 3 次，出动执法人员 16 人次。加强产品及商品质量安全监管，保护消费者合法权益，维护社会经济秩序，对燃气具、电器、儿童玩具、学生用品等产品开展质量安全专项检查，重点检查销售主体证照是否齐全，标签标识是否完善准确，进货渠道、出厂检验报告、进销货台账是否规范。开展质量专项检查 3 次，覆盖 186 个市场主体，提出整改意见 3 条。对 10 批次的

工业产品进行抽检。

【行政执法工作】 2022年，县市场监管局通过市局投诉举报联络群及时受理全国12315投诉平台转办分流信息和核查处置工作，确保第一时间向当事人反馈核查处置情况。受理消费投诉60件，调处60件，办结率100%，为消费者挽回损失7万余元。加大对食品、药品、化妆品、医疗器械、烟草、商标、广告、农资等违法行为的查处力度。立案4件，其中过期食品案件2件、过期化妆品案件1件、向未成年人销售酒类产品案件1件。

【宣传工作】 2022年，围绕“3·15”消费者权益保护日、“4·26”世界知识产权日、“5·25”爱肤日、食品安全周等时间节点，县市场监管局开展市场安全知识宣传活动，普及食品安全知识，增强家庭用药常识，提高化妆品使用规范化。制作横幅20条，制作宣传展板24块，发放各类宣传册2万余册，现场讲解政策法规114条。开展打击和防控非法传销的系列宣传活动，做好宣传工作，指导各乡镇、各成员单位结合各自职能，到乡镇、街道、社区，向群众发放宣传材料。

（索朗拉姆）

农业农村

综　述

【概况】2022年，米林县农业农村局内设农业综合行政执法队、藏猪办、项目办、产权办、财务室及局办公室，下辖畜牧兽医站、农技推广站2个全额拨款事业单位。米林县农业农村局以党建工作统领农业农村各项工作，以农牧民增收为核心，推进农业供给侧结构性改革，优先发展特色产业。聚焦高素质农民培育，全年入村入户开展政策宣传60场次，参与630人次。发放科普知识宣传资料2160余份，接受农牧民群众咨询1850余人次。

【农牧业生产】2022年，全县农作物播种面积5.74万亩。其中，粮食4.84万亩，同比增长4.31%，产量1.02万吨；蔬菜种植0.5万亩，与2021年持平，产量0.85万吨；油菜种植0.4万亩，同比增长33%，产量0.06万吨。全县牲畜存栏15.07万头，同比增长2.5%。组织开展春秋两季重大动物疫病防控，确保全年无重大动物疫病发生；农牧民人均纯收入稳定增长。全年全县农村居民人均可支配收入达到2.67万元，同比增长5.5%。

2022年6月8日，林芝市农技推广中心组织专业技术人员，到米林县羌纳乡开展农作物病虫害防治实地指导工作

【农牧业转型升级】2022年，县农业农村局推广良种良法配套种植，优化种植结构，种植春青稞（藏青3000）3000亩，通过创建绿色高质高效示范，推广优良品种山冬7号、冬青18号种植5000亩，复种箭舌豌豆1.5万亩。每月到蔬菜种植基地开展农药残留快速检测，检测合格率100%。完成动物“四关”检疫工作，加强农贸市场和小商贩销售冷鲜肉的执法，全年检疫牲畜839头（匹），肉类9.49万千克。

【特色产业发展】水果产业　2022年，统筹整合投入资金3680万元，提升改造11个原有水果基地（面积1257亩）。其中，乡村振兴局“米林县原有苹果种植基地提升改造项目”资金2880万元，县自然资源局“万亩苹果种植产业”资金800万元。

藏猪养殖　制定《米林县2022年藏猪产业目标任务推进方案》，落实既定目标责任。全县藏猪养殖存栏5.2万头，能繁母猪（含后备母猪）1.7万头，新生仔猪3.2万头。

【项目建设】2022年，农牧业在建项目5个，总投资7286万元。年内，米林县奶牛养殖专业合作社扶持改扩建建设项目全部完工并通过县级竣工验收，其余项目有序建设。

【农牧区改革发展】2022年，县农业农村局按照《西藏自治区农村集体产权制度改革档案管理办法（试行）》要求，开展产权档案管理工作。加强农村土地经营权流转，全县农村土地耕地流转面积0.9万亩，占总耕地面积的9.63%，同比增长3.6%。推进农村宅基地管理和审批制度改革工作，配合有关部门做好农村乱占土地建房整治工作，坚守耕地保护红线和粮食安全底线，开展宅基地相关政策宣传工作，加强农村宅基地违法行为查处工作，特别是索松村违建情况，全县审批宅基地45宗。

【高素质农牧民培育】 2022年，县农业农村局整合县、乡、村各级技术力量，选派10名“三区科技人才”，实行农牧技术下沉工作机制，开展技术人员乡（镇）驻点服务，实现农牧科技服务全覆盖。全年组织农技推广、畜牧兽医技术人员11人到各乡（镇）开展种养技术指导105场次，参与群众2430人次。

（林　瑶）

林业和草原

【概况】 2022年，米林县林业和草原局内设林业工作站、局办公室（生态补偿脱贫组）、林政股（自然保护区管理办）、营林股（产业室）、财务室。年内，县林草局贯彻落实习近平总书记关于生态文明建设的重要论述和讲话精神，全面推行林长制，推进自然保护地、森林资源保护工作，落实森林火险隐患排查，开展土地绿化工作，打击违法破坏森林资源行为，查处违规野外用火行政案件7起，行政处罚11人，处罚金2.75万元。

【生态保护】 2022年，县林草局加强森林草原保护，严格审核和监督涉及林草施工项目，审核占用林草地项目30个，征收森林植被恢复费及林地林木补偿费。落实森林生态效益补偿制度，全县森林生态效益补偿金兑现标准为每年每亩5.3元，全年兑现4046.46万元。加强生物多样性保护工作。开展野生动物救助5次，救助国家二级保护野生动物鬣羚、红腹角雉、黑熊等。开展有害生物防控，对县4个私人苗圃进行植物复检工作4次，未发现携带病虫害情况。对里龙乡朗贡村林区开展病虫害防治作业，出动车辆10余车次、30人次，喷洒药物5吨。推进森林督查整改工作，米林县2020—2021年森林督查及打击毁林、土地整治等整改问题合计62项，全部完成整改销号。完成2022年196个森林督查整改反馈图斑的外业调查。审核和监督涉及保护地的施工项目，征收森林植被恢复费及林地林木补偿费，全年全县审核占用保护区项目8个。推进保护区整合优化工作，推进西藏雅鲁藏布大峡谷国家级自然保护区、西藏工布自治区级自然保护区、色季拉国家森林公园、雅尼国家湿地公园建设。5月完成保护区优化整合后期数据完善工作，7月完成配合林芝市林草局开展大峡谷国家公园创建前期调研工作。推进林草综合执法工作，坚持“打防结合，综合治理”的方针，开展多项林草整治专项行动，打击涉林草违法犯罪活动，查处野外用火、携带火种入林、非法占用林地等案件25起，处罚金71.09万元，处罚违反草原安全规定企业公司2个，处罚金1.5万元。

【林长制工作】2022年，县林草局印发《中共米林县委办公室 米林县人民政府办公室关于印发〈米林县关于全面推行林长制的实施方案〉的通知》，明确县林长制工作的指导思想、基本原则、主要目标、组织体系、工作职责和主要任务。坚持党政同责，印发《中共米林县委办公室 米林县人民政府办公室关于印发〈米林县林长名单及责任区域 林长办公室组成人员〉的通知》，建成县乡村三级林长制组织体系，设立三级林长386人，其中县级林长29人、乡（镇）级林长90人、村（居）级林长267人。明确米林县林长责任区域、林长办公室组成人员名单。同时建立包括组织部、宣传部、法院、检察院、8个乡（镇）等44个有关部门的协同机制，形成在各级林长领导下的部门协同、齐抓共管的工作格局。完善林长相关制度。制定下发《米林县林长制考核办法（试行）》《林长办公室成员单位协作制度》《林长巡林工作制度（试行）》《林长制县级会议制度》《林长制工作督察制度》《林长制信息公开制度》《林长办公室成员单位职责》7项林长文件，明确林长自上到下的工作职责，督促相关林长成员单位协同推进林长制工作。

【森林草原防火】2022年，县林草局多措并举开展森林草原防火，构建防火网格，建立县乡村三级林长体系，将森林草原防灭火责任纳入到各级林长的工作职责范围。加强宣传教育，推进森林草原防灭火宣传教育“七进”（进机关、进社区、进农村、进家庭、进企业、进学校、进景区）活动，累计开展“七进”活动20余次，设置森防提醒标识牌168个、森防通告249个、宣传牌90个，张贴横幅211条、防火令20张、喷绘标语69条。多种形式开展线上宣传，利用广播、微信群和电话等形式宣传森林防火知识。将森林草原防灭火相关制度措施纳入《村规民约》并结合“双联户”工作机制发挥积极作用。

推进森林隐患排查工作，开展隐患排查和查处违规用火专项行动，梳理排查容易发生森林火灾的重点部位、重点区域。各级开展隐患排查检查112次，发现火灾隐患30个，全部整改完成，整改率100%。下发工作提醒单督促电力部门，做好林区输配电设施（线路）隐患排查和树枝树障清理工作，清理线路树障383棵，整治火灾隐患线路226.97千米。各村（居）划片包干清理全县主干公路两侧的林下可燃物，出动人员5693人次，各类车辆733台，完成514千米林下可燃物清理工作，降低森防隐患。

提高人员处置能力，开展县、乡森林草原防灭火应急演练11次，组织扑火队员培训2场

2022年3月7日，自治区水利厅厅长孙献忠（右一）带领厅规计处、乡村振兴办一行3人调研组到米林县开展水利检查调研工作，政府县长多吉扎西（右三）、副县长张永焕（右一）以及水利负责人一同调研

次，受训人员340余人次。管控野外火源，依托中秋、国庆等重要节日节点，盘查登记过往车辆和行人，执行上山入林登记和“扫码进山”制度，张贴“防火码”256个。加强入林登记报备制度，签订入林施工单位森防责任书和承诺书54份，办理入林证7084张；加强林区无民事行为能力人员的监管，设立监管台账，责任到村、到人。针对煨桑点隐患提前布防，在全县150个煨桑点建设围挡墙，发放水桶2～4个，用于处理煨桑可能引起的初级火情。

【土地绿化】 2022年，县林草局聚焦“增绿”优生态，开展绿化工作，建立和完善村集体管护、村民承包管护等多种形式相结合的管护机制。投入531万元，完成造林888亩，其中春季义务植树334亩。年内，米林县绿化项目354亩，种植车厘子、苹果等经济林木2000株、光核桃5000株，种植柳树1.5万株，部队营区绿化种植树种700余株；森林村庄建设项目200亩。继续实施四县区公路沿线生态修复造林项目工程和堰塞湖灾后生态修复工程，完成生态修复造林6382亩。推进2021年度退化草原生态修复工程，完成草原生态修复28.6万亩。

【生态脱贫】 2022年，县林草局推进生态补偿岗位落实。上半年落实生态岗位1271个，工资每年3500元，完成上半年工资兑现222.43万元。9月，将生态补偿岗位2022年下半年相关工作移交市生态环境局米林分局。

【创森工作】 2022年，县林草局开展城镇村居绿化工作。对照《西藏自治区林芝市国家森林城市建设米林县实施方案（2019—2028年）》，加强城区绿化建设，投入3370万元，实施黄牡丹公园、雅江桃花漫道、幸福小区基础设施建设项目等工程，全县林木覆盖率49.91%，城区绿化覆盖率46.42%，城区树冠覆盖率24.05%，城区人均公园绿化面积12.05平方米，城区林荫道路率70.47%，城区停车场乔木树冠覆盖率32.32%，村庄林木绿化率超过30%，道路绿化率85.6%，全县受损弃置地生态修复率100%。城区现有绿地内基本实现绿植、草坪覆盖，无裸露地块，绿地有机覆盖率87.34%。营造生态文化，利用全县4处公园绿地、广场建有生态标识系统，2处生态科普教育场所。依托微信公众号、LED显示屏、电视、广播、课堂等平台，开展创森工作宣传，提高创建国家森林城市知晓率，收集调查问卷2863份，支持率98.71%，满意度94.06%。

【虫草采集管理】 2022年，县林草局加强虫草采集管理。签订虫草采集管理目标责任书8份，形成虫草管理实施方案9个、应急预案11个。设立临时党支部4个，一线警务区4个，检查卡点15个，虫草交易区4个，虫草一线工作队30人。办理非产区群众虫草采集证2300本，采集群众6002人。全年虫草采集产量1093.02千克，促进农牧民增收7500万元。

（王鑫然）

水 利

【概况】 县水利局贯彻落实中国共产党第二十次全国代表大会及中央第七次西藏工作座谈会精神，围绕县委、县政府的各项决策部署，聚焦防汛抗旱、水资源管理、水土保持、水利工程建设等重点工作，推进全县水利事业高质量发展。全年全县用水总量0.3382亿立方米，其中农业用水0.3152亿立方米；工业用水0.0037亿立方米；生活用水0.0193亿立方米。未超过用水总量控制指标的0.35亿立方米。

【河流湖泊状况】 米林县地处雅鲁藏布江中游，位于念青唐古拉山脉与喜马拉雅山脉之间。雅鲁藏布江在米林境内主流长250千米，由西向东横贯全境。境内有50平方千米以上河流59条，雅鲁藏布江一级支流47条，其中较大的支流有里龙谱曲、南伊曲等河流，各条支流总长度1077千米，河网密度每平方千米0.15千米。米林境内有卓莫措布、嘎沙当嘎措、措木纠、格嘎措4个湖泊，湖面总面积2.27平方千米，均在无人区。

【河湖长制工作】 2022年，米林县围绕河湖长制工作“六大任务”，落实“七抓七到位”工作举措，河湖“四乱”得到整治，水环境保护与水污染防治取得成效，实现“水清、岸绿、河畅、景美”的目标。调整充实县、乡、村三级河（湖）长，为河（湖）长制工作开展奠定基础。各级河（湖）长开展巡河工作，全年县、乡、村三级河长巡河1142次。推进河湖保护宣传，依托电视台、微信公众号、宣传栏等载体加强宣传，组织开展河长制宣传“五进”（进机关、进社区、进学校、进企业、进景区）活动，并到乡镇、村居宣讲，提高群众保护意识。与移动公司签订河长制宣传短信发送协议，在进出县城处发送河长制宣传短信；与县文旅局联合发布“争当护河使者，共建幸福米林”倡议书。全年县河长办组织宣讲培训1次，发放宣传资料2000余份，设置河长公示牌45个。

加强制度建设，制定《米林县乡（镇）村级河湖长履职考核细则》《米林县深化河道采砂管理实施方案》，推动河长制工作落细落实。注重多部门协同联动，运用“河长+检察长+警长”联动机制，通过多结合、多联动、多协同、多融入，形成共抓共建共治共护共享河湖长制工作新格局。全年组织专项整治14次，清理河道垃圾31吨，联合执法巡查9次，下发整改通知书13份，各类问题全部整改完成，河道“四乱”、水环境污染等问题得到整治。

聚焦主业主责，完成31条河流“一河一策”方案的修编与审查。完成14条河湖划界审查与验收工作，埋设界桩38个，设立告示牌

2022年11月18日，米林县各乡镇专业管护站队员、森防突击队、群众护林员100余人参加森防灭火实操培训

14个。完成7条河流健康评价工作。编制米林县河长制工作手册，自主设计巡河温馨提示卡，创新巡河提醒机制，助力河长巡河。同时，创建河长制积分超市，联合县妇联和扎西绕登乡共同打造“积分制强化河湖保护”模式，创建河长制积分超市，调动群众主动参与保护河湖环境的积极性，推动形成河湖治理保护共建共治共享的新局面。加强督导检查，组织检查全县河长制工作开展情况，重点检查各级河长制履职情况、乡镇河长制工作开展情况，下达整改督办1份。

【防汛抗旱】 2022年，县水利局围绕“预防为主、常备不懈”的防汛指导思想，开展防灾减灾工作。3月，调整完善米林县防汛抗旱应急预案，成立以政府县长多吉扎西为指挥长，县委副书记、常务副县长邱信蛟为副指挥长的领导小组。汛前组织人员对米林县主要河流沟口、重点领域开展大排查20余次，排查出隐患点7处。安排资金20.8万元，用于各隐患点修复工作，落实资金34.63万元用于防汛物资采购。4月28日，县防汛抗旱指挥部在米林县城组织开展超标准洪水防御演练和山洪灾害防御演练，增强米林县防御工作的应急处置能力。

【水资源管理】 2022年，县水利局落实用水总量控制、用水效率控制和水功能区限制纳污“三条红线”刚性约束，将水资源管理制度纳入全县的目标考核范畴中。加大水资源保护工作，希尔顿酒店、大峡谷景区等10家企业获得取水许可证，县水行政主管部门对其取水情况开展监督检查20余次，同时向各用水企业宣传节约用水和水资源保护相关法规，提高企业规范取用水、节约用水的自觉性和水资源保护意识。同时，对全县取用水工程开展水资源论证工作，完成全县68个行政村饮水工程、7个灌区工程的水资源论证报告编制工作和8个砂石厂的水资源论证报告审查。组织实施米林县县城节水型社会达标建设项目，实现水资源高效利用，促进可持续发展。

【水土保持】 2022年，县水利局加大水土保持监督检查，督促生产建设单位履行水土保持主体责任，开展水土保持方案（表）编制工作，受理审批水土保持报告表10份。加强水土保持补偿费用征收，依法依规下达水土保持补偿费征收通知单7份，征缴水土保持补偿费17.49万元。开展水土保持遥感监管图斑复核。根据水利部下达的2021年生产建设项目水土保持遥感监管任务情况，全县有疑似违法违规项目图斑13个。经排查认定，合规图斑12个、违法图斑1个，下达整改通知书1份。依托“世界水日”“中国水周”，开展水土保持“进校园、进工地、进机关”活动，提高社会参与度和知晓率。推进水土保持生态治理，推进羌纳乡西嘎门巴村片区水土流失综合治理工程项目前期工作。

【水利工程建设】 2022年，县水利局计划实施续建及新建项目16个，总投资1.59亿元，其中续建项目2个，计划开工项目14个。推进“十四五”规划前置手续项目8个，规划总投资

1.21亿元。完工项目6个，在建项目8个，在建项目总体进度64.75%。完成施工招标项目2个，政府采购项目1个。

【水利部定点帮扶】 2022年，通过“请进来、走出去”的方式，邀请水利部及部属单位专家通过线上线下对米林县干部进行授课培训，开展调研、培训6次，270余人参与。定点帮扶工作组围绕“严盯帮扶目标、严抓规划引领、严筑援藏成果、精神高于高原、境界高于海拔、使命高于一切”的工作理念在水利项目的规划编制、前期工作、建设管理及资金落实方面提供支持，确保各项帮扶工作走深走实。

【疫情防控】 2022年，县水利局落实疫情防控责任，落实属地管理、行业主管、机构主体、干部个人“四方责任”，做好水利行业领域疫情防控工作。选派志愿者8人参加疫情防控工作，协助医护人员开展后勤保障等工作，协助县民政局，向因疫情生活困难群众发放基本生活物资。

（县水利局）

乡村振兴

【概况】 2022年，米林县乡村振兴局以习近平新时代中国特色社会主义思想为指导，贯彻落实习近平总书记关于做好乡村振兴工作的重要论述精神，学习贯彻中共二十大精神和中央第七次西藏工作座谈会精神，坚持“四个不摘”要求，关注乡村基础设施、公共服务、产业发展、群众收入四个方面不平衡问题，在持续巩固“两不愁三保障”的基础上，落实民生保障普惠性政策，推进乡村发展、乡村建设和乡村治理，确保“五大振兴”和“六项提升”取得实效。

【监测帮扶】 2022年，县乡村振兴局健全《米林县建立防止返贫致贫监测和帮扶机制实施方案》，对识别出的“三类人口”17户58人（其中已消除风险13户37人，未消除风险4户21人）开展常态化监测预警和帮扶。完善《米林县健全防止返贫动态监测和帮扶联席会议机制》，召开联席会议3次，对行业部门提供的预警线索进行分析研判，研究制定帮扶措施。纳入符合条件的3户18人，消除风险5户12人。完成2022年度农户信息采集、防返贫监测帮扶两轮排查、脱贫人口收入统计和68个出列村年度信息采集录入工作，确保脱贫人口收入、支出等数据精准，守住不发生规模性返贫底线。

【帮扶增收】 2022年，米林县7家扶贫企业销售帮扶产品总额2150.8万元。累计带动脱贫群众68户240人实现直接或间接增收192.76万

2022年3月18日，乡村振兴局党组书记、局长龙恋（左三）到扎西绕登乡萨玉村三岩搬迁点协调解决分户群众庭院改造相关事宜

元。通过收购农户农产品、吸纳就业、机械设备租赁、土地流转等方式带动周边群众实现直接或间接增收751.77万元。将政府投资400万元以下的2个项目交由符合资质的农牧民施工队实施，吸纳农牧民247人次务工，通过就近务工实现增收25.44万元。投资50万元实施2022年农牧民技能培训项目，为米林镇扎西新村、扎绕乡萨玉村、里龙乡康桑村100名三岩搬迁群众进行为期45天的厨师技能培训，帮助搬迁群众增强专业技能，拓宽就业渠道，保障收入增加。投入254.24万元为扎绕乡、丹娘乡购置4180株果树，投入2800万元为2个抵边安置点购置2989头犏奶牛，帮助农牧民增强自身“造血”功能，通过发展庭院经济增加收入。全县脱贫人口人均纯收入1.89万元，同比增长18.8%。

【搬迁扶持】 2022年，米林县投入2634.5万元为三岩搬迁群众修建村民之家活动场所、配备口粮、补征耕地、购置犏奶牛等，完善搬迁点基础设施，解决生产生活难题，助力发展创收。

2022年6月8日，县委常委、政府常务副县长何正勇（中）主持召开米林县2022年第一次健全防止返贫动态监测和帮扶机制联席会

完成923名搬迁群众医保参保、668名搬迁群众养老参保工作，已入住适龄入学儿童100%享受“三包”政策，兑现边民补助资金388.44万元，落实生态岗位补助资金176.05万元，落实惠民利民政策。组织三岩搬迁群众开展挖掘机、烹饪等技能培训，累计实现107名群众人均增收在3000元以上，拓宽就业渠道。三岩搬迁群众人均纯收入1.2万元，同比增长13.61%。

【方案编制】 2022年，县乡村振兴局完成68个行政村“一村一策”方案编制工作，制定《米林县“一村一策”包保工作方案》，由县级领导包村，确保“一村一策”方案落实。形成“十四五”计划实施项目330个，计划总投资12.45亿元。其中，2023年计划投入资金3.35亿元实施巩固拓展脱贫攻坚成果同乡村振兴有效衔接资金项目31个，包括生产发展类（含产业基础设施配套类）14个、巩固提升类（人居环境整治类）7个、小型公益性基础设施类5个、美丽宜居整村推进类4个、扶贫贷款贴息类1个。米林县“一村一策”方案编制工作在全区范围内得到推广。

2022年4月7日，米林县委书记严世钦（左四）带队赴卧龙镇甲格村、真多村、麦村、塘崩巴村、下却村调研“一村一策”工作推进情况、基层党建工作及虫草采集工作开展情况

【人居环境整治】2022年，县乡村振兴局发挥统筹协调作用，通过督促乡镇开展村庄清洁行动、厕所革命、村容村貌提升等行动，改善农户生产生活条件，提升乡村人居环境。按照“四清两改”要求定期开展村庄清洁行动，引导农牧民群众养成健康生活方式，清理村庄垃圾60余吨，清理村庄水塘35处、河道湖泊沟渠56公里。推进农村户厕改造，完成户厕改造4543户，卫生厕所普及率98.91%。实施人畜分离，除纯牧业村及部分雅下水电开发淹没村外，其余58个行政村均完成人畜分离，完成率85.29%；实施人畜分离4059户，完成率85.67%。

【项目建设】2022年，米林县实施乡村振兴项目19个，包括生产发展类项目11个、巩固提升类项目1个、小型公益性基础设施类项目1个、整村推进类项目2个、扶贫贷款贴息类项目1个、生态保护和建设类项目1个、其他类项目2个。19个项目全部开工建设，开工率100%。项目资金拨付2.12亿元，拨付率86.47%。其中，中央财政资金拨付1.83亿元，拨付率100%；中央及自治区衔接资金拨付2.04亿元，拨付率93.7%，均位列全市第一、全区并列第一。

【乡村建设】2022年，县乡村振兴局投资6700万元通过实施米林县扎绕乡甲玛村整村推进建设项目、米林县扎绕乡萨玉村整村推进建设项目、米林县丹娘乡白拉村基础设施建设项目，争取援藏资金750万元实施米林县米林镇热嘎村乡村振兴示范村建设项目，打造扎绕乡甲玛村、萨玉村2个整村推进村，丹娘乡白拉村1个巩固提升村，米林镇热嘎村1个乡村振兴示范村，通过产业建设、基础设施配套、村庄风貌提升、水电路讯网改造、垃圾污水治理、农房改造提升等方式，推进美丽宜居乡村建设。12月，按照《西藏自治区农村人居环境整治美丽宜居示范创建工作指导意见》《西藏自治区农村人居环境整治美丽宜居示范村认定办法》要求，由县乡村振兴局牵头，开展扎绕乡甲玛村、萨玉村、丹娘乡白拉村等10个美丽宜居示范村创建工作，申报工作基本完成。

【考核整改】2022年，县乡村振兴局针对国家2021年度巩固拓展脱贫攻坚成果同乡村振兴有效衔接考核反馈问题，牵头制定《米林县2021年度巩固拓展脱贫攻坚成果同乡村振兴有效衔接考核反馈问题的整改方案》并印发。方案要求各乡镇、各行业部门对照职责分工，逐条逐项进行整改，报送整改情况及佐证材料，由县乡村振兴局汇总形成《米林县巩固拓展脱贫攻坚成果同乡村振兴有效衔接考核反馈问题的整改情况汇报》，经县委农村工作领导小组审定，报林芝市乡村振兴局（整改办），整改工作全部完成。

（卓　嘎）

气象服务

【概况】2022年，县气象局贯彻落实《气象高质量发展纲要（2022—2035年）》，研究制定各类气象制度，完善气象装备保障，提升气象业务服务能力，提高人工影响天气服务水平。2名职工参加市局组织的人影培训，参与人工影响天气作业保障工作2次，定期开展人影作业设备的维护保养工作。助力乡村振兴，聘用7位建档立卡贫困户为自动气象站看护员，发放看护费2.28万元；采购5400元扶贫产品，为受灾农牧民保险理赔提供气象证明4次。

【党建工作】 2022年，研究制定2022年度党建、纪检工作方案，学习中共二十大精神和新修订《中国共产党章程》，部署党建和党风廉政建设重点工作5次，谋划党支部重点工作。落实工作汇报制度，向市局分管领导、纪检组，县政府分管领导、纪委书记、机关工委书记汇报党建和党风廉政建设工作10次。召开“三个是否”专题组织生活会、年度组织生活会，开展民主评议党员工作，开展集中学习活动37次，主题党日活动12次，支部书记讲党课1次，宣讲中共二十大精神1次，制作党建工作简报46期，开展调研1次并形成调研报告1篇，全体干部职工撰写心得体会12篇。组织参加中共二十大精神宣讲活动16次。

加强意识形态与警示教育工作，组织开展2022年党风廉政建设宣传教育月系列活动，开展警示教育8次，典型案例通报5次，理论测试5次，兼职纪检员做廉政教育辅导课1次。支部书记参加县委党校“领导干部综合素质能力提升”培训班，支部成员参加“西藏领导干部碳达峰碳中和创建国家生态文明高地”专题研讨班，全体党员参加西藏气象部门十九届六中全会暨党史学习教育常态化专题培训和中共二十大精神网络专题培训。完成气象部门、米林县“两优一先”推选工作。规范完成党员入党材料的排查整改，纳入个人档案；培养发展预备党员1名。

落实纪检监督检查工作，执行县局“三人决策”制度。兼职纪检员监督负责人落实全面从严治党的主体责任和第一责任人职责，督促党员干部带头遵守中央八项规定精神，落实党建和党风廉政建设、纪检监督工作汇报制度，完成2022年意识形态年度检查总结。巩固巡察、审计、财务检查等整改成果。围绕“作风怎么看、工作怎么干”主题，开展交流发言和大讨论3次。开展矛盾纠纷排查，开展“四风”突出问题、干部不担当不作为问题、漠视侵害群众利益问题专项整治。组织干部职工谈心谈话20人次，完成2022年“支部书记大走访”全覆盖，建立工作台账。

【气象制度建设】 2022年，县气象局研究制定《年度决策气象服务方案》《农业周年气象服务方案》《汛期气象服务方案》《西藏米林县气象局观测应急方案》，成立汛期气象服务保障工作领导小组。组织业务人员学习规章制度，执行综合观测、预报服务岗位值班值守制度，确保汛期气象服务工作顺利开展。

【气象装备保障】 2022年，县气象局配合业务科完成米林县气象局观测场的探测环境自主测评，完成本站ISOS升级和备份站撤换，完成10次地面气象观测设备及乡（镇）区域自动站巡检维修，对降水强度较大站点进行雨量标校

2次。完成4个贫困乡自动站气压传感器安装，通过自治区质量管理体系内审和汛期综合业务检查，并完成整改。

2022年4月11日，西藏自治区气象局副局长蒲强（右一）到米林县气象局进行检查指导。图为参观县气象局观测场

【业务服务能力提升】 2022年，县气象局组织部门综合业务学习8次；选派参加脱产培训6人次，各类远程培训18人次，2人参加全市县级综合业务技能竞赛，1人参加全区县级综合业务技能竞赛。组织7个乡（镇）自动站看护员培训，更新充实气象信息员队伍。组织农口下基层调研活动，6月7—8日，单位职工到羌纳、丹娘、扎绕、里龙等乡镇调研信息服务站的使用情况。参加米林县抗震救灾应急救援综合实战演练、地质灾害（西嘎沟泥石流）应急避险演练、超标准洪水防御演练、森林草原防灭火应急救援实战演练及人影作业实战演练，通过演练检验应急装备，提升基层气象应急队伍处理突发事件的综合能力。

【气象保障服务】 气象服务 2022年，县气象局通过手机短信、党政信息网、微信群、“网信米林”微信公众号等多渠道发布气象信息。每日向县网信办提供未来24小时天气预报，发布未来72小时乡镇预报及电视天气预报324期，中长期预报产品90期。山洪地质灾害13期，预警信号12期，节日预报9期，重大气象服务6期，森林防火专报8期，为森防和消防提供气象专项服务。开展天气会商35次，“叫应”服务11次。发布全区深化“五共五固”工作推进会、米林县两会、雅江水情、小考等服务专报。完成米林县2022年黄牡丹对比观测任务，制作米林县2022年黄牡丹花期预报。

重大活动气象服务 做好汛期“主动、互动、联动”应急叫应机制，加强汛期24小时值班值守，在6月26—28日，里龙、卧龙、扎绕、南伊沟等乡镇连续出现中到大雨过程中，县气象局开展应急“叫应”服务，及时组织人员撤离，泥石流灾害无人员伤亡。针对27—28日强降水天气过程，县气象局编写《米林县气象局响应“6·27”强降水天气重大气象服务报告》，复盘总结此次气象服务中的预报预警及时、内外部联动机制和应急叫应等工作，积累工作经验。

地方经济建设服务 完成派墨公路多雄拉隧道口交通站建设。推动米林县X波段雷达建设，协调电视台和公安局的无人机进行选址，并组织人员到海拔4296米的拟选点位勘察。先后4次组织实地调研，完成《西藏米林县气象局关于米林野生大花黄牡丹最佳观赏期的调研报告》。米林县白肉灵芝气象要素阈值研究项目通过林芝市局审核。为地方政府和部门分析汇总提供气象数据支撑3次。推进“中国天然氧吧”申报工作。完成米林县气候分析报告，获得市气象局通报表扬。

2022年9月27日，派墨公路多雄拉隧道口交通站建成

【安全生产】2022年，县气象局落实值班带班制度，开展网络安全、防电信诈骗和禁毒宣传工作，排查化解矛盾纠纷，无信访事件发生。落实安全责任，开展安全生产检查10次，排除网络安全隐患2次。做好新冠疫情防控工作，通过平安建设专项检查，开展“平安单位”申报工作。

【气象科普宣传】2022年，县气象局开展气象科普宣传活动，受众870余人次。面向青少年、广大市民及农牧民群众，利用世界气象日、国家宪法日等节点，开展多种宣传活动，组织气象科普“进乡村”、气象服务“进社区”、气象宣传“进部队”。“3·23”世界气象日，市政协党组成员、副主席、赴米林维稳督导组组长罗布次仁，米林县委副书记王卫东到现场参观指导。联合县委宣传部、县司法局等多个部门进行西藏民主改革63周年巡回宣讲；米林县各文明委成员单位共同开展“五下乡”暨新时代文明实践集中示范活动；老干部局邀请气象局为退休老干部开展气象防灾减灾科普讲座。

【法治建设】2022年，研究制定《西藏米林县气象局法治宣传教育第八个五年规划（2021—2025年）》《西藏米林县气象局2022年普法与依法治理工作计划》，做好法治建设工作，开展普法宣传活动，完成2022年普法和依法治理工作，上报2022年度法治政府建设考核资料。完成现行气象法律法规汇编并印制。落实“三管三必须”要求，加强行政执法力度，对辖区内9家易燃易爆场所进行防雷监管，配合区局对两家易燃易爆场所开展双随机检查，联合县应急管理局开展监管检查16次。完成区域自动气象观测站防雷检测。

【民族团结创建】2022年，县气象局推进民族团结进步模范单位创建工作，在县民创办2次现场检查中获得好评，获评“民族团结模范单位”。落实党员联系群众制度，开展经常性谈心谈话，了解干部职工的思想动态，发现问题及时解决，干部职工团结友爱、气象队伍稳定发展。

2022年10月27日，米林县创建民族团结进步模范区专项组一行3人，到米林气象局检查指导民族团结进步创建工作

【综合管理】2022年，按时完成单位项目建

设。县气象局院围墙重建项目竣工验收，该项目总投资44.8万元，争取县财政资金30.8万元。加强办公管理，全年发文12件，发函7件，形成会议纪要8份，收文597件，参会160次。“学习强国”平台转发1次，地方微信公众号“微林芝”“网信米林”“米林融媒”发布简报7期，气政通简报发布27期。加强保密工作领导，做好涉密设备管理，组织保密工作学习4次。加强财务管理，中央预算执行进度稳居前列，12月底，预算进度100%。组织集中学习财务相关制度，参加财务管理远程培训5次。加强财务一体化系统和NCC财务系统工资模块的学习应用，实现报销审批的规范化、标准化。完成2023—2025年项目入库和残疾人保障金缴纳事宜。

【疫情防控】 自2022年8月，县气象局连续4个月开展辖区日常服务管理工作，开展防疫安全检查26次，上报疫情防控情况10次。参加疫情防控志愿服务，为辖区126户居民配送物资。年内，获“米林县2022年抗击新冠肺炎疫情先进集体”称号。

（县气象局）

金融·商务

中国农业银行米林县支行

【概况】2022年，中国农业银行股份有限公司米林县支行（简称农行米林县支行）下辖营业机构9个，其中营业室1个、二级支行1个、分理处1个、营业所6个，内设职能部门2个，6个党支部。年末，全行各项存款17.01亿元，较年初增加2.59亿元，增长17.99%，年增量比同期增加3.23亿元；各项贷款8.08亿元，较年初增加1.84亿元，增长29.46%，年增量比同期增加1.94亿元；实现中间业务收入206.41万元。

【党建工作】2022年，农行米林县支行党委开展党委理论中心组学习15次，通过观念引领，提升干部职工的政治意识。学习贯彻中共二十大精神，先后组织集中学习3次，班子成员向基层营业所开展理论宣讲3次，与县税务局联合开展知识竞赛、联合县商务局组织"政银企"座谈会等方式，推动学习下沉。推动党建与业务融合发展，通过党员主动认领营销任务，达到党委带动、支部推动、党员互动的"党建+"模式，存款、贷款分别较年初增长17.99%、29.46%，主体业务经营活力增强。疫情防控期间，党员带头防疫抗疫，通过开通绿色通道、线上办理等应急措施，帮助客户解决资金划转、贷款等实际需求，为客户排忧解难。

【经营发展】2022年，农行米林县支行推进零售市场业务发展，实行分层营销和"名单制"管理，做好对中高端客户的维护、挖掘和营销。年内，个人私行客户新增2户，个人贵宾客户新增875户；全行个人核心存款余额10.72亿元，年日均增量1.66亿元。推进个人贷款业务发展，全年个人非涉农贷款1.95亿元，较年初新增4260万元，其中网捷贷余额4614万元，较年初新增2669万元，经营性贷款余额1222万元，较年初新增723万元。全年拓展对公账户108户，存量对公账户733户，其中机构类账户147户，公司类账户586户。全年累计发放中小微企业贷款12笔，金额3436万元。推进数字化转型，提供更加便捷的金融服务。实现掌银月活7907户，智迎客拉新促活率27.25%，商户聚合码新增144户，缴费商户新增2户。提升基层网点服务效能建设，辖内8个网点个贷业务率先在林芝分行实现全覆盖，发放个人贷款17笔金额704.6万元，提升网点多元化金融服务。

【乡村振兴】2022年，农行米林县支行聚焦推进服务"三农"工作，加大涉农贷款的投放力度。全年农行米林县支行累计发放涉农贷款1.5亿元，涉农贷款余额5.01亿元，较年初增加4113万元。其中，农户贷款余额2.85亿元，较

2022年6月7日，农行米林县支行与县税务局联合开展"银税互动惠企业　合作共赢促发展"微沙龙活动

年初增加1799万元，支持农牧民发展生产，辖内所有营业所全部实现“双增”目标。推进互联网金融服务“三农”一号工程，开展农户信息建档，营业所“3+2+N”流动服务模式，走村入户开展农牧户信息建档，全年营业所有效农户建档农牧户户数新增1036户，惠农e贷余额2.13亿元，惠农e贷占比74.93%。落实服务实体经济，挖掘客户融资需求，通过推广抵押e贷、纳税e贷、简式快贷等贷款产品，支持县域小微企业、农牧民合作组织、致富带头人及政府推荐和认可的本土化客户。全年累计发放小微企业贷款12笔，金额3436万元，自营小微企业贷款余额4834万元。下沉服务中心精准开展普惠金融服务，行党委坚持以新金融、新服务发展普惠金融，重点落实普惠金融业务，普惠性贷款较年初新增7394万元，提升支行的普惠金融服务能力和水平。

【金融戍边】2022年，农行米林县支行满足边民群众对金融服务多元化的需求，林芝市首批“乡村振兴·固边贷”贷款证发放仪式在米林县举行，累计换证3556张，达成“固边贷”贷款换证率100%目标。通过在琼林新村开展“自助网点+惠农通服务点+流动服务车”的服务模式，全年累计办理存取款、转账、兑换零钞业务213笔、27.6万元，发放贷款145万元，开展各类宣传活动14次，为边境村民提供丰富便利的金融服务。

2022年3月，米林县支行党员先锋队开展防范电信诈骗宣传活动，业务人员向容易受骗老年群众进行宣传

【金融风险防控】2022年，农行米林县支行做好运营财会重点工作任务落实，邀请人行林芝中支国库业务科、林芝分行运营管理部、财务会计部开展“送教下基层”活动，现场辅导支行国库业务、运营管理、绩效考核、财务管理等重点工作，提升相关业务人员能力水平，筑牢农行米林县支行运营财会条线案防风控。筑牢合规基础，开展反洗钱专项治理、案件风险排查，巩固案防基础。推进“合规教育年”活动，坚持合规教育与日常教育相结合，在各类会议上开展合规教育，将合规文化教育融入日常业务。加强内部控制，落实基础管理样板行工作，从内部制度执行、机制约束、岗位制约、流程管控方面，加大业务经营管理，同时做好各项业务日常监督检查和内外部检查。

（白玛央宗）

中国建设银行米林县支行

【概况】2022年，建行米林县支行坚持服务地方经济发展，推动存贷款业务等主营业务发展，落实普惠金融和乡村振兴战略，开展助企惠民消费券发放工作，通过“建行生活”App发放消费券。活动期间，核销各类优惠券129万元，拉动消费金额491万元。

【党建工作】2022年，建行米林县支行把学习贯彻习近平新时代中国特色社会主义思想、中共十九大及历次全会精神、中共二十大精神和新时代党的治藏方略作为党员领导干部教育培训的核心内容，引导全行党员干部领悟“两个确立”、增强“四个意识”、坚定“四个自信”、做到“两个维护”。全年召开党员大会12次，组织集中学习18次，主题党日活动12次，党课学习3次，开展创先争优活动2次。开展党建品牌创建活动，通过开展系列创建活动，使党建品牌创建成为凝心聚力、创先争优的重要平台。

【助企惠民】2022年，建行米林县支行配合米林县政府“助企惠民·乐购米林”消费券发放工作，抽调业务骨干组建政府消费券专项团队，通过大量前期准备工作，实现通过“建行生活”App发放消费券，活动期间，“网信米林”“米林融媒”等官方媒体发布“建行生活”优惠券领取流程，阅读量累计5000人次，引起居民自发性口碑传播。

2022年6月14日，建行米林县支行员工到米林县扎西绕登乡开展金融知识宣传

【普惠金融】2022年，建行米林县支行贯彻落实普惠金融和乡村振兴战略，中小微企业贷款余额7.36亿元，全年向小微企业投放贷款107笔，发放金额2285.35万元，向小微企业主个人发放个体经营贷款59笔，金额合计956万元，全年发放涉农贷款超3200万元，助力乡村振兴战略。同时建行米林分行针对公积金在藏缴存的干部职工，创新上线个人消费贷款产品“建易贷”，解决广大干部职工日常装修、购车、医疗等大额消费问题，有超过80%县直单位纳入“建易贷”白名单，贷款体验和免担保措施获得干部职工认可。

【疫情防控】2022年，建行米林县支行组建张富清金融突击队，配合政府开展疫情防控工作，包保商户13家48人，并派3名员工开展各类志愿服务，为守护米林县人民群众身体健康和生命安全贡献建行力量。

（建行米林县支行）

商　务

【概况】2022年，米林县商务局内设米林县供销合作联合社。县商务局围绕市委“11364”发展战略和县委、县政府中心工作，指导城市商业网点、商品交易市场（现货交易类）规划；推进全县流通产业结构调整，指导流通企业改革、商贸服务业发展，推动电子商务等现代流通方式发展，加强市场监测，在抓好市场保供的同时，扩消费、稳市场、促贸易、强招商，全县累计完成固定资产投资1.54亿元。

【供销合作联合社】2022年，米林县供销合作联合社联合米林县羌纳乡巴嘎村供销合作社，以资金入股的形式，采取股份合作制，吸纳当地农牧民、农牧民专业合作社、建档立卡户等13户，组建新型基层供销合作社，该边境基层供销合作社是直接面向农民的综合性经营服务组织，是供销合作社服务“三农”的主要载体；以米林县源选供销有限公司为载体，探索拓宽米林农产品渠道，与消费援藏品牌“林芝源”、拉萨市第三极民族特色商品展销会等签订供销合同，让米林的本土特色农产品销至拉萨乃至全国各地市场，多元化销售渠道，探索供销合作社发展新模式。

2022年3月1日，米林县羌纳乡久美边境基层社给羌纳乡巴嘎村13户脱贫户每户分发4000元的合作社分红资金

【招商引资】 2022年，县商务局立足米林优势资源，从“铁公机”的区位优势到国家水电能源战略、从乡村振兴到藏区特色项目推广，从生态文化旅游到高原特色产业发展，向企业家进行全方位宣传，推动其赴米林投资兴业、增资扩产。在招商引资方面，米林县在建项目26个、续建18个、新建8个，累计到位资金4亿元，完成全年任务。

【商贸流通】 2022年，县商务局按照自治区《关于贯彻落实扎实稳住经济的一揽子政策措施的实施细则》《西藏自治区“助企惠民·乐购西藏”消费促进活动方案》《林芝市“助企惠民·乐购林芝”消费促进活动方案》要求，组织开展米林县“助企惠民·乐购米林”消费促进活动，通过网上发放消费券的形式，在餐饮、超市、家电家具行业开展促销活动。发放3类1.4万张消费券，拉动消费530万元。创造安全环境。组织对超市、成品油企业、电商企业、再生资源和城区农贸市场、餐饮燃气使用经营用户进行重点检查，为全县经济高质量发展保驾护航。开展专项检查15次，出动50人次，检查商贸商户100余家，督促企业整改隐患点5处，现场整改4处和限期整改1条。

【电子商务】 2022年，县商务局吸纳极兔快递、申通快递入驻米林县仓储物流分拨中心，扩大米林县快递物流资源，与米林县客运站、米林县供销公司开展合作，解决米林县物流快递“最后一公里”问题；推进才召村合作社珞巴织布、西嘎村合作社藏香藏纸、红太阳家庭农场灵芝天麻、塘崩巴木碗等产品代销售工作；入驻米林县电子商务公共服务中心企业、合作社5家，服务中心具备可容纳30人的实操培训教室、双创孵化室、摄影直播等公共服务场所；完善米林县28个电商服务站的运营工作，重点选取10个站点进行示范站点的打造，根据当地农产品、旅游、文化、民宿等特色资源按照“一村一品”“一站一特色”的原则打造特色电商示范站点，带动当地旅游、产品、民宿等产业发展；建立完善米林县电子商务人才库，提升米林县返乡青年、大学生村官、退伍军人及致力于发展电商的合作社、企业等团体的电商实操技能，面向全县进行招生，开展“百名精英”电商人才培育，开设美工摄影、客服运营、直播视频等电商实操培训课程，累计培训 500 人次。

【市场监测预警】 2022 年，县商务局安排专人每日走访市场，实时监测统计工作，实时监测统计物资存量，做到不漏一商户，对米林县大小商户及超市 28 家进行“逐门逐户”摸排，实时掌握市场销售和库存变动情况，并向上级业务部门及县政府反馈监测数据。针对羌纳乡部分果蔬种植户的菜品、水果积压滞销问题，供销合作联合社通过县域供需对接消化形势，将相关菜品、水果收购代销至县菜农贸市场或配送销售各乡（镇）。累计收购代销西瓜、大白菜、花菜、土豆、莴笋、水萝卜等蔬菜和水果 2800 千克。

2022 年 9 月 8 日，米林县商务局局长覃美连（右一）带队开展市场监测工作

【疫情防控】 2022 年，县商务局靠前服务，打通生活物资配送“最后一百米”，安排供销社采取无接触配送方式对乡镇居民生活物资进行代购和配送，切实保障全县居民生活必需品正常供应。县供销社为各乡（镇）配送大米 2183 袋、面粉 2158 袋、糌粑 364 袋、牛肉 841 千克、猪肉 1618.5 千克、鸡蛋 1214 板、牛奶 420 件、红烧猪肉（午餐）罐头 192 件，蔬菜 10163 千克及其他物资若干。县商务局安排干部职工按照要求开展点对点物资运送，做到群众生活必需品、急需品不阻拦，根据要求开“直通车”。点对点运送物资 50 余次。

（县商务局）

2022 年 8 月 17 日，疫情跟前保供应，米林县供销社主动靠前服务打通生活物资配送“最后一百米”

2022 年 8 月，米林县供销社分发物资

2022 年 8 月，米林县供销社出动冷链车、物流车各 1 辆给 8 个乡镇进行配送物资

应急管理

综　述

【概况】2022年，米林县贯彻落实习近平总书记关于安全生产工作重要指示精神和党中央、国务院会议精神，区党委政府，市委、市政府会议精神和决策部署，树立“人民至上、生命至上”理念，抓隐患排查整治，防范化解风险隐患，安全生产形势总体稳定，安全生产工作得到推进。

【重要会议】2022年，县委、县政府召开安全生产工作会议10余次。听取安全生产工作开展情况汇报，安排部署重点工作，研究解决相关问题，确保安全生产工作与经济社会发展统筹安排，同推进、同落实。传达学习安全生产各类条例法规、各级各类安全生产工作讲话精神和安全生产“十五条硬措施”“六个必须”。推动“党政同责、一岗双责、齐抓共管、失职追责”和“三管三必须”规定要求落到实处。

【安全监督检查】2022年，县应急管理局在重点时段，结合安全生产三年专项整治行动和燃气排查整治行动，对辖区内重点行业领域加大危化品、消防安全、道路交通、森林防火、居民自建房等领域安全生产检查力度，检查单位230家（次），发现问题隐患567条，完成整改478条，限期整改89条。下达责令限期改正整改指令书23份、督查与整改12期，对5家企业进行立案处理，罚款11.21万元，约谈警示社会单位13家。督导安委会成员单位132家次，发现问题隐患35条，全部完成整改，提出

2022年3月1日，米林县关于国务院安委会安全生产督导检查工作迎检部署会召开

工作意见建议280余条。

【宣传教育培训】2022年，县应急管理局组织开展线上线下安全生产宣传教育活动，筑牢社会公众安全防范意识。全县开展防灾减灾、安全生产等大型集中宣传教育活动10场次，发放宣传资料8000余份，制作横幅62条，设置展板15个，播放消防安全、森林防火、防灾减灾避灾宣传片5部，受教群众6000余人。举办安全生产和应急管理工作培训班3期，110余人参加；组织开展以“落实安全责任、推动安全发展”为主题的防灾减灾、安全生产月宣传教育活动5场次，发放宣传资料5180份，播放防

2022年5月17日，米林县应急管理局局长王三腾（右二）带队对派镇加拉村水情处置情况进行检查

2022年10月13日，米林县应急管理局组织联合消防救援大队、森林消防中队等单位在宇拓公园开展第33个防灾减灾日宣传活动

灾减灾宣传片3部，受教群众3600余人。

【应急准备】 2022年，米林县安委办牵头，细化相关方案预案2个，完善现场处置方案5个，统计汇总应急救援物资器材和救援力量，对应急救援人员1210名、机械792台、车辆624台、37类4.09万件救援物资进行登记造册，确保发生险情时能及时有效调度。全县开展抗震救灾、森林草原防灭火、超标准洪水、地质灾害、自然水域救援等实战应急演练5场次，55家单位600余人参演，各单位、社区、农牧民群众等1000余人观摩，增强协调应急能力。4月30日、6月7日，组织8个乡（镇）和10余家单位，开展地质灾害应急避险演练。

【应急处置】 2022年，米林县安委办健全多部门沟通协调机制，加强监测预警，主动应对。联合发布气象汛期预警信息70余条，发布气象预报320余期。组织开展地质灾害巡查8次、排查出168个地质灾害隐患点，处理地质灾害4起；针对5月5日派镇加拉村堰塞湖水位上涨情况，第一时间组织人员赶赴现场，劝离相关人员28人，设立3个卡点，加强灾害隐患区管理，加大灾害监测力度。

【应急物资保障】 2022年，米林县安委办提前谋划，启动应急物资调拨机制，落实物资保障措施，全面清点救灾物资储备，累计向物资转运站、学校等调拨应急物资674件，保障应急物资供应。

【压实防火责任】 2022年，县应急管理局制定米林县森林草原防灭火分布图和防火等级图，建立米林县专业管护站8个、村级管护站93个、靠前驻防站11个，明确重点沟口17个、水源地116个，为森林草原火灾风险分析研判提供依据。划片区对全县主干公路两侧防林下可燃物进行清理，出动人员5693人次，各类车辆733台，完成514公里林下可燃物清理工作，降低森防隐患。

（阿牛德吉）

消防救援

【概况】 2022年，米林县消防救援大队贯彻落实习近平总书记授旗重要训词精神，围绕“全灾种、大应急”职能任务，发挥应急救援“国家队、主力军”作用，履行防火灭火、抢险救援等主责主业，在提升实战能力和凝聚队伍共识上双向发力，完成消防勤务安保，接警出动115起。其中，火灾扑救4起、抢险救援任务5起、执勤安保任务99起、社会救助7起；出动车辆150辆次、消防救援人员412人次。

2022年，米林消防救援大队在处理一期车辆事故

【思想政治建设】 2022年，县消防救援大队学习贯彻习近平新时代中国特色社会主义思想和关于安全生产的重要论述，统筹发展和安全两个大局，围绕消防救援队伍规划建设，依托中国共产党成立100周年、西藏和平解放71周年、“知党史、担使命，学藏史、感党恩”“政治标准更高、党性要求更严、组织纪律性更强”等系列教育活动，通过专题教育学习、党建联谊共建、互动交流研讨、撰写心得体会等形式，提升全体队员的政治能力，筑牢政治纪律和政治规矩。县消防救援大队开展集体研学34次，主官带头讲党课12次，主题交流24次，专家专题授课3次，实地践学4次。

【监督执法】 2022年，县消防救援大队开展“双随机、一公开”消防监督检查工作，检查社会单位1295家次，督促整改火灾隐患和消防违法行为1489处，下发责令改正通知书919份、行政处罚决定书8份、临时查封决定书3份，挂牌督办重大火灾隐患2处，责令“三停”单位1家，罚款1.9万元。围绕消防安全专项整治三年行动，开展各行业领域消防安全隐患排查整治工作，在“两节”两会、重大节庆期间向职能部门发函40余份，强调消防安全工作，加强请示汇报，定期召开消防联席会议，加强全县基础消防力量。

【消防宣传】 2022年，县消防救援大队推进消防宣传“七进”工作，在“三月综治宣传月”“5·12”防灾减灾日、“119”宣传月等重要节点，开展“消防进军训”“开学第一课”“队站开放日”等活动。依托辖区单位电子显示屏、网信米林微信公众号等媒介平台，拓展宣传阵地，刊播消防知识。开展宣传培训54次，培训2000余人，发放宣传资料3000余份，全民消防学习平台注册1638人，提升全民消防安全意识和防御火灾能力。

2022年10月28日，县消防救援大队邀请米林县幼儿园到消防救援大队参加对战展示宣传活动

（县消防救援大队）

森林消防

【概况】 2022年，米林县森林消防中队贯彻落实森林消防队伍基层建设会议和经验座谈会精

神，推进中队正规化建设。研究落实“八种组训模式”，开展体能训练和技能训练，推进转型强能。加大提醒督促力度，抓好安全管理工作，夯实中队安全基础。加强后勤人才队伍建设，定期组织培训和检查讲评活动，增强后勤建设水平与保障能力。

【思想教育】 2022 年，县森林消防中队组织学习习近平总书记在中央党校青年干部培训班开班式、中国共青团成立 100 周年庆祝大会上的重要讲话、四川考察调研时关于防汛工作重要指示等内容。通过主官领学、广播读学、自主自学、测试考评等方法，学习领会中共二十大精神，加强党支部政治引领作用。

【主题教育】 2022 年，县森林消防中队党支部组织参加总队、支队首长的主题教育专题授课，交流学习讨论心得，提高学习质效。采取制作板报、显示屏滚动播放、理论测试等方式营造学习氛围，探索“互联网+”教育模式，借助媒体网络平台，发挥“学习强国”平台、消防网络学院 App、局域网、微信公众号、抖音等载体作用，组织观看党史故事、红色电影，丰富学习教育内容和方法渠道，提升学习积极性。开展“我为群众办实事”教育实践活动，利用“五一”劳动节、“六一”儿童节、端午节、“全国安全生产日”等时机，邀请驻地友邻单位到队参观学习，与米林县委宣传部党支部联合举办主题党日等活动，看望驻地孤寡老人、开展义务献血活动。

【学习教育】 2022 年，县森林消防中队每周制定教育课表，开展经常性思想教育，抓好随机教育。开展“我是中队小小广播员”活动，每天安排一名指战员在开放前 10 分钟广播。开展图书分享活动，每月组织一次读书分享活动。实施每天“三个半小时”（小广播、新闻、读书看报）、应知应会抽问背记、每周理论测试、每月撰写心得体会，加强巩固学习教育成果。推进日、周、月、季工作，落实一日生活制度，组织全体干部骨干学习各类人员职责，加强中队干部骨干事业心、责任感，中队主官加强工作落实的督导检查，确保各项制度落实。

【训练工作】 2022 年，县森林消防中队党支部召开会议传达学习局“八种组训模式”和支队贯彻落实措施。灵活利用小块时间、小块场地，开展体能小评比小竞赛活动，提升体能训练质效。1 月，参加县政府组织的联合应急演练；5 月，参加县国土资源局组织的地质灾害演练；7 月，开展野外驻训活动；11 月，派出指战员到墨脱县格当乡开展驻防工作。坚持每月议训议中心制度，分析总结每月训练工作情况，制订下月抓训计划。加强绳索救援、地震救援、水域救援等科目训练，开展进山入林、下河入水训练，提升救援技能。依据《教育训练大纲》和训练月计划，制定周课表，坚持周会操、月考核制度。开展体能夜训，创新训练方式，激发训练热情。围绕“两严两准”建队标准，推进作风纪律建设。每周一上午第一节课，开展队列训练，加强作风纪律养成，提升全体人员精神面貌。

【救援工作】 2022年，县森林消防中队完成防火宣传等救援任务。县森林消防中队与县应急管理局、县林草局对接，结合辖区防火期实际，开展多次防火专项行动、林下可燃物清理、护林员培训、携装巡护等任务，降低森林火灾发生概率。完成春节、清明、“五一”假期、国庆假期、消防宣传月等时期的防火宣传任务。利用“五一”防火宣传时机，与派镇防火突击队开展联训，增强驻地群众森林防火和防灾减灾意识。完成“3·7”巴宜区达则沟森林火灾扑救任务。

【安全管理】 2022年，县森林消防中队开展党纪条规月、“学条令规章、严纪律作风、守安全底线”、安全大检查“暑期百日安全竞赛”等活动，推进安全管理工作，夯实安全基础。县森林消防中队班长每周、干部每月与指战员谈心交心，同时做好在外人员管理工作。利用每天晚点名、开饭前时间开展安全工作强调提醒，每周四晚上召开安全形势分析会。中共二十大期间，加大安全管理力度，落实“六个转一转”、日碰头零报告、每周安全工作“六个一”等制度，针对检查发现的问题，明确整改措施和整改时限，确保各类安全制度和上级安全工作要求落到实处。各级干部骨干排查各类安全隐患，并加大对班级人员的提醒督促力度。开展“我为总队安全管理献一策”活动，收集18条意见并结合实际情况采纳运用。制作安全宣传板报、安全标语宣传板，利用LED显示屏显示安全倒计时，组织开展安全理论测试。邀请县电力公司到县森林消防中队开展电线线路安全隐患排查工作，县国安办主任到队开展安全意识形态教育授课，定期组织观看安全警示教育视频等。

【后勤保障】 2022年，县森林消防中队落实伙食标准和饮食卫生制度，把好食品采购关。按照“早餐讲营养、午餐重质量、晚餐抓调剂、饮食求平衡”的原则，确保菜品荤素合理搭配，符合营养要求，同时利用手机App推荐分享喜爱的菜品，加强菜品质量。加强伙食费使用管理，征求伙食管理意见。对照装备达标细则，实施每周保养日制度，每月开展管装爱装教育，设置装备维修保养时间，开展装备维修管理以老带新活动，组织装备管理骨干开展装备维修辅导授课，提升指战员装备“四会”能力和装备管理“三化”水平。干部骨干加强学习，掌握新型水泵性能及维修保养技能。利用地方经费购买一套原厂水泵维修箱。

【组织建设】 2022年，县森林消防中队加强党支部群团组织建设。根据人员变动，调整完善各类组织机构，落实组织生活制度。结合“三会一课”和“主题党日”，提升党内组织生活效果，统一党员思想，增强党员党性修养和组织观念，教育引导党员干部发挥模范带头作用。团支部开展中国共青团成立100周年主题团日活动，消防指战员委员坚持“三大民主”，调整党团小组，健全组织建设。

（县森林消防中队）

城乡建设·环境保护

综 述

【概况】 县住房和城乡建设局以习近平新时代中国特色社会主义思想为指导，贯彻落实中央第七次西藏工作座谈会精神，推进保障性住房管理、工程项目建设监管、人防、自然灾害风险普查、办公用房管理、经营性自建房排查等工作。米林县派镇人防审批2份。推进农村危房改造工作，完成农村危房改造6户，国家资金补助30万元。开展保障性住房及办公用房维修192次，使用维修经费59.99万元。完成2022年租赁补贴发放工作，发放34户54人，发放资金14.63万元。落实公积金管理工作，指导各单位做好每月缴存工作，解答各类公积金问题。

【党建工作】 2022年，贯彻落实中央、区党委、市委、县委从严管党治党方面的精神，推进党风廉政建设和反腐败工作，带头学习和遵守《中国共产党章程》《关于新形势下党内政治生活的若干准则》《中国共产党问责条例》等法规，提高领导干部思想认识。每次例会集中学习典型案例，主要领导听取汇报3次，向分管县长汇报2次，集体廉政谈话2次。制定《米林县住建局“三重一大”决策制度》《“三会一课”学习》等制度并落实，全年未出现廉政方面的问题。落实关于平安建设和国家安全工作的一系列指示精神，开展矛盾纠纷及安全隐患排查工作，特别是工程建设领域的矛盾纠纷排查调处，将矛盾纠纷化解在萌芽状态，确保各项平安建设和国家安全工作有序开展。制定平安建设值班表，落实值班人员24小时值班制。落实意识形态工作，成立米林县住建局意识形态工作领导小组，由局党组书记、局长孙秋利担任组长，党建负责人担任意识形态工作联络人，将意识形态工作与党建工作相结合。同时，改进作风狠抓落实工作及“三个是否”专题教育同步计划、同步开展，保证意识形态工作的完成质量。培养高素质干部人才队伍，创新党员教育管理新模式，开展“重温入党誓词”、祭奠先烈、参观“红色小牧屋”、竞选“学习强国”标兵、中共二十大知识竞答等活动，加强入党积极分子的培养、选拔工作。全年1名党员转为正式党员。完善和落实“第一议题”“三会一课”等制度，完成支部书记改选工作和党费收取工作，全年收缴党费7270元。

【普法工作】 2022年，弘扬宪法精神，加强社会宣传教育，推动宪法进工地。推动宪法宣传教育及实施，弘扬宪法精神，履行宪法使命。住建局党支部宣传教育覆盖人数300余人，发放宣传材料百余份，悬挂宣传横幅4条。通过开展宣传教育活动，推动建筑领域从业人员、

2022年12月5日，住建局党支部开展“宪法进机关”“宪法进工地”主题活动

农牧民群众对相关法律法规的了解。组织开展专项法治宣传行动，利用“4·15”全民国家安全教育日和“12·4”国家宪法日等重要时间节点，结合网络宣传媒介，开展宣传《中华人民共和国安全生产法》《中华人民共和国宪法》《中华人民共和国建筑法》等法律法规、推进环境保护相关法律法规的宣传普及工作，引导施工企业和社会公众树立生态文明发展理念，加强生态环保意识，依法维护生态环境权益和开展生产生活。规范行政执法，落实质量监督。监督全县在建项目的工程质量，做到每月平均不定期抽查不少于2次，并做好抽查记录。同时，做好对米林县蓝天燃气站的监督管理工作。年内，下达执法建议书1份，执法告知书3份，收缴罚款2万元。

【保障性住房管理】 2022年，全县保障性住房1426套，其中周转房720套（县直周转房470套、乡镇周转房250套），公租房706套（县直公租房490套、乡镇公租房216套），在建职工周转房90套。年内，所有住户按照相关标准从工资中扣缴房租，待年底统一上缴国库。推进周转房清理工作，清理腾退22套并完成分配。

【项目建设】 2022年，县住房和城乡建设局负责2021年公共租赁住房建设项目、2021年职工周转房建设项目、城市道路白改黑工程等9个项目的建设，合计投资3.99亿元。2021年公共租赁住房建设项目、2021年职工周转房建设项目、县城排水防涝建设项目、派镇特色小集镇建设项目、“五共五固”交流中心维修项目、城市道路白改黑工程、自来水厂维修项目7个项目完工；县城入口处市政道路建设项目完成总工程量的34%；沿江路建设项目完成工程量的94.1%。

【项目监管】 2022年，县住房和城乡建设局办理34份施工许可证。创新监管手段，利用实名制平台监管施工单位农民工工资情况，推动“联网审批”平台的使用范围，把控建筑市场秩序。落实质量安全监管工作，加强在建项目的工程质量安全监督，每月不定期抽查不少于2次，并做好抽查记录。全年开展项目检查95次，发现152条安全质量隐患，下发整改通知书37份，停工通知书6份，处罚3家单位，处罚金额9万元。全年县住房和城乡建设局管辖的施工工地未发生任何质量安全事故。落实备案、审查机制，监管项目实行消防备案、设计审查、消防验收等工作。

【办公用房管理】 2022年，县直党政机关单位总建筑面积3.78万平方米，其中办公用房建筑面积2.39万平方米、技术业务用房建筑面积1.17万平方米。基本办公用房使用面积2.19万平方米，其中办公室使用面积8597.99平方米、服务用房使用面积1.26万平方米、设备用房使用面积623.75平方米，附属用房建筑面积1828.41平方米。米林县8个乡镇党政机关单位办公用房总建筑面积21271.67平方米（其中办公用房建筑面积9752.18平方米、技术业务用房建筑面积2791.12平方米），基本办公用房使用面积8201.61平方米（其中办公用房使用面积4400.74平方米、服务用房使用面积3564.16平方米、设备用房使用面积236.71平方米），附属用房建筑面积1746.45平方米。

【自然灾害风险普查】 2022年，完成米林县自然灾害普查工作，完成房屋2.06万栋，总面积261.32万平方米。市政道路完成96条，长度95.73千米；调查桥梁总量14座，长度2.38千米；调查供水厂1座、供水管网17条，调查长度13.41千米。自然灾害普查工作于4月1日通过林芝市住房和城乡建设局验收，于4月10日通过西藏自治区住房和城乡建设厅验收，处于住房和城乡建设部验收阶段。

【经营性自建房排查】 2022年，排查录入606栋，处于排查录入阶段23栋，判断存在安全隐患房屋4处，处于整改阶段4处。

2022年，住建局开展经营性自建房排查工作

【燃气站工作】 2022年，根据林芝市城市管理和综合执法局印发的《林芝市燃气安全综合治理三年行动方案》要求，米林县蓝天燃气站因安全距离不足需重新选址进行土地置换，搬迁新建。该新建项目，处于办理林评和勘界手续阶段。

【疫情防控】 2022年，部署项目工地疫情防控工作，将疫情防控工作纳入安全生产工作中，项目施工现场及施工人员按照疫情防控要求管理，确保全县项目安全有序建设。做好住建局片区包户工作，落实米林县幸福小区廉租房、周转房、公租房，共12栋433户543人。

（县住房和城乡建设局）

城市管理和综合执法

【概况】 2022年，米林县城市管理和综合执法局坚持以文明城市创建为统领，围绕县委、县政府中心工作，推进园林绿化工作，落实市政管理工作，全面接管乡镇垃圾转运工作，提升城市管理科学化、精细化、智能化水平。城市绿化面积超过90%，市容市貌逐步优化。

【党建工作】 2022年，局党组围绕理论中心组学习，开展习近平新时代中国特色社会主义思想、中共二十大精神学习，对党员干部开展经常性和集中性教育42次，落实上级关于意识形态工作决策部署及指示精神，把握正确的政治方向。落实党建责任制，执行党内生活各项制度，规范落实“三会一课”，支部书记带头上党课，定期开展谈心谈话、民主评议党员、主题党日等活动。做好新党员发展工作，1名党员发展对象转为预备党员，2名干部递交入党申请书。加强党风廉政建设。开展廉政教育，组织全局干部职工观看反腐宣传片，增强党员干部职工的勤政廉政意识。坚持用党章党规党纪规范基层组织和党员行为。通过党员监督管理与日常工作任务相结合，落实党章党规党纪有关规定，规范引导党员干部日常工作、生活各方面。

加强改进工作作风，以领导班子带动整个队伍建设，坚持民主集中制，按照各自的分工开展工作。落实例会制度，每周对上周工作进行小结，布置本周工作重点。针对难点问题，通过会议讨论的方式研究方法；制定出台《米林县城市管理和综合执法局城管员和协管员管理制度》，做到奖勤罚懒、奖优罚劣，以制度管事，以制度管人，促进单位管理正规化、制度化。加强平安建设，做好值班带班工作，开展维护稳定、“平安单位”建设、扫黑除恶、禁毒工作，巩固平安创建成果。加大信访矛盾纠纷排查化解力度，落实领导接访常态化、包案管理制度化要求，解决突出信访问题，全年承办领导和部门信访交办件14件，全部按时办结回复，办结率100%。办理建议提案，全年收到建议提案3件，其中人大代表建议2件、政协委员提案1件，全部按期办结完成，见面率、办结率、满意率三项均为100%。

【园林绿化】 2022年，县城市管理和综合执法局投入资金40万余元，用于县城区43万平方米公共绿化养护管理，做好松土除草、浇水施肥、修剪整形和除病防害等日常养护管理工作，共施肥、喷洒兑水剂杀虫药1471袋，修枝造型2000余平方米，修整草坪5000余平方米，清理杂草50余吨。全年米林县城区绿化总面积43.49万平方米，人均占有公共绿化面积73.53平方米，绿化覆盖率36.55%，主要指标均达到国家园林县城标准要求，达到创建国家森林城市标准。

【环境卫生整治】 2022年，开展治脏行动。对城区开展规范化、全覆盖保洁作业，清运生活垃圾约8000吨。每周3次集中收集县城区大型酒店、学校、单位食堂的厨余垃圾，收集处置餐厨垃圾约400吨。开展治乱行动，以农贸市场周边为重点，开展系统性的综合整治，整治街道乱堆乱占、乱搭乱建、乱停乱放、乱摆摊点等乱象，全年劝离流动摊贩350余次，整治超门面经营1000余家，拆除雨篷、地贴广告、门头条幅、破损广告30余起，横幅90余条，清除“牛皮癣”小广告1800余处。综合提升城区市容市貌，方便市民正常通行。

2022年3月10日，米林县城市管理和执法局协管员到小商品市场做搬迁前期宣传工作

【市政设施管护】 2022年，县城市管理和综合执法局排查、维修更新市政设施。维修路灯471个，更换路灯1476杆，维修路灯控制箱30个、各类保险装置300余只。维修路灯电缆故

障420余处，更换电缆、线路7640米。维修更换墙面亮化灯管1260根，更换开关60个，更换电缆、线路5600米，更换电源90个。修复城区破损人行道地板120平方米，维修路沿石127块，公园广场更换水龙头37个，处理电缆故障20余次。维修厕所104次，维修更换污水井盖与下水道井盖190余套，清掏检查井50余座，清掏雨水槽300余座，疏通管沟、水沟4850米。保证市政设施正常使用，提升市民幸福指数。

【垃圾清运工作】 2022年，县城市管理和综合执法局对城区实施规范化、全覆盖保洁作业，做到主次街道每2小时保洁、背街小巷每3小时保洁，清理生活垃圾5万吨并在城区主干道增加果皮箱90个。县城区大型酒店、学校、单位食堂的厨余垃圾采取每天两次的收集方式收集餐厨垃圾，收集处置餐厨垃圾约730吨。严控渣土运输污染，加强巡查，及时发现渣土运输污染城区环境问题。针对发生污染问题的工地，要求组织人员进行清扫、清洗、清铲，恢复原貌，查处80余台次渣土运输车辆密闭措施、带泥上路、沿途遗撒漏污染环境现象，确保县城区干净整洁。

2022年6月21日，米林县城市管理和综合执法局组织干部职工清理219国道沿线垃圾

【城市管理执法】 2022年，县城市管理和综合执法局开展违法违规行为查处和打击行动，拆除米林县临时汽修点违章建筑，拆除面积200平方米，配合县公安局完成219国道旁小商品市场拆除工作，畅通国道，改善小商品市场经营环境。同时，协助县住建局开展既有房屋安全隐患大排查大整治工作，采取分区域拉网式、地毯式排查，消除全县既有房屋安全隐患，确保人民群众生命财产安全。

【安全生产】 2022年，县城市管理和综合执法局落实安全生产工作，围绕户外广告、公园广场、游乐设施、作业车辆、市政设施等领域开展全系统安全生产隐患大排查大整改大督查，落实森林防火、消防安全工作，确保城管领域安全生产，实现“零事故”目标。

（县城市管理和综合执法局）

供 电

【概况】 2022年，米林县电网最大负荷1.90万千瓦，同比增长5.78%。全年完成售电量5543.79万千瓦时，同比增长10.7%。公司发生电网异常事件49起，35千伏输电线路故障4条次，同比增加2条次，10千伏配电线路故障45条次，同比增加2条次，未发生六级及以上电网事件，至11月25日，实现安全生产天数874天。

【党建工作】2022年，国网米林县供电公司落实“三会一课”制度，召开支委会25次，落实“第一制度”学习25次，研究议题110项；召开党员大会6次、党小组会议33次，开展党课6次（其中1次为国网林芝供电公司领导下基层联系点讲党课）。组织集中教育学习19次，开展“深入学习党的十九届六中全会精神”“我眼中的这十年”“立足本职岗位，谱写奋进新篇”等主题交流研讨13次，以“今冬明春电力保供攻坚战”“铸牢中华民族共同体意识”“遵守安全生产法 当好第一责任人”“抗疫情 保供电 喜迎二十大”等为主题的党日活动14次。做好日常纪律监督检查工作，开展日监督99次；监督公司迟到早退现象，累计开展15次；联合各专业部门开展廉洁季度排查4次，做到对廉政风险早发现、早预警、早遏制。联合各部门开展食堂车辆、业扩报装等服务的廉政回访单11次；完成公司2021年提级巡察反馈问题29个及2个线索问题的整改。

【安全生产】2022年，国网米林县供电公司召开公司安委会4次、年中安全生产会议1次、专题安委会2次、专题学习会议9次，学习《全国安全生产电视电话会议精神》《近期中央领导对安全生产工作指示批示汇总》《全国森林草原防灭火工作电视电话会议精神及王罡董事长专项批示精神》、落实安全责任。加强安全管理，组织开展2022年三种人安全教育考试3次，公司“两票”（工作票、倒闸操作票）知识培训2次。落实西藏公司作业风险管控工作要求，提高作业计划报送质量，参加国网林芝供电公司现场安全管控知识培训30余次，国网米林供电公司反违章工作通报学习7次。开展安全工器具管理培训及安全工器具管理实施细则2次，梳理公司安全工器具台账，并统筹安全工器具需求纳入明年可控费用。

2022年11月9日，国网米林县供电公司开展“11·9”消防安全宣传活动

【电力管控】2022年，国网米林县供电公司落实作业现场“十不干”“四个管住”和“五级五控”相关要求，熟练应用安全管控系统应用，不得瞒报、漏报或无计划作业。按照《停电计划管理实施细则》，加强停电计划的刚性管理和OMS应用。全年报送月度停电计划21条次，延期5次，取消0次，计划执行率100%。临时计划7条次，抢修计划5次，执行率100%。申报各类作业计划24条次，其中周计划8条次，临时计划11条次，抢修计划5条次，无违章工作14次。

【电力保供】2022年，国网米林县供电公司贯彻落实2022年各级保电工作要求，巩固各类重大保电工作的好经验、好做法，细化完善保电方案，全年完成春节、藏历新年、“五固五共"、中共二十大、疫情防控等电力保供13次，出动236人次。制定《输配电线路防山火专项行动工作方案》，成立以公司主要领导为组长的领导小组，明确责任落实到人，保障输配电设施安全可靠稳定运行。开展输电线路"三跨""六防"排查治理，做好林区防火及穿越林区输配电线路火灾隐患台账治理工作，建立健全"一患一档"台账。通过树障清理项目累计清理树障617棵，公司日常消缺累计清理树障65处；通过标识牌大修项目32.06万元，县域内所有输电线路穿越林区段安装森林防火警示牌和标示牌，开展输电线路无人机三维扫描和航点收集工作，为后期输电线路运维提供技术条件。完成22名主业和34名外包人员的入林证办理工作。

2022年1月28日，西藏林芝米林县供电公司参加米林县森林草原防灭火应急救援实战演练

【合规管理】2022年，建立健全合规体系，成立公司合规管理委员会，明确"三道防线"职责。加强内部合规管理培训，全年开展合规管理培训、法治宣传教育5次，下发公司规范合规管理通知并印发合规管理制度。做好依法决策，防范决策风险，对照合法合规性审核事项清单范围（国网西藏电力有限公司重大决策合法合规性清单、国网林芝供电公司"三重一大"决策事项清单及前置研究事项清单）实施合法性审核程序，全年出具重大决策合法合规性审核意见书9份。根据《国网西藏电力有限公司林芝供电公司关于规范合同管理的通知》要求，规范合同签订工作，全年签订流转合同21份。

【疫情防控】2022年，成立国网米林县供电公司疫情防控7个专班，落实区、市公司及米林县委、县政府有关要求，统筹组织公司应对疫情各项工作，落实供电保障措施。做好"保护性管控""分散性安排"资源管理，全面统筹经营管理、安全生产、电力保供、疫情防控等各项工作。做好防疫物资储备工作，参与志愿服务70人次。

（国网米林县供电公司）

自来水厂

【概况】2022年，米林县自来水厂占地面积1.2万平方米，其中建有制水车间275平方米，蓄水池3座，蓄水量1800立方米，三层综合楼一栋。水厂主要制水工艺为一体化过滤处理，设计日供水能力3000立方米，实际供水量2800立方米，服务人口1万人，供水范围为县城区域。全年供水量59.03万吨，总售水量58.6万吨。全年销售总收入108万元，同比2021年下降20.5%。

【安全生产】2022年，县自来水厂成立安全生产工作领导小组，落实安全生产各项工作措施。针对强降雨天气频发情况，全面防范安全事故发生。加强安全生产宣传教育，组织学习安全生产的有关政策规定，岗位操作规程、安全生产事故教训和季节性宣传教育，帮助员工树立“安全第一”的观念，增强安全意识。提升安全管理水平，落实推动安全隐患排查，设专人负责定期、不定期排查水源地、水源管网设施，水厂生产流程设施及消防设施。全年开展排查安全生产隐患工作8次，查出问题2项，投入整改资金149.83万元，其中政府投资145万元、公司投资4.83万元。

【生产管理】 2022年，县自来水厂投入2.8万元，对水源取水池、水厂生产设施网格式反应沉淀池、清水池、无阀过滤设备开展按季度清洗及维修。投入3.24万元，用于加氯消毒耗材。投入1200元，更换厂区警示标志，完善生产流程图及市政管网图并上墙展示。投入1.58万元，提升改造清水池排水设施，对沉沙池进行排水，提升水质质量。

2022年11月16日，水厂员工开展清洗沉淀池并进行消毒

【计量设施管理】 2022年，加强计量设施排查管理，安装、更换水表453个，新发展用户446户。全年全县用户2162户，其中居民1075户，商业491户，特殊行业69户，智能水表用户441户。全县水表覆盖率96%，其中机械水表占75%、智能水表占21%。

【管网管理】 2022年，县自来水厂加强完善管网管理措施，把管网、阀门、消防设施维护作为重点工作，控制水损率。全年投入3.8万元，维护阀门设施、管网漏水点、消防设施15处，维护率100%。10—11月，投入42万元，将市政供水管13处跨路老化钢管及跨路死水段管网DN100/DN200管更换接驳，提升县城区水质水压。

（县自来水厂）

生态环境保护

【概况】 2022年，县生态环境局对米林县地表水、县城集中式饮用水源地、空气质量及农村试点28个点位进行监测，空气质量均达到《环境空气质量标准》（GB3095-2012）Ⅱ级标准、地表水达《地表水环境质量标准》（GB3838—2002）Ⅱ类水质标准、县城集中饮用水均达到《地表水环境质量标准》（GB3838—2002）Ⅱ类水质标准。调查摸底全县8个乡（镇）、71个行政村管网建设、改厕、污水治理等情况，全面掌握米林县农村生活污水治理现状。

【生态文明建设】 2022年，县生态环境局推进生态创建工作。米林县获得自治区级生态县、7个自治区级生态乡镇、59个自治区级生态村

（居）的命名。开展申报自治区级生态文明创建示范乡、村的工作。开展环保宣传活动，利用世界环境日、世界气象日、安全宣传日、生态文明宣传月等宣传活动，开展环境保护法律法规和生态文明宣传。全年开展环保宣传活动8次，发放印刷有环保标语雨伞2000把、围裙1100条、简便油壶600个、漱口杯500个，环保购物袋5000余个、玻璃水杯500个、围裙500条、纸杯3万个和宣传册4000余本。

2022年，米林县生态环境局开展“6·5”环境日宣传活动，并发放宣传资料和物品

【城乡环境综合治理】2022年，县生态环境局建立农村生活垃圾收集处理模式。建立“村乡收集—县转运—购买第三方服务进行处理”垃圾转运处理模式。城乡垃圾收集模式向全县推广实施。城乡垃圾收集公路沿线覆盖率100%，全县村庄覆盖率86.6%，基本实现农村垃圾科学无害化处理。配备生态补偿脱贫岗位363名保洁员，每年每人发放工资3500元，发放127.05万元，清运县城、乡镇、村庄周边、公共厕所及公路沿线等人员密集场所的生活垃圾，确保环境卫生干净整洁。加强农村饮用水源地保护，保障农村水源地环境安全。在卧龙镇、里龙乡、扎绕乡、羌纳乡、丹娘乡、派镇设置8个饮用水水源地点，每个点投入资金4.9万元，共投入39.2万元。完成划分工作，并获得水源地保护区批复文件。

【污染防治】2022年，县生态环境局加强生活污水治理，调查摸底全县71个行政村，统计各乡（镇）管网建设、改厕、污水治理等情况，摸底统计各个居民聚居人口情况、污水收集情况，掌握米林县农村生活污水治理现状。做好危险废物整改工作，制定《危险废物整改方案》，按照时限完成整改。加大农村环境整治力度，实施农村人居环境整治提升行动，投入72万元，购买扎绕乡垃圾运输车辆及40个垃圾箱体，解决农村垃圾及时清运，确保农村环境综合整治得到成效。

【项目审批】2022年，贯彻落实《中华人民共和国环境影响评价法》《建设项目环境保护管理条例》，加强新建项目环境管理，把好国家产业政策和环境保护相关法律法规审批关，打击违反国家产业政策、浪费资源、严重污染环境和破坏生态的项目。建设项目环境准入关，杜绝“三高”企业入驻米林县，预防污染源产生。做好环境影响登记表备案监管工作，及时清查、清理不符合实际的、不在审批权限的备案。规范全县建设项目，遏制全县建设项目“未批先建”行为，各乡（镇）、项目建设部门要求按照规定在项目动工前完善环评等相关手续。

【环保督察整改】2022年，县生态环境局制定《米林县生态环境保护督察整改工作方案》细化各部门职责，明确责任到人，成立整改办，协同各部门同上级部门沟通，巩固第一轮中央生态环境保护督察转办案件和西南督察局反馈问题，确保整改效果保持良好无反弹。聘请环保“管家”对米林县环保领域开展全面自查，梳理问题，确保自查问题得到整改。第二轮中央生态环境保护督察反馈的2项信访转办案件，均在规定时间内完成整改，并上报销号，整改效果保持良好。对垃圾填埋场、污水处理厂、流浪犬收容中心和人民医院等开展排查50次，检查企业单位83家次，排查出各类问题隐患6项，要求限期整改6项。处理“12369”环保热线信访投诉举报案件2起，做到“件件有回复”，维护人民群众的合法权益。通过到点位现场检查，生态环境督察组对米林生态文明建设和生态环境保护工作给予肯定，并提出要贯彻中共中央、国务院生态文明建设和环境保护的一系列决策部署，树立“绿水青山就是金山银山”的新发展理念；落实环境保护“党政同责”，按照“谁主管、谁负责”和属地管理要求，以问题为导向开展整改。

2022年，米林县召开迎接中央环保督察工作整改情况推进会

【辐射安全监管】 2022年，县生态环境局加强辐射场所监管，开展辐射场所专项检查，以笔录形式向有关单位反馈检查情况，落实辐射装置操作规程、开展辐射场所检测和个人辐射剂量水平检测等工作。

（崔辽原）

交通·邮政·通信

交通运输

【概况】2022年，全县公路总里程926.58千米，其中国道197.6千米，省道12.2千米，高等级公路18.5千米，农村公路698.28千米（县道368.08千米、专用公路219.56千米、村道110.64千米）。全县一级公路18.5千米、二级沥青路面12.2千米、三级沥青路面160千米、四级沥青或水泥路面341.89千米、砂石公路394千米。全县8个乡（镇）通畅率100%，69个村（居）中55个建制村实现畅通，通畅率79.7%。

【党建工作】2022年，县交通运输局组织研究制定《米林县交通运输局2022年党建工作计划》，明确全年党建工作目标和任务，规范党建工作的责任落实。落实“三会一课”制度，召开支部委员会10次，召开党员大会7次，为党员干部上党课4次，重点研究党建工作、“党员活动日”活动、支部书记补选等事项。加强理论学习，学习中共二十大精神、《中华人民共和国公路法》、《中华人民共和国道路运输条例》等内容，全年组织学习23次，谈心谈话12次，撰写心得体会27篇，增强干部干事创业的信心和决心。

推进作风建设，以解决群众实际困难问题作为改进工作作风的出发点和落脚点。针对汛期、冰雪天气，超前部署，消除边沟堵塞造成道路损坏和群众出行困难问题；组织养护力量增加全县农村公路巡逻频次，发现整治隐患问题，为群众安全出行提供保障；对接上级主管部门，争取角木那村、阿拉塘村通畅工程落地实施。开展节前教育、廉政谈话6次，集中观看《零容忍》等廉政警示教育片2次，增强全局干部自觉抵御风险和拒腐防变的能力。加强执法“三项制度”的落实，落实信息公开，接受群众监督，全年公示信息2次。做好党费交纳管理，全年收缴党费5020元，并按时足额上交县直机关工委。

丰富党建活动，以“党员活动日”活动为重点，结合党员学习教育、支部联建、党建促业务等内容，组织在岗党员观看电影《跨过鸭绿江》；联合建行米林县支行支部开展“关爱群众 你我同行”活动；开展义务植树活动暨“珍爱绿色、珍爱我们共有的家园”党员活动；联合中铁十二局南伊环线道路工程项目党支部，以“防森林火灾，保绿色家园”为主题开展党员活动；开展以“祝君一路平安 保持公路畅通”为主题的宣传活动。

【项目建设】2022年，米林县火车站至南伊环线道路工程，属市政道路，全长6.67千米，双向四车道。项目投资9400万元，于2021年3月开工建设，于2022年7月竣工。米林县火车站至南伊环线照明工程，属道路配套工程，项目投资2900万元，于2021年3月开工建设，2022年7月竣工。实施2022年养护工程增设3处挡墙、2处涵洞、1处防撞墩（47个），投入资金74万元，保障群众出行安全。

【农村公路养护】*日常养护* 2022年，县交通运输局与米林县祥跃道路养护公司签订日常养护协议，由养护公司负责县域内农村公路日常养护管理、巡查及安全隐患排查、道路抢险保通等工作。全年开展农村公路巡查249次，出动养护人员845人次，清理边沟6935米、清理山体滑坡与泥石流2.10万立方米、清理落石59立方米、清理雪崩3.9万立方米、修整边坡1320平方米、整治路基掏空填方50立方米、填补坑槽300立方米、整修路肩1246平方米、清扫路面1.59万平方米，累计检查桥梁39座、涵洞43道、增设警示标志25块、设置锥形桶70个。开展安全隐患排查83次，发现隐患72处，整改完毕70处，剩余2处处于整改阶段。针对水（雪）以及山体滑坡等自然灾害，指导养护公司和乡（镇）政府，根据就近原则，抢通和恢复道路畅通。全年开展保通工作47次，投入人员141人次、投入机械58台次。

养护资金使用　按照区、市、县三级财政“153”补贴标准，全县农村公路698.52千米，全年区级养护补贴资金289.45万元、市级养护补贴资金173.67万元、县级养护补贴资金115.8万元，合计578.92万元，用于全县农村公路县道、村道、专用公路的日常养护以及汛期、雨雪天气泥石流山体滑坡等自然灾害的整治工作。

【公路普法宣传】 2022年，县交通运输局推进公路普法宣传工作，向群众宣传《中华人民共和国公路法》《西藏自治区公路产权占用、损坏赔（补）偿收费项目及收费标准》《西藏自治区公路条例》等，全年开展集中宣传活动9次，发放宣传材料1562份，维护公路产路权完整，提高群众爱路护路意识。

2022年5月26日，县交通运输局开展“‘5·26’我爱路”“打击非法运营车辆”宣传活动

【公路管理】 2022年，县交通运输局落实路域环境整治，加强对农村公路的巡查，对重点路段实施重点巡查治理。全年开展路政执法48次，指导3家砂石厂规范运输经营，整治占用公路违法行为2起，清理路面堆积物12处。检查运输车辆12次，口头教育35次。

根据《林芝市交通运输局关于加快推进公路资产建账立卡等相关专项清单工作的函》文件要求，做好公路资产清查工作。8月，将所有农村公路、桥梁及安防等附属设施入账核算，明晰公路资产管理维护责任主体，提高公路资产数据质量，为公路项目建设提供依据。

【道路运输管理】 2022年，县交通运输局申报并开展乡镇交通运输综合服务站建设项目。协调派镇、南伊乡2个乡镇综合服务站用地选址，至年底，全县8个乡镇通客车率100%，69个村居中52个村居通客车，通客车率75.3%。加强企业监管，落实监管责任，规范运输市场秩序，加大对客运企业安全生产、疫情防控等工作的检查。开展检查9次，出动26人次，发现隐患11处并全部整改完毕。

【安全生产】2022年，县交通运输局做好节假日期间安全保障工作。在“两节”、中共二十大会议期间，加强安全检查，确保交通运输安全畅通。做好道路安全隐患排查治理工作。围绕农村公路急弯陡坡、危桥、临江临崖等重点路段，维护公路标志、标线、标牌，对易出现团雾、雨雪、大风等恶劣天气路段开展集中巡查和物资储备，加强对农村公路和桥梁的风险排查治理。落实道路运输安全工作，督促客运站落实“三不进站、七不出站”、实名制购票等制度，加强道路客运安全源头化管理。同时，开展营运车驾驶员安全文明教育培训，增强驾驶员安全出行、文明出行意识，保障客运运输安全。

全年出动检查执法人员230余人次，出动车辆72辆次，检查大小车辆650余辆，其中口头警告大车35辆次，口头警告小车90辆次，扣车处罚9辆次，移交林芝市交通运输执法队1辆，检查危险化学品车辆15辆次，处理举报13次，开展宣传25次，检查县城范围内汽修厂80余家次。

【疫情防控】2022年，县交通运输局落实行业主管责任，保障防疫物资、生活物资和生产物资运输的高效畅通。做好项目重点物资运输管理工作，安排2名干部对接项目单位，轮流开展管理，保障物资运输安全。年底，管理物资运输车辆117辆次，转运物资5331.41吨。发挥党员先锋模范作用，组织党员干部参加志愿服务350余人次，做好宣传引导。

（刘　婷）

邮　政

【概况】2022年，米林县邮政分公司业务总量246万元，比2021年同比增长13.09%，完成预算的100.4%。其中，邮务业务收入87.29万元，完成预算的117.54%；代理金融类业务收入76.6万元，完成预算的88.33%；快递业务收入82.02万元，完成预算89.15%。年末，城乡居民储蓄存款余额4090万元。

【邮务业务】2022年，县邮政分公司坚持“做好做实邮务类业务”的理念，与相关单位沟通，制作各类宣传资料和宣传手册。同时做好报刊发行工作，联合市委宣传部、市委组织部将重点党报、党刊分解到各乡镇和市直单位，全年报刊订阅额98万元。

【中间类业务】2022年，县邮政分公司在代理车险、交通违章短信提醒业务、交警罚没收缴款、机票等中间业务都取得进展，“思乡月”和各项分销业务完成市分公司下达的工作指标。

【信贷业务】2022年，县邮政分公司新增信贷业务板块，组织人员发放宣传资料，推进与意向客户联系，收集客户资料，完成贷款发放的前期工作。至12月底，邮薪贷贷款放款21笔，金额270万元，满足社会扩大再生产对补充资金的需要，促进经济的发展。同时，推动米林县分公司代理金融业务的发展。

【平安邮政】2022年，县邮政分公司健全和完善各项管理制度，做到勤检查、详记录、多询问，做好交接班手续，确保储蓄资金及各项工作的安全。对邮运驾驶员和乡邮驾驶员开展安全教育，实施《道路交通安全专项检查》活动。责任落实到位，检查工作到位。

【疫情防控】2022年，米林邮政在做好市政府防疫要求的同时，做好片区群众的防疫工作，解决群众遇到的问题，并承担米林市防疫物资运输工作，为疫情防控贡献邮政力量。

（县邮政分公司）

通　信

中国移动米林分公司

【概况】2022年，米林县有5家实体渠道，其中县城4家，乡镇1家，1家直销团队。全体员工坚持以“管理一流、服务一流、人才一流、业绩一流”为标准，在践行“全面创新，求真务实，以人为本，共创价值”的企业核心价值观的同时，提高员工自身服务营销水平。全年全县有移动基站205个，各村居民网络覆盖率超过90%。

【市场运营】2022年，米林移动分公司下账收入1700余万元，手机上网客户数13.24万户，通信和信息化收入420余万元；4G客户渗透率93%，目标存量客户保有率指标基本值完成91%，家庭市场收入135万元。

【网络维护】2022年，米林移动分公司在米林片区新建3个基站，所有行政村都至少拥有1个基站，实现网络全覆盖。2年内，派墨公路处发生雪崩，县移动分公司接到预警后第一时间抵达现场，做好网络应急支撑，出动抢险保障人员10人，应急车辆3辆，卫星电话3部，通过及时抢修，保障通信畅通。10月23日，米林县扎西绕登乡举行“雪山英雄汇”大型户外活动，林芝移动分公司网络部出动抢险保障人员3人、卫星电话1部、应急通信车1辆，确保现场及周边移动信号的畅通。维护更新线路，提高网络质量。根据日常监测及用户感知，扩大覆盖范围，提高网络质量，全年对225个站点进行网络优化处理工作，通过每月的驻点，了解客户使用公司网络的感知，经反馈后通知代维人员上门售后服务，优化处理网络，扩大网络覆盖范围，提高网络质量。专线业务方面通过上门推荐及客户需求，协调开通米林县法院、米林县辰共公司、米林县水利水资源勘测局、米林县旅游公司等专线。

【基站维护】2022年，米林移动分公司加强管理，落实制度林芝移动分公司的各项安全规定，对机房实行出入制度管理，并定期开展机房设备检查及卫生清扫，严查安全隐患，保障移动通信的畅通无阻，保障基站的正常运行。

【网络便民服务】2022年，米林县移动分公司开展“我为群众办实事”主题活动，拓展服务宽度。至12月底，县移动分公司家宽预覆盖建设端口1.26万个，覆盖用户数5915户，其中为偏远村庄及景区民宿酒店安装宽带300余户。

配合米林县亚夏水电站、守边固边搬迁工作，解决底边安置点无线信号问题，建设基站5个。国家电信普遍服务第三批和第六批完成基站8个，解决弱覆盖问题。全年走乡入户300余次，了解网络通信，搜集用户意见及建议，为用户解决业务问题、宽带故障及网络问题200余次，开展优化信号30余次。完成5G基站建设9个，与县公安治安大队联合安装酒店实名认证系统140余家。开展100余次的电信防诈宣传工作，签订2000余份防诈宣传告知书。

【社会担当】2022年，米林移动分公司及时联系中小学相关负责人，建立各校老师与家长的移动用户清单，落实“送流量助学习”的活动。网络负责人员每月到酒店开展网络维护，安排专职人员为疫情防控会议提供网络保障。为用户提供线上服务，通过直播的方式为用户解答资费问题、宽带故障受理等，实现“点对点”答疑解惑，直播期间累计在线答疑100余次，宽带故障受理20余次。同时，组织班组成员开展为期40余天的志愿服务。

（移动米林分公司）

中国联通米林分公司

【概况】联通米林分公司作为数字基础设施运营服务国家队、网络强国数字中国智慧社会建设主力军、数字技术融合创新的先锋，响应国家战略，服务政府、赋能企业，成为数字化转型引领者。以“聚重点、建能力、促发展”为总体要求，围绕“三个一切”，确保各项经营指标完成的同时，实现营业部的新发展。

【信息化建设】2022年，米林联通分公司响应中共中央、国务院农业农村信息化建设，在扎西登绕乡开展数字乡村平台建设，并于同年9月开始运行使用，实现美丽乡村、基层党建、党务公开、党员学习、组织动态、平安乡村、乡村治理等应用的落地。

【市场经营】2022年，联通米林分公司推进营销模式转型，聚焦大连接、大计算、大数据、大应用、大安全五大主责主业开展工作，推进全面数字化转型。提高全要素生产率，提高数据、技术要素比重，加快资源协同和整合，打造企业内“一个中国联通”，聚力发展，行业外相互借力、优势互补。顺应消费代际更迭、消费行为变迁和营销方式演进升级趋势，通过推陈出新，提升线上能力及转化和运营，推进公众业务线上线下一体化运营模式转型。同时拓宽渠道发展异业，实现多触点业务发展，结合2I2C业务发展形势，制定本地专项工作方案，并对县域展开线下推广部署。全年联通米林分公司完成经营指标任务544万余元。

【网络建设】2022年，通过强化信息基础设施建设，实现米林县通信网络覆盖无盲点，通信光缆、电缆、信号覆盖城区及各乡、镇、村，信息接入畅通，保障米林县居民更好地体验联通业务。年内，改造升级网络，联通5G网络信号质量及手机上网速率得到提升。同时，在“互联网宽带提速降费”工程上，全面提升100兆端口速率至1000兆，实现全县域千兆网络改造升级，为米林县联通用户提供最优质的服务打下坚实的基础。

【网络维护】2022 年，联通米林分公司坚持以服务客户，建设优质的网络资源为原则，网络运行安全稳定，保障县各类用户的通信服务需求。在日常维护工作中，落实各项维护规范，确保网络维护的规范性和专业性。全年完成数次网络优化工作，保证网络安全运行。完善 2022 年通信应急预案，在雨季、雪季等自然灾害频发季节，加强网络巡查和网络安全检查工作，组织各专业做好设备的预检预修工作，加强对网络风险的诊断和预警。提升网络运行质量，确保网络通信畅通和网络信息安全。

【提升服务】2022 年，联通米林分公司开展让用户清晰消费的“四清”(账单清晰、查询清晰、话费清晰、余额清晰）活动，营造和谐的消费环境。针对消费者手机使用中存在的问题，创新推出众多延伸服务业务，为消费者排忧解难。在传统的业务受理、咨询、投诉等人工热线服务和自助查缴费等电子服务的基础上，联通米林分公司为客户配备专属服务经理，提供专家式、体验式、辅导式的一对一专属服务，为用户提供智能手机辅导，数据应用辅导，防诈骗辅导等方面讲解服务。此外，在自有服务平台和网络销售平台，包括网上营业厅、中国联通手机营业厅，推出选靓号、自助缴费、自助查询、业务办理、网上商城等电子服务新举措，增强用户使用电子渠道和选购联通通信产品的便利性。

2022 年 8 月，米林联通配合县政府开展米林县防范非法集资“守住钱袋子・护好幸福家”主题宣传日活动

【安全生产】2022 年，联通米林分公司高度重视安全生产工作，加强安全管理，推进监督检查工作，增强全员消防意识、交通安全意识、安全生产意识。定期召开安全例会，在重点活动前、重大节假日前都召开安全生产动员会，提高员工的安全生产意识，签订安全生产责任书。定期在全公司范围内开展安全大检查，对发现的安全问题，责令整改并进行复查，确保问题解决，全年无安全生产事故发生。

（补卫刚）

教育·体育

综 述

【概况】 2022年，米林县有各级各类学校45所。其中，幼儿园35所（县级幼儿园1所、乡镇幼儿园8所、村级幼儿园26所）、小学9所（县中心小学1所、乡镇小学8所）、初级中学1所。全县在校学生有4615人。其中，幼儿园在校生1034人、学前教育毛入园率为91.45%；小学在校生2408人、小学适龄儿童净入学率100%；初级中学在校生1173人、初中适龄少年毛入学率106.77%。义务教育阶段在校生3581人、义务教育阶段巩固率98.53%。全县残疾适龄儿童少年67人（随班就读33人、送教上门26人、特校就读8人），残疾儿童入学率100%。全县专任教师有463人，其中学前专任教师91人、小学专任教师256人、初中专任教师116人。教师持证上岗率和学历合格均为100%。

【党建引领】 2022年，米林县全面加强党对教育工作的领导，夯实基层党建工作。6月，米林县委教育工作领导小组全体会议召开，审议通过米林县关于加强未成年人保护工作实施方案、关于全面加强党组织领导下的校长负责制实施意见、米林县委教育工作领导小组2022年重点工作任务。制定《米林县教育局关于全面加强党组织领导下的校长负责制实施意见》，明确党组织、党组织书记和校长职责，完善党组织议事决策规则，推动中小学党组织领导的校长负责制落实落细。统筹做好书记、校长队伍调整配备工作，通过全面研判、民主推荐等程序，推荐使用大家认可、素质过硬、实绩突出、作风务实的优秀人才，配强配齐书记、校长，调整、充实党组织书记11人、校长10人。开展社会主义核心价值观教育，坚持党的领导，培养社会主义事业建设者和接班人。

【教育经费】 2022年度，米林县教育事业费收入2.24亿元。其中，年初预算1.3亿元，年内下达各类指标5735.83万元、本级财政配套3392万元、教育附加费239万元，达到上年财政收入的25%。落实“三包”经费及营养改善资金，“三包”金额为1789.12万元；营养改善补助经费319.8万元，两项合计2108.92万元。落实建档立卡贫困家庭子女接受高等教育免费政策，2021—2022学年对建档立卡户家庭在校大学生发放补助资金58.207万元，涉及学生96人。

【教育项目建设】 2022年，米林县教育重点在建项目8个，总投资6642万元，完成投资6642万元。米林县第二幼儿园建设项目总投资2980万元，米林县萨玉村幼儿园建设项目总投资330万元，米林县9所中小学厕所革命建设项目总投资727万元，米林县多卡小学教师宿舍建设项目总投资340万元，米林县丹娘乡建设项目总投资200万元，米林县南伊珞巴民族乡中心小学德育科普综合用房及校园文化建设项目总投资1100万元，米林县4所村级幼儿园附属工程总投资115万元，上述项目全部完工。米林县中学学生宿舍建设项目总投资850万元，已完工，完成投资850万元。

【学前普及普惠】2022年，米林县教育局着力推进全县学前教育普及普惠发展，基本解决适龄幼儿“好入园、入好园”问题。开展县域学前教育普及普惠工作，科学合理布局学前教育发展，逐步提升保教水平，完善园舍配置，规范安全管理，提高人民群众对学前教育的满意度。2022年5月，米林县作为林芝市首个接受县域学前教育普及普惠评估验收的县，通过市级初核，并举办林芝市学前教育普及普惠现场会。

2022年5月20日，米林县3所幼儿园召开全市县域学前教育普及普惠现场会

【教育教学】2022年，米林县教育局充实教研室教研力量，全体教研员主动作为，围绕工作重点和难点，升级教研服务。利用信息技术和双师课堂设备，构建以教研共同体、片区教研、校本教研协同发展的三级教研模式，以“名校网络课堂”“名师课堂”“专递课堂”为载体，提升全县教师业务能力和教学水平。米林县依托国家中小学智慧云平台、珠峰旗云平台优质资源，利用钉钉、腾讯会议等直播平台，启动3～9年级线上教学工作，全县教师和学生参与其中，确保线上教学的教学效果。以“推广普通话 喜迎二十大”为主题，开展线上推普宣传教育活动，营造各学校利用“推普周”提高师生、家长“齐说普通话，齐写规范字”的氛围，全县4000余名师生参与。制定《米林县教育局关于农牧民国家通用语言文字培训方案》，为米林县派镇索松村、南伊乡琼林村、里龙乡康桑村、米林镇扎西新村村民开展普通话培训，提升农牧民老百姓掌握和使用国家通用语言文字的能力和水平，助力乡村振兴工作。

【教育督导】2022年，米林县开展各类专项督导工作，围绕教育中心工作，本着“发现问题、发现亮点”的原则，通过听取汇报、查阅资料、问卷调查等方式进行，从点到面对各学校（园）进行全方位督查。落实责任督学公示牌工作，将督导举报受理电话、随访督导内容及方式和责任区督学联系方式等内容以公示牌的形式悬挂于学校、幼儿园显眼位置，受理学校师生、学生家长、广大群众电话诉求。全市中心幼儿园全部安设了校园欺凌举报箱，接受广大师生、家长、社会各界的共同监督，构建良好教育生态。推动“双减”政策落地见效，发挥责任督学的重要作用，通过实地督查、走访等方式，对各学校开展“双减”督导。

【教育信息化】2022年，米林县教育局自筹资金并争取自治区、林芝市项目，为全县1所中学（24个班级）、9所小学（78个班级）和35所幼儿园（51个班级）按照标准配齐教学一体机，为米林县中学、米林县中心小学新建3间云机房。依托各大资源平台为教师减负，提升课堂质量。加大软件正版化进程，推进办公电脑国产化。在金山公司的支持下，全县教育系统 WPS 办公软件全部实现正版化。米林县教育局投入 170 余万元，为米林县中学、米林县中心小学、米林县幼儿园配置国产通用电脑 200 余台。在林芝市教育局援藏资金的支持下，为全县各学校配备 43 台鸿合一体机。

【德育工作】2022 年，米林县开展思政教育，筑牢师生思想防线。把党的政治建设摆在首位，把握教育的根本目的和正确的政治方向，促进学生德智体美劳全面发展。开展法治教育，提高师生法治意识，加强全县学校法治、卫生教育，开展法律、卫生进校园活动，预防青少年学生违法犯罪、维护合法权益，做好学校健康教育和卫生预防工作，从边境管理大队、法院、司法局、公安局、卫健委调整充实 7 名法治副校长、13 名法治辅导员和 11 名卫生副校长。研究制定《米林县关于加强未成年人保护工作实施方案》《米林县学校家访工作制度》《米林县学校家访包案制度》，加强与各单位之间的沟通协作，确保及时有效处置各类突发情况，合力构筑保护未成年人的防护网。

【校园安全】2022 年，米林县教育局坚持底线思维、强化红线意识，把做好校园安全工作摆在教育发展的突出位置。开展交通、食品、消防、防溺水、防传染病等安全知识宣传教育，营造校园安全文化氛围，以课堂为主渠道加强安全教育，提高学生安全意识，使学生掌握必要的自救自护知识。落实值班制度。做好 24 小时带班、值班工作，坚持有情况及时上报，无事报平安制度。联合公安、卫生、消防、市场监管等部门对各中小学进行安全隐患排查督导工作 20 余次，下发督查问题整改通知书 42 份，问题整改完成率为 100%。学校开展各类安全教育宣传活动，利用 LED 显示屏刊播宣传标语 20 余条，召开主题班会、家长会 100 余场次，发放“安全教育宣传册”3600 余份，受众师生达 4000 余人，加强师生的安全防范意识，提升青少年学生的自我约束能力，杜绝校园安全事故发生。

【教师队伍建设】2022 年，米林县根据《米林县政府事业单位岗位设置管理实施方案》《林芝市人力资源和社会保障局林芝市教育局关于做好林芝市教育系统岗位设置工作的通知》文件精神，完成米林县教育系统事业单位岗位设置工作，设置岗位 463 个，其中管理岗位 12 个、专业技术岗位 451 个。建立健全以校本培训为主，国家级、省级、地（市）级、县（区）级、远程教育培训等多种培训形式为辅的教师培训体系，落实 5 年一周期 360 学时的教师培训制度，培训教师 385 人。开展教师职称评审工作，46 名教师获得中小学一级教师职称、29 名教师获得中小学高级教师职称。

【教育援藏】2022 年，米林县发挥援藏教育优势，做好“名校 +”精准帮扶工作。将“输血与造血”相结合，侧重提升学校的自我造血功能，依托珠海市教科院和金湾区教育科研培训中心的力量，加强对受援学校薄弱学科的建设，开展有针对性的教学帮扶，提升教学水平。广东省相关高校派驻23名支教大学生到米林县实习支教，缓解米林县各学校师资结构性短缺难题，为米林县相关薄弱学科提供相对专业的师资力量。

【体育工作】2022年，米林县落实“两操一课”教学指南，确保开足开齐学校体育课程，确保一、二年级一周体育课不少于4节，3～9年级一周体育课不少于3节。开展阳光体育活动，促进学生身心健康和谐发展，推进校园体育文化建设。6月，开展初中体育考试；10月，对全县中小学3860名学生进行体质健康监测，其中优良率达到46.3%，相比上年有所提升。有机结合体育活动与常规教学，确保孩子们在快乐的体育活动和锻炼中健康成长。

（达娃曲宗）

米林县中学

【概况】2022年，米林县中学按照《西藏自治区教育系统新冠肺炎疫情防控工作应急处置预案（第四版）的通知》和林芝市教育局关于《林芝市教育系统2022年秋季开学新冠肺炎疫情防控应急预案》以及米林县教育局关于《米林县教育局关于2022年秋季学期开学工作方案》通知精神，围绕学校新冠疫情防控和教育教学，落实做好学期工作，完成党的基层建设、教育教学、德育管理、后勤保障等工作。

【党建引领】2022年，学校党支部组织召开支委会议16次，研究部署全面从严治党、廉政建设、以案促改等工作；组织生活会3次，班子集体学习16次，党支部书记上党课3次，党员主题日活动8次，开展集中学习13次（中共二十大精神学习6次、其他学习7次），开展“我为群众办实事”实践活动3件，激发党员队伍活力。加强党员干部的先进性和纯洁性教育，严管队伍，加强师德师风建设，整改队伍中党性意识不强，在“四风”和“庸、懒、散、慢”方面的问题，使干部队伍的思想作风、工作作风、纪律作风明显转变；做好党员发展工作，把教职工队伍中的优秀教师吸收进党组织，把党员队伍中的优秀党员培养成教学骨干，严把入党关口，党支部有6人加入党组织。学校党支部组织开展“以案促改”、廉洁教育、警示教育3次、专题工作会议1次、廉洁风险排查8次。按季度、分阶段召开研判会2次，分析学校工作中涉及的风险，开展书记大走访20次。

2022年11月22日，米林县中学举办“学习党的二十大精神”喜迎贡布新年文艺汇演

【教育教学】2022年，米林县中学落实停课不停学工作，制定网上授课安排，保证学校所有学生在家完成线上学习活动；制定错时错峰上下课和就餐时间安排表，督促和指导各教研组制订切合学校实际的学期教研计划，开展《新课标》学习和检测工作，提升教师执教能

力；学校领导班子、任课教师按规定完成教学任务和听评课任务，推动教学常规工作；完成“一考三评”考核工作，教务处、党群办、校办、教信办等科室系统完成在岗教师97人的“一考三评”考核工作。组织14名教师参加米林县微课制作、全区中小学实验精品课等多项教学大赛。学校毕业班在西藏初中学业水平考试中平均成绩提升15分。

【德育管理】 2022年，学校德育处完成学校值班值守和创建平安校园工作，确保学校安全稳定工作“三不出”。联合县疾控中心和人民医院落实工作，组织31名教师参与培训。编写德育简报149期，召开家长会3次，向家长进行宣传3次。通过致家长的一封信、微信公众号、国旗下讲话、主题班会等形式向学生进行宣传。开展主题班会39次、每日播报校园广播；安排党员教师进行校园全范围消杀工作，确保每周消毒2次以上，全年80余次；开展黑板报评比6期，发放《致家长的一封信》4份。

【后勤保障】 2022年，学校配齐配强后勤管理人员和工作人员，保证学校后勤保障工作开展。定期开展业务培训工作，开展炊事员专业培训4次，安全应急演练8次，消防及煤气安全培训3次。更新完善后勤管理及食品安全相关管理制度，完善充实小型物资采购领导小组及验收领导小组，规范物资采购行为。重点加强学生食堂操作人员管理，制定考核办法，提高食堂工作人员整体服务水平，组织食堂操作人员参加县局举办的技能提升培训，提升学生饭菜质量和服务水平。

（米林县中学）

文化·旅游

综 述

【概况】 2022年，米林县文化和旅游局加挂县文物局牌子，内设局长办公室、文旅综合办公室、文旅执法办、文化（文艺）综合办、文物（非遗）办、项目办、财务办7个办公室，下设景区管理局、文化旅游综合行政执法队、文化活动中心、县艺术团。年内，县文旅局通过落实旅游优惠政策和提升接待游客能力，增加旅游综合收入，发展旅游经济；依托文化，优化旅游配套设施，助力乡村振兴建设，使村庄充满现代化生活气息和活力；发放旅游惠民资金，带动农牧民就业和收入增加；开展文艺创作演出活动，推动县域内文化事业发展；整合旅游资源，探索文旅融合新模式；加大非物质文化遗产和文物保护力度，加强文旅行业监管，实现旅游安全生产“零事故”。全县拥有雅鲁藏布大峡谷景区国家AAAAA级旅游景区和南伊沟景区国家AAAA级旅游景区；沿219国道及江北旅游沿线布局卧龙奇石、麦村田园风光带、西嘎门巴村民俗村、朗多乡村旅游点、江河汇流、佛掌沙丘、彩门景区、日村柏树群等8个停靠点；拥有85家星级家庭旅馆和11家初拟民宿。

【旅游经济】 2022年1月1日至3月10日，米林县实施第四轮“冬游西藏·共享地球第三极”市场促进奖励（补助）优惠政策，免门票开放县域内A级旅游景区，鼓励星级宾馆酒店和国际品牌提升接待能力，吸引区内外游客冬游米林。2022年，米林县累计接待区内外游客102.51万人次，旅游综合收入达9.13亿元，与2021年同期相比分别下降45.18%和44.39%。

【文化惠民】 2022年，米林县分别在政务大厅、科技楼、城镇派出所等处增加3个附属图书角，并更新政策类、历史类、文学类等书籍2000余册，满足基层干部群众爱国、爱党、爱科学的文化需求。投入6万元，分别对卧龙镇阿拉唐村、卧龙镇麦村，扎绕乡政府配备音响设备，满足边境村、偏远村的公共文化服务需求。争取资金356.59万元，专项用于米林县创建特色文化示范县（区），南伊乡创建民间文化艺术之乡（镇），琼林村、彩门村、邦仲村创建群众文化示范村创建工作，提升文化设施配套水平。

【旅游惠民】 2022年，县文旅局发放2021年度旅游惠民资金1058.95万元。其中，派镇旅游惠民资金1026.70万元，南伊乡旅游惠民资金32.25万元。结合生态岗位工作要求，在米林县景区及沿线5个乡镇设置15名乡村旅游保洁员岗位，按时发放岗位工资，增加农牧民收入。两大A级景区每月带动农牧民转移就业人数125人，月增收40.93万元，（大峡谷景区每月带动123人、南伊沟景区每月带动2人）；全县28家星（非）级宾馆酒店，每月带动80名农牧民就业，带动农牧民群众增收近24万元（旅游淡季及新冠疫情防控期间除外）。

【文艺创作演出】 2022年，县文旅局依托拥有的文化阵地，明确月月有活动的工作要求，丰富全县干部群众精神文化生活。在元旦、春节、藏历新年等重大节庆期间，发动县、村文艺队，采取“戏曲进乡村”“县村交流”“文艺惠民”“八进”等形式，开展以“美丽乡村欢乐过大年——我们的节日”为主题的“村晚”“雪中边民情 非遗过大年”文化进万家、“五下乡”暨新时代文明实践活动、以“书香林芝，春天的悦读会”为主题的“‘4·23’世界读书日”活动、“我们的中国梦、喜迎二十大”巡回演出、全区深化“五共五固”工作推进会汇报演出等，完成66场次，受益1.2万余人次。创作9个具有代表性的新作品（小品类3个、歌曲类2个、舞蹈曲艺类4个），参与展示宣传活动。录制三期“以艺抗疫、为抗疫助力”为主题的宣传小品，在林芝融媒、林芝公众平台、网信米林、米林融媒、米林文旅“两微一抖”等公众平台发布。

【文旅融合】 2022年，县文旅局探索“旅游+体育+节事+IP”发展新模式，将户外活动精神与城市发展融合、将米林旅游与户外体育融合，鼓励+带动8个乡镇举办“赛马节”“响箭比赛”等节庆活动，拉长游客停留时间、延长旅游线、拓展产业链，带动米林全域旅游“旺季更旺、淡季不淡”的总目标，打造米林“旅游+体育”“文化+体育”赛事活动新名片。累计吸引区内外游客、群众、各行各业、社会各界人士、米林县群众等1万余人次观看，拉动全县群众、商户摆设特产、小吃、水果等摊位100余个，实现增收致富。通过“线上+线下”有机结合，继续发挥好“两微一抖”等新媒体宣传功能，筹办各类文化活动，起草活动方案，运作“两微一抖”宣传平台，由专人负责“两微一抖”宣传平台运行工作，利用米林旅游微信微博和官方抖音，多渠道、多角度传播米林印象、讲好米林故事。截至11月21日，微信公众号累计发稿374篇，累计粉丝74602人，微博发稿531条，累计粉丝38.4万人。抖音50条、累计粉丝2.0万人。

【文化遗产保护】 2022年，县文旅局加大项目资金申报力度，成功申报“珞巴织布制作技艺”资金15万元，开展展示推广工作。2月6—25日，开展自治区级非物质文化遗产项目“珞巴竹编制作技艺”传习活动，参与自治区级代表性传承人1人，组织学徒（群众）11人，均为才召村村民，学徒在培训期间制作竹编成品60余件。开展“2022年非遗过大年”“2022年文化和自然遗产日”“五下乡”系列宣传展销活动，开展非遗保护工作活动，发放各类宣传资料1200余份，展出非遗项目宣传图画展板45面、展示展销传统技艺类非遗项目12项、悬挂非遗宣传条幅20条，吸纳群众参与1600余人。自治区级非遗舞

2022年2月6—25日，米林县文化和旅游局开展自治区级非物质文化遗产项目“珞巴竹编制作技艺”传习活动

蹈“孔雀舞”代表林芝市参加《格桑花开——青稞飘香》栏目，获二等奖，并代表林芝市参加首届西藏文化艺术节，获优秀奖。

【文物保护】 2022 年，县文旅局坚持文物工作“保护为主、抢救第一、合理利用、加强管理”的方针，对接统战部、民宗局、消防救援大队等相关部门，开展各类常规检查和重要节点的安全检查，主要排查安全设施设备建设及日常运行维护情况、用电安全情况、用火安全情况、用气安全情况、易燃可燃物管理情况等安全工作。共计文物安全专项检查 10 次，联合检查 6 次，累计检查 54 家次。制订 2022 年米林县文物安全工作计划，强化文物安全责任。文物保护工作纳入各级领导责任制，实现县、乡（镇）、村三级文物管理责任体系，有野外文物看管人员 22 人，年初与看管人员签订野外文物安全责任书。组织全县 22 名野外看管人员开展为期 3 天的业务培训，邀请米林县消防救援大队对羌纳寺等区级文物保护单位开展 3 次实践演练培训，提高野外看管人员的业务看管能力和消防处置能力。开展申报工作，组织进行前期调研、多方咨询、征集资料，了解掌握其历史价值，对卧龙镇甲格村原 11 师师部小院、派镇嘎纳日追等两处列入县级文物保护单位名录的申报工作。申报野外文物看管人员名额 2 名；加大文物保护项目资金申报力度，申报林芝市文物保护单位扎绕乡摩崖石刻群维护经费 12 万元、申报自治区级文物保护单位羌纳寺主殿屋顶维修项目资金 35 万元，全面保障文物工作运转。对扎绕乡扎绕寺、羌纳乡羌纳寺、结果石碑、丹娘乡朗嘎石碑、里龙乡堆米拉康、仲麦觉单庄园等自治区级文保单位 6 处、市级文保单位 2 处、县级文保单位 4 处野外文物看管人员进行年度工作考核，发放补助。

【文旅行业监管】 2022 年，县文旅局加大旅游道路交通安全、消防安全、森林防火安全、食品卫生安全等领域的联合检查和行业监管力度，组织开展排查地质灾害隐患、安全应急综合演练、安全生产和执法培训及各类政策法规宣传宣讲活动。开展新冠疫情防控、森林防火等文化旅游执法检查 84 次，出动车辆 96 台次和出动人员 390 人次，实现旅游行业安全生产“零事故”目标。

2022 年 2 月 14 日，米林县政府副县长张永焕（左三）在派镇人民政府人大之家主持召开米林县旅游管理安全工作会

【疫情防控】 2022 年，县文旅局安排专职人员沟通协调属地部门对辖区内景区景点、大小酒店、民宿等情况。开通 24 小时一对一的咨询热线，督促出台安抚措施，畅通求助通道，关注上级要求和最新公告，及时通知旅客，优化滞留游客离县流程，关注滞留游客的诉求，做好服务工作，用真情服务搭建“连心桥”，做

好宾馆酒店进出客人服务工作。

（普布仓决）

中波台

【概况】2022年，米林中波台按照“把党和国家的声音传入千家万户”的宗旨，围绕“安全播出”这一核心，增强政治意识、大局意识和责任意识，排查安全隐患。全年对发射机进行36次小检、9次中检、5次大检，形成联防群防机制，加强业务培训和学习，在转播期间未发生停播事故。

【党建引领】2022年，米林中波台党支部在执行局党组和西藏自治区广播电视局中波处统一部署的基础上，以中共二十大精神以及习近平总书记的重要讲话精神为指导，贯彻落实习近平总书记关于全面从严治党的重要指示精神，以“安全播出”为根本，以队伍建设和党风廉政建设为基础，完成工作任务和上级交给的党建工作任务，实现工作目标。

【安播工作】2022年，米林中波台转播的节目有“中一”“中十一”“区藏”“区汉”四套。根据发射机实际运行情况，发现处理故障2次，排查发现安全隐患2处；在每周二的检修时间（除重要播出期），如发现发射机故障，台长、副台长和机房主任带领技术骨干共同分析原因，找出解决办法。定期不定期组织模拟突发事件演练9次，确保每个值班人员熟悉掌握预案和流程；完成重要时间节点的重要播出任务；与当地电力公司、公安、无线电管理等部门长期保持联系，形成联防群防机制。

【业务培训】2022年，米林中波台有3人参加由西藏自治区广播电视局政工人事处举办的党风廉政综合业务培训班、中波台、实验台专业技术人员业务培训班等培训。每周四下午定为业务学习日，年度人均累计学习90余学时（含巡检巡维期间厂家培训及专业技术人员继续教育公需科目培训课程）。

（蒋晓东）

卫生健康

综　述

【概况】2022年，米林县有公立医疗卫生机构79家，包括人民医院、藏医院、疾控中心、8所乡镇卫生院、68所村卫生室。全县医疗卫生机构有医护专业技术人员204人，乡村医生134人。年内，米林县卫生健康委员会树立“健康第一、预防为主、防治结合”，坚持大健康、大卫生的理念补齐公共卫生短板，用好健康服务手段，加强卫生监督；落实国家基本药物制度，满足群众基本用药需求；制定并组织落实疾病预防控制、免疫、地方病防治等干预措施；深化医改工作，研究提出改革方案；落实医疗援藏相关政策，健全三级医院对口帮扶长效工作机制；设立村级公共卫生委员会，完善医疗制度和诊疗体系，全县医疗卫生事业取得有效发展。

【健康服务】2022年，米林县户籍人口24717人（农牧民19352人、城镇5365人）。其中，育龄妇女4822人、已婚育龄妇女4200人，办理准生证53个，城镇、农牧民活产人数235人，出生率8.98‰，住院分娩率97.8%，住院分娩补贴发放152人20.34万元。为110名妇女免费发放叶酸280盒，开展宫颈癌筛查451人次、乳腺癌筛查451人次，出生缺陷、优生优育筛查16对，产检161人次（入户产检98人次），发放营养包1258盒、受益儿童605人。儿童免疫规划疫苗接种1519人次、学生无乙肝抗体补种疫苗664人次。

【卫生监督】2022年，卫生监督执法人员开展辖区医疗机构、美容美发、集中供水及学校等各类公共场所卫生监督日常检查，检查230家，均取得卫生知识培训合格证。10月5日至11月2日，完成25家取得卫生许可证的经营单位的2022年度卫生监督量化分级评分工作，依法办理卫生行政许可，把好准入关，提高准入条件，使生产经营场所、卫生状况得到改善。开展打击非法行医活动，监督抽检14家个体医疗机构和4家药店，向社会公示3起行政案件通告。其中，给予1家超范围行医的药店“责令整顿，没收器械”的行政处罚，责令2家工作落实不到位的诊所停业整顿。进行职业病和放射卫生监督，开展“关注饮水卫生，共享健康生活”饮用水卫生宣传周活动。2022年，国家双随机执行任务有7项，4家公共酒店旅馆、1家公共游泳场所及2所学校的监督抽检任务全部完成，完成率100%。

【医改工作】2022年，米林县人民医院牵头制定8个乡镇卫生院的服务能力提升方案，推进重点工作落实。加快基本医疗保障制度建设，提高医疗保障覆盖面，提高保障水平，推进城乡一体化基本医疗保障管理制度，整合基本医疗保险经办管理资源。做好全县医疗卫生机构基本药物制度工作，确保基层医疗机构配备使用国家基本药物及补充目录药品，落实零差价销售工作。完善分级诊疗体系。引导医疗卫生工作重心下移，抓好家庭医生签约服务和随访工作，让农牧民群众就近就便享受优质医疗服务，健全基层巡回诊疗长效机制，完善“县+乡+村”医疗服务模式，提高乡镇卫生院、村卫生室管理和服务能力。加快“互联网+医疗健康”服务平台建设，发挥智慧医疗系统优势，借助广东省各类优质援藏医疗资源，开展远程专家门诊、远程会诊、远程心电、远程影像等远程医疗服务，强化信息化服务在基层医疗机构普及应用，提升偏远乡村医疗机构诊疗水平。

【重大传染病防控】 2022年，米林县疾控中心建立儿童预防接种信息管理。实行儿童预防接种信息化管理，对儿童接种证进行针式打印，减少手工登记，实行疫苗电子化追溯管理。1—11月，全县报告法定传染病72例，无甲类传染病报告，乙、丙类传染病报告共8种72例。

【鼠疫防治】 2022年，米林县完善鼠疫疫情防控举措，加强监测、宣传、培训、物资储备，防范鼠疫疫情的发生，制定《米林县2022年鼠疫防治工作应急预案》《米林县2022年鼠疫防治方案》《米林县2021年鼠疫防治培训方案》，邀请拉萨市疾控中心鼠疫防治专家到各乡镇政府培训11场次592人。依托村公共卫生委员会向群众宣传鼠疫防控“三不三报”相关知识。

【大骨节病治疗】 2022年，米林县管理大骨节病患者3例，其中羌纳乡2例、丹娘乡1例，均为I型。6月初，进行大骨节病人治疗前随访，发放3个月的大骨节病药物，进行关节功能障碍指数评分，发放复方杜仲24盒。在发药过程中，疾控人员对患者用药安全和大骨节病需要注意的地方进行宣教，对年龄大的患者进行按时服药电话提醒。

【结核病防治】 2022年3月24日，米林县围绕“生命至上、全民行动、共享健康、终结结核”为主题开展结核病防治宣传工作，发放宣传单1829张，张贴宣传海报63张、播放宣传视频3种，悬挂条幅9条，受众2588人，接受咨询35人。6月9日，开展县小学结核密接筛查工作，筛查305人（学生283人、教师22人），无新增患者。

【三级医院对口帮扶】 2022年，珠海市人民医院、中西医结合医院派遣8名柔性医疗人才开展医疗援藏工作，对口帮扶县人民医院、藏医院。协助米林县人民医院建立或完善医疗核心制度、院感防控制度、临床工作流程等32条，珠海市中西医结合医院医疗队员为县藏医院建立或完善规章制度7条，强化医疗安全管理。珠海市人民医院援藏专家言传身教，诊疗门急诊患者2967人次，管理住院病人48人次，开展教学查房16次，会诊60余人次，抢救危重患者60余人次，开展手术20余台，组织专业培训35场，培训医护人员460人次、干部职工600余人次，组织疑难病例讨论3次，组织2次与珠海市人民医院的远程医疗会诊，开展新技术新项目6个，协助当地医护人员完成5项课题申报。珠海市中西医结合医院援藏专家带教新技术、新项目8个。

【村级公共卫生委员会设立】 2022年，米林县制定《米林县设立村级公共卫生委员会实施方案》，实现全县69个村（居）公共卫生委员会全覆盖，选举产生237名公共卫生委员会成员，提升村居公共卫生工作精细化、规范化水平，强化县域公共卫生事件防治能力。4月，米林县卫生健康委员会按照《关于进一步做好2022年村（居）民委员会公共卫生委员会相关工作的通知》文件要求，根据县域内公共卫生委员会组成人员情况，开展针对性培训工作，完成村级医护人员的相关业务培训工作，同步开展公共卫生委员会成员的公共卫生业务知识培训，夯实基层公共卫生工作能力，发挥农牧区“哨兵”作用，做到防范好、处置好、预警好。

【疫情防控】 2022年，米林县卫生健康委员会履行卫生健康专业技术的职责，发挥公共卫生事件应急处置主力军作用，落实领导带班和专班值守制度。4月，追加设备并投入使用，加强应急能力建设。总结应急处置经验，联合县疫情办对全县进行调整优化，培训服务人员56人。在应急处置期间，卫生系统所有干部职工中，累计拉萨支援33人，支援林芝市12人，派遣人员2861人次。累计派出医护工作者83人次，负责机场、物资转运站等场所的医疗保障工作。通过线上、线下结合开展培训活动，提高医护人员诊断水平和能力，累计开展61场次，受训892人次。联合县疫情办、疾控中心组织开展全链条、全单位参与的应急处置演练3场次。

（县卫生健康委员会）

医疗机构选介

【米林县人民医院】 2022年，米林县人民医院门急诊诊疗21469人次。其中，急诊科诊疗3369人次、儿科诊疗1315人次、发热患者诊疗92人次、妇产科诊疗1617人次、慢病科诊疗2624人次、内科诊疗5487人次、疼痛科诊疗382人次、体检科诊疗3939人次、外科诊疗1887人次、五官科诊疗647人次；出院患者136人次，其中内科56人次、感染科9人次、外科38人次、妇产科33人次；手术患者18人次，其中腹腔镜胆囊切除术3台、急诊腹腔镜阑尾切除术9台、膝关节置换术6台，平均住院日5.2天。4—5月，县人民医院针对全县膝关节炎高发、致残率高的情况，邀请林芝市人民医院珠海援藏专家为县域内膝关节炎患者进行集中手术，开展膝关节置换术6台。6月，县人民医院联合珠海市人民医院运动医学超声团队开展骨关节疾病筛查诊治和康复训练指导，筛查群众853人，进行超声引导下介入治疗膝骨性关节炎、肘关节肌腱病、腕关节腱鞘囊肿、狭窄性腱鞘炎等骨关节疾病381人次。

【米林县藏医院】 2022年，米林县藏医院门诊诊疗4873人次，住院295人次，出院283人次。藏中医适宜技术6405人次。其中，药浴133人，藏医放血疗法31人次，霍麦837人次，藏医涂擦疗法1258人次，TDP烤灯1440人次，拔罐63人次，足浴15人次，贾觉16人次，藏药雾化25人次，蜡疗240人次，擦杜1118人次，艾灸疗法87人次，藏医火灸8人次，针灸766人次，推拿疗法232人次，电针136人次。

社会事业

民 政

【概况】 2022年，米林县民政局下设米林县残疾人联合会、米林县社会福利院和米林县居民家庭经济状况核对中心（民政救助站）。县民政局以习近平新时代中国特色社会主义思想为指导，学习贯彻习近平总书记关于社会建设和民政工作的重要指示，履行“以民为本、为民解困、为民服务”的民政宗旨，坚持“民政为民、民政爱民”的工作理念，关注特殊群体，完善城乡最低生活保障制度，累计为全县275名困难群众发放一次性生活补贴33万元，实行跨省通办残疾证；做好社会救助，将22种特殊病种纳入临时救助范围，全面保障群众基本生产生活。

【党建引领】 2022年，县民政局推行“一核六建”党建工作体系，坚持稳中求进的工作总基调，立足新发展阶段，贯彻新发展理念，服务融入新发展格局，抓好稳定、发展、生态、强边四件大事，推进“四个创建”，做到“四个走在前列”，通过党建引领，实现基层民生保障精准化、基层社会治理精细化、基本社会服务便捷化、基层社会福利规范化、基层社会组织更加全面、基层政权更加突出。通过党组理论中心学习、周例会组织全体在岗领导干部学习习近平新时代中国特色社会主义思想、中共十九大、自治区第十次党代会精神、中共二十大、《习近平总书记关于作风建设的重要论述》、《中国共产党章程》等，提升干部职工理论水平，通过执行“三会一课”、主题党日等组织生活制度，落实党员领导干部双重组织生活制度和谈心制度，规范组织生活，提升党组织规范化、标准化水平，加强党员干部思想教育。通过做好新形势下发展党员工作，规范党员发展程序，把好党员入口关，注重党员发展质量，按照“谁发展、谁负责”的原则，加大对入党申请人的培养力度；转正正式党员1人。

【党风廉政建设】 2022年，县民政局健全工作机制，分析研判民政工作发展动向，把握政治方向，将全面从严治党作为重要工作，列入日常工作议程。严肃党内政治生活。严明党的政治纪律和政治规矩，执行民主集中制、“三重一大”制度，做到重大事项、决策集中讨论，不搞“一言堂”。压实班子成员“一岗双责”责任，抓好分管工作的同时抓好廉政工作和队伍管理。开展分管领导讲业务活动，每月一期，形成以上率下、层层带动的局面。

【城乡低保】 2022年，县民政局建立最低生活保障制度，切实兜住民生底线。规范城乡低保申报、审核、审批程序，贯彻落实城乡低保相关政策，建立健全低保信息系统，健全城乡低保每季度“动态管理”审查机制，做到“应保尽保、应退尽退”，夯实巩固脱贫成果，做好脱贫攻坚成果同乡村振兴有效衔接，探索建立部门协同、信息共享、无缝衔接的低收入人口信息库，摸底排查低收入对象并建立台账。建立低保渐退机制，执行3—12个月的渐退期。新增特困10户10人，清退5户8人；新增城乡低保8户22人，去世8户8人。落实边境县增发10%生活保障金政策，累计发放城乡低保金74.26万元，分散特困供养金54.9万元，事实无人抚养基本生活补贴3.3万元，经济困难高龄、失能老人补贴0.77万元。

【社会救助】2022年，县民政局做好临时救助、流浪乞讨救助工作。发放临时救助资金54.58万元，救助流浪乞讨12人次，使用资金799元，确保救助工作的及时性、有效性，织牢社会保障最后一道保障网，打通社会救助“最后一米”。做好外来务工人员等困难群众救助，救助物资折合人民币约2万元。对22类大病医疗救助进行筛查，给予符合条件的困难群众最高不超过1万元的救助。累计给予因病导致困难群众14户41人临时救助9.38万元。在2021年结余资金的基础上，再次下拨33.7万元临时救助备用金，保证每个乡镇临时救助备用金不低于3万~5万元。

【特困人员供养】2022年，县民政局落实兑现集中特困供养、分散特困资金，保障老人晚年生活。全县农村特困供养对象有158人，其中，集中供养86人（半失能14人、失能5人），分散供养72人（半失能14人、失能5人）。有意愿特困对象集中供养率100%，总体集中供养率54.4%。落实特困供养资金104.84万元，保障老人日常生活，为老人发放11.31万元，用于老人日常开销。在三大节日、重阳节等节点定期开展娱乐活动，充实老人在园内的生活。做好特困人员集中供养服务中心工作，开展各类防疫知识培训7次，防疫应急演练1次，防疫物资储备充足。

【残疾人保障】2022年，县民政局将无劳动能力、无生活来源残疾人，无法定赡养、抚养、扶养义务人或者无赡养、抚养、扶养能力的残疾人按规定纳入特困人员供养范围，加强残疾人社会救助工作。按时为1392名残疾人兑现“两项补贴”318.87万元；生活补贴165.49万元；护理补贴153.38万元；居家托养补贴3.75万元，落实102名残疾人燃油补贴3.87万元。发放残疾人辅助器具88具（助听器30个、轮椅8辆、单拐31个、坐便器18个、防褥疮垫子1个、为行动不便的重度残疾上门发放辅助器具7次）。推进残疾人创业康复救助服务。累计实施康复救助残疾儿童3人，兑现资金3.6万元，1人实现基本康复，无障碍改造118户，累计使用资金63.35万元，扶持9名残疾人自主就业创业，申报创业扶持资金18万元。

【婚姻登记】2022年，县民政局严格程序、齐全手续、优化服务，实现现场办理“最多跑一次”，完善婚姻登记档案管理，提高规范婚姻登记管理工作。办理结婚登记402对，办理离婚登记34对，补发婚姻登记证53对，查档和复函43人次。婚姻登记率达到100%。婚姻调解作用明显，离婚率对比往年下降30%。

（米林县民政局）

人力资源和社会保障

【概况】2022年，县人社局统筹城乡就业发展，帮助求职人员了解就业创业优惠政策，做好培训工作，促进全县就业需求对接，组织培训2458人，城镇新增就业508人；坚持民生为本，推进全民参保计划，抓好群众参保工作，全县城乡居民养老保险参保1.12万人，企业职工基本养老保险参保1630人；创新方式方法，重视劳动仲裁调解工作；加强人事人才工作，促进人力资源合理流动、有效配置；通过“缓、返、补、扩”加大援企稳岗力度，帮助群众解决生活难题。

【就业创业】 2022年，米林县实现农牧民转移就业5035人，转移就业收入5910万元，区外转移就业74人。对接市场需求，开展各类培训21期，开发就业岗位400余个，城镇登记失业率1.98%。开发高校毕业生就业岗1198个，政府购买岗位（科技专干、四类人员、基层服务岗位）补录21人，住户调查员、司法警务辅助人员、融媒采编技术人员、消防员21人，安排应届高校毕业生就业见习53人，解决39家单位用人紧缺问题，340名应届高校毕业生实现就业338人，就业率98.5%，为20名高校毕业生发放一次性创业扶持补贴156万元。

2022年3月23日，米林县人社局联合林芝市人社局开展高校毕业生“五进一送”活动

【社会保障】 2022年，米林县城乡居民养老保险参保完成目标任务的108.9%；企业职工基本养老保险参保完成目标任务的168.4%；机关事业单位基本养老保险参保1926人，完成目标任务的100.1%；兑现城乡居民养老保险待遇682万元。细化专项整治，防范化解隐患，推进社保基金专项整治工作，发现重点问题7个，疑点问题数据82条，涉及问题资金9.89万元，全部追回并上缴至林芝市社会保险管理中心农村养老保险基金支出专户。

【劳动保障】 2022年，县人社局秉承“集约高效、多元化解、便民利民”的服务理念，整合优化资源，推动劳动仲裁调解工作提质增效。办理欠薪线索64条，调解劳动纠纷案件37起，涉及金额560万余元；受理劳动人事争议仲裁案件4起，涉及4人，涉及金额60万余元；开展用工检查51次，涉及劳动者960余人，发现的问题全部限期整改完成。

【人事人才工作】 2022年，米林县事业干部（不含教育）520人，工勤人员58人，公益性岗位工作人员143人，三支一扶20人，进行人事调整27人次，调整工资2118人次；县人社局上报需求计划66个，涉及农牧、文化、教育、司法、水利等多种专业；安排90人次参加各类县外培训；完成事业干部及工人西藏特殊津贴补贴增资578人次，基本工资标准预发增资557人次，购买政府临时性岗位94个，“定向使用 定向评价”任职资格认证14人。

【疫情防控】 2022年，县人社局落实《西藏自治区人民政府〈关于稳经济若干临时性措施〉的通知》《林芝市人民政府关于印发〈林芝市关于稳经济若干临时性措施〉的通知》要求，确保惠民措施落实落地。助力企业纾困解难，为6家企业申请社保缓缴。实行企业稳岗返还，对15家企业申报失业保险稳岗返还补贴21.3万元，涉及职工335人。给予参保职工一次性留工培训补助，以“政策找企业”“免申即享”等方式，为4家企业发放一次性留工培训补助4.95万元，涉及职工99名。给予企业吸纳高校毕业生一次性扩岗补助，对4家企业招用近三年高校毕业生签订劳动合同并参加失业保险的，按每人1500元标准发放一次性扩岗补助资金0.9万元，涉及高校毕业生6名。组织第三片区各成员单位开展摸排收集30余次，排查片区群众1000余人次，派出志愿者80余人次，签订承诺书80余份，为片区配送生活物资100余份，解决群众生活困难问题5件。

（米林县人力资源和社会保障局）

医疗保障

【概况】 2022年，米林县城乡居民医疗保险参保缴费18449人，缴费率达97.72%。米林县医疗保障局加强党的建设，打造与新时代医保公共服务要求相适应的专业队伍；贯彻落实医疗保险、生育保险、医疗救助等医疗保障政策，推进开展医疗保障工作，筑牢医保屏障；维护医保基金安全，推进医保信息化建设，实现医保公共服务标准化规范化，提高服务事项网上办理效率；加大打击欺诈骗保及医保政策宣传力度，加强系统行风建设，推动医保公共服务理念、制度、作风变革创新。

【党建引领】 2022年，县医保局坚持“群众至上、服务第一”的宗旨理念，以党建为引领，践行新思想，担当新使命。抓学习教育，将理论学习与医保政策、法治建设、民族团结进步和进一步改进作风狠抓落实等日常工作相结合，提高党员干部的思想政治素质，组织学习讨论44次。其中支部学习30次、党组理论中心组学习8次、保密专题学习6次，形成学习笔记40余篇，学习心得50余篇。加强组织建设，发挥党支部的主体作用，开展“三会一课”、组织生活会、民主评议党员和主题党日活动等党内组织生活，全年开展主题党日活动10次，上党课3次。组织党员干部11人开展机场、酒店和物资转运站志愿服务，发挥党员先锋模范作用。抓党风廉政建设，转变工作作风，严肃党的政治纪律和工作纪律，促使全局党员干部转变作风、真抓实干。全年召开专题会议2次；开展廉政集体谈话7次、个别谈话12次；查找岗位廉政风险点14个，制定相应预防措施；深入一线开展医保政策、“一站式一单制”结算系统调研3次，形成调研报告2篇；围绕“四查四问”等讨论6次。

【医疗保障】 2022年，县医保局落实医疗保障待遇政策。全县城乡居民就医13601人次，产生医疗总费用3109.19万元，其中医疗统筹基金待遇支付1839.15万元、医疗救助总额140.29万元、大病保险理赔295.43万元。五类特殊人群报销比例均提高5%，全部落实到位。城镇职工全年就医4.08万人次，产生医疗总费用1464.38万元，其中医疗统筹基金待遇支付683.61万元、公务员医疗补助资金支付16.74万元、大额医疗补助资金支付27.09万元、个人账户支付675.94万元；城镇职工生育46人，职工生育报销总额64.49万元。米林县城乡居民特殊门诊就医2390人次，产生医疗总费用183.90万元，统筹基金待遇支付129.90万元，医疗救助基金支付24.03万元；米林县城镇职工特殊门诊就医1297人次，产生医疗总费用116.45万元，统筹基金待遇支付95.95万元，公务员医疗补助资金支出4.03万元，大额医疗补助基金支付6.57万元，个人账户支付6.58万元。

【医保脱贫】 2022年，县医保局推进巩固拓展脱贫攻坚成果与乡村振兴衔接。贫困人口实现应保尽保。落实“两不愁三保障”目标，将全县贫困人员全部纳入基本医保、大病保险、医疗救助等制度覆盖范围。将特殊人群1251人纳入医保范围。其中，脱贫不稳定人员58人、特困人员166人、低保283人、重度残717人、孤儿27人，特殊人口参保率100%。

【结算系统应用】 2022年5月23日，米林县“一站式一单制”结算系统实现全覆盖，在全县7个乡镇卫生院落地应用，规范实施统一的医保政务服务事项和办事指南，让老百姓在家门口就能享受到平等、便捷的医疗保障服务，打通医保结算服务“最后一公里”。

【骗保打击】 2022年，县医保局加大执法检查力度，保障医保基金安全。医保局不定期对米林县2家定点医院和3家定点药店（1家药店于3月退出定点协议）进行抽查，织密织牢医保基金的“安全防线”，推进医保基金长效监管。县医保局开展执法检查6次，发现并处理参保人员骗取医保基金案件9起，依法追回医保基金5.19元，守护人民群众的“看病钱”“救命钱”。

2022年1月20日，米林县医保局开展2021年度基本医疗保险定点医药机构年终考核活动

【政策宣传】 2022年，县医保局开展打击欺诈骗保及医保政策宣传活动5次，宣传城乡居民医保基本医疗保险、医疗救助、大病保险、特殊病种门诊待遇、“两病”（糖尿病、高血压）门诊待遇等民生政策及打击欺诈骗保知识，发放《打击欺诈骗保》宣传彩页5000余册，发放《基本医疗保险宣传手册》1万余册，张贴打击欺诈骗保海报60余张，受教育干部群众1500余人次，提高人民群众对医疗基金监管法律法规及医疗保障政策的知晓率和满意度。

（县医疗保障局）

乡　镇

米林镇

【概况】 米林镇总面积346.4平方千米，平均海拔3700米。镇政府驻地东多村海拔2950米，东邻羌纳乡，南接印控区，西连南伊乡，北靠雅鲁藏布江。2022年，米林镇下辖东措社区、邦仲村、东多村、米林村、扎西新村4个行政村及9个村民小组。全年全镇有2494户4939人，其中农牧民498户1859人、城镇居民1996户3080人。年内，全镇农村经济总收入8600.29万元，同比增长17.9%，农牧民人均纯收入3.15万元，同比减少2.9%，其中人均现金收入2.83万元，同比增长14.9%。

【党建工作】 2022年，米林镇以支部建设为中心，围绕队伍建设，实现“一条主干、多点开花‘党建+’”(党建领航一条主干，“党建+”产业、边境、生态、城市、基础多点开花）的党建新格局，推动党建工作与中心工作融合。全面落实意识形态工作责任制要求，把意识形态工作纳入党建工作责任制，实施理论学习中心组学习、“三会一课”“主题党日”、组织生活会等制度，将党的理论和重要精神纳入学习计划，实现党员政治教育全覆盖。围绕提升干部能力，开办机关干部夜校26期，邀请县统计局、农业农村局等11家县直单位干部到，米林镇授课。全年组织党员干部通过例会集中学习52次，召开中心理论组学习会11次，镇党委书记讲党课5次，开展党员论坛活动10余次。邀请市委党校老师开展党员政治教育培训2期，乡村振兴专干到各村宣讲各类政策4场次，刊载“四个创建”“五共五固”等全区统一宣传标语50余条。建立网评员队伍，累计转发指令要求753条；镇微信公众号推送409条，开设中共二十大专栏，制作内容13期。将安全生产、民族团结、法治教育等纳入宣传重点内容，依托镇村两级力量，累计开展各类宣传教育200余场次，受教育群众7000余人次。

推进党风廉政建设，全年召开3次会议，专题研究部署党风廉政建设与反腐败工作，研究制定2022年党风廉政建设党委主体责任、纪委监督责任落实实施方案，落实一把手“第一责任人”责任，督促班子成员落实“一岗双责”。将党风廉政建设有关理论和文件精神纳入学习计划开展学习。利用宣传栏、横幅、红色广播、微信公众号等载体宣传党风廉政建设纪律要求，结合党风廉政建设宣传教育月活动安排，开展党委书记讲廉政党课活动1次，组织廉政知识测试1次，全部合格。组织镇副科级干部到市廉政教育基地参观学习，筑牢党员干部廉政思想防线。完善干部上下班签到、干部谈心谈话等制度，开展廉政谈话3次。围绕重要节点开展廉政教育，累计开展节日期间明察暗访8次。防范廉政风险，落实“三重一大”制度，保证决策的民主化、科学化。召开专项整治专题民主生活会、组织生活会，制定民主生活会查摆问题整改方案，抓好整改落实。支持镇纪委工作，针对乡村振兴、惠民政策落实等重点领域和重点工作，联合镇纪委开展监督检查32次，发现问题9个，全部完成整改。畅通镇、村两级信访渠道，落实信访工作领导责任制。全年镇纪委办理案件2起，立案2人，党纪处分2人，约谈1人，谈话提醒1人。

开展作风建设，开展大学习、大讨论、大调研活动，形成专题调研报告2篇，对照“四查四问”查摆问题35个，制定问题清单和整改措施，推动整改落实。控制会议和发文数量，结合工作实际统筹会议安排，推动基层减负要求落实。将改进作风成果运用到日常工作，镇村两级累计为民办实事800余件，解决扎西新村户厕围墙、米林村土地纠纷等问题。

【民族团结】 2022年，米林镇民族宗教工作取得进展，聚焦铸牢中华民族共同体意识，学习贯彻《西藏自治区民族团结进步模范区创建条例》，结合民族团结“九进”要求，以军民共建文艺晚会、民族团结模范家庭评选为载体，开展民族团结宣传教育30余场次、文艺演出3场次，评选镇级民族团结家庭5个。

【特色产业】 2022年，米林镇以乡村振兴为目标，实现高原经济高质量发展。推进“一带、一园、三基地”的产业发展总体布局，做大高原特色农产品种植业、做强现代商贸物流运输业、做好工布民俗生态旅游业、做优民生保障配套服务业，优化产业结构、增强内生动力，全镇经济社会健康发展，经济发展模式由“输血型”经济向“造血型”经济转变。聚焦巩固脱贫攻坚成果同乡村振兴有效衔接，结合“一村一策”制定，梳理上报“十四五”项目59个，年内落地项目7个，涉及资金3800万。实施村容村貌提升、雪卡小组林下资源种植、帮仲村污水处理、抵边点贝母种植等乡村振兴项目13个，涉及资金1.12亿元，竣工3个。感恩建材专业销售农牧民合作社和米林县农牧民创业园2个入股型产业收益超过835万元，惠及4个行政村村集体和群众。红太阳科技示范家庭农场为代表的特色产业，白肉灵芝产量达到7500千克（干品灵芝）、天麻115千克、灵芝孢子粉100千克，总产值785万元，纯利润150万元。其中，试点林下种植灵芝产量达1650千克，产值198万元，孢子粉产值120万元，引领农场产业发展辐射带动周边4个乡10个村200余户群众从事白肉灵芝种植，种植面积800余亩，通过“统一培训、统一提供菌袋、统一指导、统一回收”模式帮助周边农户实现增收239万元。与21户脱贫户建立帮扶关系，发放资金6.2万元，花费18万元为脱贫户新建住房，租赁扎西新村温室大棚43栋，为村集体增收13万元。此外，藏医药种植产业园在邦仲村落地，实现产业发展由资源消耗型向绿色产业转变。

推进抵边项目。协调邦仲、雪卡抵边安置点矛盾纠纷30余次。疫情期间，指派17名干

2022年7月15日，市政协工作组一行到米林镇参观调研，实地走访红太阳家庭科技农场，重点调研高原特色产业发展情况

部开展押车122次，保障复工复产。全年邦仲安置点房屋市政完成总工程量的58%，安全饮水项目完成总工程量的75%，大桥新建项目完成工程总量的15%，雪卡安置点房屋市政完成总工程量的40%，安全饮水完成总工程量的60%。

【农牧工作】2022年，米林镇落实各项惠民政策，做好各类农业用品调配发放工作，全年发放化肥二铵940袋、尿素280袋，发放农药灭菌托550瓶、液浆1415袋、电动喷雾器105桶、高效氯氰640瓶，发放种子2158.8千克，发放碘盐2712.88千克。粮食播种面积4836.14亩。其中，小麦4001.97亩，青稞834.7亩，草场面积84078.78亩，草地流转5800亩、耕地流转1197.43亩，土地确权耕地总亩数6565.1亩，以一卡通形式分别兑现耕地地力保护补贴7.66万元，实际种粮一次性补贴25.39万元。农牧区家庭医疗收缴人数1578人，总金额36.19万元，参保率100%。报销总金额6.85万元。

【生态环保】2022年，米林镇聚焦生态环境保护，完成邦仲村江心岛、东多村牛棚等环境问题整改工作，依托人居环境提升工程、主题党日等活动，发挥党员、团员、志愿者等作用，开展生态文明和环境保护宣传教育和环境卫生整治活动。全年开展村（社区）环境整治活动200余次，人居生活环境得到改善。加强村级生态管护员、环境监督员、水源地保护员岗位管理，加强对林区、草地、饮用水源地的巡查监管，落实“河长制”要求，开展乡级村级巡河40余次，清理河道10余次，清除河道生活垃圾37吨。

【社会治理】2022年，米林镇提升社会治理，推动网格化服务管理，完善网格区域，统筹做好虫草采挖服务管理、矛盾纠纷排查调处等工作，加强服务管理、平安创建等工作。全年结合虫草采集工作，安排7名干部在甲格和阿拉塘值守115天，保障群众生产安全；累计化解各类矛盾纠纷110余起，参与安全隐患排查300余次，督促整改安全隐患20余处。

（中共米林县米林镇委员会）

卧龙镇

【概况】卧龙藏语意为“下方的深谷”。位于米林县的西南部，全镇辖区面积2590.84平方千米，平均海拔3050米，距米林县城60.3千米。东接里龙乡，西接朗县洞嘎镇。下辖18个行政村，26个自然村。全镇居民1097户，总人口4518人，其中藏族占总人口的90.18%。卧龙镇是以农业生产为主的半农半牧镇，耕地面积8897.97亩，草场面积180.66万亩。主要农作物有小麦、青稞、油菜等；农副土特产主要有花椒、辣椒等。2022年，全镇农村经济总收入1.83亿元，人均纯收入2.7万元。粮油总产2172.48吨，牲畜存栏3.53万只（匹）。全镇主要路线219国道。行政村通车率100%。全镇有小学1所，小学在校生人数342人，其中扶贫学生55人。在编教师37人（幼儿园13人、小学24人）；有卫生院1所，农行营业1所，有

“三岩”搬迁群众49户226人。股份经济合作社共有18家，其中注销后有13家。

【党建工作】 2022年，开展理论中心组学习11场次，参与220余人次。全镇20个党支部开展学习200余场次，6000余人次。组织镇机关领导干部及全镇农牧民群众，收看中共二十大开幕会，2800余人参与。发动各村宣讲员开展中共二十大宣讲活动，累计开展学习40余次，受教育群众2000余人次。理论学习中心组开展意识形态领域专题学习2次，选派38名群众担任网宣员、网评员。加强组织建设，召开2次专题会议研究党建工作，并要求各村上报年度党建经费使用计划。规范推荐优秀干部程序，镇党委研究干部人事工作4次，撰写干部队伍建设情况报告2篇。按照基层党组织标准化建设的要求，审核和上报卧龙村、甲格村2个百佳基层党建示范点。开展违规违纪发展党员专项排查整顿工作，排查党员739人，发现党员材料缺失等问题80余项，全部整改完成。

推进作风建设，践行“六个表率”组织开展书记大走访活动，镇党委书记累计走访调研87天，走访农牧民群众651户，调研学校1个、寺庙4个，发现问题5个，现场办结4个，限时办结1个，形成调研报告两篇。解决矛盾纠纷5起，排查安全隐患13起，办理民生实事48件。坚持党要管党、从严治党，落实“两个责任”，开展廉政谈话10人次。召开干部改进作风狠抓落实专题学习例会3次，理论中心组学习1次，累计学习70余人次。在“三个是否”专项活动中，开展学习3次，撰写心得体会15篇。召开“三个是否”专题民主生活会和专题组织生活会，自查问题19条，批评意见30条；组织生活会自查问题42条，批评意见51条。针对问题，提出整改措施与整改时限，逐一销户。聚焦“四查四问”，组织党员干部开展交流发言10余次。开展“做家访，抓作风，保廉洁，促和谐”家访活动，开展镇党委书记与班子成员、各村支部书记，班子成员与干部的谈心谈话2次，60余人次。

做好纪律建设，组织全镇领导干部观看反腐剧《零容忍》，撰写个人心得体会15篇。协助县纪委对全镇34名村务监督委员会主任、成员开展业务培训，提升各村监委监督能力。开展监察法、监察法实施条例知识测试活动，44人参加测试。开展党委书记上廉政党课3次，班子成员廉政党课30余次。聚焦森林防火、疫情防控、防汛防灾、安全生产、矛盾纠纷排查化解等重点领域重点工作及各村党支部“四议两公开”，镇纪委监督检查18次，发现问题32处。其中，整改问题26个，下发督查整改通知书4次，督查问题均整改完成。

2022年12月13日，林芝市委常委、组织部部长刘业强到卧龙镇宣讲中共二十大精神

【社会治理】2022年，卧龙镇累计召开党委部署会20余次。评选出村级“先进联户单位”22个，镇级“先进联户单位”4个，“先进集体”4个，县级“先进联户单位”1个，“先进集体”1个。推进法治宣传工作，开展法治宣传5次，悬挂张贴横幅标语180余条，发放各类宣传手册、挂历2100余册，受教育群众3500余人次。召开安全生产安排部署会11次，开展清查整治行动12次，发现各类安全隐患20起，依法没收销毁各类“三无”产品、过期产品药品、假冒伪劣产品9箱，下发责令整改通知书11份，批评教育16人次，全部整改完成销号。

【民族团结】2022年，配合上级部门研究制定“四个创建”的实施意见和年度方案。申请民族团结进步单位1个、民族团结进步村3个（麦村、真多村、甲竹村），6月组织三下乡与新时代文明实践站相结合在仙村开展活动1场，7月中旬组织甲格村与驻地部队联合开展文艺演出1场。推荐评选出第四批民族团结进步模范先进单位7个、先进个人2个。

【乡村振兴】2022年，卧龙镇完成18个行政村“一村一策”编制工作，统计“十四五”产业项目库52个。开展防止返贫动态监测两轮排查工作，全年脱贫户人数624人，比2021年减少3人。脱贫户人均纯收入1.71万元，比2021年增长11.5%。按照生态岗位遴选要求，因双岗、迁户等原因清退21人，新增符合条件人员9人，生态岗位287人。配合县虫草办的指挥调度，成立临时党支部8个，搭建“红色帐篷”8个，共设15个虫草采挖区，采挖区工作队3个，组织镇领导干部对辖区虫草采集点开展清山工作12次，设置固定大沟卡点5处，其中“三岩”搬迁群众参与采挖虫草区3个，“三岩”搬迁累计采挖人员380余人，天保搬迁采挖人数650人，累计进山采挖虫草群众6000余人，劝返无证采挖人员702人，保障虫草采集工作有序开展。做好全镇9500.68亩耕地的保护与管理，打造干水果产业带、庭院式经济，全镇5000余亩，1300余亩挂果，累计增收136.5万元。推进藏猪产业发展，真多村养殖286头、麦村养殖465头、单嘎努觉村养殖313头、嘎塘村养殖129头。

2022年7月15日，甲格村与驻地部队联合开展文艺演出

【生态环保】2022年，卧龙镇召开森防工作会议6次，组织宣传森防文件精神和森防“十个严禁”1000余次。开展森防培训演练两次，50余人参与演练；粘贴森防通告26张，镇森防办开展巡逻28次，全年各村护林员巡逻3万余次；在森防期清理林下可燃物10千米，出动200余人次。在公路沿线林区开展增湿工作，出动消防车辆32车次，累计400千米，增湿水

量600吨。与18个行政村签订环保责任书，小集镇垃圾转运站清运垃圾100余车；与小集镇各商铺签订门前“三包”责任书65份；调研各村垃圾清运情况20余次。

2022年4—7月，虫草采挖期间，米林县政府副县长乔直达（左三）带领县公安局干警、县边境管理大队干警、镇领导干部及镇边境派出所干警开展巡逻清山

【社会事业】 2022年，卧龙镇成立组成护边员大队1个，护边员小队8个，逐村逐户逐人统计边民相关数据，兑现边民补助572.94万元。协助配合上级部门落实搬迁工作，全镇搬迁分三批次开展，搬迁409户1456人，第一批搬迁到朗贡村的279户948人，完成钥匙发放工作。花费3.92万元为“三岩”搬迁群众购买柴火。4月，为仙村部分房屋进行屋面改造建设，面积5950平方米，总投资90万元。花费8万元为阿拉塘村、扎村、江中村、真多村4个村维修道路；帮助身患癌症滞留拉萨日村村民1人，申请临时救助金1万元。全年全镇医保参保人数4482人。门诊量2842人次，报销门诊费用30万元，镇政府联合卫生院组织173人开展保护性灭獭堵洞1733个，有效防止鼠疫的发生。需兑现草原生态补助奖励资金为441.90万元。兑现生态效益补偿资金，涉及1082户4438人，累计兑现610.84万元。

【疫情防控】 2022年，全镇推进复工复产工作，雅下水电项目47人、高标准农田项目17人、水肥一体化项目9人均完成复工。

（中共米林县卧龙镇委员会）

派　镇

【概况】 2022年，派镇坚持以习近平新时代中国特色社会主义思想为指导，贯彻落实中共十九大和十九届历次全会、中共二十大及中央第七次西藏工作座谈会精神，学习贯彻习近平总书记关于基层党建、西藏工作的重要指示和新时代党的治藏方略，推进乡村振兴各项事业，服务县重点工程项目，维护社会和谐稳定，做好疫情防控工作，在创建民族团结先进镇、应对疫情防控、服务重大项目建设、基层社会治理等各方面工作中取得进展。2022年，全镇有9个行政村14个自然村，居民637户，人口2293人。全年农作物总播种面积为7271.71亩，农作物总产量171.57万千克，粮食总产量144.12万千克，各类牲畜1.19万头（匹、只）；农村经济总收入9854.02万元，同比2021年增长8%，农牧民人均纯收入2.79万元，同比2021年增长12%。

【党建工作】 2022年，派镇坚持从严治党，推进基层党建工作，加强党员教育工作，10个远程教育站点利用率100%，结合“三会一课”、主题党日活动、国家通用语言培训微讲堂等，开展各类教育活动指导实践110余次，参训村干部580余人次，确保全镇党员干部步调一致、行动统一。坚持把理论学习与巩固党史学习教育和“三更”专题教育成果相结合，规范党委理论中心组学习，注重提高学习质量和效果，全年组织集体学习11次，研讨3次。在全镇开展迎接中共二十大系列文艺会演、赛马节、知识竞赛等活动3次，引导全镇干部群众将对党绝对忠诚落实在实际工作中。加强组织建设。科学制定各村组织振兴方案，规范各村村规民约。加强后备干部队伍建设，全镇配备村后备干部58名；全年全镇发展预备党员8名，转正党员16名，增强镇、村两级党组织战斗力和凝聚力。实行班子成员联系基层党支部责任制度，实现党员领导干部支部工作联系点“全覆盖”，提升基层党组织凝聚力、战斗力。结合林芝市乡村振兴“百佳基层党建示范点”创建工作，重点打造麦朗村党建示范点，协同推进全镇基层党组织标准化建设，加强索松村“软弱涣散”基层党组织整顿工作，发挥基层党组织战斗堡垒作用和党员先锋模范作用，优化提升基层治理能力和水平。

推进党风廉政建设，落实“一岗双责”，履行党委书记“第一责任人”的职责。将党风廉政建设和反腐败工作与全镇重要工作相结合。加强对党风廉政建设责任制落实情况的督查，坚持经常性检查与重点督查相结合，从源头上推进反腐倡廉各项工作的落实。开展信访规范化建设，完善信访接待和登记制度，规范处置信访线索，提高信访工作群众满意度。围绕乡村振兴、工程项目等重要领域，推进反腐倡廉教育、预防、监督、纠风、查案等工作。开展进一步改进作风狠抓落实工作，坚持问题导向、目标导向、结果导向，开展“大调研、大讨论、大落实”活动，组织召开“三个是否”专题民主生活会与组织生活会，增强党员干部政治意识、规矩意识。

贯彻落实党中央和上级党组织关于意识形态工作的决策部署和指示精神，把握正确的政治方向，健全完善并执行党委中心理论学习组制度。定期研判意识形态领域情况，维护意识形态安全。全年专题研究意识形态工作2次。规范10个新时代文明实践所（站）建设，宣传文明新风，把控意识形态。发挥群团组织作用，加强对工会、团镇委、妇联等群团组织的领导，推进党建引领作用，完善党建带群建机制，推动群团组织依法依章程开展工作、发挥桥梁纽带作用。组建青年志愿者队伍、巾帼志愿队伍等，围绕疫情防控、乡村振兴等重点工作开展志愿服务活动。完善帮扶生活困难干部职工机制，关心干部职工身心健康，开展各类文体活动，丰富干部生活。

【产业发展】 2022年，派镇结合现有旅游资源及区位优势，加快景区投资力度与开发利用进度，加快景区给水、排污、垃圾处理等基础设施建设，打造格嘎休闲康养中心、麦朗工布民宿体验村、达林松赞南迦巴瓦山居附属项目等项目，以高端民宿引领产业融合，推动模式创新、价值叠加、引流聚商，提升全域旅游创新发展质量。加快发展高原特色种植业和现代设施农业，推进优质青稞、高产油菜和特色经济林果等现代种植业生产基地建设，加快传统农业改造升级，打造多雄村种子田，推进“水肥一体化”进程。全年全镇小麦播种面积6385.86亩、青稞播种面积1594.14亩、油菜播种面积804.7亩；小麦产量为1439.23吨、青稞产量为344.72吨、油菜产量为96.19吨；小麦每亩产量225.38千克、青稞每亩产量216.24千克、油菜每亩产量119.54千克。保质保量完成牲畜疫苗注射工作，实现“镇不漏村、村不漏户，户不漏畜，应免尽免”的工作目标，全年免疫接种生猪2200头次，牛4700头次。实施畜种改良工作，落实国家冻精良种补贴项目，全年全镇黄牛改良任务150头，完成黄牛配种任务92头。推进农村集体产权制度改革，全镇清产核资、成员身份界定、股权量化完成9个行政村14个自然村，完成100%。成立股份经济合作社23家，完成100%。全镇成立23个集体经济组织，赋予新型集体经济组织独立市场主体资格。

2022年7月12日，由自治区农业农村厅、市农技推广中心专业技术人员组成的专家组到派镇开展粮油绿色高质高效创建项目验收工作

【党管武装】 2022年，派镇加强组织领导，提升党管武装工作水平。镇党委政府坚持贯彻党管武装工作各项方针政策，年初召开党委会，制订工作计划，安排工作部署，明确工作任务，明晰工作职责，把武装工作纳入党委重要议事日程。完成征兵工作宣传任务，通过微信平台、走村入户、悬挂横幅等形式开展征兵宣传。开展民兵整组工作，根据编制机构设置对民兵定岗定位，优化配置，协助村“两委”发挥尖兵带头作用，在重要节点参加联防联控工作。

【人大工作】 2022年，派镇始终把党的领导贯穿于推进人大依法履职全过程，围绕镇党委确定的工作目标和工作安排，通过开展调查研究，听取人民群众的意见建议，推动镇党委各项工作要求落到实处。到“三岩”搬迁群众家中，帮助群众解决生产生活难题，全年为搬迁群众办实事5件，累计资金2.1万元。贯彻落实以人民为中心的发展思想，提升监督手段和监督水平。全年走访4个行政村8名代表，收集问题和意见建议10条。按照时间节点进行选民公示、初步候选人公示、正式候选人公示、召开代表选举大会等程序补选3名人大代表，3名代表当选率100%，高质量完成补选工作，并将前次会议中提出的18条意见建议进行说明，确保意见建议事事有回应，件件有着落。

【乡村振兴】 2022年，派镇推进巩固脱贫攻坚成果同乡村振兴有效衔接，落实“四个不摘”，调整完善派镇乡村振兴工作领导小组，全面加强对乡村振兴工作的领导，调整充实乡村振兴办公室工作人员，健全防止返贫监测和帮扶制度机制，完善农村基础设施建设，做好医疗、教育、环境卫生等民生事业，做好“三岩”搬迁群众后续各项生产生活保障工作，加强对脱贫户的技能培训及后续帮扶，增强内生发展动力，做好保障和改善民生各项工作。全年建档立卡脱贫户生态岗位89个，补贴资金31.15万元。落实建档立卡脱贫家庭子女接受高等教育补助8人，补贴资金4.47万元；落实防返贫保险，为所有脱贫户购买防止返贫保险；开展实用技术培训2次，参训156人次。巩固全镇脱贫攻坚成果。

2022年9月21日，米林县委副书记、县长多吉扎西同县乡村振兴局、县农业农村局、县住建局、县财政局、县水利局等单位到派镇格嘎村开展乡村振兴项目调研工作

【生态环保】 2022年，派镇围绕生态环保，正确处理生态与发展的关系，做好生态环境保护宣传教育、垃圾治理、河湖保护等工作。筹备迎接中央环保督察工作，从年初至5月，动员全镇各村群众，整治村容村貌、卫生死角、历史遗留等重点难点区域，排查整改第一轮中央环保督察组查出的问题。全年开展环保专项检查35次，发放环保宣传手册200余份，开展防火宣传2次，草原防火安全隐患排查3次，发放防火宣传手册150余份，制作环保宣传展板200平方米。制定并下发《派镇生态环境排查整治工作方案》，对9个村委会开展大排查工作，发现大小问题14处，均整改完毕。加强环境监管，坚持源头严防、过程严管，配合第二轮中央生态环保督察工作，针对索松村吞白小组生态环境问题举报事件看，逐一落实整改，于8月3日完成整改。

【社会治理】 2022年，派镇做好交通安全、公共安全等工作，提升社会治理能力，确保全镇社会局势和谐稳定。做好矛盾纠纷排查工作，排查化解矛盾纠纷7起，办结信访案件4件。开展国家安全宣传教育，发放相关法律法规宣传册200余份，悬挂横幅2条，滚动播放LED标语10条，到35家商铺开展国家安全基础知识、相关法律法规宣传，为200余名群众现场答疑解惑、释法说理，30余人次参加全民国家安全教育日线上答题活动。落实安全生产工作，调整充实派镇安全生产工作领导小组。镇政府与各村、重点企业签订安全生产目标责任书，定期组织开展安全生产大检查，对排查中发现的各种安全生产隐患和问题，责令其立即整改。组织开展农村居民住房安全隐患排查工作，全年排查全镇651户601栋房屋，总面积11.63万平方米，发现49户52栋房屋存在安全隐患，存在隐患面积1.04万平方米，并形成报告上报县住房和城乡建设局。组织开展“安全生产警示教育月”活动，全镇组织观看安全警示片，600人次参加，开展应急管理和安全生产宣传教育。加强食品药品安全监管，降低非法集资风险、互联网金融风险、电信诈骗风险，有效应对疫情、旱灾、洪涝灾害的考验，保障全镇安全生产。

【疫情防控】 2022年，派镇开展常态化疫情防控工作，由镇党委政府统一指挥、协调调度，明确责任分工，调整充实派镇工作领导小组，制定下发工作方案，全面开展防疫宣传等工作。8月，派镇及成立工商业抗疫临时党支部，有序保障服务游客1600余人返程，发动干部职工28人、志愿者50余人下沉。累计协调解决复产复工油料30吨、水泥700吨、生活物资10吨。重点项目中，在做好森防与安全生产的前提下，派墨公路全面复工、雅下项目相关勘探工作有序复工，高标准农田、格嘎村康养中心、派镇小集镇风貌改造等项目有序开展。

（中共米林县派镇委员会）

里龙乡

【概况】 里龙藏语意为“神仙出没的地方”，又意为“宗教第一路”或“天堂第一路”。里龙乡位于米林县西南部北纬29°7′0″，东经93°51′56″，辖区总面积2181.82平方千米，219国道横贯里龙乡，交通便捷平均海拔2970米，下辖甲帮村、才巴村（茂公村、堆米村）里龙村（益当村）、仲萨村（当嘎村）、巴让村（邦则村）、朗贡村、玉松村、德吉新村、康桑村（“三岩”搬迁集中安置点）9个行政村和14个自然村。2022年，全乡居民564户，人口2260人。全乡农作物总播种面积6973.83亩，总产量176.49万千克，农村经济总收入9955.37万元，农牧民人均纯收入30042.32元，比2021年同期增长11%，现金收入2.31万元，比2021年同期增长2.8%。

【党建工作】 2022年，里龙乡加强党风廉政建设组织领导，推进党风廉政建设工作。先后召开4次党委会专题研究党风廉政建设工作，召开党风廉政工作推进会1次，理论专题学习6次，班子成员向党委书记述职述廉1次；开展集体廉政谈话2次，与6名党委班子成员进行“一对一”谈话，诫勉谈话3人。推进作风建设，把“四查四问”“三个是否”作为全乡作风建设的工作，全年查摆整改班子及个人问题24条，梳理解决民生问题5件；组织开展疫情防控、森林防火、安全生产专项监督检查23次，发现并督促整改问题15个；党委书记遍访321户群众，撰写调研报告2篇，发现并解决涉及边境补贴、基础建设、社会救助等问题3件。通过“线上里龙”栏目和书记、乡长热线解决民生问题10件；开展集体学习活动52场次，各级党组织书记讲党课9场次，受众1000余人次，干部职工撰写心得体会42篇。加强巡乡带村整改工作。结合乡村两级巡察整改工作要点，剖析巡察整改中乡党委所存在问题，找准改进举措，确保巡察整改工作落实落地。全年组织理论中心组学习5次，开展专题研究3次；新建档案室、保密室各一间，组织3名保密专干开展保密培训1次；党委班子成员与村干部谈心谈话24次，入户走访群众30次；健全完善6项制度台账，开展业务培训4次，督促财务收缴违规发放加班补助5.26万元。

推进廉政警示教育工作。开展第二十七个党风廉政建设宣传教育月活动，在“线上里龙”

公众号等新媒体平台发布以“青年干部话清廉”为主题的宣传教育微视频6个，收集相关短文6篇、书画作品2幅。依托党委书记上党课，开展廉政教育为主题的党课活动6场，组织党员干部观看警示教育片4次，受教育党员干部300余人次，收取心得体会32篇。

落实学习中共二十大精神，乡党委研究通过《里龙乡党委理论中心组学习党的二十大精神工作方案》《里龙乡学习贯彻党的二十大精神宣讲工作方案》，建立以乡党委书记蒙少杰为团长、政府乡长嘎桑、乡党委副书记徐术洲为副团长的里龙乡宣讲团。细化学习宣传方案，把集体交流、个人学习体会以及小组讨论的结果进行会前分享，全年开展相关集体交流20余场。开展包村领导干部带头学、走村入户宣讲中共二十大精神，乡党委书记蒙少杰下村开展精神专题宣讲会12场、政府乡长嘎桑开展专题宣讲会11场，以及各党政领导班子和包村领导、包村干部等以宣讲会、入户宣讲和座谈会等形式开展100余场，农牧民宣讲员及驻村工作队、村干部开展200余场，做到中共二十大精神进基层、进家庭。

【社会治理】2022年，里龙乡划分4个片区设立片区长4名，下派9名科级领导干部到一线，设立15个值班卡点。实施“平安乡村联防联控平台+N”的举措，用好10个矛盾纠纷调解室，定期不定期排查问题隐患，提升基层治理能力和治理水平现代化。全年利用平台处理违法案件10起，化解矛盾纠纷68起；推进服务管理、平安创建等工作。做好刑满释放、社区矫正、精神病等18人的管理帮扶工作，排查出临时网格单位的37处安全隐患，全部整改到位。

【民族团结】2022年，里龙乡围绕民族团结目标任务，创新打造民族团结“五个一”示范点，推进全乡民族团结进步创建工作。开展党的民族政策和法律法规宣讲、国家通用语言文字学习40场，受教育农牧民群众2200余人次，开展线上答题活动1场次。

【乡村振兴】2022年，里龙乡聚焦产业发展，因地制宜发展产业项目，助力群众增收致富，西藏圣核农业科技股份有限公司租赁仲萨村当嘎小组、甲帮村、才巴村种植水蜜桃、西梅2500亩，带动农牧民群众致富124.9万元。西藏军区援建苹果种植项目带动群众增收1.7万元；投资2000万元建设朗贡村抵边产业项目温室大棚；投资500万元建设朗贡村川贝母种植基地；投资2823万元为353户抵边安置群众购买犏奶牛2989头。甲帮村藏香猪养殖项目出栏130余头，收入36.4万元；甲帮、里龙、玉松、朗贡等村集体农家乐实现经营性收入104.9万元。建立乡、片区、村三级乡村振兴组织体系，瞄准各村发展差异和突出问题，提出具体解决方案，完成“一村一策”方案制定。健全防返贫动态监测和帮扶机制的实施方案和监测台账，开展脱贫不稳定户、边疆易致贫户突发严重困难户排查11次，推动巩固脱贫攻坚成果同乡村振兴的有效衔接。全年建档立卡脱贫户92户334人，人均纯收入17626元，比2021年增长25.96%。

【教育工作】 2022年，落实控辍保学和送教上门工作要求，通过走村入户等形式，劝返2名适龄儿童重返校园，为4名残疾儿童开展33次送教上门活动，确保每名适龄儿童都能接受良好的教育。同时安排5万元帮助里龙小学解决房屋漏水问题，改善学生的就学环境。

【基础设施建设】 2022年，国道219横贯里龙乡全境，其中9个行政村中有德吉新村、玉松村、仲萨村、里龙村、甲帮村5个行政村在国道219旁。全乡建有14个村级文化室；里龙乡中心小学1所，学生入学率、巩固率为100%；村级幼儿园6所；村电视覆盖率100%，调频概率达100%；有卫生院1所，农业银行点1个。拆除违规违建建筑，核查违法违规使用草场及耕地等情况，落实问题整改。全年督导环境卫生、垃圾转运站、玉松村砂石场等易发问题点13次，整治清理才巴村乱圈乱占草场220余亩。

2022年11月2日，县委书记严世钦（右三），县委副书记、政府县长多吉扎西（左三）一行带领抵边搬迁安置工作的县级领导、相关县直部门负责人到里龙乡朗贡安置点开展抵边村镇建设

【重点项目建设】 2022年，里龙乡通过抓项目建设推动全乡经济高质量发展，木如1号、2号抵边搬迁安置点项目建设处于收尾阶段，完善基础设施及公共服务设施建设，累计完成投资3.14亿元，带动300余名农牧民群众实现增收1500余万元。

【医疗卫生】 2022年，里龙乡做好大病统筹、个人账户管理工作，全乡个人账户覆盖率和个人缴费人口覆盖率分别为100%和95%，全乡居民养老保险在遵循自愿缴费的前提下缴费735人，缴费金额16.39万元。开展包虫病防治及宣传工作，组织包虫病相关知识宣传教育30余次。推进食品药品排查工作力度，排查30余次，对辖区内卫生不合格的饭店全部要求限时整改，确保食品安全。

【农牧工作】 2022年，里龙乡开展春、秋季防疫工作2次。全乡牛应免10200头，实免10158头，免疫率99.6%；猪应免3028头，实免2905头，免疫率达95.9%；羊应免50只，实免50只，免疫率100%。

【生态文明】 2022年，里龙乡推进河长制工作，坚持常态化巡河护河，明确区域与流域相结合的县、乡、村三级河长组织体系，集中整治雅江沿线违章建筑、种植养殖、乱堆乱放等，定期督查、通报问题整改情况。全年整治清理各类问题5处，开展巡河264次，完成率86.02%。落实林长制、河湖长责任制，全年办理入林手续5002人，搭建28个煨桑点围墙，清理违规搭建房屋5处，整改完成3个点林区未批先建问题，开展清林工作4次，三级林长及护林员巡逻52次；巡查地质灾害隐患重点点位、山洪泥石流易发区域24次，清理泥石流、塌方路段37处。贯彻落实2022年度里龙乡环境保护目标责任书，开展农村环境综合整治，构建生态宜居乡村。全年组织开展环保培训班2课次，受训500余人；开展环境卫生整治58次，参与党员群众1500余人次；“3·12”植树节植树4000余棵。

【稳边固边】2022年，里龙乡做好边境管理，发挥朗贡村、巴让村巡逻执勤点作用。全年开展边境巡逻200余次，累计参与群众820人次。推进欠薪处理工作，成立清理欠薪专项领导小组，对欠薪问题再排查再核实，做到拖欠资金兑现完成。全年铁路“双拖欠”涉及金额协调解决428.34万元，剩余争议资金1.66万元；抵边搬迁项目拖欠民工的3000余万元工资12月底完成支付。推进抵边建设，2个抵边搬迁安置点新建房屋353栋，有组织、有计划、分批次搬迁1412人，完成353户1412名抵边搬迁群众房屋交付工作。提前谋划产业布局，重点发展特色畜牧业和种植业，适当发展第三产业，促使一、二、三产业融合发展，确保搬迁群众搬得进、稳得住、能致富。加强“五共五固”活动，拓宽军警地共建领域，落实双拥共建工作，推动军民融合发展。全年慰问5个驻地连队1次，开展军地联合巡逻7次，参与官兵、群众50余人，协调工程队为部队项目平整土地10余天，金额4万余元。

【疫情防控】2022年，里龙乡乡机关、派出所、卫生院、村“两委”、驻村工作队、农牧民党员、群众各方力量形成合力，开展疫情防控工作。全年召开5次党委会，14次工作推进会，8次片区长会专题安排研究解决各项工作内容。选派干部和民警141人次参与朗贡抵边建设项目押运工作，押运车辆102台；投入2.7万元规范卫生院“三区两通道”、穿脱区建设；为各村、各重点建设项目发放38.4万元的防疫物资。

（中共米林县里龙乡委员会）

羌纳乡

【概况】羌纳乡藏语意为“太阳照不到的地方、江河的背阳处”。羌纳乡距米林县城43.7千米，林芝市区50千米，林芝米林机场24.8千米，下辖岗嘎村、巴嘎村、西嘎村、朗多村、羌渡岗村、色沃村、娘龙村、结果村、米尼村9个行政村，全乡有660户2645人，是以农业生产为主的半农半牧乡。全年农村经济总收入12372.43万元，第一产业收入2864.57万元、第二产业收入125.42万元、第三产业收入9382.43万元，农牧民人均纯收入32959.29元，同比增长11%。

2022年，羌纳乡依托乡境内的产业化龙头企业，通过土地流转、提供原材料、转移就业等途径，让农牧民群众致富增收，同时借助企业的技术优势和营销渠道，带动全乡庭院经济发展，实现村庄水果产业全覆盖。加强与银丰农牧、可心农业、盛世农业、润鑫建材等各类优质企业合作，推动产业融合发展，优化农牧业布局和结构，提升农牧产品有效供给，延展产业链。坚持多种经营，深化产业发展融合度，涌现出的西嘎民族文化传承体验馆（藏纸厂）、朗多客栈群、巴嘎慈祥阳光农庄、米尼吉秋米利民家具农民合作社等一批优秀本地品牌。形成集现代观光农业、冷链仓储、苗木花海、民族手工艺、旅游观光等产业项目集聚互补、融合发展的良性产业生态格局。

【党建工作】 2022年，贯彻落实新时代党的建设总要求，加强党的建设在稳定发展生态强边中的引领带动作用，推动党建工作与重点工作深度融合、同频共振。提升思想政治建设，坚持把学习贯彻习近平新时代中国特色社会主义思想作为首要政治任务，聚焦中共十九届六中全会、习近平总书记在西藏考察时重要讲话精神，以及王君正书记在林芝调研讲话精神，以自治区第十次党代会、林芝市第二次代表大会以及米林县第十次代表大会精神为指引，完善充实党委理论中心组学习计划和支部学习计划，通过集中学习、交流研讨、撰写心得体会等方式组织全乡领导干部开展理论学习20余次；制作发放《羌纳乡党员干部教育读本》70余本，打造“党建微课堂”学习平台，增强领导干部政治意识和理论水平。同时，制作《学习宣传贯彻党的二十大精神“口袋书”》100本，召开共学中共二十大学习会，组织辖区各单位学习中共二十大主题党日活动等方式。注重宣传媒体推介。用好新媒体平台，从推文数量和质量上进一步提升“羌纳时事”公众号宣传水平，岗嘎村军地共建促进产业发展相关活动在CCTV-7《国防军事早报》报道；羌纳乡朗多江心岛生态纪录片《从荒滩到绿洲 江心岛的生态蝶变》在西藏新闻联播播出，“西藏西嘎门巴民众：从墨脱到米林生活实现蜕变”“喜看羌纳乡硕果累累时”“民族团结一家亲 爱国歌曲大家唱”等30余篇报道在人民网、中国新闻网、西藏卫视、《西藏日报》、“学习强国”等媒体平台刊发。10月，西嘎村、岗嘎村、可心农业获得全市百佳基层党建示范点。

落实巡察整改工作，乡党委第一时间组织召开整改工作部署会，研究制定整改方案，加强整改措施和具体完成时限，梳理整改措施103条，历经3个月，十届米林县委第一轮第一巡察组反馈的10类32个问题全部整改完成。9个行政村均召开巡察整改专题组织生活会，按照“件件有着落、事事有回音”的工作要求，剖析巡察整改提出的问题，增强自身建设水平。

推进党的作风建设，贯彻落实区党委、市委、县委关于改进作风狠抓落实工作的总体部署要求，围绕“四查四问”找短板、聚焦“三破三立”树新风，通过开展业务技能比赛、观看《零容忍》纪录片和召开“三个是否”专题组织生活会等，提升党员干部业务能力和廉洁意识。制作羌纳乡进一步改进作风狠抓落实自查自纠情况统计表，按照“四查四问”35个问题和上次民主、组织生活会问题开展查摆，结合工作实际制定改进措施，明确整改时限，做到整改一个销号一个，确保查找的问题得到全面整改落实。打造结对共建品牌，羌纳乡岗嘎村党支部争取与水利部小浪底管理中心开展建立结对共建机制，制订《小浪底水利枢纽管理中心与岗嘎村党支部结对共建工作方案》，签订黄河小浪底水资源投资有限公司 米林县羌纳乡人民政府 岗嘎村党支部结对共建协议，吸纳帮扶资金108万元涵盖3项共建内容：打造共建文化墙，提升村居整体环境；新建灌溉水渠，完善村集体经济配套设备；建设后勤蔬菜供应农副产品展销点，延伸乡村振兴抓手，明确结对共建目标。8月，水利部小浪底水利枢纽管理中心党委委员、纪委书记夏明勇一行4人与羌纳乡岗嘎村开展“军企携手共巡边 水利惠民促团结”的主题党日共建活动，通过共过组织生活、开展学习交流、共走巡边路等形式，探索建立帮扶共建“双向主题党日”工作机制，促进党建与各项工作的融合发展。

【社会治理】 2022年，通过党委理论学习中心组和机关支部党员“三会一课”，专题学习国家政治安全的政策内容，乡党委委员和全体机关支部党员，就立足本职岗位和思想政治教育等方面如何确保政治安全分别发言，提高政治判断力、政治领悟力、政治执行力。加强矛盾纠纷排查，落实值班带班制度。加强对各村、辖区企业、个体商户的治安隐患排查和整治工作，消除治安风险隐患，排查各类矛盾纠纷80余次。及时处理和落实信访案件和群众问题，避免矛盾激化。加强公共安全管理，坚持每季度召开安全生产例会，分析、研究安全生产出现的新情况、新问题，安排部署检查督促、整改和落实工作。年初与各村、相关企业签订安全生产责任书20余份，到辖区企业开展安全生产宣传教育活动40余次，增强企业的安全生产意识。不定期到企业进行监督检查60余次，督促企业完善安全生产台账和隐患排查治理措施，推动企业安全工作。

2022年10月11日，自治区人大常委会副主任唐明英（前左）到西嘎村调研并慰问脱贫户

【民族团结】 2022年，构建民族团结宣传教育阵地，由广东省第九批援藏工作队投资396万元建设的西嘎村门巴文化历史展示馆及村公房建设项目完成主体建设。该公房共三层，总建筑面积995.52平方米。由水利部小浪底管理中心投资60万元建设的岗嘎村民族团结文化长廊完成设计，在墙面以彩绘形式描绘水利援藏、军地共建等故事，提升边境民族团结氛围，丰富民族团结创建载体。同时，围绕米林县民族团结进步创建工作目标，推进民族团结进步模范建设工作进乡镇、进企业、进学校进寺庙，巩固羌纳寺民族团结模范寺庙工作，将西藏可心农业发展有限公司打造为市级民族团结模范企业，将羌纳乡中心小学打造为模范学校。

【产业发展】 2022年，推进“一带三区一基地”建设，优化产业结构，增强内生动力。推动乡村振兴，乡党委先后召开4次安排部署会，专题研究乡村振兴工作，明确羌纳乡乡村振兴战略总体思路。由羌纳乡党委班子成员及乡村振兴办分管领导走访调研各村“一村一策”编制工作，摸清各村基础设施建设情况和产业收益情况，明确土地性质。制订《羌纳乡健全防止返贫致贫监测和帮扶机制实施方案》《一村一策编制方案》，确保“一村一策”精准到位。全年投资3750万元涵盖5个村的乡村振兴提升项目，完成编制申报，下阶段主动对接，确保项目平稳落地。产业融合促进增收，依托羌纳乡区位优势，通过土地流转、劳动力转移就业、机械用工等方式，带动全乡农牧民群众增收。9个行政村均实现有集体经济的目标。银丰生态农场通过土地反租倒包、圈舍出租、吸纳劳动力务工等形式，帮扶农牧民群众拓宽增收渠道。帮扶建档立卡贫困群众300余次，带动群众增收600余万元；可心农业发展有限公司通过土地流转、吸纳大学生就业、原材料收购、预加等方式，带动农牧民增收10余万元。藏纸加工厂合作社采取“政府扶持+合作社+能人+贫困户”的经营发展模式，在原有的基础上壮大藏纸加工厂合作社规模，带动贫困户9户39人增收致富，每户年均增收2000元。同时将文化广场和民俗家庭展示打造成特色旅游亮点，每年为村集体分红5万元。盛世农业科技有限公司探索“基地+村集体+农户”的发展模式，通过土地流转、提供岗位、提升技能的方式，覆盖周边5个村208户830人，累计获得劳动报酬200余万元，劳务费与机械费累计330万元、土地流转资金190万元。

【改善民生】 2022年，安排专人完成春季备耕统计工作，落实补贴预购58吨有机肥，确保春播工作有序开展。邀请县技术人员到乡进行实地指导、定期组织果树修枝工作等形式，提高农牧民群众种植水平；推动城乡居民基本养老保险和城乡居民医疗保险，普及医疗结算一站式服务。全年1168人参加城乡居民养老保险，高质量完成全年任务；乡卫生院与全乡居民660户2645人签订家庭医生责任书，定期到村为群众检查身体，确保群众健康状况及时掌握，推进农村社保医疗等保障工作。对接上级部门做好“广播电视户户通”各项工作，并每季度在小集镇、各村及羌纳寺安排维修人员进行维护工作，确保辖区群众正常收视。

【生态环保】 2022年，推进生态环保工作，将环保相关内容纳入村规民约，加强干部、群众生态环境和资源保护意识。做好土壤污染防治，推进朗多村水美乡村、森林人家等生态项目，在兼顾环境保护的基础上利用当地优势资源，拍摄朗多江心岛生态纪录片《从荒滩到绿洲 江心岛的生态蝶变》，并在西藏新闻联播播出。加强督促整改，对照中央环保督察内容，完善措施，加快补齐短板，做到发现问题在前、解决问题在先。推进林长制工作，开展林长制改革，以绿化提升、增绿增效和脱贫攻坚等相结合，加强林业经济结构调整，促进林业生产持续发展，落实羌纳乡林长制实施方案。设立乡村两级林长制工作领导小组，成立林长制自查专班，由党委书记孙诚春和政府乡长久美次仁为总林长，设乡级林长9名、村级林长43名，林权改革办公室为林长办公人员。加强封山育林管理，禁止天然林采伐；加强公益林、天然林管护，严禁生产性经营活动。推进河长制工作，执行相关制度规定，加强巡查力度，坚持乡级河长每月至少巡河3次，河长每月巡河不少于2次，村级河长每周不少于2次的河道巡查制度，教育并制止倾倒垃圾等不文明行为，减少沿线“四乱”现象。引导农民科学施肥，政策上鼓励农民使用有机肥，推进农药化肥统防统治工作，降低生产活动带来的水土污染。

推进宣传教育，利用微信、QQ、河道宣传牌、常态化开展巡河护河宣传，确保流域9个行政村全覆盖，提升居民维护河道环境的自觉性，增强群众护水的环保意识。落实森林防火工作，召开专题会议研究部署森林防火工作，同村、防护队等签订森林防火责任书20余份，责任层层落实到村、到人。在冬春季防火期，发放防火宣传单400余份，张贴横幅55幅，发送森林防火宣传视频44条，实现护林防火宣传无缝隙、全覆盖。组织群众清理道路两侧易燃物，对道路附近开展增湿工作，降低道路过往车辆、行人所带来的火灾隐患。以自然村为单位，择优自本村党员、民兵、村两委选拔10人组建森防突击队，并高效发挥基层队伍力量，确保每村每天5名护林员在岗在位、巡林护林。森防办针对羌纳乡森防工作隐患加强排查，整改结果沟19处、岗嘎村4处、西嘎村5处林区私搭乱建房屋情况，消除火灾隐患。

【稳边固边】2022年，加强边民群众教育培训，推进边境一线民族团结教育和感党恩教育，开展“党的光辉照边疆、边疆人民心向党”教育，加强党史、新中国史、改革开放史、社会主义发展史以及西藏地方和祖国关系教育，增强边民群众“五个认同”，开展爱国主义和边防政策法规宣传教育9场次，铸牢中华民族共同体意识。筑牢边防工作基层基础，合理运用乡村护边力量，依托本土群众，动员乡、驻村工作队、村“两委”班子、村医、巡边员、护边员、民兵等群体探索守边护边安全模式，确保巴嘎沟边境卡点每天5人执勤在岗，落实卡点值守、联合巡逻等措施，筑牢羌纳强边固边防线。按照“应纳尽纳、应退尽退”的工作原则，各挂点领导前往各村开展实地调研取证，通过收集各村照片、口述资料、各沟内现状、生产生活情况等资料的方式，提供相应佐证材料和解释说明，确保“应纳尽纳”。同时，推进护边员和巡边员整合工作，优化队伍人员配置，调动队员护边巡边积极性。推动“五共五固”示范引领，乡党委聚焦“五共五固助力产业发展”，签订农副产品采购协议，由岗嘎村每年向驻地部队供应不少于价值120万元的各类蔬菜。开拓建立起订单式农业发展新模式，推出20余种特色产品进驻部队超市专柜销售，在“五共五固”共建过程中，结合水利部与岗嘎村结对共建新形势，帮助岗嘎村新建军地共建惠民拥军党建特色氛围文化墙，中央扶持军民共建蔬菜大棚集体经济项目的水利灌溉设施、建设岗嘎村军地共建农副产品展销点等项目，拓展高原特色农产品销售市场和渠道。

【疫情防控】2022年，成立由乡党政主要领导为组长的疫情防控工作领导小组，制定完善各类疫情防控工作方案，落实11名党政领导班子、驻村驻寺人员和村“两委”工作责任，广大党员干部带头做好各项工作。指定驻村工作队和挂点领导为生活保障负责人和医疗保障负责人；安排专人到米林县物资转运站接送市域外运送物资车辆和人员。

（中共米林县羌纳乡委员会）

丹娘乡

【概况】 丹娘乡位于米林县东南部，总面积536.18平方千米，海拔2900米，距米林县城69.4千米。下辖6个行政村，居民434户，人口1837人。丹娘乡是以农业生产为主的半农半牧乡，耕地面积5281.37亩，主要农作物有小麦、青稞、油菜等，当地特产主要有藏鸡、藏猪、松茸等。森林资源丰富，有林地3.39万公顷，森林覆盖率63.16%，主要林木品种有高山松、云杉、冷杉、川滇高山栎；药材种类有当归、党参、麻黄、天麻、三七等；野生动物有黑熊、野兔、野鸭等。2022年，丹娘乡经济总产值4324万元，与2021年相比增长5.9%。其中第一产业总产值1135万元，同比增长6%；第三产业总产值2321万元，同比增长4.21%；农村居民纯收入从1.65万元增长到1.68万元。农牧业显著增长的同时，交通运输业、商业餐饮业，旅游产业发展增长，全乡经济发展呈现稳中向上的趋势。全乡经济结构发生改变，第一产业占总产值的42%，第三产业占总产值的58%，经济结构由传统农牧业逐渐被新兴产业和新兴服务行业取代，第三产业比重上升，第一产业由传统的粗放型农牧业转变为集约型农牧业，粮食总产量1194.35吨。

【党建工作】 2022年，丹娘乡坚持政治理论学习，完善以党委会和理论中心组学习为龙头、机关支部学习为依托，集中学习和分散学习为基础的理论学习体系。全年累计带头参与理论中心组集中学习研讨12次，参加支部和集体理论学习40余次，撰写学习笔记和心得体会60余篇。开展党员干部、党支部书记等集中轮训，拓展以会代训、支部集中学、主题党日体验学、联系支部领导带动学等模式，推动各层次各类型党员学习常态化全覆盖，推进党员教育培训工作，开展党员政治理论教育、国家通用语言文字培训30余次，覆盖党员500余人次。落实乡党委抓基层党建主体责任，推动党建责任落地落实。召开党委会专题研究部署党建工作2次，研究部署基层党建任务，制定2022年度党建工作要点，确保党建各项任务落实到位。落实党建“第一责任人”职责，落实班子成员联系支部制度，调研基层党建工作开展情况5次，开展书记讲党课活动8次。开展支部标准

2022年7月15日，米林县老干部到桑巴村开展“喜迎党的二十大”风采系列活动

化建设，保证基层党建工作全面进步，开展百佳基层党组织建设1个，完成软弱涣散党组织整顿1个；把好党员入口关，培养入党积极分子13名，发展预备党员7名。加强党员日常教育管理，完善党员“三包”、无职党员认岗认责工作，做好党费收缴、使用和管理以及党员组织关系接转工作。开展违规违纪发展党员大排查大整治工作，治理党员档案200余份，排查出问题100余个，均整改完成。推进党建品牌建设，推广“五共五固”军地基层党组织建设，结合实际开展结对共建，总结经验做法，选树典型、推广典型，发挥典型示范带动作用，筑牢守土固边钢铁长城。推动党内政治生活规范化，落实“三会一课”“四议两公开”、民主生活会、组织生活会等党建工作制度，开展主题党日活动70余次。

【基础设施建设】2022年，丹娘乡加强水利设施和道路交通建设，依托水利部定点帮扶机制，争取项目资金600余万元，解决仲萨村、丹娘村片区、朗嘎村饮水保障问题。鲁霞村边防公路建设项目投入使用，为全乡固边强边工作提供坚实保障；与县交通局、养护段对接，完善岗派公路道路交通设施，便利群众安全出行。提升基础设施，推进美丽乡村建设，争取乡村振兴产业资金1500万元，集中打造桑巴村佛掌沙丘，升级游客体验感，增加游客数量，提高群众收入。实施白拉村整村推进项目，通过基础设施配套、村庄风貌提升、入户路改造、主干道拓宽等方式推进乡村发展，建设美丽宜居乡村。争取县级配套资金280万元，为全乡21户“三岩”搬迁群众开展围墙、户厕改造工作，改善搬迁群众的生产生活条件。实施全乡12处集中饮水点保护区工程，改造维修6处集中饮水点，利用1200米网围栏设立饮水安全区，水质检测达标，实现农民安全饮水全覆盖，改善农村安全饮水问题。

【产业发展】2022年，丹娘乡投资1000万元建成占地350余亩的鲁霞村水果基地水肥一体化建设项目，为鲁霞村群众增收40万元；发挥白拉村235亩波棱瓜种植基地及水肥一体化建设项目作用，群众增收13万元；为丹娘村“三岩”搬迁群众争取水肥一体化建设项目，解决搬迁群众生产生活困难问题，确保“三岩”搬迁群众“搬得进、稳得住、富得起”。争取乡村振兴项目投资，对朗嘎村75亩水果基地开展提质增效，增加水果种类，扩大生产面积，以政府主导、企业指导、群众自理的方式实现增收。开展仲萨村巾帼妇女产业示范点建设工作，鼓励在家待业青年妇女创业，带动区域产业发展。对接乡村振兴工作，为白拉村、夏拉村、措那村争取犏奶牛、雅江牛、娟姗奶牛等养殖项目，带领群众尝试新型养殖模式，拓宽全乡养殖业渠道；发展农业旅游经济，依托佛掌沙丘旅游观景台提升改造项目、丹娘片区旅游产业带打造及茶马驿休闲农庄，推进鲁霞布尼措休闲垂钓庄园建设项目，形成丹娘乡旅游产业环线，带动辖区特色农产品销售。全年佛掌沙丘旅游观景台、茶马驿休闲农庄、鲁霞村农家乐、桑巴村农家乐等特色旅游产业为群众增收133万元。

【“三农”工作】 2022年，丹娘乡贯彻落实党中央“三农”工作会议精神。围绕“投资金、解难题、同分享”的“三农”工作思路，整合农村现有资源，调动农牧民群众积极性，采取“预防为主、防治结合”的模式，做好春季、秋季消毒灭源工作，开展各类动物疫病宣传培训会议46次，规范动物检疫程序，为全乡养殖业发展提供保障。落实牦牛经济杂交和黄牛改良工作，全年完成牦牛经济杂交65头，黄牛改良104头；在确保农牧业产值比例持续增长的同时增强养殖业发展能力；聚焦耕地“红线”，确保全乡4595.3亩的耕地有产出、有增收。

【生态环保】 2022年，丹娘乡成立环境卫生综合整治工作领导小组，集中整治“一拆二改三清四化”，推进厕所革命、垃圾无害化处理、村容村貌明显提升等工作。在全年专项行动中出动各类机械150台次，清理农作物废料46处、积存垃圾119处、杂物堆放105处，拆除违规广告牌及乱贴乱画22处，平整场地1100平方米，改善乡村品质面貌、生产生活环境。树立“绿水青山就是金山银山”思想，推进河长制工作，建立一河一册档案，河长巡河制度常态化，汲取河长制工作经验。依托乡、村两级志愿服务组织，开展卫生死角清扫、河道清理40余次，参与800余人次。

【民生保障】 2022年，丹娘乡社会保障工作更加健全，全乡养老保险参保率100%，基本建成应对人口老龄化的制度体系和工作机制，基本医疗保险参保率超过95%，提高医疗保险保障水平，减轻农牧民医疗负担。同时，开展就业辅导工作，配备专人跟踪情况，帮助在校大学生及时了解掌握最新就业政策，倡导未就业大学生返乡就业创业。完善防灾救灾体系，制定完备的防灾减灾预案，建立健全统筹协调机制，掌握发布气象信息和灾害预警，配合上级部门在全乡6个行政村配备自然灾害预警设备，形成党委领导、政府主导、部门联动、社会协同、公众参与的防灾救灾治理体系。文体事业发展，开展“3·28”百万农奴解放纪念日、喜迎党的二十大文艺会演等活动5场次，选派20名优秀文艺骨干到林芝市参加全运会。结合新时代文明实践活动、党史学习教育、“不忘初心、牢记使命”主题教育等开展各类体育文化活动15场次，党员干部、农牧民群众、部队官兵、企事业单位员工、个体工商户等800余人次参与。开展教育工作，加强《中华人民共和国义务教育法》《中华人民共和国未成年人保护法》等相关法律法规政策宣讲，全年开展宣讲12次，适龄儿童入学率达100%。做好“三岩”搬迁群众学生入学工作，开展学前教育普及普惠工作，完成自治区级验收工作，丹娘乡附属幼儿园、鲁霞村幼儿园、桑巴村幼儿园、仲萨村幼儿园相继投入使用，建立健全义务教育均衡发展保障机制，定期召开教育专题会议，层层签订年度教育工作目标责任书，落实全区免费教育补助政策，为全乡15名贫困大学生兑现补助资金11.27万元，为全乡4名考取重点本科的大学生发放一次性补助2万元。推动脱贫攻坚成果同乡村振兴有效衔接，团结带领群众脱贫致富，开展“两不愁三保障”回头看大排查工作，核实住房安全、基本医疗、教育保障等，做好技能培训与转移就业组织全乡220余名脱贫群众参与技能培训，提高脱贫群众劳动技能。加强搬迁群众的爱国主义教育，全面了解搬迁群众生产生活情况，帮助解决搬迁群众生产生活困难问题73件。

【社会治理】2022年，丹娘乡加强对“三岩”搬迁群众的管理服务，将责任、服务等工作落实到人，落实惠民措施，提高服务质量。推进安全生产工作，做好全乡安全隐患排查工作，扩大排查范围，排查范围涉及森林火险隐患、施工工地安全生产、打麦场牛棚安全隐患、汛期安全隐患、道路交通安全隐患、群众生产生活用电用火用气安全隐患。全年开展安全生产检查75次，排查出电线线路老化等安全隐患400余处，责令整改18处，下发整改通知书16份，其余全部交由第三方负责改造。道路交通安全排查12次，排查出存在的安全隐患34处，责令整改16处，拆除占道网围栏6处。消防检查20余次，乡村医务室、小卖部、餐馆食品药品大检查32次，疫情防控检查18次，组织消防医务员开展消防演练1次。年初分别与6个行政村，7家企事业单位，3家施工单位签订2022年安全生产工作目标责任书。加强安全生产宣传工作，发放各类安全生产资料1000余份，悬挂横幅25条。

【疫情防控】2022年，丹娘乡成立疫情工作领导小组，召开各类专题会议37次。全乡6个重点项目复工复产，先后4次选派乡镇干部、派出所民警点对点运送重点项目物资，发放宣传海报50余份，对全乡辖区内的个体工商户开展督导检查8次，联合督导检查3次，为全乡经济复苏提供保障。选派卫生院吴成与李静2名医务工作者驰援拉萨，为全区疫情防控工作作出贡献。

（中共米林县丹娘乡委员会）

扎西绕登乡

【概况】扎绕乡全称扎西绕登乡，位于米林县西北面，总面积1669.74平方千米，平均海拔2950米，距县城19公里，下辖10个行政村17个自然村（其中1个为“三岩”搬迁安置点萨玉村仲萨小组）；全乡12个党支部（1个机关党支部、1个小学党支部，10个村党支部）。2022年，全乡居民711户，人口3099人，劳动力1506人，耕地面积1.17万亩，农作物播种面积1.05万亩；牲畜2.33万头（匹）。

【党建工作】2022年，扎西绕登乡推进党建网格化管理模式，围绕“党员三包”，建立健全基层党组织工作制度，推动基层党建工作科学化、规范化、制度化。到各村开展实地调研，制定组织振兴、人才振兴“一村一策”方案，多措并举推广普及国家通用语言文字。创建萨玉村“百佳基层”党建示范点，发挥示范点辐射带动作用。彩门村党支部在软弱涣散基层党组织整顿期间，积极与水利部长江委湖南澧水公司开展结对共建活动，通过湖南澧水公司结对帮扶资金以及2021年党建经费，共投入58万元，实施彩门村公房功能提升改造及庭院经济项目。做好党建引领民族团结、乡村振兴、生态文明，打造基层党建品牌。扎村党支部依托藏鸡养殖合作社，通过村民集资、集体出资、政府扶持形成规模，在乡党委统筹下，争取到中央财政扶持资金50万元，用于扩大养殖规模、拓宽销售渠道，年纯收入16万元。

推进党风廉政建设，组织党员干部集中学习典型案例通报、观看警示教育片、参观廉政教育基地，教育引导党员干部从典型案例中汲取深刻教训定期听取班子成员汇报落实党风廉政责任工作2次，开展班子成员谈心谈话20人次；召开党风廉政建设暨反腐败工作会议1次。制定下发调整充实领导班子成员工作分工、乡党委会贯彻落实“三重一大”事项集体决策制度、各村包保工作方案、乡财务管理制度以及干部请销假制度。

围绕乡党委会、理论学习中心组、支部学习、“改进作风狠抓落实”活动，学习贯彻习近平新时代中国特色社会主义思想、中央第七次西藏工作座谈会、中共十九大及历次全会和中共二十大精神，以及党内法规制度，开展“三个是否”专题活动。把意识形态工作与党的建设工作相结合，定期开展意识形态工作推进会，听取意识形态工作汇报。全年组织理论学习中心组10次、干部集体学习会30余次，开展专题研讨13场次100余人次，撰写交流研讨材料38篇、心得体会48篇。

【社会治理】 2022年，扎西绕登乡落实党中央、区党委、市委和县委关于维护国家安全工作系列决策部署，完成“三大节日”、中共二十大期间安保工作，召开专题部署会议6次，制定方案预案30余份。开展矛盾纠纷大排查活动，排查各类矛盾纠纷10起，明确调解措施、责任人、完成时限，调解达成协议10起。推进安全生产工作，全年召开重点工作安排部署会3次，专题部署安全生产工作，全乡开展安全生产大排查行动6次。开展道路交通安全突击检查11次，查处影响道路交通安全的违规违法行为；重点对2所小学食堂开展检查20余次，保障学校饮食卫生符合标准。推进全乡各民族交往交流交融，坚持贯彻落实党的民族政策，结合民族团结进步宣传月系列活动，开展宣传宣讲活动25次，发放宣传资料2000余份。培树民族团结进步示范典型，2021年创建彩门村为县级“民族团结进步模范村居”，2022年推荐扎村为县级“民族团结进步模范村居”，推荐并上报扎西绕登乡为市级“民族团结进步模范乡镇”。

【乡村振兴】 2022年，扎西绕登乡全面实施乡村振兴，围绕“一个目标、四项巩固、五大振兴和六项提升”等工作要点，开展“一村一策”编制工作。采取进村入户、座谈讨论、实地察看等形式，完成10个行政村“一村一策”编制工作，上报项目29个，其中基础设施类项目14个、公共服务类项目7个、产业类项目8个，全年完成并计划实施建设项目7个。对全乡2户10人“三类人员”监测对象，开展防返贫动态监测工作。

【强边固边】 2022年，扎西绕登乡按照抵边搬迁相关工作规划，全乡计划搬迁村庄5个，处于规划阶段3个，包含森波村85户369人，其中章达小组33户145人搬迁至朗贡村木如1号安置点，森波小组52户221人搬迁至邦仲沟抵边安置点，康萨村59户227人搬迁至邦仲沟抵边安置点，龙安村38户136人搬迁到米林镇雪卡沟抵边安置点。章达小组12月10日前完成抵边搬迁。协调搬迁群众通过以工代赈的方式参与安置点项目建设，拓宽群众增收渠道。同时，加强与边境乡镇在基层党建、产业发展、基层治理等方面学习、沟通、交流，宣传抵边搬迁政策，引导扎西绕登乡群众做幸福家园建设者。

【生态文明】 2022年，扎西绕登乡在甲玛村投入3300万元、萨玉村投入2700万元，用于外立面改造、村容村貌整治、路面白改黑等工程。彩门村探索“党建+生态文明”模式，启动“巾帼家美积分超市”，推进生态文明建设。在全乡开展环境卫生综合考评，做好全乡环境整治，形成人人关注、人人参与的氛围。推进林长制工作，召开林长制暨森防工作安排部署会，完善林长制工作方案制度，成立乡、村两级林长制领导小组，签订森林防火责任书57份，明确责任领导、责任区域、工作职责、巡林任务，有乡村两级林长44名、护林员16名，驻防站15个，重点沟口3个，每天开展巡林148人次。开展森防宣传“八进”活动，宣传森防知识。制定《森林防灭火部署图》，组建村级森防应急突击队10支214人，定期组织专业管护站人员、重点沟口管护人员、开展森林草原防灭火技能培训和应急演练、维护保养设备。完善河湖管理体系，成立河湖长制工作领导小组及办公室，设总河长1名、副总河长1名、乡级河长10名、村级河长10名，承担辖区内一江四曲三沟的巡河任务，发现、解决、清理河道“乱建、乱倒、乱占、乱排”问题。建立健全“乡村”两级河湖长组织体系，联合县河长办、林长办、县文旅局开展“河湖林长共巡冰湖，守护药州绿水青山”巡湖巡林活动，贯彻落实习近平生态文明思想，践行“绿水青山就是金山银山，冰天雪地也是金山银山的”理念，提高河湖长履职能力，推进河湖常态化规范化管理。

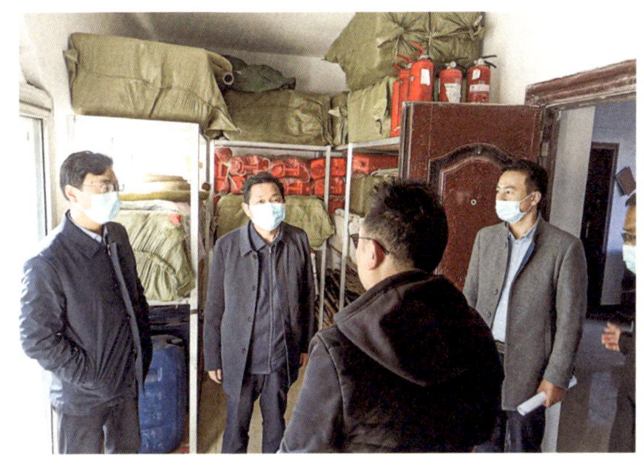

2022年11月1日，林芝市委常委、秘书长梅家奎（左二）到扎西绕登乡督导检查森林草原防火、林长制等工作开展情况

【疫情防控】 2022年，扎西绕登乡争取珠海对口乡镇唐家湾镇援助防疫物资11万元；乡党委使用基层党建经费5.9万元用于购买物资。优化产业布局，融入川藏铁路发展带、雅江下游发展带，打造“两带一区”产业发展规划布局。“一区”是以吞布容牧区发展为主，发展特色养殖业。“两带”是以扎村藏猪产业链示范基地为中心，辐射带动雪巴、康萨、森波、卡娘、扎村藏猪产业发展带，打造多卡至甲玛全域旅游

发展带，实现旅游带动农牧民群众增收致富。落实吞布容村牦牛经济杂交犏牛养殖项目，购买52头犏牛，扩大养殖规模，壮大村集体经济发展，全年县农牧农村局出资购买犏奶牛50头，为吞布容村幸福农畜产品销售店备足牦牛肉奶等产品，实现盈利11万元；投入50万元，县委主要领导调研解决吞布容村牧场道路修建问题，帮助群众发展壮大村集体经济。

（中共米林县扎西绕登乡委员会）

南伊珞巴民族乡

【概况】 南伊珞巴民族乡位于县境中部，距县政府2.5千米，行政区域面积648.4平方千米，全乡下辖南伊、琼林、才召3个行政村，居民140户，人口595人。2022年，南伊珞巴民族乡学习贯彻习近平新时代中国特色社会主义思想，围绕以人民为中心的发展思想，聚焦“四件大事”、聚力“四个创建”，统筹疫情防控和稳定发展各项工作，推动各项工作再上新台阶。年内，全乡经济总收入2788.42万元，农牧民人均可支配收入3.24万元。

【党建工作】 2022年，南伊珞巴民族乡、坚持全面从严治党，增强党建引领能力。落实意识形态工作责任制，多形式推动新思想入脑入心。开展党委理论中心组学习13次、支部学习27次，开展演讲比赛、答题活动、理论测试等13场次，琼林村被评为自治区级基层理论宣讲示范基地。健全完善“三重一大”事项集体决策制度并严格执行，累计召开乡党委会22次。加强干部轮岗交流、挂点包片工作，制定“三个一”工作制度，提升干部能力素养。以增强党组织政治功能、提升组织力为重点，加强村干部队伍、党员队伍教育监督管理，开展党员不信仰宗教排查、做好党员发展培训，开展村干部文化素质提升和国家通用语言文字培训39场次，开展谈心谈话10余次，走访慰问5次、40余人次。落实各项党内生活制度，确保党内生活严肃规范，加强“五共五固”宣传推广和“红色小牧屋”影响力，举办全区“五共五固”现场会，琼林村被评为全区“五共五固”建设示范村，琼林村、才召村创建党支部，被评为“全市百佳基层党组织示范村”。加强纪律作风建设，贯通落实党风廉政建设主体责任，配合县委巡察工作立行立改，开展改进作风、落实工作和“三个是否”专题教育。增强党员干部廉政意识、纪法意识教育，筑牢思想防线。

【社会治理】 2022年，南伊珞巴民族乡聚焦二十大期间安保工作，落实应急处置和请示报告制度。学习贯彻安全生产十五条硬措施，加强群众安全意识和应急知识教育，突出森防、消防、道路交通、施工场地、景区、经营性自建房等重点，累计排查整改隐患30余处、开展应急演练9次，建成乡应急仓库。推进全乡民族交往交流交融，琼林村以“五共五固”结对共建、才召村以传承弘扬优秀传统文化为主题，开展民族团结进步创建活动，在乡机关建设民族团结长廊和展厅，南伊珞巴民族乡及琼林村被评为“自治区级民族团结进步模范单位”。

【产业发展】 2022年，南伊珞巴民族乡坚持以人民为中心的发展思想，拓宽发展渠道。围绕县十次党代会关于“推进县城东拓西进北跨南固”“重点发展五大产业”“加快南伊藏医药产业园建设”等部署要求，融入全县发展大局、产业布局，拓宽群众增收渠道。全年全乡农村经济总收入2788.42万元，同比增长14.7%；农牧民人均可支配收入3.24万元，同比增长12.2%。加强项目和产业建设，依托资源和区位优势，加强基础摸底和汇报衔接，配合协调达尔亚干、水系连通、边防公路、县委党校等项目建设，引导群众合理参与、有序增收。围绕文旅、藏医药两大产业进行配套，统筹盘活小产业，扶持发展珞巴织布、珞巴竹编等民族手工艺，在才召村35座温室内开展木耳种植，群众通过种植灵芝、草莓增收100万余元。落实“四个不摘”要求，加强防返贫动态监测和帮扶机制，编制完成各村“一村一策”方案，扶贫产业带动脱贫户增收5.3万元，为8户群众协调提供医疗救助4.8万元，开展技能培训4场次，建档立卡脱贫户人均纯收入2.28万元，较2021年增长6.05%。

【生态环保】2022年，南伊珞巴民族乡加强生态保护和生态创建。加强群众文明素养引导，推行垃圾分类处理和环境卫生整治评比制度，落实河长制、林长制各项措施，加强饮用水源地保护，建立完善环境卫生常态化清扫、“四乱”常态化整治工作机制，累计清理垃圾17吨、清理卫生死角8处，累计植树3200余株。在才召村推广“绿篱笆、花果园”的庭院经济，全年种植果树500株。落实各类生态补助奖励机制，压实生态岗位工作责任，累计兑现公益林管护金243.66万元、生态岗位资金8.4万元、草奖补贴25.7万元，实现生态价值和经济价值的统一。南伊珞巴民族乡及3个村被授予自治区卫生乡（镇）、村（居）称号，琼林村、南伊村被评为“自治区生态文明建设示范区”。

【强边固边】2022年，南伊珞巴民族乡巩固深化党政军警民合力强边固防体制机制，坚持共建共用、推动深度融合，筑牢国家安全屏障。开展边民国家意识、国门意识、国防意识教育，密切与驻地部队、边境派出所的对接协调，用好护边员、巡边员队伍，累计巡边护边60余次、参与700余人次。重视边境政策调整工作，成立工作专班，开展调研走访和实地核查，做好资料收集和佐证。围绕群众抵边后生产生活急需，建设惠民驿站，协调资金对琼林村家庭地板进行更换、建设户用蔬菜温室，争取资金改扩建琼林村职工之家，丰富边民群众精神文化生活，巩固边民生活有保障、致富有渠道、守边有动力、发展有支撑的边境发展格局。

【疫情防控】2022年，南伊珞巴民族乡开展疫情防控工作，做好宣传工作、防疫物资储备等重点工作，累计宣讲30余场次、受教育群众2000余人次，琼林村党员群众捐款1.2万余元支持疫情防控。同时，落实文化教育、医疗卫生、就业社保等民生工作，加强惠民政策宣传、兑付各项惠民资金。

（中共米林县南伊珞巴民族乡委员会）

表 彰

米林县受县级及以上表彰的先进集体一览表

表 1

获奖单位	获奖名称（称号）	表彰时间	授予单位
米林县文化和旅游局	文化和旅游系统“七五”普法先进单位	2022 年 7 月	文化和旅游部
米林县派镇	新一批全国乡村旅游重点镇	2022 年 12 月	文化和旅游部
米林县人力资源和社会保障局	先进集体	2022 年 2 月	中共西藏自治区委员会、西藏自治区人民政府
米林县南伊珞巴民族乡琼林村	全区“五共五固”示范村	2022 年 7 月	中共西藏自治区委员会组织部、中国人民解放军西藏军区政治工作部
米林县委老干部局	全区老干部工作先进集体	2022 年 12 月	中共西藏自治区委员会组织部、中共西藏自治区委员会老干部局、西藏自治区人力资源和社会保障厅
米林县委组织部	2021 年度全区组织系统信息工作先进集体	2022 年 3 月	中共西藏自治区委员会组织部
米林县南伊洛巴民族乡琼林村	基层理论宣讲示范基地	2022 年 6 月	中共西藏自治区委员会讲师团
米林县南伊洛巴民族乡	西藏自治区卫生乡镇	2022 年 7 月	西藏自治区爱国卫生运动委员会
米林县南伊洛巴民族乡琼林村	西藏自治区卫生村（居）	2022 年 7 月	西藏自治区爱国卫生运动委员会
米林县南伊洛巴民族乡才召村	西藏自治区卫生村（居）	2022 年 7 月	西藏自治区爱国卫生运动委员会
米林县南伊洛巴民族乡南伊村	西藏自治区卫生村（居）	2022 年 7 月	西藏自治区爱国卫生运动委员会
米林县南伊洛巴民族乡	2022 年度创建自治区级民族团结进步模范单位	2022 年 4 月	西藏自治区着力创建全国民族团结进步模范区专项组办公室
米林县南伊洛巴民族乡琼林村	2022 年度创建自治区级民族团结进步模范单位	2022 年 4 月	西藏自治区着力创建全国民族团结进步模范区专项组办公室
米林县米林镇	2022 年度创建自治区级民族团结进步模范单位	2022 年 4 月	西藏自治区着力创建全国民族团结进步模范区专项组办公室
米林县文化和旅游局	西藏自治区文明单位	2021 年 12 月	西藏自治区精神文明建设指导委员会
米林县岗嘎村	西藏自治区文明村镇	2021 年 12 月	西藏自治区精神文明建设指导委员会
米林县中学	西藏自治区铸牢中华民族共同体意识示范学校	2022 年 3 月	西藏自治区教育厅
米林县中学	西藏自治区防震减灾科普示范学校	2022 年 5 月	西藏自治区地震局
米林县	自治区级全域旅游示范区	2022 年 4 月	西藏自治区旅游发展厅
米林县索松村	首批自治区级边境乡村旅游特色村	2022 年 11 月	西藏自治区旅游发展厅
米林县南伊洛巴民族乡南伊村	自治区生态文明建设示范区	2022 年 2 月	西藏自治区生态环境厅
米林县南伊洛巴民族乡琼林村	自治区生态文明建设示范区	2022 年 2 月	西藏自治区生态环境厅

续表1

获奖单位	获奖名称（称号）	表彰时间	授予单位
米林县消防救援大队	2022年度安全工作先进单位	2023年2月	西藏消防救援总队
扎西绕登乡立丁村	2022年大型综艺节目《格桑花开——青稞飘香》第二季民间类舞蹈	2022年7月	西藏广播电视台
中国农业银行股份有限公司米林县支行	标准化规范化建设好标杆基层党组织	2022年7月	中国农业银行西藏自治区分行委员会
米林县里龙乡	先进乡镇（街道办）	2022年1月	中共林芝市委员会
米林县里龙乡巴让村	先进村（居）	2022年1月	中共林芝市委员会
米林县南伊洛巴民族乡琼林村	全市百佳基层党组织示范村	2022年10月	中共林芝市委组织部
米林县南伊洛巴民族乡才召村	全市百佳基层党组织示范村	2022年10月	中共林芝市委组织部
中国农业银行股份有限公司米林县支行	全市百佳基层党建示范点	2022年10月	中共林芝市委组织部
米林镇邦仲村党总支、东措社区党支部（仲村、东措社区）	全市百佳基层党建示范点	2022年10月	中共林芝市委组织部
米林县文化和旅游局	全市百佳基层党建示范点	2022年10月	中共林芝市委组织部
米林县可心农业有限公司	全市百佳基层党建示范点	2022年10月	中共林芝市委组织部
米林县西嘎村	全市百佳基层党建示范点	2022年10月	中共林芝市委组织部
米林县岗嘎村	全市百佳基层党建示范点	2022年10月	中共林芝市委组织部
扎西绕登乡人民政府	林芝市2022年“先进双联户”创建先进集体	2022年12月	中共林芝市委平安办
米林县人民法院	第五届林芝市文明单位	2023年1月	林芝市精神文明建设指导委员会
米林县文化和旅游局	文艺工作先进单位	2022年4月	中共林芝市文化广播电视局党组
米林镇米林村驻村工作队	林芝市2022年干部驻村激励机制考核优秀驻村（社区）工作队	2022年11月	林芝市驻村办
羌纳乡驻村办	林芝市优秀驻村办	2022年11月	林芝市驻村办
米林县人民检察院	全市公益诉讼优秀组织奖	2022年7月	林芝市人民检察院
中共米林县扎西绕登乡委员会	2022年林芝市民族团结进步模范集体	2022年12月	林芝市民宗局
扎西绕登乡人民政府	2022年林芝市民族团结进步模范集体	2022年12月	林芝市民宗局
国家税务总局米林县税务局	林芝市税务系统2021年度先进集体	2022年1月	林芝市税务局
国家税务总局米林县税务局	林芝市巾帼文明岗	2022年5月	林芝市妇女联合会
米林县羌纳乡米尼村	林芝市最美巾帼抗疫者	2022年11月	林芝市妇女联合会

续表 1

获奖单位	获奖名称（称号）	表彰时间	授予单位
国家税务总局米林县税务局党支部	2021 年度先进基层党组织	2022 年 6 月	林芝市税务局委员会
米林县气象局	2022 年林芝市气象局第五届县级综合气象业务技能竞赛团体第一名	2022 年 4 月	林芝市气象局
米林县行政审批和便民服务局	2022 年林芝市政务服务系统首届学习党的二十大精神知识竞赛二等奖	2022 年 12 月	林芝市行政审批和便民服务局
中国农业银行股份有限公司米林县支行	先进基层党组织	2022 年 7 月	中国农业银行林芝分行委员会
米林镇邦仲村	林芝市群众文化示范村	2022 年 12 月	林芝市文旅局
米林县应急管理局	2022 年度综合考评优秀等级	2023 年 2 月	中共米林县委员会、米林县人民政府
米林县行政审批和便民服务局	米林县民族团结进步创建模范单位	2022 年 12 月	中共米林县委员会、米林县人民政府
米林县税务局	米林县民族团结进步创建模范单位	2021 年 9 月	中共米林县委员会、米林县人民政府
米林县人民法院	米林县民族团结进步创建模范单位	2022 年 12 月	中共米林县委员会、米林县人民政府
米林县羌纳乡	2021 年度经济社会发展综合考评优秀等级	2022 年 1 月	中共米林县委员会、米林县人民政府
米林县自然资源局	2021 年度经济社会发展综合考评先进单位	2022 年 1 月	中共米林县委员会、米林县人民政府
中国农业银行股份有限公司米林县支行	2021 年度经济社会发展综合考评先进单位	2022 年 1 月	中共米林县委员会、米林县人民政府
米林县中学	米林县人民满意工作集体	2022 年 3 月	中共米林县委员会、米林县人民政府
米林县教育局	米林县民族团结进步创建模范集体	2022 年 12 月	中共米林县委员会、米林县人民政府
米林县住房和城乡建设局	民族团结进步模范单位	2023 年 1 月	中共米林县委员会、米林县人民政府
米林县住房和城乡建设局	米林县抗击新冠疫情先进集体	2023 年 1 月	中共米林县委员会、米林县人民政府
米林县城市管理和综合执法局	米林县抗击新冠疫情先进集体	2023 年 1 月	中共米林县委员会、米林县人民政府
米林县羌纳乡	2021 年度人民满意工作集体	2022 年 3 月	中共米林县委员会、米林县人民政府
米林县里龙乡	2021 年度人民满意工作集体	2022 年 3 月	中共米林县委员会、米林县人民政府
米林县羌纳乡	2021 年度人民满意工作集体	2022 年 3 月	中共米林县委员会、米林县人民政府
米林县人民法院	县直机关“先进党支部”	2022 年 7 月	中共米林县直属机关工作委员会
米林县里龙乡	2022 年米林县民族团结进步模范单位	2022 年 12 月	中共米林县委员会
米林县南伊洛巴民族乡武装部	人民满意的工作集体	2022 年	中共米林县委员会
米林县羌纳乡	米林县 2022 年“三大节日”系列活动拔河团体赛	2022 年 2 月	米林县总工会、米林县妇女联合会、共青团米林县委员会

米林县受县级及以上表彰的先进个人一览表

表 2

姓名	工作单位	获奖名称（称号）	表彰时间	授予单位
李冬雪	米林边境管理大队	成绩突出女民警	2022 年 2 月	中华全国妇女联合会、公安部
卓　玛	米林县妇女联合会	全国最美家庭	2022 年 12 月	中华全国妇女联合会
李宁博	米林县人民政府	2022 年度水利水电规划设计总院“揭榜挂帅制”研究项目	2022 年 12 月	水利部水利水电规划设计总院
		2022 年度水利部水利水电规划设计总院人才创新团队	2022 年 12 月	水利部水利水电规划设计总院
次　央	米林县自然资源局	第三次全国国土调查先进集体和先进工作者	2022 年 12 月	国务院第三次全国国土调查领导小组办公室
赵　鑫	米林县统计局	西藏自治区第七次全国人口普查先进个人	2022 年 8 月	西藏自治区第七次全国人口普查领导小组
巴桑次仁	国家税务总局米林县税务局	2021 年度“雪域高原最美税务人”	2022 年 1 月	国家税务总局西藏自治区税务局
罗欢悦	羌纳乡党委委员、人武部长	退役军人事务优秀工作者	2023 年 1 月	西藏自治区退役军人事务厅
冉茂顺	米林边境管理大队	机要密码工作先进个人	2022 年 1 月	西藏出入境边境检查总站
黄继龙	米林边境管理大队	优秀骨干	2022 年 10 月	常备力量第二总队
解　雯	米林边境管理大队	十佳政治教育骨干	2022 年 1 月	西藏出入境边防检查总站
李　超	米林边境管理大队	优秀党务工作者	2022 年 7 月	西藏出入境边防检查总站
杨　洋	米林边境管理大队	优秀共产党员	2022 年 7 月	西藏出入境边防检查总站
李　灏	米林边境管理大队	2021 年度优秀驻寺民警	2022 年 1 月	西藏出入境边防检查总站
彭　柯	米林边境管理大队	优秀驻村民警	2022 年 1 月	西藏出入境边防检查总站
贺升学	米林边境管理大队	优秀党务工作者	2022 年 7 月	西藏出入境边防检查总站
索朗边久	米林边境管理大队	优秀共产党员	2022 年 7 月	西藏出入境边防检查总站
周海波	米林边境管理大队	优秀共产党员	2022 年 7 月	西藏出入境边防检查总站
马　松	米林县消防救援大队	个人嘉奖	2022 年 1 月	西藏自治区消防救援总队
田叶枫	米林县消防救援大队	个人嘉奖	2022 年 1 月	西藏自治区消防救援总队
何　烽	米林县消防救援大队	个人嘉奖	2022 年 1 月	西藏自治区消防救援总队
	米林县消防救援大队	优秀基层消防员	2022 年 1 月	
龙　印	米林县消防救援大队	优秀共青团员	2022 年 5 月	西藏自治区消防救援总队
次仁拉吉	米林县行政审批和便民服务局	2021 年网络安全和信息化工作先进个人	2022 年 3 月	中共西藏自治区党委网信办、西藏自治区人力资源和社会保障厅

续表 2

姓名	工作单位	获奖名称（称号）	表彰时间	授予单位
边巴次仁	米林县中学	2018—2021 年群众体育先进个人	2022 年 7 月	西藏自治区体育局
冯胜生	米林县人民政府	2022 年林芝市民族团结进步模范个人	2022 年 12 月	林芝市着力创建全国民族团结进步模范区专项组办公室
林浩生	米林县人民政府	2022 年林芝市民族团结进步模范个人	2022 年 12 月	林芝市着力创建全国民族团结进步模范区专项组办公室
柏晓林	米林县水利局	林芝市抗击新冠疫情先进个人	2022 年 9 月	中共林芝市委员会、林芝市人民政府
李洪波	羌纳乡一级科员	林芝市抗击新冠疫情先进个人	2022 年 9 月	中共林芝市委员会、林芝市人民政府
杨国春	米林县公安局	林芝市抗击新冠疫情先进个人	2022 年 9 月	中共林芝市委员会、林芝市人民政府
陈旭东	米林县公安局	林芝市抗击新冠疫情先进个人	2022 年 9 月	中共林芝市委员会、林芝市人民政府
陆　勇	米林县公安局	林芝市抗击新冠疫情先进个人	2022 年 9 月	中共林芝市委员会、林芝市人民政府
达瓦桑杰	米林县公安局	林芝市抗击新冠疫情先进个人	2022 年 9 月	中共林芝市委员会、林芝市人民政府
雷　俊	米林县公安局	林芝市抗击新冠疫情先进个人	2022 年 9 月	中共林芝市委员会、林芝市人民政府
李琨懋	米林县公安局	林芝市抗击新冠疫情先进个人	2022 年 9 月	中共林芝市委员会、林芝市人民政府
覃　晴	米林县公安局	林芝市抗击新冠疫情先进个人	2022 年 9 月	中共林芝市委员会、林芝市人民政府
代扎西	米林县公安局	林芝市抗击新冠疫情先进个人	2022 年 9 月	中共林芝市委员会、林芝市人民政府
扎西顿珠	米林县公安局	林芝市抗击新冠疫情先进个人	2022 年 9 月	中共林芝市委员会、林芝市人民政府
益西洛瑞	米林县住建局	林芝市抗击新冠疫情先进个人	2022 年 9 月	林芝市应对疫情工作领导小组
赵明胜	米林县住建局	林芝市抗击新冠疫情先进个人	2022 年 9 月	林芝市应对疫情工作领导小组
王国荣	米林县住建局	林芝市抗击新冠疫情先进个人	2022 年 9 月	林芝市应对疫情工作领导小组
骆　宇	米林县住建局	林芝市抗击新冠疫情先进个人	2022 年 9 月	林芝市应对疫情工作领导小组
欧　垚	米林县住建局	林芝市抗击新冠疫情先进个人	2022 年 9 月	林芝市应对疫情工作领导小组
王国庆	米林县住建局	林芝市抗击新冠疫情先进个人	2022 年 9 月	林芝市应对疫情工作领导小组
央金卓玛	米林县住建局	林芝市抗击新冠疫情先进个人	2022 年 9 月	林芝市应对疫情工作领导小组
次仁达杰	米林县住建局	林芝市抗击新冠疫情先进个人	2022 年 9 月	林芝市应对疫情工作领导小组

续表 2

姓名	工作单位	获奖名称（称号）	表彰时间	授予单位
王　磊	米林县住建局	林芝市抗击新冠疫情先进个人	2022 年 9 月	林芝市应对疫情工作领导小组
才旺尼玛	米林县住建局	林芝市抗击新冠疫情先进个人	2022 年 9 月	林芝市应对疫情工作领导小组
程　瑞	米林县住建局	林芝市抗击新冠疫情先进个人	2022 年 9 月	林芝市应对疫情工作领导小组
普　巴	米林县住建局	林芝市抗击新冠疫情先进个人	2022 年 9 月	林芝市应对疫情工作领导小组
洛桑达娃	国网米林县供电公司	林芝市抗击新冠疫情先进个人	2022 年 9 月	林芝市疫情防控工作领导小组
杨东琼	国网米林县供电公司	林芝市抗击新冠疫情先进个人	2022 年 9 月	林芝市疫情防控工作领导小组
王达军	国网米林县供电公司	林芝市抗击新冠疫情先进个人	2022 年 9 月	林芝市疫情防控工作领导小组
普布顿珠	国网米林县供电公司	林芝市抗击新冠疫情先进个人	2022 年 9 月	林芝市疫情防控工作领导小组
张　勇	国网米林县供电公司	林芝市抗击新冠疫情先进个人	2022 年 9 月	林芝市疫情防控工作领导小组
卫建勇	米林县文旅局	2022 年疫情防控先进个人	2022 年 9 月	林芝市应对疫情工作领导小组
尼玛央宗	米林县文旅局	2022 年疫情防控先进个人	2022 年 9 月	林芝市应对疫情工作领导小组
西　然	米林县文旅局	2022 年疫情防控先进个人	2022 年 9 月	林芝市应对疫情工作领导小组
张战峰	米林县文旅局	2022 年米林县抗击新冠疫情先进个人	2022 年 9 月	林芝市应对疫情工作领导小组
孙　蓉	米林县文旅局	2022 年米林县抗击新冠疫情先进个人	2022 年 9 月	林芝市应对疫情工作领导小组
欧蓉霞	米林县文旅局	2022 年米林县抗击新冠疫情先进个人	2022 年 9 月	林芝市应对疫情工作领导小组
次仁美朵	米林县文旅局	2022 年米林县抗击新冠疫情先进个人	2022 年 9 月	林芝市应对疫情工作领导小组
拉姆次仁	米林县文旅局	2022 年米林县抗击新冠疫情先进个人	2022 年 9 月	林芝市应对疫情工作领导小组
平措扎西	米林县文旅局	2022 年米林县抗击新冠疫情先进个人	2022 年 9 月	林芝市应对疫情工作领导小组
曲尼罗布	米林县文旅局	2022 年米林县抗击新冠疫情先进个人	2022 年 9 月	林芝市应对疫情工作领导小组
白玛德吉	米林县文旅局	2022 年米林县抗击新冠疫情先进个人	2022 年 9 月	林芝市应对疫情工作领导小组
达娃布赤	米林县文旅局	2022 年米林县抗击新冠疫情先进个人	2022 年 9 月	林芝市应对疫情工作领导小组
黄国旗	米林县文旅局	2022 年米林县抗击新冠疫情先进个人	2022 年 9 月	林芝市应对疫情工作领导小组
晋　美	米林县文旅局	2022 年米林县抗击新冠疫情先进个人	2022 年 9 月	林芝市应对疫情工作领导小组

续表 2

姓名	工作单位	获奖名称（称号）	表彰时间	授予单位
龚晓川	米林县文旅局	2022 年米林县抗击新冠疫情先进个人	2022 年 9 月	林芝市应对疫情工作领导小组
张雪隆	米林县文旅局	2022 年米林县抗击新冠疫情先进个人	2022 年 9 月	林芝市应对疫情工作领导小组
次仁卓玛（大）	米林县委统战部（民宗局）一级主任科员	在林芝市抗疫新冠疫情防控工作中表现突出	2022 年 9 月	林芝市应对疫情工作领导小组
次仁卓玛（小）	米林县委统战部（民宗局）二级主任科员	在林芝市抗疫新冠疫情防控工作中表现突出	2022 年 9 月	林芝市应对疫情工作领导小组
扎 央	米林县委统战部（民宗局）三级主任科员	在林芝市抗疫新冠疫情防控工作中表现突出	2022 年 9 月	林芝市应对疫情工作领导小组
胡原山	米林县民宗局	在林芝市抗疫新冠疫情防控工作中表现突出	2022 年 9 月	林芝市应对疫情工作领导小组
巴桑次仁	米林县人力资源和社会保障局一级科员	在林芝市抗疫新冠疫情防控工作中表现突出	2022 年 9 月	林芝市应对疫情工作领导小组
吴泫佳	米林县委统战部（民宗局）四级主任科员	在林芝市抗疫新冠疫情防控工作中表现突出	2022 年 9 月	林芝市应对疫情工作领导小组
格桑卓玛	米林县委统战部（民宗局）四级主任科员	在林芝市抗疫新冠疫情防控工作中表现突出	2022 年 9 月	林芝市应对疫情工作领导小组
常利伟	米林县扎绕乡四级主任科员	在林芝市抗疫新冠疫情防控工作中表现突出	2022 年 9 月	林芝市应对疫情工作领导小组
边巴扎西	米林县委统战部（民宗局）	在林芝市抗疫新冠疫情防控工作中表现突出	2022 年 9 月	林芝市应对疫情工作领导小组
阿牛德吉	米林县应急管理局	2022 年度疫情防控优秀奖	2022 年 9 月	林芝市应对疫情工作领导小组
陈 龙	米林县应急管理局	2022 年度疫情防控优秀奖	2022 年 9 月	林芝市应对疫情工作领导小组
米玛卓玛	米林县应急管理局	2022 年度疫情防控优秀奖	2022 年 9 月	林芝市应对疫情工作领导小组
扎西巴桑	米林县应急管理局	2022 年度疫情防控优秀奖	2022 年 9 月	林芝市应对疫情工作领导小组
洛桑土登	米林县应急管理局	2022 年度疫情防控优秀奖	2022 年 9 月	林芝市应对疫情工作领导小组
次仁曲旺	米林县应急管理局	2022 年度疫情防控优秀奖	2022 年 9 月	林芝市应对疫情工作领导小组
王三腾	米林县应急管理局	2022 年度疫情防控优秀奖	2022 年 9 月	林芝市应对疫情工作领导小组
西饶旺姆	米林县应急管理局	2022 年度疫情防控优秀奖	2022 年 9 月	林芝市应对疫情工作领导小组
布巴桑	中共米林县委宣传部	“逆行出征践初心　大爱无疆担使命”荣誉证书	2022 年 9 月	林芝市应对疫情工作领导小组
李 娜	中共米林县委宣传部	“逆行出征践初心　大爱无疆担使命”荣誉证书	2022 年 9 月	林芝市应对疫情工作领导小组
李月平	中共米林县委宣传部	“逆行出征践初心　大爱无疆担使命”荣誉证书	2022 年 9 月	林芝市应对疫情工作领导小组

续表 2

姓名	工作单位	获奖名称（称号）	表彰时间	授予单位
乔　丽	中共米林县委宣传部	"逆行出征践初心　大爱无疆担使命"荣誉证书	2022 年 9 月	林芝市应对疫情工作领导小组
林　勇	中共米林县委宣传部	"逆行出征践初心　大爱无疆担使命"荣誉证书	2022 年 9 月	林芝市应对疫情工作领导小组
扎　桑	中共米林县委宣传部	"逆行出征践初心　大爱无疆担使命"荣誉证书	2022 年 9 月	林芝市应对疫情工作领导小组
吴喜彬	中共米林县委宣传部	"逆行出征践初心　大爱无疆担使命"荣誉证书	2022 年 9 月	林芝市应对疫情工作领导小组
钟丽聪	中共米林县委宣传部	"逆行出征践初心　大爱无疆担使命"荣誉证书	2022 年 9 月	林芝市应对疫情工作领导小组
洪若虹	中共米林县委宣传部	"逆行出征践初心　大爱无疆担使命"荣誉证书	2022 年 9 月	林芝市应对疫情工作领导小组
巴桑曲扎	中共米林县委宣传部	"逆行出征践初心　大爱无疆担使命"荣誉证书	2022 年 9 月	林芝市应对疫情工作领导小组
德　吉	中共米林县委宣传部	"逆行出征践初心　大爱无疆担使命"荣誉证书	2022 年 9 月	林芝市应对疫情工作领导小组
邓　巴	中共米林县委宣传部	"逆行出征践初心　大爱无疆担使命"荣誉证书	2022 年 9 月	林芝市应对疫情工作领导小组
聂　飞	中共米林县委宣传部	"逆行出征践初心　大爱无疆担使命"荣誉证书	2022 年 9 月	林芝市应对疫情工作领导小组
袁相普	中共米林县委宣传部	"逆行出征践初心　大爱无疆担使命"荣誉证书	2022 年 9 月	林芝市应对疫情工作领导小组
陈　乔	中共米林县委宣传部	"逆行出征践初心　大爱无疆担使命"荣誉证书	2022 年 9 月	林芝市应对疫情工作领导小组
米玛次仁	中共米林县委宣传部	"逆行出征践初心　大爱无疆担使命"荣誉证书	2022 年 9 月	林芝市应对疫情工作领导小组
顿珠多杰	中共米林县委宣传部	"逆行出征践初心　大爱无疆担使命"荣誉证书	2022 年 9 月	林芝市应对疫情工作领导小组
黄浩基	中共米林县委宣传部	"逆行出征践初心　大爱无疆担使命"荣誉证书	2022 年 9 月	林芝市应对疫情工作领导小组
代　强	中共米林县委宣传部	"逆行出征践初心　大爱无疆担使命"荣誉证书	2022 年 9 月	林芝市应对疫情工作领导小组
索朗边措	中共米林县委宣传部	"逆行出征践初心　大爱无疆担使命"荣誉证书	2022 年 9 月	林芝市应对疫情工作领导小组
普　琼	中共米林县委宣传部	"逆行出征践初心　大爱无疆担使命"荣誉证书	2022 年 9 月	林芝市应对疫情工作领导小组
土旦曲扎	中共米林县委宣传部	"逆行出征践初心　大爱无疆担使命"荣誉证书	2022 年 9 月	林芝市应对疫情工作领导小组

续表 2

姓名	工作单位	获奖名称（称号）	表彰时间	授予单位
孙　燕	中共米林县委宣传部	“逆行出征践初心　大爱无疆担使命”荣誉证书	2022 年 9 月	林芝市应对疫情工作领导小组
扎西次仁	中共米林县委宣传部	“逆行出征践初心　大爱无疆担使命”荣誉证书	2022 年 9 月	林芝市应对疫情工作领导小组
仁　增	中共米林县委宣传部	“逆行出征践初心　大爱无疆担使命”荣誉证书	2022 年 9 月	林芝市应对疫情工作领导小组
巴　吉	中共米林县委宣传部	“逆行出征践初心　大爱无疆担使命”荣誉证书	2022 年 9 月	林芝市应对疫情工作领导小组
乔多吉	中共米林县委宣传部	“逆行出征践初心　大爱无疆担使命”荣誉证书	2022 年 9 月	林芝市应对疫情工作领导小组
邱信蛟	米林县人民政府	“逆行出征践初心　大爱无疆担使命”荣誉证书	2022 年 9 月	林芝市应对疫情工作领导小组
谭培强	卧龙镇人民政府	“逆行出征践初心　大爱无疆担使命”荣誉证书	2022 年 9 月	林芝市应对疫情工作领导小组
黄金成	卧龙镇人民政府	“逆行出征践初心　大爱无疆担使命”荣誉证书	2022 年 9 月	林芝市应对疫情工作领导小组
那　果	卧龙镇人民政府	“逆行出征践初心　大爱无疆担使命”荣誉证书	2022 年 9 月	林芝市应对疫情工作领导小组
嘎　玛	卧龙镇人民政府	“逆行出征践初心　大爱无疆担使命”荣誉证书	2022 年 9 月	林芝市应对疫情工作领导小组
牟　伟	卧龙镇人民政府	“逆行出征践初心　大爱无疆担使命”荣誉证书	2022 年 9 月	林芝市应对疫情工作领导小组
巴桑卓玛	卧龙镇人民政府	“逆行出征践初心　大爱无疆担使命”荣誉证书	2022 年 9 月	林芝市应对疫情工作领导小组
次仁达瓦	卧龙镇人民政府	“逆行出征践初心　大爱无疆担使命”荣誉证书	2022 年 9 月	林芝市应对疫情工作领导小组
唐　明	卧龙镇人民政府	“逆行出征践初心　大爱无疆担使命”荣誉证书	2022 年 9 月	林芝市应对疫情工作领导小组
李　潼	卧龙镇人民政府	“逆行出征践初心　大爱无疆担使命”荣誉证书	2022 年 9 月	林芝市应对疫情工作领导小组
顶　争	卧龙镇人民政府	“逆行出征践初心　大爱无疆担使命”荣誉证书	2022 年 9 月	林芝市应对疫情工作领导小组
扎　登	卧龙镇人民政府	“逆行出征践初心　大爱无疆担使命”荣誉证书	2022 年 9 月	林芝市应对疫情工作领导小组
加　措	卧龙镇人民政府	“逆行出征践初心　大爱无疆担使命”荣誉证书	2022 年 9 月	林芝市应对疫情工作领导小组
白玛龙增	卧龙镇人民政府	“逆行出征践初心　大爱无疆担使命”荣誉证书	2022 年 9 月	林芝市应对疫情工作领导小组

续表 2

姓名	工作单位	获奖名称（称号）	表彰时间	授予单位
次仁曲珍	卧龙镇人民政府	“逆行出征践初心　大爱无疆担使命”荣誉证书	2022 年 9 月	林芝市应对疫情工作领导小组
洛桑加措	卧龙镇人民政府	“逆行出征践初心　大爱无疆担使命”荣誉证书	2022 年 9 月	林芝市应对疫情工作领导小组
胡庆青	卧龙镇人民政府	“逆行出征践初心　大爱无疆担使命”荣誉证书	2022 年 9 月	林芝市应对疫情工作领导小组
扎西达吉	卧龙镇人民政府	“逆行出征践初心　大爱无疆担使命”荣誉证书	2022 年 9 月	林芝市应对疫情工作领导小组
索朗德吉	卧龙镇人民政府	“逆行出征践初心　大爱无疆担使命”荣誉证书	2022 年 9 月	林芝市应对疫情工作领导小组
达瓦央宗	卧龙镇人民政府	“逆行出征践初心　大爱无疆担使命”荣誉证书	2022 年 9 月	林芝市应对疫情工作领导小组
边巴次仁	卧龙镇人民政府	“逆行出征践初心　大爱无疆担使命”荣誉证书	2022 年 9 月	林芝市应对疫情工作领导小组
粟　为	卧龙镇人民政府	“逆行出征践初心　大爱无疆担使命”荣誉证书	2022 年 9 月	林芝市应对疫情工作领导小组
卓　玛	卧龙镇人民政府	“逆行出征践初心　大爱无疆担使命”荣誉证书	2022 年 9 月	林芝市应对疫情工作领导小组
曲　啦	卧龙镇人民政府	“逆行出征践初心　大爱无疆担使命”荣誉证书	2022 年 9 月	林芝市应对疫情工作领导小组
张亚凤	卧龙镇人民政府	“逆行出征践初心　大爱无疆担使命”荣誉证书	2022 年 9 月	林芝市应对疫情工作领导小组
李新洋	卧龙镇人民政府	“逆行出征践初心　大爱无疆担使命”荣誉证书	2022 年 9 月	林芝市应对疫情工作领导小组
王深婷	卧龙镇人民政府	“逆行出征践初心　大爱无疆担使命”荣誉证书	2022 年 9 月	林芝市应对疫情工作领导小组
杨圣森	米林县城市管理和综合执法局	“逆行出征践初心　大爱无疆担使命”荣誉证书	2022 年 9 月	林芝市应对疫情工作领导小组
王好刚	米林县城市管理和综合执法局	“逆行出征践初心　大爱无疆担使命”荣誉证书	2022 年 9 月	林芝市应对疫情工作领导小组
洛桑曲珍	米林县城市管理和综合执法局	“逆行出征践初心　大爱无疆担使命”荣誉证书	2022 年 9 月	林芝市应对疫情工作领导小组
刘　强	米林县城市管理和综合执法局	“逆行出征践初心　大爱无疆担使命”荣誉证书	2022 年 9 月	林芝市应对疫情工作领导小组
王玉荣	米林县城市管理和综合执法局	“逆行出征践初心　大爱无疆担使命”荣誉证书	2022 年 9 月	林芝市应对疫情工作领导小组
黄友富	米林县城市管理和综合执法局	“逆行出征践初心　大爱无疆担使命”荣誉证书	2022 年 9 月	林芝市应对疫情工作领导小组

续表 2

姓名	工作单位	获奖名称（称号）	表彰时间	授予单位
旺　加	米林县城市管理和综合执法局	“逆行出征践初心　大爱无疆担使命”荣誉证书	2022 年 9 月	林芝市应对疫情工作领导小组
关琳琳	米林县城市管理和综合执法局	“逆行出征践初心　大爱无疆担使命”荣誉证书	2022 年 9 月	林芝市应对疫情工作领导小组
张　良	米林县城市管理和综合执法局	“逆行出征践初心　大爱无疆担使命”荣誉证书	2022 年 9 月	林芝市应对疫情工作领导小组
白玛顿珠	米林县城市管理和综合执法局	“逆行出征践初心　大爱无疆担使命”荣誉证书	2022 年 9 月	林芝市应对疫情工作领导小组
益西旦增	米林县城市管理和综合执法局	“逆行出征践初心　大爱无疆担使命”荣誉证书	2022 年 9 月	林芝市应对疫情工作领导小组
伍　江	米林县城市管理和综合执法局	“逆行出征践初心　大爱无疆担使命”荣誉证书	2022 年 9 月	林芝市应对疫情工作领导小组
顿珠尼玛	米林县城市管理和综合执法局	“逆行出征践初心　大爱无疆担使命”荣誉证书	2022 年 9 月	林芝市应对疫情工作领导小组
达娃扎西	米林县城市管理和综合执法局	“逆行出征践初心　大爱无疆担使命”荣誉证书	2022 年 9 月	林芝市应对疫情工作领导小组
格桑次仁	米林县城市管理和综合执法局	“逆行出征践初心　大爱无疆担使命”荣誉证书	2022 年 9 月	林芝市应对疫情工作领导小组
拥　青	米林县城市管理和综合执法局	“逆行出征践初心　大爱无疆担使命”荣誉证书	2022 年 9 月	林芝市应对疫情工作领导小组
拉　仓	米林县城市管理和综合执法局	“逆行出征践初心　大爱无疆担使命”荣誉证书	2022 年 9 月	林芝市应对疫情工作领导小组
拉　宗	米林县城市管理和综合执法局	“逆行出征践初心　大爱无疆担使命”荣誉证书	2022 年 9 月	林芝市应对疫情工作领导小组
李吉毛措	米林县城市管理和综合执法局	“逆行出征践初心　大爱无疆担使命”荣誉证书	2022 年 9 月	林芝市应对疫情工作领导小组
次　仁	米林县城市管理和综合执法局	“逆行出征践初心　大爱无疆担使命”荣誉证书	2022 年 9 月	林芝市应对疫情工作领导小组
阿　嘎	米林县城市管理和综合执法局	“逆行出征践初心　大爱无疆担使命”荣誉证书	2022 年 9 月	林芝市应对疫情工作领导小组
次仁罗布	米林县城市管理和综合执法局	“逆行出征践初心　大爱无疆担使命”荣誉证书	2022 年 9 月	林芝市应对疫情工作领导小组
巴桑次仁	米林县城市管理和综合执法局	“逆行出征践初心　大爱无疆担使命”荣誉证书	2022 年 9 月	林芝市应对疫情工作领导小组
朋毛仍尖	米林县城市管理和综合执法局	“逆行出征践初心　大爱无疆担使命”荣誉证书	2022 年 9 月	林芝市应对疫情工作领导小组
旦真旺堆	米林县城市管理和综合执法局	“逆行出征践初心　大爱无疆担使命”荣誉证书	2022 年 9 月	林芝市应对疫情工作领导小组

续表 2

姓名	工作单位	获奖名称（称号）	表彰时间	授予单位
达　益	米林县城市管理和综合执法局	“逆行出征践初心　大爱无疆担使命”荣誉证书	2022 年 9 月	林芝市应对疫情工作领导小组
多　多	米林县城市管理和综合执法局	“逆行出征践初心　大爱无疆担使命”荣誉证书	2022 年 9 月	林芝市应对疫情工作领导小组
扎西尼玛	米林县城市管理和综合执法局	“逆行出征践初心　大爱无疆担使命”荣誉证书	2022 年 9 月	林芝市应对疫情工作领导小组
加　措	米林县城市管理和综合执法局	“逆行出征践初心　大爱无疆担使命”荣誉证书	2022 年 9 月	林芝市应对疫情工作领导小组
公嘎旦增	米林县城市管理和综合执法局	“逆行出征践初心　大爱无疆担使命”荣誉证书	2022 年 9 月	林芝市应对疫情工作领导小组
林　东	米林县城市管理和综合执法局	“逆行出征践初心　大爱无疆担使命”荣誉证书	2022 年 9 月	林芝市应对疫情工作领导小组
永　红	米林县城市管理和综合执法局	“逆行出征践初心　大爱无疆担使命”荣誉证书	2022 年 9 月	林芝市应对疫情工作领导小组
阿　珍	米林县城市管理和综合执法局	“逆行出征践初心　大爱无疆担使命”荣誉证书	2022 年 9 月	林芝市应对疫情工作领导小组
拉巴卓玛	米林县城市管理和综合执法局	“逆行出征践初心　大爱无疆担使命”荣誉证书	2022 年 9 月	林芝市应对疫情工作领导小组
德　吉（大）	米林县城市管理和综合执法局	“逆行出征践初心　大爱无疆担使命”荣誉证书	2022 年 9 月	林芝市应对疫情工作领导小组
德　吉（小）	米林县城市管理和综合执法局	“逆行出征践初心　大爱无疆担使命”荣誉证书	2022 年 9 月	林芝市应对疫情工作领导小组
魏龙平	米林县城市管理和综合执法局	“逆行出征践初心　大爱无疆担使命”荣誉证书	2022 年 9 月	林芝市应对疫情工作领导小组
杨镇源	米林县城市管理和综合执法局	“逆行出征践初心　大爱无疆担使命”荣誉证书	2022 年 9 月	林芝市应对疫情工作领导小组
扎　西	米林县城市管理和综合执法局	“逆行出征践初心　大爱无疆担使命”荣誉证书	2022 年 9 月	林芝市应对疫情工作领导小组
阿　肖	米林县城市管理和综合执法局	“逆行出征践初心　大爱无疆担使命”荣誉证书	2022 年 9 月	林芝市应对疫情工作领导小组
索朗旦增	米林县城市管理和综合执法局	“逆行出征践初心　大爱无疆担使命”荣誉证书	2022 年 9 月	林芝市应对疫情工作领导小组
卓　玛	米林县城市管理和综合执法局	“逆行出征践初心　大爱无疆担使命”荣誉证书	2022 年 9 月	林芝市应对疫情工作领导小组
郑仕均	米林县城市管理和综合执法局	“逆行出征践初心　大爱无疆担使命”荣誉证书	2022 年 9 月	林芝市应对疫情工作领导小组
贡觉卓玛	米林县城市管理和综合执法局	“逆行出征践初心　大爱无疆担使命”荣誉证书	2022 年 9 月	林芝市应对疫情工作领导小组

续表 2

姓名	工作单位	获奖名称（称号）	表彰时间	授予单位
何 勇	退役军人事务局	“逆行出征践初心 大爱无疆担使命”荣誉证书	2022 年 9 月	林芝市应对疫情工作领导小组
格桑旺堆	退役军人事务局	“逆行出征践初心 大爱无疆担使命”荣誉证书	2022 年 9 月	林芝市应对疫情工作领导小组
刘 玉	退役军人事务局	“逆行出征践初心 大爱无疆担使命”荣誉证书	2022 年 9 月	林芝市应对疫情工作领导小组
陈 威	退役军人事务局	“逆行出征践初心 大爱无疆担使命”荣誉证书	2022 年 9 月	林芝市应对疫情工作领导小组
李梦迪	退役军人事务局	“逆行出征践初心 大爱无疆担使命”荣誉证书	2022 年 9 月	林芝市应对疫情工作领导小组
白玛拥宗	退役军人事务局	“逆行出征践初心 大爱无疆担使命”荣誉证书	2022 年 9 月	林芝市应对疫情工作领导小组
达娃罗布	退役军人事务局	“逆行出征践初心 大爱无疆担使命”荣誉证书	2022 年 9 月	林芝市应对疫情工作领导小组
赵 军	米林边境管理大队	“逆行出征践初心 大爱无疆担使命”荣誉证书	2022 年 9 月	林芝市应对疫情工作领导小组
朱鸿桑	米林边境管理大队	“逆行出征践初心 大爱无疆担使命”荣誉证书	2022 年 9 月	林芝市应对疫情工作领导小组
吴子斌	米林边境管理大队	“逆行出征践初心 大爱无疆担使命”荣誉证书	2022 年 9 月	林芝市应对疫情工作领导小组
沈 朋	米林边境管理大队	“逆行出征践初心 大爱无疆担使命”荣誉证书	2022 年 9 月	林芝市应对疫情工作领导小组
舒孝军	米林边境管理大队	“逆行出征践初心 大爱无疆担使命”荣誉证书	2022 年 9 月	林芝市应对疫情工作领导小组
马智慧	米林边境管理大队	“逆行出征践初心 大爱无疆担使命”荣誉证书	2022 年 9 月	林芝市应对疫情工作领导小组
吉美次仁	米林边境管理大队	“逆行出征践初心 大爱无疆担使命”荣誉证书	2022 年 9 月	林芝市应对疫情工作领导小组
泽旺仁增	米林县市场监督管理局	“逆行出征践初心 大爱无疆担使命”荣誉证书	2022 年 9 月	林芝市应对疫情工作领导小组
华旦益希	米林县市场监督管理局	“逆行出征践初心 大爱无疆担使命”荣誉证书	2022 年 9 月	林芝市应对疫情工作领导小组
曾贵川	米林县市场监督管理局	“逆行出征践初心 大爱无疆担使命”荣誉证书	2022 年 9 月	林芝市应对疫情工作领导小组
胡兴全	米林县市场监督管理局	“逆行出征践初心 大爱无疆担使命”荣誉证书	2022 年 9 月	林芝市应对疫情工作领导小组
尼玛央宗	米林县市场监督管理局	“逆行出征践初心 大爱无疆担使命”荣誉证书	2022 年 9 月	林芝市应对疫情工作领导小组

续表 2

姓名	工作单位	获奖名称（称号）	表彰时间	授予单位
边少影	米林县市场监督管理局	“逆行出征践初心　大爱无疆担使命”荣誉证书	2022 年 9 月	林芝市应对疫情工作领导小组
泽仁卓嘎	米林县市场监督管理局	“逆行出征践初心　大爱无疆担使命”荣誉证书	2022 年 9 月	林芝市应对疫情工作领导小组
泽　西	米林县市场监督管理局	“逆行出征践初心　大爱无疆担使命”荣誉证书	2022 年 9 月	林芝市应对疫情工作领导小组
边巴次仁	米林县市场监督管理局	“逆行出征践初心　大爱无疆担使命”荣誉证书	2022 年 9 月	林芝市应对疫情工作领导小组
拉巴次仁	米林县人民法院	“逆行出征践初心　大爱无疆担使命”荣誉证书	2022 年 9 月	林芝市应对疫情工作领导小组
尼玛扎西	米林县人民法院	“逆行出征践初心　大爱无疆担使命”荣誉证书	2022 年 9 月	林芝市应对疫情工作领导小组
舒　强	米林县人民法院	“逆行出征践初心　大爱无疆担使命”荣誉证书	2022 年 9 月	林芝市应对疫情工作领导小组
次旺拉姆	米林县人民法院	“逆行出征践初心　大爱无疆担使命”荣誉证书	2022 年 9 月	林芝市应对疫情工作领导小组
徐根良	米林县人民法院	“逆行出征践初心　大爱无疆担使命”荣誉证书	2022 年 9 月	林芝市应对疫情工作领导小组
普布卓玛	米林县人民法院	“逆行出征践初心　大爱无疆担使命”荣誉证书	2022 年 9 月	林芝市应对疫情工作领导小组
德吉央宗	米林县人民法院	“逆行出征践初心　大爱无疆担使命”荣誉证书	2022 年 9 月	林芝市应对疫情工作领导小组
陈远鹏	米林县人民法院	“逆行出征践初心　大爱无疆担使命”荣誉证书	2022 年 9 月	林芝市应对疫情工作领导小组
周丽娜	米林县人民法院	“逆行出征践初心　大爱无疆担使命”荣誉证书	2022 年 9 月	林芝市应对疫情工作领导小组
仁青卓玛	米林县人民法院	“逆行出征践初心　大爱无疆担使命”荣誉证书	2022 年 9 月	林芝市应对疫情工作领导小组
德　吉	米林县人民法院	“逆行出征践初心　大爱无疆担使命”荣誉证书	2022 年 9 月	林芝市应对疫情工作领导小组
边巴桑典	米林县人民法院	“逆行出征践初心　大爱无疆担使命”荣誉证书	2022 年 9 月	林芝市应对疫情工作领导小组
尼玛拉姆	米林县人民法院	“逆行出征践初心　大爱无疆担使命”荣誉证书	2022 年 9 月	林芝市应对疫情工作领导小组
格　桑	米林县人民法院	“逆行出征践初心　大爱无疆担使命”荣誉证书	2022 年 9 月	林芝市应对疫情工作领导小组
格桑拉姆	米林县人民法院	“逆行出征践初心　大爱无疆担使命”荣誉证书	2022 年 9 月	林芝市应对疫情工作领导小组

续表 2

姓名	工作单位	获奖名称（称号）	表彰时间	授予单位
央　宗	米林县人民法院	"逆行出征践初心　大爱无疆担使命"荣誉证书	2022 年 9 月	林芝市应对疫情工作领导小组
次仁德吉	米林县人民法院	"逆行出征践初心　大爱无疆担使命"荣誉证书	2022 年 9 月	林芝市应对疫情工作领导小组
蒋若尘	米林县人民法院	"逆行出征践初心　大爱无疆担使命"荣誉证书	2022 年 9 月	林芝市应对疫情工作领导小组
雷　蕾	米林县人民法院	"逆行出征践初心　大爱无疆担使命"荣誉证书	2022 年 9 月	林芝市应对疫情工作领导小组
连利芬	米林县人民法院	"逆行出征践初心　大爱无疆担使命"荣誉证书	2022 年 9 月	林芝市应对疫情工作领导小组
钟　玲	米林县人民法院	"逆行出征践初心　大爱无疆担使命"荣誉证书	2022 年 9 月	林芝市应对疫情工作领导小组
珍　嘎	米林县人民法院	"逆行出征践初心　大爱无疆担使命"荣誉证书	2022 年 9 月	林芝市应对疫情工作领导小组
贾焱阳	米林县人民法院	"逆行出征践初心　大爱无疆担使命"荣誉证书	2022 年 9 月	林芝市应对疫情工作领导小组
戴小虎	米林县人民法院	"逆行出征践初心　大爱无疆担使命"荣誉证书	2022 年 9 月	林芝市应对疫情工作领导小组
朗嘎次仁	米林县人民法院	"逆行出征践初心　大爱无疆担使命"荣誉证书	2022 年 9 月	林芝市应对疫情工作领导小组
朱　琳	米林县人民法院	"逆行出征践初心　大爱无疆担使命"荣誉证书	2022 年 9 月	林芝市应对疫情工作领导小组
格桑顿珠	米林县人民法院	"逆行出征践初心　大爱无疆担使命"荣誉证书	2022 年 9 月	林芝市应对疫情工作领导小组
其美多吉	米林县人民法院	"逆行出征践初心　大爱无疆担使命"荣誉证书	2022 年 9 月	林芝市应对疫情工作领导小组
雍　雍	米林县人民法院	"逆行出征践初心　大爱无疆担使命"荣誉证书	2022 年 9 月	林芝市应对疫情工作领导小组
次仁拉姆	米林县妇女联合会	"逆行出征践初心　大爱无疆担使命"荣誉证书	2022 年 9 月	林芝市应对疫情工作领导小组
普布拉姆	米林县妇女联合会	"逆行出征践初心　大爱无疆担使命"荣誉证书	2022 年 9 月	林芝市应对疫情工作领导小组
普布卓玛	米林县妇女联合会	"逆行出征践初心　大爱无疆担使命"荣誉证书	2022 年 9 月	林芝市应对疫情工作领导小组
普布卓玛	米林县妇女联合会	林芝市"最美巾帼抗疫者"	2022 年 11 月	林芝市委宣传部、林芝市妇女联合会
德吉卓嘎	米林县中学	林芝市巾帼建功标兵	2022 年 5 月	林芝市妇女联合会

续表 2

姓名	工作单位	获奖名称（称号）	表彰时间	授予单位
杨　辉	米林县公安局	个人三等功	2022 年 3 月	中共林芝市公安局委员会
次仁达瓦	米林县公安局	个人三等功	2022 年 3 月	中共林芝市公安局委员会
廖运路	米林县公安局	个人三等功	2022 年 3 月	中共林芝市公安局委员会
达　娃	米林县公安局	个人三等功	2022 年 3 月	中共林芝市公安局委员会
贡觉顿珠	米林县公安局	个人嘉奖	2022 年 3 月	中共林芝市公安局委员会
陆　勇	米林县公安局	个人嘉奖	2022 年 3 月	中共林芝市公安局委员会
加勇丁巴	米林县公安局	个人嘉奖	2022 年 3 月	中共林芝市公安局委员会
张世超	米林县公安局	个人嘉奖	2022 年 3 月	中共林芝市公安局委员会
景海世	米林县公安局	个人嘉奖	2022 年 3 月	中共林芝市公安局委员会
加永多吉	米林县公安局	个人嘉奖	2022 年 3 月	中共林芝市公安局委员会
达瓦桑杰	米林县公安局	个人嘉奖	2022 年 3 月	中共林芝市公安局委员会
苏　杰	米林县公安局	个人嘉奖	2022 年 3 月	中共林芝市公安局委员会
冯小勇	米林县公安局	个人嘉奖	2022 年 3 月	中共林芝市公安局委员会
卓玛曲措	米林县公安局	个人嘉奖	2022 年 3 月	中共林芝市公安局委员会
蒲发亮	米林县公安局	个人嘉奖	2022 年 3 月	中共林芝市公安局委员会
苏　祥	米林县公安局	个人嘉奖	2022 年 3 月	中共林芝市公安局委员会
李　利	米林县人民检察院	全市最佳优秀公诉人	2022 年 1 月	林芝市人民检察院
旺　扎	米林县人民检察院	全市公益诉讼能手	2022 年 7 月	林芝市人民检察院
黄　梅	米林县人民法院	中共林芝市中级人民法院关于表彰 2022 年度全市法院先进个人	2023 年 3 月	中共林芝市中级人民法院
格　桑	米林县人民法院	中共林芝市中级人民法院关于表彰 2022 年度全市法院优秀书记员	2023 年 3 月	中共林芝市中级人民法院
琼　达	国家税务总局米林县税务局	最美巾帼奉献者	2022 年 3 月	国家税务总局林芝市税务局
张晓菲	国家税务总局米林县税务局	林芝市税务系统 2021 年度先进工作者	2022 年 1 月	国家税务总局林芝市税务局
普　尺	米林县文旅局	2022 年藏文名词规范术语普及知识竞赛活动获得三等奖	2022 年 10 月	林芝市藏语工作委员会办公室（编译局）
吴艾琳	米林县行政审批和便民服务局	2022 年林芝市政务服务系统首届学习党的二十大精神知识竞赛最佳选手	2022 年 12 月	林芝市行政审批和便民服务局
董倩楠	米林县消防救援大队	个人嘉奖	2022 年 1 月	林芝市消防救援支队
普布顿珠	国网米林县供电公司	国网林芝供电公司疫情防控专项先进个人（2022 年度）	2023 年 1 月	国网林芝供电公司

续表 2

姓名	工作单位	获奖名称（称号）	表彰时间	授予单位
张 娜	国网米林县供电公司	国网林芝供电公司“先进个人”（2022 年度）	2023 年 1 月	国网林芝供电公司
久美卫色	羌纳乡便民服务站七级职员	模范家庭	2022 年 12 月	中共米林县委员会、米林县人民政府
米玛次仁	羌纳乡党委委员、政府副乡长、三级主任科员	2019—2021 连续三年优秀公务员	2022 年 1 月	中共米林县委员会、米林县人民政府
郭 磊	卧龙镇人民政府	2022 年度优秀公务员	2022 年 12 月	中共米林县委员会、米林县人民政府
孙诚春	羌纳乡党委书记	2022 年度优秀公务员	2022 年 12 月	中共米林县委员会、米林县人民政府
巴桑卓玛	卧龙镇人民政府	2022 年度优秀公务员	2022 年 12 月	中共米林县委员会、米林县人民政府
达娃央宗	卧龙镇人民政府	2022 年度优秀公务员	2022 年 12 月	中共米林县委员会、米林县人民政府
次仁达瓦	卧龙镇人民政府	米林县 2022 年度优秀事业单位工作者	2022 年 12 月	中共米林县委员会、米林县人民政府
白马龙增	卧龙镇人民政府	米林县 2022 年度优秀事业单位工作者	2022 年 12 月	中共米林县委员会、米林县人民政府
王深婷	卧龙镇人民政府	米林县 2022 年度优秀事业单位工作者	2022 年 12 月	中共米林县委员会、米林县人民政府
田 琪	米林县丹娘乡人民政府	2022 年度优秀公务员	2022 年 12 月	中共米林县委员会、米林县人民政府
普 珍	米林县丹娘乡人民政府	2022 年度优秀公务员	2022 年 12 月	中共米林县委员会、米林县人民政府
张津铭	米林县丹娘乡人民政府	2022 年度优秀公务员	2022 年 12 月	中共米林县委员会、米林县人民政府
张志祥	米林县丹娘乡人民政府	2022 年度优秀公务员	2022 年 12 月	中共米林县委员会、米林县人民政府
达娃玉珍	米林县丹娘乡人民政府	2022 年度优秀公务员	2022 年 12 月	中共米林县委员会、米林县人民政府
索朗旦增	米林县丹娘乡人民政府	2022 年度优秀公务员	2022 年 12 月	中共米林县委员会、米林县人民政府
吴 成	米林县丹娘乡卫生院	2022 年度优秀公务员	2022 年 12 月	中共米林县委员会、米林县人民政府
樊西玲	米林县文旅局	2022 年度优秀公务员	2022 年 12 月	中共米林县委员会、米林县人民政府
普布仓决	米林县文旅局	2022 年度优秀公务员	2022 年 12 月	中共米林县委员会、米林县人民政府

续表 2

姓名	工作单位	获奖名称（称号）	表彰时间	授予单位
西　然	米林县文旅局	2022 年度优秀公务员	2022 年 12 月	中共米林县委员会、米林县人民政府
拉姆次仁	米林县文旅局	2022 年度优秀公务员	2022 年 12 月	中共米林县委员会、米林县人民政府
王三腾	米林县应急管理局	2022 年度优秀公务员	2022 年 12 月	中共米林县委员会、米林县人民政府
西饶旺姆	米林县应急管理局	2022 年度优秀公务员	2022 年 12 月	中共米林县委员会、米林县人民政府
阿牛德吉	米林县应急管理局	2022 年度优秀公务员	2022 年 12 月	中共米林县委员会、米林县人民政府
杨　林	米林县教育局	2022 年度优秀公务员	2022 年 12 月	中共米林县委员会、米林县人民政府
欧　垚	米林县住建局	2022 年度优秀公务员	2022 年 12 月	中共米林县委员会、米林县人民政府
何　勇	退役军人事务局	2022 年度优秀公务员	2022 年 12 月	中共米林县委员会、米林县人民政府
吕　超	米林县委政法委	2022 年度优秀公务员	2022 年 12 月	中共米林县委员会、米林县人民政府
德吉旺姆	米林县委政法委	2022 年度优秀公务员	2022 年 12 月	中共米林县委员会、米林县人民政府
孟令歌	米林县委政法委	2022 年度优秀公务员	2022 年 12 月	中共米林县委员会、米林县人民政府
曾贵川	米林县市场监督管理局	2022 年度优秀公务员	2022 年 12 月	中共米林县委员会、米林县人民政府
胡兴全	米林县市场监督管理局	2022 年度优秀公务员	2022 年 12 月	中共米林县委员会、米林县人民政府
泽　西	米林县市场监督管理局	2022 年度优秀公务员	2022 年 12 月	中共米林县委员会、米林县人民政府
西　然	米林县文旅局	米林县抗击新冠疫情先进个人	2023 年 1 月	中共米林县委员会、米林县人民政府
次仁罗布	米林县教育局	米林县抗击新冠疫情先进个人	2023 年 1 月	中共米林县委员会、米林县人民政府
次　旦	米林县教育局	米林县抗击新冠疫情先进个人	2023 年 1 月	中共米林县委员会、米林县人民政府
欧　垚	米林县住建局	米林县抗击新冠疫情先进个人	2023 年 1 月	中共米林县委员会、米林县人民政府
刘国才	米林县住建局	米林县抗击新冠疫情先进个人	2023 年 1 月	中共米林县委员会、米林县人民政府

续表 2

姓名	工作单位	获奖名称（称号）	表彰时间	授予单位
普布顿珠	国网米林县供电公司	米林县抗击新冠疫情先进个人	2023 年 1 月	中共米林县委员会、米林县人民政府
央金卓玛	米林县住建局	2021 年度优秀事业干部	2023 年 1 月	中共米林县委员会、米林县人民政府
德吉旺姆	米林县委政法委	2022 年度民族团结进步模范先进个人	2022 年 12 月	中共米林县委员会、米林县人民政府
吴艾琳	米林县行政审批和便民服务局	2022 年度民族团结进步模范先进个人	2022 年 12 月	中共米林县委员会、米林县人民政府
拉巴次仁	米林县人民法院	米林县民族团结进步“模范个人”称号	2022 年 12 月	中共米林县委员会、米林县人民政府
旺　扎	米林县人民检察院	2022 年度优秀公务员	2022 年 12 月	中共米林县委员会、米林县人民政府
康倩倩	米林县人民检察院	2022 年度优秀公务员	2022 年 12 月	中共林芝市委员会、林芝市人民政府
李晓华	米林县人民检察院	2022 年度优秀公务员	2022 年 12 月	中共米林县委员会、米林县人民政府
方立谱	米林县人民检察院	2022 年度优秀公务员	2022 年 12 月	中共米林县委员会、米林县人民政府
周　晟	米林县寺庙管委会一级科员	2022 年度优秀公务员	2023 年 1 月	中共米林县委员会
巴桑次仁	米林县人力资源和社会保障局一级科员	2022 年度优秀公务员	2023 年 1 月	中共米林县委员会
尼玛桑杰	米林县寺庙管委会三级主任科员任科员	2022 年度优秀公务员	2023 年 1 月	中共米林县委员会
玉　公	米林县寺庙管委会一级主任科员	2022 年度优秀公务员	2023 年 1 月	中共米林县委员会
吴泫佳	米林县委统战部（民宗局）四级主任科员	2022 年度优秀公务员	2023 年 1 月	中共米林县委员会
娄会萍	米林县水利局	2022 年度优秀公务员	2023 年 1 月	中共米林县委员会
王翠丽	米林县自然资源局	2021 年度考核优秀公务员	2022 年 1 月	中共米林县委员会、米林县人民政府
次　央	米林县自然资源局	2021 年度考核优秀公务员	2022 年 1 月	中共米林县委员会、米林县人民政府
嘎玛旺姆	米林县自然资源局	2021 年度考核优秀公务员	2022 年 1 月	中共米林县委员会、米林县人民政府
次仁曲珍	米林县自然资源局	2021 年度考核优秀干部	2022 年 1 月	中共米林县委员会、米林县人民政府
陈文强	米林县自然资源局	2021 年度考核优秀干部	2022 年 1 月	中共米林县委员会、米林县人民政府

续表 2

姓名	工作单位	获奖名称（称号）	表彰时间	授予单位
黄国旗	米林县文旅局	米林县抗击新冠疫情先进个人	2023 年 1 月	中共米林县委员会、米林县人民政府
巴桑次仁	米林县文旅局（县艺术团）	米林县抗击新冠疫情先进个人	2023 年 1 月	中共米林县委员会、米林县人民政府
达娃卓玛	米林县人民法院	米林县抗击新冠疫情先进个人	2022 年 8 月	中共米林县委办公室
其美多吉	米林县人民法院	米林县抗击新冠疫情先进个人	2022 年 8 月	中共米林县委办公室
达娃卓玛	米林县人民法院	米林县抗击新冠疫情先进个人	2022 年 9 月	中共米林县委办公室
其美多吉	米林县人民法院	米林县抗击新冠疫情先进个人	2022 年 9 月	中共米林县委办公室
江阿卓玛	米林县水利局	2022 年度优秀事业干部	2023 年 1 月	中共米林县委组织部
冯　椿	米林县统计局	优秀非领导公务员	2022 年 12 月	中共米林县委组织部
田　然	中共米林县委组织部	2020—2022 年连续三年年度考核确定为优秀等次，记三等功	2022 年 12 月	中共米林县考核委员会
晓　红	中共米林县委组织部	2020—2022 年连续三年年度考核确定为优秀等次，记三等功	2022 年 12 月	中共米林县考核委员会
李清来	中共米林县委组织部	2022 年度考核为优秀等次记嘉奖	2022 年 12 月	中共米林县考核委员会
赵松松	中共米林县委组织部	2022 年度考核为优秀等次记嘉奖	2022 年 12 月	中共米林县考核委员会
郑　奎	中共米林县委组织部	2022 年度考核为优秀等次记嘉奖	2022 年 12 月	中共米林县考核委员会
白玛达珍	中共米林县委组织部	2022 年度考核为优秀等次记嘉奖	2022 年 12 月	中共米林县考核委员会
赵思宇	米林县米林镇（在中共米林县委组织部跟班）	2022 年度考核为优秀等次记嘉奖	2022 年 12 月	中共米林县考核委员会
卓么草	派镇人民政府	“喜迎二十大・建团百年史”	2022 年 4 月	共青团米林县委员会
珍　嘎	米林县人民法院	办案标兵	2023 年 3 月	米林县人民法院
钟　玲	米林县人民法院	锐意创新先进个人	2023 年 3 月	米林县人民法院
达娃卓玛	米林县人民法院	疫情防控先进个人	2023 年 3 月	米林县人民法院
其美多吉	米林县人民法院	疫情防控先进个人	2023 年 3 月	米林县人民法院
达娃扎西	米林县人民检察院	2022 年度优秀聘用制人员	2022 年 12 月	米林县人力资源和社会保障局
陈　城	米林县统计局	优秀事业干部	2022 年 12 月	米林县人力资源和社会保障局
王翠丽	米林县自然资源局	2021 年优秀党员	2022 年 3 月	中共米林县自然资源局党支部
次仁曲珍	米林县自然资源局	2021 年优秀党员	2022 年 3 月	中共米林县自然资源局党支部
次仁吉	米林县自然资源局	2021 年优秀党员	2022 年 3 月	中共米林县自然资源局党支部
齐志超	米林县自然资源局	2021 年优秀党员	2022 年 3 月	中共米林县自然资源局党支部

附　录

组织机构及负责人名录

米林县领导机关

中国共产党米林县委员会

县委书记、一级调研员：严世钦

县委副书记、县长：多吉扎西（藏族）

县委常务副书记、常务副县长：

黄南荫（第九批援藏干部，6月离任）

县委常务副书记、政府党组副书记、常务副县长：

冯胜生（第十批援藏干部，6月任）

县委副书记、政府党组成员、常务副县长：

邱信蛟（4月任，挂职）

县委副书记、县委国安办主任、三级调研员：

王卫东（4月任）

林芝市政协机关副秘书长、党组成员、米林县委副书记：陈 健（5月任）

县委常委、人大常委会主任：达 顿（藏族）

县委常委、县人民武装部政委：李 桥

县委常委、常务副县长：何正勇

县委副书记、林芝农垦嘎玛农业有限公司党委书记、董事长、二级调研员：

周哲文（第九批援藏干部，6月离任）

县委常委、政府党组成员、副县长、林芝农垦嘎玛农业有限公司党委书记、董事长：

林浩生（第十批援藏干部，6月任）

县委常委、派镇党委书记、三级调研员：

宋振兴（苗族，4月任）

县委常委、组织部部长、县委党校校长、三级调研员：许登顺

县委常委、宣传部部长：

才 拉（藏族，6月离任）

县委常委、宣传部部长：刘丽萍（6月任）

县委常委、政法委书记、三级调研员：

张豪杰（藏族）

县委常委、纪委书记、监委主任：

茹长春（2月离任）

县委常委、纪委书记、监委副主任：

姜 宏（代理主任）

县委常委、统战部部长、二级调研员：

吉 律（藏族，4月离任）

县委常委、统战部部长：尼玛次仁（藏族）

中国共产党米林县委员会办公室

主 任：刘鹏程

副主任、档案局局长：徐 蕤（8月离任）

祁正发（8月任）

副主任、保密局局长、县委保密办主任：

胡 峰（8月离任）

副主任、保密局局长：达娃珠扎（8月任）

副主任：次仁永措（8月离任）

档案局（馆）馆长：巴 旦

县委机要局局长：央金卓嘎

县委机要局副局长、密码管理局局长：任 伟

米林县人民代表大会常务委员会

县委常委、人大常委会主任：达　顿（藏族）

人大常委会党组副书记、副主任：

巴　珠（藏族）

人大常委会党组成员、副主任：

吉　律（藏族，4月任）

人大常委会副主任：

尼玛次仁（藏族，4月离任）

旦　增（藏族，7月离任）

米林县人民代表大会常务委员会办公室

主　任：支　张（藏族）

副主任：祝　涛（8月任）

米林县人民政府

县委副书记、县长：多吉扎西

县委常务副书记、常务副县长：

黄南荫（第九批援藏干部）

县委常务副书记、政府党组副书记、常务副县长：冯胜生（第十批援藏干部）

县委副书记、政府党组成员、常务副县长：

邱信蛟（挂职干部）

县委常委、常务副县长：何正勇

县委常委、政府党组成员、副县长、林芝农垦嘎玛农业有限公司党委书记、董事长：

林浩生（第十批援藏干部）

县委常委、副县长，三级调研员：宋振兴

副县长、二级调研员：乔直达

副县长：索　朗

副县长、县发改委党组副书记、副主任：

周伟波

副县长：张永焕

县政府党组成员、副县长：旦　增

副县长：刘　洋　陈　冬　胡秀兰

副县长、公安局局长、督察长、四级高级警长：

杨　刚

副县长人选、水利局党组副书记、副局长：

李宁博

副县长人选、水利局服务站副站长：杨家凯

副县长人选、水利工程质量与安监督中心副主任：赵　焱

米林县人民政府办公室

主　任：付江南（女）

副主任、信访局局长：

次仁边觉（藏族，7月任）

副主任：胡　柳（7月任）

舒建素（女，7月任）

中国人民政治协商会议米林县委员会

主　席：马海蕴

副主席：西热江才（藏族）

达　娃（女，藏族）

周　毅（5月离任）

次仁平措（藏族）

中国人民政治协商会议米林县委员会办公室

主　任：巴桑央吉（女，藏族，5月离任）

谢　瑾（女，8月任）

副主任：谢　瑾（女，8月离任）

洛桑顿珠（藏族，8月任）

米林县纪检监察机关、检察院、法院

中国共产党米林县纪律检查委员会、米林县监察委员会

县委常委、纪委书记、监委主任：
姜　宏（2月任）
纪委副书记、监委副主任：
井莉莉（女，7月任一级主任科员）
格桑旺堆（藏族）
纪委常委、监委委员：李　杰
纪委常委、巡察办主任：
次旺曲珍（女，藏族，4月任）
监委委员：许淞凯
二级主任科员：拉巴次仁（藏族）
索朗卓嘎（女，藏族）
格　桑
色　珍（藏族，4月任）
案件审理室主任：达娃扎西（藏族）
综合室主任：刘　锟（7月任）
党风政风室主任：周富成（7月任）
监督检察室主任：李　康（7月任）
审查调查室主任：益　西（藏族，7月任）
信息中心主任：白玛拉珍（女，藏族，7月任）

米林县人民检察院

党组书记、检察长、三级高级检察官：李　彦
党组副书记、副检察长、四级高级检察官：
雷　涛
党组成员、正科级检察员、一级检察官：
次　仁（藏族）
党组成员、一级检察官：王新颖（女）
尼玛琼达（女，藏族）
检察综合部主任：方立谱（满族，7月任）
综合业务部主任、二级检察官：
索朗曲吉（女，藏族，7月任）
派驻检察室主任、三级检察官：李　利
司法警察大队指导员：
白玛拉姆（女，藏族，7月任）

米林县人民法院

党组书记、院长：春　强（珞巴族）
党组副书记：拉巴次仁（门巴族）
党组成员、政治部主任：舒　强（7月任）
党组成员、审判委员专职委员：
尼玛扎西（藏族，7月任）
党组成员、执行局（司法警察大队）局长：
李　扬（7月任）
司法警察大队指导员：徐根良（7月任）
政治部副主任：黄　梅（女，藏族，7月任）
立案庭庭长：达　珍（女，珞巴族，8月任）
综合办公室主任：雷　蕾（女，5月任）
综合审判庭庭长：
次旺拉姆（女，藏族，8月任）
审判监督庭庭长：陈远鹏（9月离任）
卧龙中心人民法庭庭长：刘　超（藏族）
派镇人民法庭庭长：
普布卓玛（女，藏族，8月任）
丹娘乡人民法庭庭长：周丽娜（女）
四级法官助理：仁青卓玛（女，藏族，8月任）
四级警长：朗嘎次仁（藏族）

米林县委工作部门

统一战线工作部

县委常委、统战部部长：

吉　律（藏族，6月离任）

尼玛次仁（藏族，6月任）

民宗局局长：次仁罗布（藏族，6月离任）

县政协副主席、民宗局局长：

达　娃（女，藏族，6月任）

统战部常务副部长：胡　康

民宗局副局长：胡原山

米林县寺庙管理委员会主任：方　静（5月任）

米林县寺庙管理委员会副主任：

杨　伟（5月任）

旦增曲珍（女，藏族，5月任）

李周曲（藏族，5月任）

普布次仁（藏族，5月任）

白玛曲扎（藏族，5月任）

周　荣（5月任）

宣传部

县委常委、宣传部部长：

才　拉（女，藏族，6月离任）

刘丽萍（女，12月任）

宣传部常委副部长：布巴桑（藏族）

宣传部副部长、新闻出版局局长、网信办主任：

李　娜（女，12月任）

宣传部副部长、政府新闻办公室主任、广播电视局局长：李月平（7月任）

网评中心主任：扎西次仁（藏族）

融媒体中心主任：丁　炜（藏族）

融媒体中心副主任：洪若虹（女，8月任）

钟丽聪（女，8月任）

组织部

县委常委、组织部部长、县委党校校长：

许登顺

组织部常务副部长：次　多（藏族，7月任）

组织部副部长、县委机构编制委员会办公室主任：李清来

组织部副部长、老干部局局长：

索朗曲宗（女，藏族）

组织部部务委员、公务员局局长：

赵松松（7月任）

组织部副部长：郑　菊（女，1月离任）

县直机关工委书记：罗布顿珠（藏族）

县直机关工委副书记：徐术洲（7月离任）

胡　峰（7月任）

县委党校常务副校长：郭洪云

县委党校副校长：昂　索

政法委员会

县委常委、政法委书记、公安局党委书记：

张豪杰（藏族，5月任）

政法委副书记：严志男　次仁罗布

吕　超

巡察办

县委巡察办主任：次旺曲珍（女，藏族，5月任）

县委巡察办副主任：赵旭朋

县委巡察一组正科级巡察专员：魏　平

县委巡察二组正科级巡察专员：

米　玛（女，藏族）

县委巡察一组副科级巡察专员：旦巴江村（藏族）

县委巡察二组副科级巡察专员：任艳华（女）

米林县人大专门委员会

县人大财政经济委员会

主任委员：王彦平

副主任委员：次仁卓嘎（女，藏族）

县人大教育科技文化卫生委员会

主任委员：白玛益西（门巴族）

副主任委员：邓亚红（女）

县人大社会建设委员会

主任委员：格桑次仁（藏族）

副主任委员：徐洪涛（8月任）

米林县政府工作部门

行政审批和便民服务局

局　长：廖　君

副局长：邱　阳

次仁旺堆（藏族）

政务服务中心副主任：

益西卓玛（女，藏族，7月任）

外事办

党组书记、主任：国　慧（女）

党组成员、副主任：益西桑姆（藏族）

一级主任科员：扎西次仁（藏族）

党组成员、三级主任科员：陈荣梅（女）

发展和改革委员会

党组书记、主任：扎　西（门巴族）

党组副书记、副主任：涂　鹏（7月任）

党组成员、副主任：李亚青

党组成员、副主任、经信局局长：

张露霞（女，8月任）

副主任、粮食和物资储备局局长：

次仁旺久（藏族）

教育局

党组书记、局长、四级调研员：张海荣（女）

党组副书记、副局长：朱　颖（8月任）

党支部书记、教育局副局长、体育局局长：

次仁罗布（藏族）

副局长：赵文亮（7月任）

一级主任科员：唐孟丽（女）

三级主任科员：杨　林（女）

四级主任科员：肖宜杰

张文燕（女，7月任）

公安局

县委常委、政法委书记、公安局党委书记：

张豪杰（藏族，5月任）

米林县政府副县长、公安局党委副书记、局长：

杨　刚（7月任）

党委副书记、政委：杨　辉

党委委员、副局长：财　历（藏族）

刘兴明

党委委员、县城派出所教导员：占　堆（藏族）

党委委员、特警大队大队长：达娃次仁

党委委员、边境大队大队长：刘星剑

民政局

党组书记、局长：边彩红（女，藏族，8月任）
党组副书记、副局长：江　勇（8月任）
副局长、三级主任科员：
达　珍（女，藏族，8月任）
残联理事长：次仁拉姆（女，藏族）
福利院院长、七级职员：
旦　增（藏族，8月任）
福利院副院长：次仁顿珠（藏族）
核对中心主任：索朗白姆（女，藏族，8月任）
核对中心副主任：
次吉卓玛（女，藏族，8月任）

司法局

党组书记、局长：蒋　标（8月任）
党组成员、副局长：格　桑（女，藏族）
唐燕燕（女，8月任）
米玛卓玛（女，藏族，8月任）
法律援助中心副主任：唐园园（女，8月任）
米林镇司法所所长：张静文（女）
卧龙镇司法所所长：新　东（珞巴族）
派镇司法所所长：西热卓玛（女，藏族）
里龙乡司法所所长：格松拉姆（女，藏族）
南伊珞巴民族乡司法所所长：
卓　玛（女，藏族，8月任）

财政局

党组书记、局长：罗江美（女）
党组成员、副局长：扎西次拉（藏族，8月任）
牛雯彤（女）
武　岭
会计核算中心主任：高腾飞（8月任）
会计核算中心副主任：余　飞（藏族，8月任）
三级主任科员：杨　欣（女，5月任）
白　玛（女，藏族，5月任）
四级主任科员：刘杰燕（女）
刘宝英

人力资源和社会保障局

党组书记、局长：达　娃（女，藏族，8月任）
党组成员、副局长：
次仁永措（女，门巴族，8月任）
副局长：德　庆（女，藏族）

自然资源局

党组书记、局长：王翠丽（女，6月离任）
徐　蕤（8月任）
副局长：李扬洋（8月离任）
李凯歌（8月任）
副局长、三级主任科员：
次　央（女，藏族，5月任）
土地储备中心主任：
次吉卓玛（女，藏族，8月离任）
齐志超（8月任）
土地储备中心副主任：
普布次仁（藏族，8月任）
土地储备中心七级职员：王　莉（女）
不动产登记中心主任：次仁曲珍（女，藏族）
国土执法大队队长：李晓龙（8月任）
国土执法大队副队长：
嘎玛旺姆（女，藏族，8月任）
四级主任科员：次仁卓玛（女，藏族，5月任）

林业和草原局

局　长：永珠次仁（藏族）

副局长：姜　涛（8 月离任）

　　强巴卓玛（女，藏族）

　　赵虹云（8 月任）

林业工作站站长：伟　色（女，藏族）

林业工作站副站长：吾金次成（藏族）

生态环境局

局　长：欧　平（藏族）

副局长：阿旺才陈（藏族）

　　汤　毫

环境综合行政执法队副队长：

　　巴　桑（女，藏族）

住房和城乡建设局

局　长：孙秋利

副局长：宋丹华

　　益西洛瑞（8 月任）

　　刘国才（援藏，6 月任）

二级主任科员：赵明胜

四级主任科员：刘婷婷（女，藏族）

　　骆　宇（女）

　　王国荣

交通运输局

局　长：旦增晋美（藏族，8 月任）

副局长：李扬洋（8 月任）

　　次仁扎西（藏族）

交通运输局二级主任科员：达瓦次仁（藏族）

交通运输局三级主任科员：王玉勇（5 月任）

综合行政执法队队长：

　　次仁扎西（藏族，8 月任）

综合行政执法队副队长：

　　扎西拉宗（女，藏族，8 月任）

综合行政执法队三级主任科员：

　　王文平（5 月任）

综合行政执法队四级主任科员：

　　夏秀芳（女，12 月任）

水利局

党组书记、局长：普　琼（8 月任）

党组书记、副局长：

　　李宁博（水利部援藏，4 月任）

党组成员、副局长：罗布次仁（8 月任）

　　李春雷（8 月任）

水利服务站副站长：徐国生（8 月任）

四级调研员：柏晓林（4 月任）

四级主任科员：李汉超

农业农村局

党组书记、局长：旦增晋美（藏族，8 月离任）

　　王　浩（8 月任职）

党组副书记、副局长：董尚智（8 月离任）

党组成员、副局长、科学技术局局长：

　　索朗旺堆（藏族）

党组成员、副局长、乡村产业发展局局长：

　　江　勇（8 月离任）

　　宋闪闪（女，8 月任）

党组成员、兽防站站长：米玛次仁（藏族）

商务局

党组书记、局长：蒋　标（8月离任）

覃美连（女，8月任）

党组成员、副局长：

普布拉姆（女，藏族，5月离任）

央　珍（女，藏族，8月任）

任　刚（8月任）

供销合作联合社主任：巴桑罗布（藏族）

文化和旅游局

县委宣传部副部长、局长、四级调研员：

卫建勇（珞巴族）

副局长（文物局局长）：尼玛央宗（女，藏族）

副局长：龚晓川

景区管理局局长：张雪隆（8月任）

文化旅游综合行政执法队副队长：

西　然（藏族）

景区管理局副局长：樊西玲（女，8月任）

活动中心主任：巴桑次仁（藏族）

活动中心副主任：曲尼罗布（藏族）

二级主任科员：张战峰（女）

三级主任科员：普　尺（女，藏族，5月任）

孙　蓉（女，5月任）

四级主任科员：普巴玉珍（女，藏族，5月任）

张　婷（女）

何绍珊（女）

卫生健康委员会

主　任：文　伟（8月任）

副主任：巴桑次仁（藏族，8月任）

王　凯（8月任）

医管办主任：陈　勇（8月任）

医管办副主任：格桑央金（女，藏族）

二级主任科员：沈志勇

三级主任科员：央吉白珍（女，藏族，6月任）

四级主任科员：胡恩东（8月任）

退役军人事务局

局　长：达娃罗布

副局长：索朗次宗（女，藏族）

何　勇（12月任）

应急管理局

局　长：王三腾

副局长：西饶旺姆（女，藏族）

陈　龙

市场监督管理局

党组书记、局长：何　萍（女，8月离任）

泽旺仁增（藏族，8月任）

党组成员：米玛卓玛（女，藏族，8月离任）

党组成员、机场市场监督管理所所长：

华旦益希（藏族，8月任）

党组成员、副局长：曾贵川（8月任）

副局长、综合行政执法队队长：

索朗拉姆（女，藏族，8月任）

机场市场监管所副所长：胡兴全（8月任）

综合行政执法队副队长：

央　宗（女，藏族，8月任）

统计局

局　长：任　静（女）

副局长：白玛拉珍（女，门巴族）

社会经济调查队队长：扎　西（藏族）

社会经济调查队副队长七级职员：

尼玛旺堆（藏族）

一级主任科员：冯　椿

四级主任科员：张　好（女）

乡村振兴局

党组书记、局长：龙　恋

党组成员、副局长：刘　美

拉巴加措（藏族）

一级主任科员：达娃多吉（珞巴族）

严　红（女，5月任）

二级主任科员：罗春峰

三级主任科员：东永红（女，门巴族，5月任）

四级主任科员：李　磊（5月任）

医疗保障局

局　长：杨国胜

副局长：李晓英（女）

次仁拉姆（女，藏族）

党组成员、二级主任科员：张　玲（女）

城市管理和综合执法局

党组书记、局长：杨圣森

党组成员、四级调研员：拉巴赤列（藏族）

党组成员、副局长：旺　珍（女，藏族）

刘伏龙（8月离任）

王好刚（8月任）

监察大队队长：刘　强（8月任）

监察大队副队长：王玉荣（女，藏族，8月任）

中波台

台　长：欧丽锋

副台长：王军陆

米林县政协专门委员会

农业和农村委员会

主　任：登巴曲达（藏族）

副主任：石倩琳（女）

提案委员会

主　任：阿努次仁（藏族，8月任）

副主任：次仁央（女，珞巴族，8月任）

文史民族宗教法制委员会

主　任：李会艳（女）

副主任：米　玛（女，藏族）

群团机关

总工会

党组书记、工会主席、四级调研员：

阿努次仁（藏族）

党组书记、工会主席：罗仁智（8月任）

副主席：何　勇（9月任）

琼　达（藏族，12月任）

三级主任科员：张　卫（女）

四级主任科员：旦增次仁（藏族）

共青团米林县委员会

书　记：巴桑次仁（藏族，7月离任）

张雪梅（女，7月任）

副书记：欧阳海燕（女，7月任）

妇女联合会

党组书记、主席：卓　玛（女，珞巴族）

党组成员、副主席、四级主任科员：

韩　波（女，8月任）

工商业联合会

统战部副部长、工商联主席（商会会长）：

杨　俊

副主席（商会副会长）：达娃卓玛（女，藏族）

乡　镇

米林镇

镇党委书记、四级调研员：平措旺青（藏族）

党委副书记、镇长：薛宏杰

党委副书记、人大主席：林　布（珞巴族）

党委副书记：卢增亮（8月任）

党委委员、纪委书记、米林县监委派驻米林镇监察室主任：旦增卓嘎（女，藏族）

党委委员、组织委员、宣传委员：

李　豪（8月任）

党委委员、政法统战委员：程　攀

党委委员、副镇长、三级主任科员：

白玛扎西（藏族，8月调整党委委员）

人大专职副主席：次仁央宗（女，藏族）

副镇长：陈　旭（8月任）

平安建设办主任、三级主任科员：

德吉央宗（女，藏族）

党政综合办公室主任：阮杰麟

经济发展办公室主任：拉巴卓玛

边境事务协调办公室主任：

格桑卓嘎（女，藏族）

综合行政执法办公室主任：罗　堃

文化旅游综合服务中心主任：

亚　咪（女，珞巴族，8月任）

农牧综合服务中心主任：

母祥平（女，藏族，8月任）

便民服务中心主任：王　刚

二级主任科员：曲　吉（女，藏族）

四级主任科员：肖丽萍（女）

洛桑卓嘎（女，藏族）

卓嘎拉姆（女，藏族）

李玉兰（女）

索朗央宗（女，藏族）

卧龙镇

党委书记：王永明

党委副书记、镇长：

洛桑旦增（藏族，9月离任）

贡兰珠（藏族，6月任）

党委副书记、人大主席：

罗布多杰（藏族，9月离任）

成鹤龙（8月任）

党委副书记：文　伟（9月离任）

谭培强（9月任）

党委委员、纪委书记、监察室主任：

顿　珠（藏族）

党委委员、政统委员：黄金成

党委委员、组宣委员：武芳芳（女）

党委委员、副镇长：那　果（藏族）

人大副主席：李友情

副镇长：索朗拉姆（女，藏族）

文化旅游综合服务中心主任：

嘎　玛（珞巴族，8 月任）

农牧综合服务中心主任：

桑旦贡觉（藏族，8 月任）

边境事务协调办公室主任：

巴桑卓玛（女，藏族，8 月任）

便民服务中心主任：次仁达瓦（藏族，8 月任）

党政综合办公室主任：郭　磊（8 月任）

综合行政执法办公室主任：唐　明（8 月任）

经济发展办公室主任：李　潼（8 月任）

平安建设办公室主任：顶　争（藏族，8 月任）

派　镇

党委书记、三级调研员：宋振兴（苗族）

党委副书记、镇长：洛桑旦增（藏族）

人大主席：阿旺班久（藏族）

党委副书记：卫建华

党委委员、纪委书记、派出监察室主任：

庞云福

党委委员、组织委员、宣传委员：

罗桑扎西（藏族）

党委委员、政法委委员、统战委委员：

次仁扎西（藏族）

党委委员、副镇长：普布扎西（藏族）

人大副主席：嘎桑卓玛（女，藏族）

副镇长：聂华敬（女）

党政综合办公室（财政所）主任：陈玲竹（女）

经济发展办公室主任：张顺利

平安建设办公室（应急管理办公室）主任：

萨给娜（女，回族）

综合行政执法办公室（城市综合服务管理办公室）主任：米玛次仁（藏族）

边境事务协调办公室（生态环境和自然资源办公室）主任：央　宗（女，藏族）

农牧综合服务中心主任：土旦旦达（藏族）

文化旅游综合服务中心主任：

格桑梅朵（女，藏族）

镇便民服务中心（退役军人服务站）主任：

扎西顿珠（藏族）

四级主任科员：旦增旺姆（女，藏族）

崔佩佩（女）

苏　琴（女）

杨三春

扎西平措（藏族）

里龙乡

党委书记：蒙少杰（壮族）

党委副书记、政府乡长：嘎　桑（藏族）

党委副书记、人大主席：

贡兰珠（藏族，5 月离任）

索朗旺杰（藏族，8 月任）

党委副书记：周　荣（5 月离任）

徐术洲（8 月任）

党委委员、纪委书记：

洛桑次仁（藏族，8 月离任）

孙玉萍（女，8 月任）

党委委员、政府副乡长：

索朗旺杰（藏族，8 月离任）

洛桑次仁（藏族，8 月任）

党委委员、政法委委员、统战委委员：

格桑达瓦（藏族）

党委委员、组宣委员：王　赟（女）

人大副主席：朱方平

政府副乡长：次仁卓玛（女，藏族）
党政综合办公室（财政所）主任：
董政文（8月任）
经济发展办公室主任：韩　幸（8月任）
平安建设办公室（应急管理办公室）主任：
程　浩（8月任）
综合行政执法办公室主任：谭昌荣（8月任）
边境事务协调办公室（生态环境和自然资源办公室）主任：林　东（珞巴族，8月任）
农牧综合服务中心主任：洛松曲达（藏族）
文化旅游综合服务中心主任：
次旺拉姆（女，藏族，8月任）
便民服务中心（退役军人服务站）主任：
周海俊
卫生院院长：达娃卓玛（女，藏族，8月任）

羌纳乡

党委书记、人大常委会副主任：孙诚春
党委副书记、乡长、四级调研员：
久美次仁（藏族）
党委副书记、人大主席：强巴旦达（藏族）
党委副书记、三级主任科员：程　磊
党委委员、纪委书记、监察室主任：
斯格朗加（藏族）
党委委员、组织委员、宣传委员：公方单
党委委员、副乡长、三级主任科员：
米玛次仁（藏族）
党委委员、政法委委员、统战委委员：胡　磊
人大副主席：次旺格桑（藏族）
副乡长：亚　新（女，门巴族）
党政综合办公室（财政所）主任：杨万斌
经济发展办公室主任：张　玲（女）
综合行政执法办公室主任：聪　吉（女，藏族）
平安建设办公室（应急管理办公室）主任：
匝　扎（藏族）
边境事务协调办公室（生态环境和自然资源办公室）主任：罗　雄
便民服务中心主任：旦增尼玛（藏族）
农牧综合服务中心主任（事业）：黎林梅（女）
文化综合服务中心主任（事业）：
仁青扎巴（藏族）
卫生院院长：多吉次仁（藏族）

丹娘乡

党委书记：邹　林
党委副书记、政府乡长：
扎西多吉（藏族，8月任一级主任科员）
党委副书记、人大主席：次　桑（藏族）
乡党委副书记：武文达（2月离任）
党委副书记：薛　孟（8月任）
党委委员、纪委书记：曹昌勇
党委委员、副乡长：
次旺朗杰（藏族，8月任三级主任科员）
党委委员、组织委员、宣传委员：雷西蜀
党委委员、政法委委员、统战委委员：
达瓦珠扎（藏族，8月离任）
次仁扎西（藏族，8月任）
政府副乡长：巴桑罗布（藏族）
人大副主席：次仁白珍（女，藏族）
党政综合办公室主任：田　琪（女，8月任）
经济发展办公室主任：
白玛央金（女，藏族，8月任）

平安建设办公室主任：侯基培（8月任）

综合行政执法办公室主任：周　熙（8月任）

边境事务协调办公室主任：曲　珍（8月任）

文化服务中心主任：扎西措姆（女，藏族）

农牧服务中心主任：次仁拉姆（女，藏族）

后勤服务中心主任：次仁曲珍（女，藏族）

四级主任科员：曲　吉（女，藏族）

胡　波（女）

龙维翠（女）

扎西绕登乡

党委书记：杜　军

党委副书记、乡长：达瓦次仁（藏族）

党委副书记、人大主席：

泽旺仁增（藏族，7月离任）

姜　涛（7月任）

党委副书记：扎西拥珠（藏族）

党委副书记、派出所所长：达　娃（藏族）

党委委员、纪委书记、派出监察室主任：

蒋再然

党委委员、组织委员、宣传委员：

薛　孟（7月离任）

周　浩（7月任）

党委委员、政法委委员、统战委委员：

格桑曲珍（女，藏族）

党委委员、副乡长：

扎西次拉（藏族，7月离任）

巴桑罗布（藏族，7月任）

副乡长：宋闪闪（女，7月离任）

许宝彬（7月任）

人大副主席：巴桑措姆（女，藏族）

党政综合办公室（财务所）主任：

唐　杰（7月任）

经济发展综合办公室主任：

洛桑卓玛（女，藏族，7月任）

平安建设办公室（应急管理办公室）主任：

向崇龙（7月任）

综合行政执法办公室主任：陈　立（7月任）

生态环境和自然资源办公室主任：

洛桑多吉（藏族，7月任）

文化旅游综合服务中心主任、七级职员：

达瓦卓玛（女，藏族，7月任）

便民服务中心（退役军人服务站）：

扎西尼玛（藏族，7月任）

农牧综合服务中心主任：

次仁普赤（女，藏族，7月离任）

南伊珞巴民族乡

乡党委书记、一级主任科员：吴鸿运

乡党委副书记、政府乡长：达　玛（珞巴族）

乡党委副书记、人大主席：巴桑次仁（珞巴族）

乡党委副书记、三级主任科员：陈振华

乡党委委员、纪委书记、监察室主任：赵震武

乡党委委员、副乡长、二级主任科员：

拉巴卓玛（女，藏族）

乡党委委员、统战委委员、政法委委员、三级主任科员：巴桑次仁（藏族）

乡党委委员、组织委员、宣传委员：

闫丽云（女）

政府副乡长：亚　英（女，珞巴族）

乡人大副主席：达　娃（珞巴族）

综合行政执法办公室主任：

达娃拉姆（女，藏族）
平安建设、应急管理办公室主任：
张大鹏（藏族）
党政综合办公室主任：李　源
边境事务协调办公室（生态环境和自然资源）：
索朗顿珠（藏族）
经济发展办公室主任：张　静（女，藏族）
司法所所长：卓　玛（女，藏族）
四级主任科员：林　保（珞巴族）
便民服务中心主任：四朗曲培（藏族）
四级主任科员：姚学斌
拉　珍（女，藏族）
文化旅游办公室主任：次仁拉宗（女，藏族）
便民服务中心主任：陈　波

中直、区直机关

国家税务总局米林县税务局

局　长：巴桑次仁（藏族）
副局长：琼　达（女，藏族）
纪检组组长：王　浩

县边境管理大队

党委书记、教导员：王　龙
党委副书记、大队长：刘星剑
副大队长：贡觉达瓦

县消防救援支队

大队长：田叶枫
教导员：马　松（回族）

县气象局

局　长：丁　冉

央企所属企业、市属国有企业及其他企业

国网西藏电力有限公司米林县供电公司

党支部书记、经理：洛桑达娃（11 月任）
副经理、工会主席：
米玛旺堆（藏族，11 月任）
副经理：杨东琼（女）

中国移动公司米林县分公司

经　理：次仁巴登（藏族）

中国联通米林县分公司

经　理：高　静（女）

中国邮政集团有限公司米林县分公司

副总经理：尼玛扎西（藏族）
支 局 长：巴桑玉珍（女，藏族）

中国农业银行米林县支行

行　长：普布央（女，藏族）
副行长：刘　康
昂旺曲增（藏族，8 月任）

中国建设银行米林县支行

行　长：张居安
副行长：米玛次仁（藏族）

米林县教育、医疗机构

米林县人民医院

院　长：白　菊（女）

副院长：姆　琼（女，藏族，8月任）

　　　　其　加（藏族，8月任）

米林县藏医院

院　长：旦　增（藏族）

副院长：旦增达扎（藏族）

米林县疾病预防控制中心

主　任：建　军（女，藏族，8月任）

副主任：周兴军

　　　　达瓦卓玛（女，藏族，8月任）

米林县中学

校　长：德吉卓嘎（女，藏族）

副校长：胡献刚

　　　　格桑次仁（藏族）

　　　　文　双

重要文献

米林县纪律检查委员会工作报告

——在中国共产党米林县第十届纪律检查委员会第三次全体会议上

姜 宏

（2023 年 3 月 7 日）

同志们：

我代表中国共产党米林县第十届纪律检查委员会常务委员会向第三次全体会议报告工作，请予审议。刚才，严世钦书记作了讲话，为全县上下深研笃行全面从严治党要求，不断深化党风廉政建设和反腐败工作指明了工作路径、提出了明确要求。我们一定要认真学习领会，深入贯彻落实。

2022 年工作回顾

2022 年是党和国家历史上具有里程碑意义的一年。县委坚持以迎接和学习宣传贯彻党的二十大精神为主线，坚定不移扛起管党治党政治责任，持之以恒推进全面从严治党向纵深发展，全县党风廉政建设和反腐败斗争工作取得新成效。在市纪委监委和县委的坚强领导下，全县各级纪检监察机关以务实有力的担当强化政治监督，以严实深细的标准持续改进作风，以有腐必反的态度坚决惩治腐败，不断巩固发展反腐败斗争压倒性胜利，在保障全县长治久安和高质量发展新征程上迈出新的坚实步伐。

（一）始终牢记初心使命，践行“两个维护”更加坚决。以科学理论引领理想信念，始终把学习贯彻习近平新时代中国特色社会主义思想作为首要政治任务，纪委常委会“第一议题”学习 12 次，带领纪检监察干部深刻领悟“两个确立”的决定性意义，自觉担负“两个维护”重大政治责任；结合改进作风狠抓落实工作，打造“四讲四巩固”党建品牌，不断提升监督保障执行能力、持续发挥促进完善发展作用。以精准监督助力疫情防控，制定《米林县纪委监委疫情防控监督检查工作方案》，共开展监督检查 84 批次，监督检查中发现问题归纳整理为 108 个，现已全部整改，通报批评单位 14 家，约谈、谈话提醒 21 人，督促监管部门停业整顿商铺 9 家；既督又战，先后派出 22 名干部前往机场等抗疫一线志愿服务。以政治监督保障政令畅通，紧紧围绕习近平总书记重要讲话、重要指示批示精神，聚焦区、市、县党代会作出的重大战略任务跟进监督，发现并责令整改问题84个，处置违反政治纪律和政治规矩问题3件3人；严把党风廉政意见回复关，共回复党风廉政意见4257人次，提出暂缓或否定性意见32人次；协助县委对全县“一把手”和领导班子进行谈心谈话，同时督促各党委（党组）认真落实《米林县全面从严治党廉政谈心谈话实施方案》。

（二）始终锻造优良作风，推动党风政风更加向好。紧盯节点做好监督提醒，充分利用“廉洁药洲”微信公众号，在元旦、春节、藏历新年等重大节日前发布廉洁提醒8条、印发“提醒卡”180余份、转发典型案例通报11起，明察暗访21轮，发现并责令整改问题29个，处理违反中央八项规定精神问题线索35件，办结24件，其中立案4件，给予党纪政务处分5人，组织处理14人。靶向发力整治作风顽疾，以改进作风狠抓落实工作为抓手，开展“三大问题”专项整治，及时制定《关于“四风”突出问题、干部不担当不作为问题、漠视侵害群众利益问题专项整治工作方案》，督促全县56家单位共查摆出共性问题22个、个性问题8个，制定整改措施43条；紧盯改进作风狠抓落实工作，开展常态化明察暗访和专项监督检查17轮，发现并责令整改问题57个。纠树并举弘扬新风正气，坚持抓早抓小、防微杜渐，运用“第一种形态”处理47人；严格落实“三个区分开来”，积极转发容错免责典型案例8起，正确把握党员干部工作中出现失误错误的性质和影响，及时召开信访问题核查情况通报会；对6名受到处分或处理的在职党员干部开展回访教育。

（三）始终做到反腐为民，回应群众关切更加精准。深入开展过渡期专项监督，建立了米林县农牧民合作社信息台账、农牧区2016—2022年农牧民产业项目清单、2021—2022年乡村振兴项目推进情况清单等；紧紧围绕县乡层面的“10个盯”开展专项监督2轮、调研3次、发现并责令整改问题8个；将2个村作为“三资”提级监督试点开展监督检查，发现并责令整改问题6个。持续开展民生领域专项治理，督促县财政局制定并下发《米林县加强惠民惠农财政补贴资金“一卡通”管理工作实施方案》；在乡（镇）排查“一卡通”资金发放情况的基础上，进行不间断抽查核实，对发现的4个共性问题和3个个性问题进行及时督促整改；全年共受理群众身边的腐败和作风问题线索28件、立案3件、办结11件，正在初核17件，批评教育1人、约谈9人。加快推进粮食购销领域专项整治，以查阅资料和实地入仓的方式，对粮食和物资储备局的各类台账登记、制度执行和预算资金等情况进行监督检查5次，督促整改问题4个；办理市委涉粮问题专项巡察组移交的问题线索5起，其中：立案1件，诫勉3人，下达监察建议书1份，根据干部管理权限，3人移交上级纪委处置；推进市委第二巡察组机动巡察米林县粮食和物资储备局反馈的2个方面7个问题整改工作，已完成整改。

（四）始终坚守政治定位，巡察震慑遏制治本作用更加彰显。统筹开展巡察工作，修定完善并印发了《十届县委巡察工作2022—

2026五年规划》，认真梳理统筹十届县委巡察对象67个，拟定十届县委第一至十轮巡察推进表。稳步推进巡察工作，按照市委、县委统一安排部署，先后开展了十届县委第二轮和第三轮巡察，第二轮巡察发现并反馈问题221个，移交问题线索16个，第三轮巡察发现并反馈问题198个，移交问题线索6个。扎实做好巡察“后半篇文章”，县纪委监委会同县委组织部、县委巡察办先后4次对十届县委第一轮、第二轮被巡察单位整改落实情况进行了监督检查，反馈的363个问题均已整改完成，追缴违规违纪资金14.5万元。

（五）始终紧扣“三不”要求，反腐败斗争压倒性胜利更加巩固。保持惩治高压态势，共受理问题线索152件（次），同比上升310.8%；立案41件，同比上升173.3%；追究党纪政务责任40人，同比上升150%，其中给予党纪处分34人、政务处分4人、双重处分2人；涉及乡科级干部11人、一般干部2人、其他人员27人。移送检察机关1人。运用监督执纪“四种形态”处理87人次。其中，“第一种形态”47人次，占54%；“第二种形态”35人次，占40%；“第三种形态”4人次，占5%；第四种形态1人次，占1%。深化以案促改促治，公开通报全县查处的违纪违法典型案例1起，转发上级典型案例通报52起；针对监督执纪过程中发现的共性问题和制度漏洞，下发纪律检查建议1份、监察建议4份；组织全县重点单位分管项目的30余名领导干部进行贪污、受贿案庭审旁听；组织在家的250余名副科实职以上干部参观“身边事教育身边人”廉政警示教育展。夯实拒腐思想基础，对新调整、提拔和职级晋升的干部开展任前廉政谈话3次，开展乡科级警示教育大会1次，受教育400余人；组织全县四级调研员以上的领导干部阅看全区查处的严重违纪违法县处级党员干部忏悔录；以米林县第27个党风廉政建设宣传教育月为契机，联合25家单位开展廉政宣传，发放宣传手册、宣传物品2000余份，受教育3000余人次。

（六）始终坚持全面过硬，自身队伍建设更加优化。坚持不懈加强政治建设，持续加强纪委常委会自身建设，完善《米林县纪委常委会议事规则》；严格落实《中国共产党重大事项请示报告条例》等条例法规，主动向市纪委监委、县委请示报告重要工作20次、16次；对标对表市纪委监委调研反馈的5个方面8项问题，细化整改措施，持续补短强弱。多措并举提升专业能力，制定《米林县乡（镇）纪检监察片区协作工作机制实施办法（试行）》，整合全县纪检监察力量；以“三个是否”专题活动为抓手，通过“大学习、大讨论”实现“大转变”，切实解决纪检监察干部履职尽责方面的问题68个；选派16名干部到上级纪委跟班学习、12名干部参加网上培训，抽调9名乡（镇）干部到县纪委跟案，提升干部队伍的业务能力。从严从实强化自我监督，修改完善《米林县纪委监委干部职工分工》，制定《米林县纪委监委公务员平时考核实施方案（试行）》，以更严要求、更高标准教育管理干部；严格遵守自治区“限酒令”“禁赌令”和林芝市纪检监察干部“十条禁令”等规定，并制作提醒牌；建立全县纪检监察干部问题线索台账，下发内部通报 2 期，谈话提醒 3 人。

同志们，回顾过去的一年，我们遇到的困难和挑战比想象的要多，我们取得的收获和成绩比预期的要好，这是市纪委监委和县委坚强领导、精心指导的结果，是全县各级党组织主动担当、敢于作为的结果，是广大干部群众积极参与、坚定支持的结果，更是全县纪检监察干部勠力同心、踔厉奋发的结果。在此，我谨代表县纪委常委会向所有关心支持、积极参与米林纪检监察事业的各位领导、各级党组织、社会各界人士、广大人民群众，以及长期奋战在一线的广大纪检监察干部表示衷心感谢和崇高敬意！

一年来的砥砺奋进，特别是党的二十大以来的学习实践，使我们深刻体会到：务必以政治监督为首要职责，坚持全面从严治党首先要从政治上看，推动加强党的政治建设，确保以坚定坚决的实际行动拥护“两个确立”、做到“两个维护”。务必以服务大局为工作定位，自觉把纪检监察工作融入经济社会发展全过程各方面，推动党中央、区党委、市委和县委决策部署落实落地，为推动米林高质量发展保驾护航。务必以人民至上为根本立场，坚持把民心所向作为努力方向，坚决纠治一切损害群众利益的腐败和不正之风，让群众在全面从严治党中感受到公平正义。务必以改革创新为根本动力，不断深化拓展“三项改革”，在固本强基、破旧立新、扬长补短中激发动力活力，持续加强规范化法治化正规化建设。务必以一体推进“三不腐”为基本方针，有效处置化解存量、强化监督遏制增量、提高党悟源头治本，推动全面从严治党取得更多制度性成果和更大治理成效。务必以打造过硬队伍为重要保障，不断强化政治教育、加强作风锤炼，严规矩、划红线，自觉接受最严格的约束和监督，以铁的纪律打造忠诚干净担当的纪检监察铁军。

在肯定成绩的同时，我们也清醒认识到，全面从严治党还有不少薄弱环节，党风廉政建设和反腐败斗争形势依然严峻复杂。从政治监督情况看，个别党组织贯彻落实决策部署还不够，结合实际提出有针对性、可操作性的措施相对少，有应付检查的思想和心态；个别领导对党风廉政建设主体责任认识不清，在指导党风廉政建设和反腐败工作上还不够具体；从作风建设情况看，个别党员干部“心怀侥幸”，底线思维和红线意识不强，沉溺于赌博的有之、酒驾醉驾的有之、接受有偿陪侍的有之；个别党员干部“不拘小节”，工作作风和干事创业的精气神不足，开会不执行请假手续、存在迟到早退、交头接耳等违反会风会纪问题；从自身建设情况看，监督方式相对比较单一，从“有形覆盖”到“有效覆盖”任重道远，防治“灯下黑”仍需持续发力；对“一把手”监督和同级监督思考的还不够多，监督的方式方法还有欠缺、效果也不够明显。

2023 年工作任务

今年是深入贯彻落实党的二十大精神开局之年，是全面实施“十四五”规划的关键之年，做好纪检监察工作意义重大。总体要求是：坚持以习近平新时代中国特色社会主义思想为指引，深入学习、全面贯彻党的二十大精神和习近平总书记对西藏工作重要指示批示精神，深刻领悟“两个确立”的决定性意义，增强“四个意识”、坚定“四个自信”、做到“两个维护”，牢记“三个务必”，坚决贯彻党的自我革命战略部署和全面从严治党战略方针，忠诚履行党章和宪法赋予的职责，认真落实健全全面从严治党体系任务要求，锚定雅下水电开发这一世纪性工程，监督保障国家重大项目落地建设，深入开展党风廉政建设和反腐败斗争，深入推进新时代新征程纪检监察工作高质量发展，为加快全面建设社会主义现代化新米林提供坚强保障。

（一）全面贯彻落实党的二十大精神，不断推进政治监督具体化精准化常态化

聚焦党的二十大战略部署全程监督。加强对学习宣传贯彻党的二十大精神情况的监督，督促全县各级党组织和广大党员干部完整准确全面把握精神实质；围绕党的二十大提出的重大战略、重大任务、重大举措以及区党委、市委和县委工作要求强化监督，确保执行不偏向、不变通、不走样；健全完善“清单＋对账”监督模式，探索实施“选题”监督办法，不断健全贯彻党中央重大决策部署督查问责机制。

紧盯高质量发展目标任务跟进监督。监督护航“十四五”规划实施，以及区党委“四个创建”“四个走在前列”、市委“11364”发展战略等，保障各项决策落地见效；监督服务县委建成林芝和谐稳定战略支点、林芝高质量发展重要引擎、雅江下游生态文明高地、全区强边兴边示范样板“四个目标”和大力发展的“五大产业”等，推动全县经济社会高质量发展；监督保障各项惠民利民、安民富民等政策落实落细，朝着共同富裕目标扎实迈进。

围绕政治纪律和政治规矩精准监督。旗帜鲜明严肃党的政治纪律和政治规矩，带动各项纪律严起来，推动党员干部始终以忠诚干净担当的实际行动践行“两个维护”；加大对执行党内政治生活的监督力度，及时发现、着力解决“七个有之”问题，坚决清除同党离心离德的“两面人”、结党营私的“小团伙”、阳奉阴违的“伪忠诚”；精准发现和处理反分裂斗争纪律问题，坚决消除影响米林长治久安的政治隐患。

（二）全面深化纪检监察体制改革，不断完善党的自我革命制度规范体系

落实全面从严治党责任制度。推动落实各党委（党组）主体责任，强化纪委监委监督责任，督促各职能部门落实监管职责，增强落实全面从严治党责任的自觉和能力；深入推进双重领导体制具体化、程序化、制度化，严格落实监督检查、审查调查以上级纪委监委领导为主要求；强化县委反腐败协调领导小组作用；全面增强对“一把手”和领导班子监督实效，不断推动全面从严治党向纵深发展。

完善内外协同的大监督格局。全面落实市委巡察机构和市纪委监委协作配合的实施意见，建立县一级协作配合流程清单，实现信息共享、成果共用；严格执行市纪委监委与市统计局、市税务局协作配合办法，制定县一级协作配合工作机制，推动工作接力、方法贯通；

积极构建与审判机关、检察机关、执法部门互相配合、互相制约、衔接顺畅的体制机制，促进各类监督形成合力。

持续深化纪检监察体制改革。认真贯彻落实上级纪委监委关于体制改革的指示要求，蹄疾步稳推动县纪委监委内设机构改革工作，进一步规范监督检查、审查调查职责职能和运行机制；巩固拓展乡（镇）片区协作机制改革成果，加强对乡（镇）纪委的工作领导、业务指导和监督管理，乡（镇）纪委切实督促村务监督委员会发挥监督实效；认真落实监委向县人大常委会报告专项工作，全程接受同级人大及其常委会的监督。

（三）全面深化政治巡察，不断发挥全面从严治党利剑作用

高站位开展政治巡察。聚焦“两个维护”根本任务，把贯彻落实党的二十大精神作为重中之重，推动巡察工作向深拓展、向专发力、向下延伸；按照一届任期内巡察全覆盖要求，合理安排被巡察对象，认真制定《2023年米林县委巡察工作计划》，结合工作实际调整充实巡察“组长库”“人才库”；紧扣巡察工作职责，紧盯党委关心、社会关注、群众关切的重点难点堵点痛点问题，高质量开展好十届县委第四、第五轮常规巡察。

高质量完善联动格局。加强市县巡察上下联动，主动与市委巡察机构对接联系，统筹开展常规巡察、专项巡察和机动巡察；参照执行《关于加强林芝市委巡察机构与市纪委监委有关部门协作配合的实施意见》，结合实际推动县委巡察机构与县纪委监委各科室有效对接，提升监督质效；推进巡察监督与其他各类监督统筹衔接、贯通融合，形成监督合力，充分发挥巡察制度优势和纽带作用。

高标准推动巡察整改。严格落实书记专题会点人点事、领导小组和被巡察党组织分管领导参加巡察反馈工作机制，传导压实巡察整改“两个责任”；深化纪检监察机关和组织部门巡察整改监督责任，形成有序衔接、互为补充、协调一致的整改监督链条，合力督促被巡察党组织抓好巡察发现问题全面整改；优先办理巡察移交问题线索，及时公开典型案例，强化巡察成果综合运用，不断扩大巡察震慑效应。

（四）全面深化风腐一体纠治，不断推进作风建设常态化长效化

坚持严字当头纠“四风”。持续落实中央八项规定精神，对党的二十大以后仍然不收敛不收手、顶风违纪行为，从严从重查处，适时开展“回头看”；深化整治享乐主义、奢靡之风，坚决纠治公款吃喝、铺张浪费不时反弹，贪图享乐、讲究排场陋习不改等反复性顽固性问题；重点纠治形式主义、官僚主义，严肃纠治空喊口号、层层加码、推诿扯皮、盲目决策、搞“形象工程”等行为。

坚持赤心为民治“群腐”。持续开展惠民惠农补贴专项监督、医疗医保医药突出问题专项治理，加大对生态环保、套取就业创业补贴等问题整治力度，巩固养老社保、安全生产、食品安全等领域监督治理成果；深刻把握“10个盯”重点任务，积极开展乡村振兴领域不正之风和腐败问题专项整治，深入推进村（社区）

集体“三资”提级监督；常态化推进扫黑除恶“打伞破网”，保障人民安居乐业。

坚持弘扬正气树新风。巩固拓展进一步改进作风、狠抓落实工作，深化整治普遍发生、反复出现的问题，推进作风建设常态长效；加强制度规范，做到查处问题、完善制度并进，进一步健全规范领导干部“八小时”外行为、推动基层减负等长效机制；组织开展好米林县第28个党风廉政建设宣传教育月活动，并将时代新风宣传教育贯穿于全过程，推动党员牢记“三个务必”、坚守清正廉洁。

（五）全面加强党的纪律建设，不断维护党规党纪的严肃性和权威性

注重教育引导。督促各级党组织把党章党规党纪教育作为必修课，进行常态化监督，促进党员干部特别是年轻干部正确对待权力、荣誉和利益；综合运用召开警示教育大会、组织旁听庭审、阅看忏悔录等方式，用身边事教育身边人；加强与县委党校的联动协作，开发纪律教育、警示教育课件纳入2023年党员干部教育培训，同时开展知识测试，达到以考促学、以学守纪的目的。

严格纪律执行。始终保持严的基调，对违反党纪的问题，发现一起坚决查处一起，持续巩固执纪必严违纪必究常态化成果，一体推进党性党风党纪建设；严肃党内政治生活，进一步加强对民主生活会、组织生活会的监督检查；严明组织纪律，坚决惩治跑官要官、买官卖官、拉票贿选等行为，同时用好领导干部廉政档案，规范审慎回复党风廉政意见，严把政治关、廉洁关。

精准容错纠错。深化运用“四种形态”，特别是“第一种形态”，通过谈话函询、批评教育等方式咬耳扯袖、红脸出汗，帮助党员干部检身正己、校准偏差；严格落实“三个区分开来”，严肃查处诬告陷害、恶意举报行为，积极稳妥开展失实检举控告澄清工作，对相关同志快速澄清正名；常态化做好被问责和受处分干部跟踪回访，帮助其放下思想包袱，正确认识错误、正确对待处分。

（六）全面巩固反腐败斗争压倒性胜利，不断实现一体推进“三不腐”的战略目标

保持“惩”的力度不减弱。聚焦“十四五”“雅下水电开发”规划实施中政策支持力度大、资金资源集中的领域，严肃查处项目审批、招投标、工程建设中的腐败问题；紧盯边境村（镇）建设，坚决查处搬迁领域滥用职权、玩忽职守、利益输送等违纪违法问题；重点查处政治问题和经济问题交织的腐败案件，着重抓好金融、国企、政法等领域腐败问题的系统治理，做到无禁区、全覆盖、零容忍。

强化“治”的措施不放松。扎实做好查办案件“后半篇文章”，坚持“查、剖、改”相结合，深入剖析典型案件，用好纪检监察建议书，推动相关责任主体完善制度、提升治理水平；坚持定期分析研判全县政治生态，梳理排查廉政风险点，精准施治、靶向治疗；坚持行贿受贿一起查，协助建立行贿人信息库，不断完善对行贿人的联合惩戒，切实提高治理行贿的综合效能。

构筑“防”的堤坝不松懈。以建设廉政教育基地为契机，着力打造集理想信念、党纪国法和案例警示教育于一体的综合性标志性教育实践平台；完善审查调查与警示教育联动机制，在查办重大案件中同步挖掘、整理、汇集教育资源，同步在发案单位和相关行业系统开展警示教育；加强廉洁文化建设，整合运用廉政教育资源，强化正面典型教育、反面警示教育和家庭家教家风教育，促进党员干部克己奉公、以俭修身。

（七）全面加强自身建设，不断提升纪检监察工作规范化法治化正规化水平

坚持政治立身。扎实开展党中央部署的主题教育，持续深入学习习近平新时代中国特色社会主义思想，带头提高政治判断力、政治领悟力、政治执行力；修订完善纪委常委会议事决策规则，带头讲政治、守规矩，认真贯彻执行民主集中制，严格落实重大事项请示报告制度；巩固拓展“四讲四巩固”党建品牌的建设，不断丰富品牌内涵，推动党建和纪检监察业务工作深度融合。

锤炼高强本领。充分利用“常委会＋党支部＋业务大学习”模式，跟进学习党内法规和国家法律等，推进纪检监察机关规范化法治化正规化建设；探索制定系统性、梯次化的干部队伍建设短期计划和长远规划，培养和储备既懂纪法又懂审计、财经、心理等知识的复合型人才；深化全员培训和实践锻炼，优先安排新任乡（镇）纪委书记、新进纪检监察干部参加区内外的培训、交流、跟案等，提升全县纪检监察队伍整体实力。

严格自我约束。结合在全党部署开展的主题教育和在全区开展的改进作风狠抓落实工作，扎实开展纪检监察系统干部队伍教育整顿；主动接受党内和社会各方面的监督，认真落实西藏纪检监察干部行为规范，不断巩固系统内“限酒”“禁赌”和林芝市纪检监察干部“十条禁令”成果等；坚持“刀刃向内”，结合平时考核结果，对不适合纪检监察岗位的坚决调换调整，对执纪违纪、执法违法、失职失责等行为坚决“零容忍”，严防“灯下黑”，以铁一般的纪律作风锻造铁军队伍。

同志们，凝心聚力再出发、砥砺奋进新征程！我们要更加紧密地团结在以习近平同志为核心的党中央周围，以党的二十大精神为指引，弘扬伟大建党精神，在上级纪委监委和县委的坚强领导下，以斗争精神迎接挑战，以奋斗拼搏晋位争先，一刻不停推进全面从严治党，深入推进党风廉政建设和反腐败斗争，为加快全面建设社会主义现代化新米林作出新的更大贡献。

米林县人民检察院工作报告

——在米林县第十三届人民代表大会第四次会议上

米林县人民检察院检察长　李　彦

（2022年1月18日）

各位代表：

现在，我代表米林县人民检察院向大会报告工作，请予以审议，并请各位政协委员和列席会议的同志提出意见。

2022年工作回顾

2022年，是党的二十大胜利召开之年。一年来，米林县人民检察院在县委和上级检察机关的坚强领导下，在县人大及其常委会的有力监督下，在县政府、政协及社会各界的大力支持下，以习近平新时代中国特色社会主义思想为指导，深刻把握“三个务必”丰富内涵，深入学习贯彻落实党的十九大及十九届历次全会精神和党的二十大精神，深入学习贯彻落实习近平总书记关于西藏工作的重要论述和新时代党的治藏方略，聚焦“四件大事”“四个确保”，奋力推进“四个创建”“四个走在前列”，深耕法律监督主责主业，竭力服务保障新时代米林长治久安和高质量发展，各项工作取得新成效。

一、坚持政治引领，精准服务，紧扣中心大局展现检察担当

始终把筑牢政治忠诚作为首要任务，坚持党对检察工作的绝对领导，围绕构建新发展格局，以精准服务保障全县经济社会高质量发展。

以“国之大者”情怀坚持党的绝对领导。学思践悟习近平法治思想，自觉融入检察履职，进一步筑牢政治忠诚。全面学习贯彻党的二十大精神，开展大学习大讨论大宣讲20次，畅谈体会39人次，推动领悟“两个确立”的决定性意义、践行社会主义法治理念。坚持讲政治与抓业务深度融合，召开14次党组会，研究部署党建、意识形态及重大决策、重大事项、重要案件等各项检察工作39项，把党对检察工作的绝对领导落实到各项制度的执行和检察职责的担当上。持续巩固政法队伍教育整顿成果，对照最高检巡视反馈问题查遗补缺、纠偏正向，确保各项整改任务清仓见底、落地见效。认真落实《中国共产党政法工作条例》，严格执行重大事项请示报告制度，向县委和上级检察机关请示报告重大事项16次。

以“忠诚大爱”情怀护航平安米林建设。发挥“忠诚利剑”品牌创建优势，结合“八五”普法规划，立足县域特色开展“定制法律服务”，普法宣传36次，发放法治宣传品2874份，受众

达5000余人次。办结移交信访案1件5人，耐心倾听解开当事人心结，跟进办理圆满化解诉求，实现案结事了人和。深入谋划、主动作为，一体推进涉案企业合规改革，努力以“小切口”推动“大变化”，不断营造良好的法治化营商环境。

以“守正笃实”情怀增亮社会治理底色。践行使命，勇毅前行，全院干警主动请缨递交请战书，317人次奔赴战“疫”一线参与医疗废弃物处置等工作，用实际行动筑起护佑人民群众生命安全的铁壁长城。充分发挥检察建议对县域社会治理现代化的赋能作用，主动将办案职能向社会治理领域延伸，制发社会治理类检察建议2件，努力实现“个案办理、类案监督、系统治理”的良性循环。用初心应验驻村情，驻村工作队持续发力，以党建引领乡村振兴工作，所驻村党支部被评为全市百家基层党建示范点。

二、坚持强化监督，深耕主业，建设法治米林彰显检察力量

深入学习贯彻落实“中发28号文件”，始终把维护公平正义作为职责使命，推进“四大检察”全面协调发展，以求极致的监督捍卫司法公正。

强化刑事检察主导责任。坚持以事实为依据，以法律为准绳，依法批捕各类刑事犯罪2件6人，受理审查起诉案件25件30人，起诉13件17人，刑事“案－件比”为1∶1.08，办案整体质效持续提升。坚持监检衔接，审查起诉监委移送职务犯罪案件3件3人。牢固树立并落实少捕慎诉慎押刑事司法政策，最大限度减少、化解社会对立面，对犯罪情节轻微的，不起诉9件10人。前移检察监督端口，督促侦查机关立案1件，提前介入引导侦查取证3件。强化审判活动精准监督，发出纠正检察建议1件，被采纳，共同维护司法正义。持续深入开展认罪认罚从宽工作，做实律师参与、释法说理等必经环节，适用率达到96.29%，检察办案化解社会戾气、促进社会和谐的作用进一步彰显。

细化民事检察精准监督。把握民法典精神内涵，精准履行监督职责，多元化监督均衡推进。在办理6起农民工工资支持起诉案件时，围绕案结事了人和，做好民事调解工作，引导当事人和解息诉，助力农民工群体追讨“血汗钱”15万余元。围绕重点民生项目开展民事检察职能宣传、走访协调。健全纠正违法、检察建议等监督方式，增强监督的主动性、精准度和实效性，依法提出审判违法行为监督检察建议1件。贯彻落实正卷副卷一并调阅制度，积极通过裁判文书网、调阅卷宗等方式依职权审查生效裁判、调解书和卷宗21件67册。

深化行政检察双重职责。发挥行政检察“一手托两家”作用，通过行政审判、执行活动，促进行政机关依法行政，助推法治政府建设。深入贯彻党中央全面深化行政检察监督新要求，探索推进行政违法行为检察监督，调阅行政处罚案件30件，向发现的4起违法行为制发检察建议，以检察办案助力法治国家、法治政府、法治社会一体推进。全面深化行政检察监督依法护航民生民利“小专项”活动，围绕就业、教育、社保、医疗、住房、养老、社会治安等民生热点进行走访调查达10余次，促进地区行业领域突出问题的源头治理和系统治理。

优化公益诉讼监督实效。积极履行公共利益保护职责，加强公益诉讼“4+9”法定领域案件办理，找准“创建国家生态文明高地”在米林检察工作中的切入点、结合点、着力点。全年办理案件线索26件，立案18件，提出检察建议8件，磋商8件，整改率100%。办理环资领域案件5件、国有财产保护领域案件1件，挽回经济损失5万余元。公益受损问题全部在诉前解决，促进了行政机关依法履职能力进一步提高，实现了双赢多赢共赢的办案效果。深化“检察+”协同工作机制，加强与驻地部队、武装部、邻县检察院等单位联系，建立《关于加强军检协作工作的意见》《关于在办理雅鲁藏布江流域生态环境资源案件中加强协作配合的意见》，着力构建信息共享、线索互移、职能互助等工作格局，检察监督告别“独角戏”，走向“大合唱”。

三、坚持人民至上，为民司法，保障民生民利传递检察温情

依法能动履职践行以人民为中心的发展思想，始终把增进民生福祉作为重要目标，以法治的力量推动解决人民群众“急难愁盼”的民生问题，努力书写人民群众满意的新时代答卷。

守护民意落实更富成效。积极践行新时代“枫桥经验”，依托12309检察服务中心、检察网络新媒体等平台，让群众足不出户就能表达诉求。严格落实“群众信访件件有回复”制度，把信访群众当家人，把群众来信当家书，接收的6次群众来电来访均在7日内告知，30日内办理完毕。检察长带头办理疑难复杂信访案件4件，办结率达100%。推动检察职能向社会治理深层次延伸，向行业领域制发检察建议2份，强化溯源治理，以依法监督的“我管”促进职能机关依法履职的“都管”。全面推开公开听证，邀请人大代表、基层群众等36人次，对12起案件以听证形式参与案件评议，以可感、可触、可信方式化解各方“法结”“心结”。

回应民诉关切更加主动。始终坚持将“教育、感化、挽救”方针融入未成年人司法全过程，办理涉未成年人案件3件6人。持续落实“一号检察建议”，开展“检爱同行 共护未来”“护蕾2022·深挖保护伞”等未成年人法律监督专项行动。选派7名检察官担任法治副校长，开展校园普法宣讲16场，受益3000余人次，携手各方为孩子们撑起一片法治艳阳天。发出《督促监护令》一份，督促纠正家庭教育不当的问题。聘任4名行政机关人员担任特邀检察官助理，以“外脑”提升检察办案专业化水平。精准聚焦“稳定、发展、生态、强边”四件大事，将检察元素融入“11364”新发展格局，深入开展边境检察，完成全县48个边境村12309检察服务中心挂牌工作，实现7个边境乡（镇）全覆盖，构建起了“一乡一检”网格化管理布局。

增进民生福祉更有质感。依法保护农民工、老年人等弱势群体合法权益，开展“打击整治养老诈骗专项行动”，主动派送“法治大礼包”，以“检察蓝”守护“夕阳红”。推进落实“四号检察建议”，敦促职能单位修复、更换窨井盖81个，守护人民群众“脚底下的安全”。能动司法暖基层，救助生活陷入困境的受害方2人3.4万元，助力巩固脱贫攻坚成果、助推乡村振

兴。深化“河（湖）长+林长+检察长”工作，开展巡林巡河7次，对发现的问题线索移交办理。常态化开展扫黑除恶斗争，坚持逢案线索排查，把三年专项斗争始终坚守的“是黑恶犯罪一个不放过、不是黑恶犯罪一个不凑数”融入日常。

四、坚持全面提升，牢筑根基，建设过硬队伍树优检察形象

深刻领会准确把握“全面从严治党永远在路上，党的自我革命永远在路上”重大部署，守正创新，踔厉奋发，建设堪当民族复兴重任的高素质检察队伍。

*以最强韧劲加强思想建设。*深刻领悟党中央提出的“三个务必”的政治深意、政治内涵，将习近平法治思想作为引领检察工作的根本遵循和行动指南。贯彻落实“中发28号文件”，推动全面依法治国重大部署落地见效。充思想之电，补精神之钙，加行动之油，党组班子讲党课4次，党组、党支部、检委会专题学习46次，干警撰写心得体会139份，不断提高政治判断力、政治领悟力和政治执行力。

*以最实举措锤炼业务素能。*牢记总书记的谆谆寄语，深入践行“青年强则国强”的嘱托。以“知信行·检察蓝”品牌创建为抓手，开展读书分享、提笔练文活动18期，干警撰写文章268篇，原创103篇，达到“有案能办、提笔能写、开口能讲、问策能对、遇事能干”的效果。通过线上援藏指导+线下自主学习的方式，加强业务培训和岗位练兵。强化典型案例培育，运用“1+3+N”工作模式提升检察一体化机制合力，办结案件13件。坚守忠诚奉献“底色”，引领专业精进“亮色”，自主制作未成年人课件获推全国精品网课，两名干警分别荣获“全市最佳公诉人”“全市公益诉讼业务能手”荣誉称号。

*以最高质量夯实基础建设。*以“质量建设年”为抓手，推动检察工作提档升级，深化司法体制配套改革，落实检察人员分类管理制度，将内设机构数量从10个精简为3个。深化人、财、物统管，开展固定资产盘点，做好第三方审计工作，完成2023年预算编制工作，实现财务由市级统一管理改革目标。优化考核制度，四类人员同步考核，发挥业绩考评“杠杆”作用一体“撬动”能动检察活力。科学归档文件卷宗，为全面推进电子卷宗应用打下坚实基础。按照新时代检察工作新要求，将旧办公楼打造为多功能检察阵地。

*以最严纪律改进作风建设。*扎紧公正司法的制度笼子，持续落实“三个规定”，做到“逢问必录”，如实记录报告7条。聚焦“四个一”工作开展要求，发出督办函3份，督查会风会纪19次，推动了重大决策部署落实落地。围绕“六个聚焦”，以“三个是否”专题活动为抓手，固根基、扬优势、补短板、强弱项，将进一步改进作风狠抓落实工作落地见效。严格执行“十个一律”“十个严禁”，真正让铁规禁令成为带电的“高压线”。

各位代表：过去一年检察工作取得的成绩，离不开习近平新时代中国特色社会主义思想的科学指引，离不开县委和上级检察机关的坚强领导，离不开县人大及其常委会的有力监督，离不开政府、政协和社会各界的大力支持。在此，我

代表米林县人民检察院向长期以来一直关心支持检察工作的各位人大代表、政协委员及社会各界人士表示衷心的感谢和崇高的敬意!

成绩属于过去，未来更需努力。对标对表新阶段新形势新要求，我们清醒认识到米林检察工作还有不少亟待补强的短板：一是为大局服务、为人民司法还需进一步创新思维、完善举措，检察工作融入经济社会高质量发展的针对性和实效性亟需增强。二是全面提升法律监督质量和效果还需进一步压实责任、强化担当，与落实“法律监督不留死角”的要求还有差距。三是加强过硬检察队伍建设还需进一步深耕细作、久久为功，办案理念、人才储备、履职能力等方面，仍需在新形势下的检察实践中不断淬炼提升。对这些不足，我们将高度重视，认真加以解决。

2023 年工作要点

2023 年我们将：坚持以习近平新时代中国特色社会主义思想为指导，全面贯彻落实习近平法治思想，把学习贯彻落实党的二十大精神作为当前重要的政治任务来抓，在司法办案中始终坚持党的领导，落实党的二十大赋予“加强检察机关法律监督工作”“完善公益诉讼制度”重要职责，聚力“四个创建”“四个走在前列”，聚焦高质量发展主题，坚持稳中求进工作总基调，以高度的政治自觉、法治自觉、检察自觉，深度融入全面服务保障县域发展战略，积极运用法治思维推动检察工作全面协调充分发展，努力为新米林长治久安和高质量发展提供强有力的法治保障。

一、凝心聚力强党性，政治建设有新加强

始终把政治能力建设摆在首位，深入学习贯彻党的二十大精神。弘扬伟大建党精神，坚持不懈用党的历史筑牢红色根脉，深刻领悟“三个务必”的政治内涵，用党的创新理论凝心铸魂。持续巩固提升“质量建设年”成效，把政治担当和检察履职统一起来，深刻把握全面依法治国对检察机关提出的新要求。以“一分部署、九分落实”的韧劲和决心，把党的二十大战略部署落实到具体工作中，体现在实际成效上，切实扛起以法律监督保证党的全面领导的重大政治责任。

二、凝心聚力护发展，服务大局有新举措

围绕习近平总书记在西藏考察时强调的“四件大事”，面对“十四五”米林县域规划，努力发挥检察职能，有针对性地提供优良“法治产品”。站在厚植党的执政根基、促进共同富裕的高度，牢牢把握改善民生、凝聚人心的出发点和落脚点，在乡村振兴战略实施、固边兴边富民上找准切入点和着力点，运用法治思维和法治方式为法治米林高质量发展营造良好的环境。

三、凝心聚力保民生，为民司法有新作为

始终坚持以“人民为中心”理念，践行“人民检察为人民”服务宗旨。综合运用检察优质服务，在打击电信网络诈骗、守护未成年人成长、完善生态环境保护、保障食品药品安全等方面，保护好人民群众的切身利益。统筹落实少捕慎诉慎押刑事司法政策和认罪认罚从宽制度，不断强化 12309 检察服务中心建设，严格落实“三个规定”制度，切实让人民群众感

受到公平正义就在身边。

四、凝心聚力强履职，法律监督有新担当

聚焦主责主业，推动检察履职方式、监督手段等更加适应新形势新任务带来的新要求。学习“中发28号”文件乘势而上，加强公益诉讼“4+9”法定领域案件的办理，推动全区关于加强新时代检察公益诉讼工作重要决定落地生根。发挥好“案—件比”评价指标导向作用和“1+3+N”工作模式优势，持续深化诉源治理，积极践行“双赢多赢共赢”等新时代检察监督理念，聚合最大法治力量。

五、凝心聚力抓素能，自身建设有新提升

牢牢把握“五个过硬”总要求，继续加强检察人才培养，以新时代检察事业发展需求为导向，持续推进检察队伍专业化职业化建设，促进干警更好担当新时代检察工作新使命。驰而不息改进作风，把严管厚爱落到实处，确保检察队伍忠诚干净担当，努力打造一支让党放心、人民群众满意的高素质检察铁军。

各位代表：复兴宏伟新时代，辉梦蓝图启劲航。新征程我们将以习近平新时代中国特色社会主义思想为指引，以时不我待、只争朝夕的劲头，吹响新时代检察冲锋号，开拓进取、真抓实干、拼搏奋进，以优异成绩交出检察工作高质量发展答卷。

谢谢大家！

名词解释

质量建设年：最高检党组提出把2022年作为“质量建设年”，就是把习近平法治思想特别强调的“坚持党的领导，坚持以人民为中心，坚持中国特色社会主义法治道路”更好地落实到检察工作中，把《中共中央关于加强新时代检察机关法律监督工作的意见》落实落细，把“讲政治、顾大局、谋发展、重自强”总体要求落到实处，实现“四大检察”“十大业务”各项检察工作更高质量发展。

“1+3+N”工作模式：即专项斗争工作与民事、行政、公益诉讼检察工作深度融合，与研究室、办公室等部门协调配合，借助专项斗争强大攻势、办案经验，带动民事、行政、公益诉讼“三大检察”齐发力，通过机关内部协调配合固化办案成果，进而指导办案实践。

四号检察建议：近年来，窨井“吃人”“伤人”事件频发。为了推动有关部门重视窨井盖安全问题，消除公共安全隐患，2020年4月28日，最高人民检察院向住房和城乡建设部发出了“四号检察建议”。该检察建议指出当前窨井管理、养护方面的问题，并从重视窨井盖管理工作、进一步压实安全责任、推动管理创新、提升社会参与等方面提出具体意见建议。

公益诉讼“4＋9”法定领域：“4”是指：民事诉讼法、行政诉讼法规定的生态环境和资源保护、食品药品安全、国有财产保护、国有土地使用权出让。“9”是指：英烈权益保护领域、未成年人合法权益保护领域、安全生产领域、军人荣誉名誉等权益保障领域、个人信息保护领域、反垄断领域、反电信网络诈骗领域、农产品质量安全领域、妇女权益保障领域。

“中发28号文件”：2021年6月，党中央印发《中共中央关于加强新时代检察机关法律监督工作的意见》，简称“中发28号文件”，党中

央以“中共中央文件”专门印发加强检察机关法律监督工作的意见，在党的历史上是第一次，这充分彰显了以习近平同志为核心的党中央推进全面依法治国的坚定决心，充分体现了党中央对党和国家监督体系建设，特别是检察机关法律监督工作的高度重视，这是习近平法治思想在检察机关法律监督工作中的具体化。

米林县人民法院工作报告

——在米林县第十三届人民代表大会第四次会议上

春 强

各位代表：

我代表米林县人民法院报告工作，请予审议，并请各位代表和列席人员提出意见和建议。

2022年来，在县委、人大和上级法院的坚强领导下，在县政府及社会各界的关心支持下，以习近平新时代中国特色社会主义思想为指导，深入贯彻党的十九大和十九届历次全会精神、二十大精神、中央第七次西藏工作座谈会精神，紧贴“四件大事”、捍卫“四个确保”、抓好“四个创建”、努力推动“四个走在前列”，坚定不移走中国特色社会主义法治道路，紧紧围绕“努力让人民群众在每一个司法案件中感受到公平正义”目标，充分发挥审判职能，为维护我县社会稳定和经济发展提供了强有力的司法保障和法律服务。全年共受理各类案件644件（含旧存94件）、同比下降70.7%，审执结562件、审限内结案率100%。

2022年工作回顾

一、坚持不懈用习近平新时代中国特色社会主义思想凝心铸魂，坚决捍卫“两个确立”、做到“两个维护”

强化思想政治教育，凝聚司法铁军忠魂。扎实开展深刻领悟“‘两个确立’决定性意义坚决做到‘两个维护’”主题教育，组织开展大学习、大检视、大宣讲等活动37场次，查找整改问题10个，完善措施5项，不断提高政治站位、筑牢政治忠诚，切实增强做到“两个维护”的思想自觉、政治自觉、行动自觉。深入学习习近平新时代中国特色和社会主义思想“十个明确”、习近平法治思想“十一个坚持”和《习近平谈治国理政》等学习内容，持续推进“读原著、学原文、悟原理”活动，努力当好学懂弄通、做实笃用的“排头兵”。扎实开展“线上+线下”的学习模式，开展线上答题8次，线下考试2次，推动习近平治国理政新理念新思想新战略入脑入心。

强化制度机制落实，捍卫党的绝对领导。坚持以上率下学。党组班子带头、班子成员以身示范，认真落实“第一议题”“第一课题”制度，组织开展党组理论中心组学习会议11次，组织开展党组书记上党课3次，开展“主题党日”活动6次，组织干警集中学习43场次，干警自学达28人次；通过专题研讨、谈心得体会等形式，组织开展党的二十大精神专题学习15场次，努力营造学习宣传贯彻党的二十大精神的良好氛围。严格落实《中国共产党政法工作条例》和区党委实施细则，修订完善《米林县人民法院党组重大事项请示报告实施办法（试行）》，向县委、县委政法委请示重要工作、重大事项2次，报告重大案件1次，确保党的领导贯穿法院工作各方面全过程。

强化作风纪律建设，涵养良好政治生态。扎实改进作风，在狠抓落实上久久为功。将改进作风狠抓落实要求融入司法服务大局、司法为民工作实践，围绕“四查四问”“八项整治”要求，自查检视、整改各类问题74条，开展以“三个是否”为主题专题研讨2次、理论测试1次，确保干警学有所得，入脑入心。围绕诉源治理、巩固基本解决执行难成果、人民法庭建设等工作深入开展调研，撰写调研报告4篇，提出可行性思路建议15条。扎实开展“为群众办实事示范法院”创建活动，聚焦群众急难愁盼问题，健全完善为民办实事工作举措3项，立足司法审判实际为群众办实事25件。进一步完善《米林县人民法院“三重一大”集体决策制度实施办法》，各党组成员严格按照民主集中制原则研究重大事项，按照“一岗双责”要求，扎实推进业务工作、党风廉政建设和反腐败工作，全面加强党风廉政建设。全院干警完成“三个规定”季填报3次，月填报11次，填报事项28次，全院无违反“三个规定”事件，取得了全年未发生违纪违法的人和事的好成绩。

二、坚持不懈服务保障“四件大事”，保障经济高质量发展

全面贯彻总体国家安全观。依法强化综合审判职能，维护社会稳定。紧贴稳定、发展、生态、强边四件大事，严惩危害国家安全和社会治安犯罪，受理刑事案件17件33人（旧存3件11人），依法审结15件，结案率为88.24%，法定审限内结案达100%，依法严肃惩治了各类犯罪活动。积极做好法律援助工作，加强司法人权保障。指定辩护律师18人，做到了刑事案件律师全覆盖。严格落实“两个一律”“一案三查”要求，不断完善扫黑除恶常态化工作机制，对今年审结的15件刑事案件、297件民事案件、243件执行案件进行摸排梳理，均未发现涉黑涉恶及涉“保护伞线索”问题。积极参与安保工作，认真贯彻落实县委和上级法院关于安保工作决策部署，加强组织领导，周密安排部署，压紧压实责任，从严从实落实安保举措，确保“三不出”。我院共参与安保一线督导带班40人次，坚持院内24小时带班、值班制度，安排干警值班带班1012人次，无脱岗漏岗情况发生。深刻践行以人民为中心的发展思想理念，牢记人民至上，始终把人民群众的呼声作为第一信号，先后受理民商事案件318件（旧存31件），已结297件，未结21件，审结率93.4%，提升了人民群众的司法获得感，防范化解社会矛盾风险能力和水平得到了明显提升。加快推进少年法庭建设，加强未成年人司法保护。大力推进法律进校园，加强未成年人法治教育，组织开展模拟法庭、普法课堂等活动41场次，受教育师生3000余人。

全面贯彻新发展理念。立足常态化疫情防控和打赢疫情防控阻击战任务要求，紧紧围绕服务“六稳”和“六保”，依法准确适用不可抗力等规则，广泛通过“线上”和“线下”相结

合方式妥善审理相关合同违约、企业债务、房屋租赁等案件，充分发挥司法审判促发展、稳预期、保民生作用，有效减轻疫情对经济社会发展的影响，通过互联网在线方式审理案件达54场次；审结买卖、租赁、运输、承揽、建设施工等合同纠纷231件；助力法治政府建设，共受理行政案件3件，审结3件，推动行政争议实质化解，依法保障行政相对人合法权益；会同县纪委组织40余名领导干部旁听受贿案件审判，强化党员干部廉政意识。在营造法治化营商环境方面做出了应有贡献。率先在法院系统向党员干警发出疫情防控倡议书，全院党员干警整装上阵下沉5村（社区）开展25轮逐家逐户走访了解情况，累计开展宣传疫情政策等工作8100余人次。组建涉疫审判案件团队，开展线上服务430人次、线上办案10件次，线上审判14场次。做到了疫情防控和审判执行两不误，助力米林实现了疫情防控阶段性胜利。

全面贯彻习近平生态文明思想。认真贯彻习近平总书记“保护好西藏生态环境，利在千秋、泽被天下”的重要指示精神，加强生态环境司法保护，服务保障雅江下游生态文明高地建设，组建环境资源审判专业合议庭，依法审理涉环境资源案件1件，深入社区、村居开展环境保护法等法治宣传5场次，受教育群众达180余人次。教育群众树立人与自然和谐共生理念，厚植生态文明建设的群众基础。

全面贯彻兴边富民、稳边固边理念。精准对接乡村振兴战略和边境群众司法需求，把司法服务送到边境地区各族群众“家门口”，开展矛盾纠纷大排查大化解，妥善处理边境各类矛盾纠纷，以司法审判方式服务兴边富民行动和守土固边工程，为构建边民生活有保障、致富有渠道、守边有动力、发展有支撑的新格局提供司法支持。依托驻村平台办理实事17件，开展各类法治和政策性宣讲11场次，受教育群众达228人次；各边境法庭共办结案件11件，化解矛盾纠纷2件；严格落实每周二院领导及员额法官定期接访，其他时间由专职信访人员负责接访制度。院长带头开展“大接访”活动4次、共接访200余人次，化解信访隐患案件1件。

三、坚持不懈深入践行司法为民，不断满足人民群众司法需求

强化便民利民服务措施。严肃整治整改损害人民群众诉权，背离立案登记制改革宗旨，人民群众反映强烈的“年底不立案”问题。开通司法服务“绿色通道”，对涉及老年人、未成年人、残疾人、农民工等追索劳动报酬、赡养费、抚（扶）养费、抚恤金等涉民生案件采取“三快两先”方式，及时兑现合法权益。针对拉林铁路建设遗留问题，加大巡回审判力度，打造“铁路纠纷巡回法庭”下乡53次，巡回办案43件，开展以案释法、现场讲法活动31次。争取珠海市斗门区人民法院援助款30万元，开展文化建设，完善诉讼服务中心功能，着力提高我院便民惠民服务能力。

助推诚信社会体系建设。联合县公安局、信访局建立《米林县法院、信访局化解涉执信访工作机制（试行）》，巩固深化“基本解决执行难”成果，强化监督管理、规范执行行为，牢固树立阳光文明善意执行理念，营造诚

实守信社会环境。共受理执行案件301件，执结243件、执结率80.73%，执行到位标的额501.27万元。精准适用联合惩戒措施，曝光失信被执行人144人次、限制高消费68人次。积极配合有关部门开展干部选拔任用诚信核查1783人次。

不断延伸司法便民服务。聚焦人民群众急难愁盼问题，精准定位南伊边境法庭、派旅游法庭、丹娘中心法庭、卧龙虫草法庭职能，挂牌成立派中心法庭旅游调解室，努力拓宽司法审判的深度和广度，不断提升人民群众的获得感、幸福感。认真落实“谁执法、谁普法”要求，深入开展“法律十进”活动，我院共开展各类政策宣讲和法治宣讲活动24场次，发放宣传资料近1万份，现场解答群众法律咨询305人次，受教育干部群众达8000余人次。充分发挥车载流动法庭的便民利民作用，及时高效化解矛盾纠纷、消除隐患，减轻人民群众诉累，通过车载流动法庭审理案件86件，行程达32567.6公里；以诉前调解方式结案101件，通过“12368”诉讼服务热线，为群众提供来电咨询服务470余人次，接待群众1553人次；受理当事人网上申请立案70件。

维护婚姻家庭和谐稳定。综合运用批评、教育、训诫、惩戒等措施，努力维护婚姻家庭关系和谐稳定、促进家庭文明建设。共审结婚姻家庭案件20件，调解15件，判决2件，撤诉2件，移送管辖1件。

四、坚持不懈深入推进改革创新，建设特色鲜明的品质型法院

持续深化司法责任制综合配套改革。大力推进“分调裁审”、繁简分流改革，加快构建普通、简易、速裁程序相配套的多层次诉讼制度体系，推动多数纠纷通过分、调、裁渠道化解；组建调解、速裁团队，成立涉扫黑除恶、环境资源、涉疫案件等专门合议庭，努力提升案件审判效率。速裁团队受理案件203件，简案快审率达91.7%，达到了团队组建的初衷。认真落实上级法院关于一站式多元解纷和诉讼服务体系建设的指导意见，投入167.8万元强化诉讼服务中心文化建设和智慧诉服建设，接待群众1500余人次，实现了诉讼事项“一站”通办。

积极参与社会治理。主动融入党委领导、政府负责、社会协同、公众参与、法治保障工作格局，起草《进一步改善矛盾纠纷多元化解机制深入推进治理实施方案》，完善“多元调解+速裁”纠纷化解机制，努力发挥人民法院在诉源治理中的参与、推动、规范和保障作用。创新和发展新时代“枫桥经验”，坚持重心下移、力量下沉，大力推进人民法庭工作，通过人民调解平台委派委托诉前调解模式，实现“司法确认线上+线下”双运行。通过平台调解纠纷18件，调解成功18件，申请司法确认18件，调解成功率达100%，平均办理时长仅1.41天。

深入推进智慧法院建设。充分发挥各类平台作用，增加司法公开力度。坚持公开为常态、不公开为例外原则，不断推进“审判流程、庭审公开、裁判文书、执行信息”四大公开平台建设，努力提升司法审判工作透明度，在中国庭审公开网直播庭审80件，累计播放17113

次。充分发挥执行查控系统的“利器”作用，通过网络查控系统查控被执行人财产600余次，切实让人民群众以看得见的方式感受到公平正义。

五、坚持不懈落实全面从严管党治警，努力锻造忠诚干净担当的法院队伍

加强基层党组织建设。认真贯彻新时代党的建设总要求，大力提升党组组织力，推动支部工作标准化、规范化。组织开展喜迎二十大、铁军筑忠魂、重温入党誓词、抗疫请战等组织活动12场次，参观红色教育基地24人次，观看爱国主义题材影片3场次，传承红色基因，赓续红色血脉。严格按照发展党员的5个阶段25个步骤，确定入党积极分子3名，预备党员转正2名，现有党员20名，占全院干警的80%。

加强人才队伍建设。紧紧围绕“五个过硬”要求，开展“五大专项行动”，着力提升“七种能力”，立足我院干警队伍实际，紧扣“能力过硬”目标，着力在补足队伍司法能力短板上下功夫，完善激励促进、惩戒约束机制，坚持“走出去”和“请进来”相结合，努力提升干警综合素质。组织干警参加政治轮训2期21人次、参加法官学院培训6期39人次、自行组织业务培训5期100余人次。进一步完善人员分类管理，提请县人大常委会对8名法官及法官助理进行法律职务任免（任命5名、免职3名）；完成1名司法警察身份转换；退出员额法官1人；新招录聘用制司法警务辅助人员4名。

主动自觉接受监督。我院党组共向县委请示汇报工作8次、向中院党组汇报工作8次、向县委政法委请示汇报工作5次；向人大、政协报告工作2次，邀请人大代表、政协委员旁听案件审理2人次，办结代表委员意见建议1条；邀请检察长列席审委会1人次、协助调阅卷宗11件，配合检察院调阅卷宗10件次；向纪委提供“三个规定”报告1份。在中国裁判文书网公开裁判文书96篇；推进庭审公开，直播80场次，人均直播9场次；通过各种新闻媒介平台发布信息7条。

各位代表，过去一年，我院听党指挥、服务人民，勇于担当、接续奋斗取得了一定的成绩，根本在于习近平新时代中国特色社会主义思想和习近平法治思想的科学指引，是县委坚强领导，人大有力监督，政府、政协、对口援藏法院及社会各界关心支持的结果，凝结着各级人大代表、政协委员的辛勤付出和成果。在此，我代表县法院表示衷心的感谢、致以崇高的敬意！

回顾过去一年工作，我们还存在一定的不足和差距：一是审判队伍专业化、职业化建设成效不足，依法服务保障大局的能力和水平有待进一步提高；二是依托人民法庭延伸司法职能，供给审判资源不足，审判工作还不能完全满足人民群众司法需求；三是巩固基本解决执行难成果还存在一些案件需要攻坚；四是诉与非诉衔接不够紧密、多元解纷协调联动不足，参与社会治理工作机制还需进一步完善。对于这些问题，我们将紧紧依靠党委领导，采取有力措施，努力加以解决。

2023年工作安排

今后一年米林法院工作的目标是，做到五个坚持，实现五项提升。2023年，我院将沿着党的二十大指引的战略方向，完整准确全面贯彻新发展理念，把党的制度优势、组织优势、群众工作优势转化为推动高效能治理的不竭动力。深入学习贯彻党的二十大精神，认真贯彻落实自治区党代会精神、市党代会精神。坚决拥护和捍卫“两个确立”、增强“四个意识”、坚定“四个自信”、做到“两个维护”、胸怀“两个大局”、牢记“国之大者”，坚持党的绝对领导，忠实履行法定职责，为抓好“四件大事”、实现“四个确保”，努力推动司法审判各项工作实现新发展。

一是始终坚持党的绝对领导，提升政治能力建设水平。始终把政治建设摆在首位，推进政治轮训、政治历练常态化，引导全体干警牢记和践行“三个务必”，自觉提升政治判断力、政治领悟力、政治执行力，自觉维护党的权威、巩固党的执政地位，依法独立行使审判权，持续深入学习习近平治国理政新理念新思想新战略，推进学习贯彻习近平新时代中国特色社会主义思想入脑入心。全面加强党的建设，坚定不移推进党建工作与审执业务有机融合，确保全院干警在政治上、思想上、行动上，始终同以习近平同志为核心的党中央保持高度一致，在任何情况下都以党的旗帜为旗帜，以党的方向为方向、以党的意志为意志，将党的领导贯穿始终。

二是始终坚持以人民为中心的发展理念，提升践行司法为民宗旨能力。继续以创建“为群众办实事”示范法院、“枫桥式人民法庭”活动为抓手，着力推进人民法庭建设，创新和发展新时代“枫桥经验”，打通司法服务的“最后一公里”，努力让人民群众在“家门口”就能享受到高效严谨的司法服务。主动融入县域社会治理大格局，在内部强化“四位一体”诉讼服务体系，在外部引入其他解纷力量，推进党委领导下诉源治理，降低万人成讼率。强化专门调解室拓展和应用，努力推动一站式多元解纷和诉讼服务体系现代化，推进现代信息科技与审判工作的深度融合，在司法领域的广泛应用，推进诉与非诉解纷机制有机衔接、协同发力、高效运转，为人民群众提供更多可供选择、更加丰富多元、更为高效便捷的纠纷化解渠道。坚持公正善意文明执行理念，推动执行联席机制工作常态化，压实各成员单位工作职责，形成解决执行难工作强大合力，强化网上执行查控、失信联合惩戒等机制落实，开展执行领域突出问题集中整治。

三是始终坚持服务保障大局，提升服务米林高质量发展能力。紧紧围绕县委、县政府中心工作，聚焦“四个创建”“四个走在前列”和以服务保障把米林打造成为“林芝和谐稳定战略支点、林芝高质量发展的重要引擎、雅江下游生态文明高地、全区强边兴边示范样板”为主线，以维护祖国统一、加强民族团结为着眼点和着力点，坚定不移维护社会稳定。努力提升人民群众的获得感、幸福感、安全感。不断延伸司法职能，着力建设覆盖城乡的现代公共法律服务体系，深入开展法治宣传教育，增强全民法治观念。在现有“绿色通道”“专门调解室”基础上，谋划雅江下游水电开发、米林水库调蓄工程、拉林铁路纠纷化解等专项服务职能拓展，充分发挥司法促发展、稳预期、保民生作用，广泛参与社会治理。围绕“一江两路、一场两站”依法服务保障文化旅游、水电能源、商贸物流、藏医药等特色经济发展，依法稳妥处理经济领域各类纠纷，服务改善民生、凝聚人心，助推经济社会高质量发展。

四是始终坚持严格公正司法，提升司法公信力。认真落实从严治党、从严管理、从严治警要求，把讲政治与抓业务有机结合，大力开展政治和业务培训，努力提升队伍综合素质和专业化审判能力。继续坚持全面落实从严管党治警，一体推进不敢腐、不能腐、不想腐。认真落实法官违纪违法退额办法，抓好执法司法权责清单嵌入办案平台和日常工作考核系统应用。强化防止干预司法“三个规定”强制填报系统和信息直报机制运行。加强内部监督全面落实司法责任制，加强审判监督管理，落实好信息全流程审判监督管理机制。压紧压实院庭长监督管理职责，强化“四类案件”识别和监督管理。

五是始终坚持锻造新时代过硬法院队伍，提升队伍革命化、正规化、专业化、职业化水平。以“学习二十大·铁军筑忠魂”“改进执法司法作风、维护社会公平正义”“丹心向核心·护航新征程”三大活动为抓手，从思想上筑牢干警政治忠诚的根基，行动上恪守公正文明司法，有力有效护航社会主义现代化米林建设。通过文化墙、文化室建设，弘扬伟大建党精神，涵养廉洁公正法院文化。以领导干部、后备法官、关键岗位、优秀年轻干部为重点，以岗位技能和知识更新培训为关键，组织干警积极参加各级各类培训，大力开展庭审观摩、审判研讨、经验交流、优秀裁判文书评比、司法警务大比武等活动，强化队伍能力素质。强化巩固深化政法队伍教育整顿成果及进一步改进作风狠抓落实工作，坚持全面从严治党从严治院从严治警一体推进，持续规范司法权力运行机制，始终做到依法依规用权，廉洁公正裁判，努力打造让党放心、让人民满意的过硬法院队伍。

各位代表，新的一年，我院将在县委坚强领导、人大及其常委会监督指导、上级法院有力指导、政府大力支持和政协民主监督下，按照本次大会决议，以更加昂扬的精神风貌、更加坚定的使命担当、更加务实的工作举措，服务保障大局、回应人民期盼、守护公平正义，为建设团结富裕文明和谐美丽的现代化新米林作出更大贡献，以优异的工作成绩将党的二十大精神落到实处。

名词解释

“三个规定”：指中办、国办印发的《领导干部干预司法活动、插手具体案件处理的记录、通报和责任追究规定》、中央政法委印发的《司法机关内部人员过问案件的记录和责任追究规定》和最高人民法院、最高人民检察院、公安部、国家安全部、司法部印发的《关于进一步规范司法人员与当事人、律师、特殊关系人、中介组织接触交往行为的若干规定》，简称“三个规定”。

“两个一律”：对涉黑涉恶犯罪案件，一律深挖背后腐败问题；对黑恶势力“关系网”“保护伞”，一律一查到底，决不姑息。

“一案三查”：既要查办黑恶势力犯罪，又要追查黑恶势力背后的保护伞，还要倒查党委政府的主体责任和部门的监督管理责任。

“三快两先”：“三快”即快立、快审、快执；“两先”即优先立案，首先审理和执行。

“分调裁审”：“分”即分流，在案件进入法院时，按照当事人意愿及难易程度分配至调解、速裁、快审或精审渠道；“调”即调解，根据当事人是否选择委托、委派给特邀调解组织、特邀调解员或者法院专（兼）职调解人员进行调解；“裁”即速裁，针对事实清楚、争议不大的案件，简化审理流程，快速审理并作出裁判；“审”即难案精审，对疑难、复杂、当时争议较大或标的较大、影响面广的案件进行精细审理。

“五个过硬”：信念过硬、政治过硬、责任过硬、能力过硬、作风过硬。

“五大专项行动”：法律大学习、执法大培训、作风大整顿、素质大提升、为民大服务。

“七种能力”：政治能力、调查研究能力、科学决策能力、改革攻坚能力、应急处突能力、群众工作能力、抓落实能力。

“万人成讼率”：是指以某一地区的户籍人口，登记在册的流动人口数及企业、公司等市场主体总数为基数，每一万人当中，法院受理一审民事案件数和一审行政案件数。

米林县2022年国民经济和社会发展计划执行情况与2023年国民经济和社会发展计划（草案）的报告

——米林县第十三届人民代表大会第四次会议上

米林县发展和改革委员会

一、2022年国民经济和社会发展计划执行情况

2022年，面对严峻复杂的发展形势，特别是新冠疫情的严重冲击，我们在以习近平同志为核心的党中央坚强领导下，坚决贯彻落实各级党委、政府决策部署，按照“疫情要防住、经济要稳住、发展要安全”的要求，高效统筹疫情防控和经济社会发展，着力落实稳经济各项举措，国民经济逆中求进，就业物价总体平稳，民生保障有力有效，经济社会大局稳定。

（一）主要经济指标稳住基本盘。2022年全县地区生产总值预计21.8亿元，同比增长4.96%，预计完成全年目标任务（22.54亿元）的96.7%；规上工业增加值下降26.9%；全社会固定资产投资预计完成23.26亿元，同比增长12%，完成全年目标任务（23.26亿元）的100%；社会消费品零售额预计完成4.04亿元，同比增长6.03%，完成全年目标任务（4.19亿元）的96.42%；地方公共财政预算收入预计完成7000万元，同比下降49.29%，完成全年目标任务（1.49亿元）的46.98%。农村居民人均可支配收入预计实现28054元，同比增长11%，完成全年目标任务（28053元）的100%。

（二）疫情防控精准有效。始终坚持人民至上、生命至上，第一时间启动突发疫情应急响应机制，认真落实“四早”要求，严格压实“四方责任”，全县上下团结一心、齐心抗疫，牢牢守住了“零输入、零感染”目标。秉承“天下一家，携手抗疫”的情怀，累计派出支援拉萨医务人员33人，支援林芝市医务人员12人，圆满完成了抗击疫情任务。利用特色藏医药药方制造加工12斤病毒类防治香剂、30000克流感汤（催汤），开展预防性用药。制作1400粒防瘟香囊配发至一线防疫工作人员。

（三）产业发展质量稳步提升。农牧业产业稳中有进。全县粮食种植面积4.84万亩，同比增长4.31%。春青稞总产量151.5万斤、冬青稞总产量414万斤、冬小麦总产量1683万斤，全县粮食总产量预计突破2300万斤，圆满完成林芝市下达的粮食种植4.7万亩、粮食产量2000万斤的目标任务。推动藏猪、林果等为主的农牧特色产业发展，升级改造水果种植基地1257亩，设立畜种改良点50个，全县藏猪养殖存栏达5.2万头。2022年投入资金7286万元，实施农牧业产业项目5个，投资3000万元建设高标准农田1万亩，占全县总耕地面积的15.76%。

工业经济恢复缓慢。全县规上工业企业1家，工业生产增加值413万元，比去年同期下降26.9%。旅游服务业受疫情冲击严重。落实“冬游西藏·共享地球第三极”政策，今年共接待区内外游客101.46万人次，旅游综合收入9.05亿元，分别同比下降31.62%和29.39%，兑现旅游惠民资金1058.95万元。

（四）项目建设扎实推进。扎实抓好项目谋划和争取。紧密结合“十四五”规划，结合我县主导产业发展方向，重点在补短板、强弱项、优结构等方面，进一步加大项目储备力度。2022年，获批项目86个，涉及资金10.48亿元。持续推进重点项目建设。2022年，我县重点项目56个，总投资19.30亿元，本年度计划完成投资12.45亿元，目前已完成10.57亿元，完成计划投资的84.9%。在建项目22个，占比39.3%；已完工项目33个，占比58.92%；未达到开工条件1个，占比1.78%。加强项目调度推进机制。按照月调度要求，每月调度各项目单位进展情况，不定期召开专题调度会，协调解决存在问题，加快推进建设进度。截至目前，共进行调度12次，专项调度3次。

（五）城乡面貌不断改善。牢固树立统筹发展理念，坚持城乡协调、产城一体发展，积极推进新型城镇化建设。“四好农村路”建设稳步推进，县城基础公共服务设施配套不断完善。100套公共租赁住房建设项目已完工、90套职工周转房建设项目已进入尾声。派镇特色小集镇打造初显成效。不断夯实客运发展基础，客运网络提质增效，目前全县8个乡镇通客车率100%，69个村居中52个村居通客车，通客车率75.3%。着力开展治脏、治乱、治差、治绿“四治”行动，居民幸福指数不断提升。

（六）乡村振兴步伐加快。持续抓好防止返贫致贫监测预警和常态化帮扶，针对“三类人口”“三岩”群众精准落实产业、就业、兜底保障等帮扶措施。2022年我县脱贫人口人均纯收入18928元，较2021年度脱贫人口人均纯收入15926元增长18.8%，三岩搬迁群众人均纯收入12070.74元，较2021年人均纯收入10518.62元增长14.76%。扎实稳妥有序完成68个村“一村一策”方案编制工作，制定《米林县“一村一策”包保工作方案》，形成“十四五”项目盘子，计划实施项目330个，投资124506.61万元。村庄清洁、厕所革命、村容村貌提升等人居环境整治行动有序开展。

（七）改革开放不断深化。重点领域改革深入推进。深化农村承包地“三权分置”改革，加强农村土地经营权流转，强力推进农村宅基地管理和审批制度改革工作，配合做好农村乱占土地建房整治，坚守耕地保护红线和粮食安全底线，依法加大对农村宅基地违法行为，特别是索松村违建的查处力度。全县审批宅基地42宗。国有企业改革稳步推进。制定印发《米林县县属国有企业负责人薪酬管理与经营业绩考核办法（试行）》《米林县县属国有企业重组整合实施方案》等管理规定，国有企业管理更加规范。营商环境不断优化。深化“放管服”改革，深入推进“五减一提”行动和“互联网+政务服务”工作，250件服务事项“一网通办”。稳妥有序在政策和手续方面为企业打开“绿色通道”，减少企业办理行政审批时间，加快招商引资项目落地，助力企业尽快开工建设。坚持“走出去”“引进来”和“留得住”相结合，累计接洽招商引资企业26家110余人，招商引资资金40034.75万元，完成目标任务4亿元的100.09%。

（八）生态环境不断优化。加快国家级生态文明示范县和森林城市创建，加快推进西藏雅鲁藏布大峡谷国家级自然保护区、西藏工布自治区级自然保护区、色季拉国家森林公园、雅尼国家湿地公园建设，完成生态修复造林6382亩、草原生态修复28.6万亩，森林覆盖率达到49.91%。全面推行三级河（湖）林长制，落实最严格水资源管理，开展巡河919次，全面排查整治河湖、渠道范围内突出问题13次，积极开展羌纳乡西嘎门巴村片区水土流失综合治理工程项目前期工作。围绕大气、水、土壤三大领域，深入打好污染防治攻坚战，严格执行“三高一低”项目零审批、零引进，定期对县域内地表水、县城集中式饮用水源地、空气质量及农村试点进行监测，县域空气质量、地表水和县城集中饮用水各项指标均达到Ⅱ类标准。完成《米林县农村污水治理规划》编制，积极将城乡垃圾收集模式向全县推广实施，城乡垃圾收集公路沿线覆盖率100%，村庄覆盖率86.6%，基本实现农村垃圾科学无害化处理。

（九）民生福祉持续增强。全面落实稳就业举措。全县城镇新增就业508人，实现农牧民转移就业5035人，转移就业收入5910万元，区外转移就业74人，储备本地就业岗位543个，开展群众性医疗救护、中（藏）式厨师、川藏铁路护路队、挖掘机操作员等培训20期、2458人，340名应届高校毕业生就业335人，就业率98.53%，均超额完成目标任务。积极推进教育发展。2021—2022学年，学前教育毛入园率91.05%，小学适龄儿童净入学率100%，初中适龄少年毛入学率104.79%，义务教育阶段巩固率96.21%，残疾儿童入学率100%。率先于2022年5月通过学前教育普及普惠评估验收工作。实施教育基建项目8个，总投资6642万元，已完成投资5685万元，办学条件不断改善，“五个100%”教育发展目标基本实现。大力推动社会保障事业发展。推进县域紧密型医共体建设，深化优质医疗资源共建共享。实现城乡居民养老保险参保10270人，企业职工基本养老保险参保1360人，机关事业单位基本养老保险参保1926人，工伤保险参保3152人，失业保险参保2242人，城乡居民医疗保险参保18449人。累计发放城乡低保金61.5万元，分散特困供养金45.2万元，事实无人抚养基本生活补贴3万元，经济困难高龄、失能老年人补贴0.7万元。开展临时救助277人次，发放临时救助资金50.1万元。

（十）边境建设有力推进。加快边境地区基础设施建设。投入20.08亿元实施4条边防公路和巡防道路建设，边境一线路结构和通行能力得到显著改善。朗贡木如1号、2号安置点已完成221户879人房屋分配，正组织群众陆续搬迁入住，剩余132户533人房屋分配工作已完成；雪卡、邦仲安置点已完成全部房屋主体工程，分别完成总工程量的51%、56%，完成投资1.95亿元，计划明年6月达到入住条件；南伊、鲁霞、丹娘三个安置点前期工作正有序开展。加快推进兴边富民中心城镇试点建设。米林县兴边富民中心城镇试点建设方案已编制完成，共实施城市道路白改黑工程、县城排水防涝等项目9个，总投资3.49亿元，已完成投资2.4175亿元，竣工5个，在建3个，调整1个。目前，米林县兴边富民中心城镇项目申报成功项目3个，总投资1.1亿元。

（十一）社会大局和谐稳定。牢固树立总体国家安全观，深入开展反分裂、反渗透、反蚕食斗争，圆满完成安保工作，国家安全、政治安全、边境安全持续巩固。积极推进社会治理创新，科技信息支撑的立体化社会治安防控体系更加健全。深化民族团结进步创建活动，不断铸牢中华民族共同体意识，民族团结创建成效进一步凸显。依法加强寺庙管理，提升宗教工作法治化水平。坚持源头治理、系统治理、依法治理，进一步发挥新时代“枫桥经验”，强化矛盾纠纷排查化解，积极推进“双拖欠”、信访积案化解工作。以推进安全生产专项整治三年行动为抓手，突出重点时段，紧盯重点行业领域，加大对辖区内的危化品、消防安全、道路交通、森林防火、居民自建房等领域安全生产检查力度，全县应急管理体系和能力建设不断加强，安全生产形势总体平稳。

二、国民经济和社会发展存在的困难和问题

2022年，全县全力推动经济社会发展，虽然县域生产总值、人均可支配收入、社会消费品零售总额等主要经济指标增速提振回升实现正增长，但距离完成年度目标任务还有差距，同时也暴露出一些亟待解决的矛盾和问题，主要表现在：一是县域主导产业单一。旅游作为米林主导产业之一，自8月起，旅游消费市场出现断崖式下跌，严重制约了财政收入和农牧民收入水平。二是经济发展内生动力不足。全县经济发展主要依靠国家投资和消费推动，但基于我县人口基数小，城镇化率低，消费带动能力有限，经济发展内生动力欠缺。三是工业基础薄弱。全县规上工业企业数量少、规模小、产值低，缺乏龙头企业支撑，对经济的拉动整体实力不强，且规上企业培养困难，几个重点培育企业目前经营状况不够理想，距国家规定的入库标准仍有一定差距。四是强边固防任务艰巨。米林县边境线长180公里，蚕食与反蚕食斗争形势十分严峻，守土固边任务重、管控难度大。

三、2023年国民经济和社会发展计划

2023年是全面贯彻落实党的二十大精神的开局之年，是全面实施“十四五”规划的关键之年，为此，做好全县经济社会发展工作意义重大。

2023年经济社会发展总体要求是：高举中国特色社会主义伟大旗帜，坚持以习近平新时代中国特色社会主义思想为指导，深入贯彻落实党的二十大和二十届一中全会及中央经济工作会议、中央第七次西藏工作座谈会精神，深入贯彻习近平总书记关于西藏工作的重要指示和新时代党的治藏方略，深刻领悟“两个确立”的决定性意义，增强“四个意识”，坚定“四个自信”，做到“两个维护”，弘扬伟大建党精神，牢记“三个务必”，坚持以中国式现代化推进中华民族伟大复兴，坚持“三个赋予一个有

利于”，按照党中央、区党委、市委和县委经济工作部署要求，完整、准确、全面贯彻新发展理念，服务和融入新发展格局，锚定“四件大事”“四个创建”“四个走在前列”，主动服务和融入林芝“11364”发展战略，以推动高质量发展为主题，围绕“雅下”开发这个中心，大力实施五大产业，接续奋战建成林芝和谐稳定战略支点、林芝高质量发展重要引擎、雅江下游生态文明高地、全区强边兴边示范样板“四个目标”。

全县经济社会发展的预期目标是：地区生产总值增长9%以上；规模以上工业增加值10%以上；全社会固定资产投资增长16%以上；社会消费品零售总额增长11%以上；城镇居民人均可支配收入增长8.5%以上、农村居民人均可支配收入增长11%以上；居民消费价格涨幅控制在3%以内；城镇调查失业率控制在5%以内。

围绕实现上述目标，全年要持续抓好以下工作：

（一）聚焦补短板，着力推进基础设施建设。实施交通互联畅通工程。加强公路建设，做好219国道改扩建，实施“乡乡通油”和“村村通”工程，打通边境一线交通环线，实现乡镇、建制村公路100%畅通，客运班线率达82.6%以上；加快铁路沿线发展，加快火车站与周边产业结构联通，推进产业、人口沿铁路站点合理布局；加强航空建设，协调增加与国内中心城市、省会城市、旅游城市航线，配合打造西藏第二大航空枢纽。实施电力供应安全工程。配合实施电网主网提升工程，推进边境地区和农牧区电网建设改造，提高太阳能利用普及率，构建清洁低碳、与高质量发展要求相适应的能源体系。实施水利保障提升工程。健全水生态保护机制，实行最严格的水资源管理制度，加强防洪、灌溉、水源、饮水等重点工程建设，提升水安全保障水平。实施信息共享支撑工程。加快新型基础设施建设，继续实施国家电信普遍服务补偿机制，推进北斗综合利用信息化、边境地区移动通信网络覆盖。加快数据中心、云平台、数据资源共享平台等数字处理基础设施建设，促进信息共享，推进“数字米林”建设；加快5G网络、工业互联网等新型基础设施建设和应用，推进新一代信息技术与实体经济融合步伐，推进数字产业化和产业数字化。

（二）聚焦巩固拓展脱贫攻坚成果，着力推动乡村振兴。持续巩固拓展脱贫攻坚成果同乡村振兴有效衔接，抓好防返贫致贫监测预警和常态化帮扶，巩固“两不愁三保障”成果，做好易地扶贫搬迁特别是三岩搬迁的后续扶持。实施农牧区建设行动，加强公共基础设施建设，提升基本公共服务水平，推进农牧区改革，建设美丽乡村。做好“一村一策”，建立完善多元化利益联结机制，针对资源丰富的村，集中力量发展壮大优势产业，帮助有就业能力并有就业意愿的搬迁劳动力通过产业发展实现稳定就业。

（三）聚焦改革开放，着力激发经济发展活力。持续优化营商环境。持续深化行政审批制度改革，实行动态调整权责清单制度，精简行政许可事项，实施涉企经营许可事项清单管理，加强事中事后监管。开展商事制度改革，全面推行证照分离，多证合一改革，推进“双随机、一公开”监管方式、守信联合激励和失信联合惩戒双公示工作，严格落实负面清单制度，严格落实“一张清单”管理模式，确保“一单尽列、单外无单”。持续完善“互联网＋政务服务”，制定“一证通办”“一照通办”事项清单，梳理一批与企业生产、群众生活密切相关的政务服务事项，推动实现全程网办，最大限度缩减政府审批流程。加大招商引资力度。围绕米林县重点发展产业，在县域新发展区域上深化主城区发展定位，积极推进“一区一带两园”等业态集聚；继续以项目为抓手，跟进在建项目的建设进度，帮助解决企业实际困难，力促项目投资尽早到账。多措并举开展“请进来”“走出去”工作。创新工作思路，以线上项目发布、云上投资服务、视频招商等网络平台持续推介优质招商项目，做到招商项目储备不断档，确保每个展会都有可签约项目，争取在招商项目的数量和质量上取得双突破。不断深化农村改革。完成余下5个乡（镇）集体产权制度改革档案收集、整理、归档和移交工作，指导8个乡（镇）接续做好2021年度清产核工作。扶持壮大村级集体经济。全面提升我县农民合作社发展质量，积极开展农民专业合作社质量提升工作，积极探索面向小农户的农牧业生产托管服务工作。继续做好宅基地管理工作。排查已审批的宅基地完成进度。探索实践宅基地“三权分置”的实现模式，适度扩大宅基地权能，探索完善宅基地权益的不同实现方式。

（四）聚焦民生福祉，着力推动社会事业全面发展。实施全民健康行动。完善疾病预防控制体系，完善突发公共卫生事件监测预警处置机制，科学、精准、严格做好常态化疫情防控；推进优质医疗资源扩容下沉、均衡布局，推进基层医疗卫生机构标准化建设和设备提档升级，深入推进“优质服务基层行”活动；重点提升儿童、重症医学、母婴危重救治、康复等医疗服务水平；加强医疗卫生人才队伍建设，加大全科医师、住院医师培养力度，提升乡村医生整体综合素质。稳步提升教学质量。持续推进三个片区教研交流活动，探索“以校为本，区域协作，网络支持，研训一体”的教研方式，建立“分级负责，上下联动，整体推进”的教研工作机制。提前研判分析2023年可能面临的新情况、新问题，确保各项工作顺利完成。持续推进教育信息化建设。加快推进“互联网＋教育”在教育教学、教育教研等方面的应用，推动教学方式的变革和创新。推进教育人才援藏及“校地共建”“名校＋”结对帮扶工作，加强学校管理、校园建设、学科教研、名师培养、资源共享等方面合作，引进内地院校人力、物力、技术，全面助推米林学校内涵式发展。实施富民增收行动。深入实施高校毕业生就业创业促进计划、基层成长计划。大力推进就业援藏，促进高校毕业生赴区外实现更充分更高质量就业。强化城镇困难人员、残疾人和退役军人重点群体就业援助。持续推进农牧民组织化、规模化转移就业，加大国家投资项目吸纳当地农牧民就业力度，增加农牧民工资性收入。发展高原特色农牧业、水产业、林下经济产业和庭院经济，大力发展乡村旅游、民族手工业、休闲农业，增加农牧民经营性收入。稳步推进农村集体产权制度改革，盘活农村资源、资产、资金，引导农牧民以多种方式流转承包土地、草场的经营权，增加农牧民财产性收入。落实好青稞收购价补分离等强农惠农富农政策，稳定提高农牧民转移性收入。实施保障兜底行动。完善城乡居民基本医疗保险政策，健全重特大疾病医疗保险和救助制度。突出抓好特殊困难群众关爱帮扶，保障好因疫因灾遇困群众基本生活，深入推进“三岩”片区社会救助核查兜底保障工作，将低收入家庭、残疾人、孤寡老人等特殊群体及时纳入政策保障范围，做到社会救助“不落一户、不漏一人”。积极推进日间照料中心实现运营。联合藏医院、县人民医院形成“医养结合”集服务、管理、医疗为一体的多元素养老机构。推动残疾人康复中心提升改造，因地制宜，建成符合我县残疾人康复需求的康复中心。

（五）聚焦新型城镇化建设，着力推进城乡协调发展。构建良好生态环境。深入打好污染防治攻坚战，深入实施保持良好空气质量、水污染防治行动和土壤污染防治行动，完善集中式饮用水水源地保护区划定和建设，加快补齐城镇污水收集和处理设施短板，全面整治入河排污口，加强生活垃圾、工业垃圾处理。推进边境地区城镇建设。不断铸牢边境一线群众中华民族共同体意识，全面推广“五共五固”工作，着力打造“边陲党建、红色长廊”，实施“党建强边”“党建+”工程，着力构建起具有米林特色的基层党建示范体系。凝聚守边控边合力，科学配置各方力量，严密组织各项边防措施的落实，构建起“人人是哨兵、家家是哨所、村村是堡垒、生产是执勤、放牧是巡逻、处处有防范”的大联防格局。加快通外山口及重点区域、路段、场所、交通要道等监控、报警设施建设，合理设置边境布防卡点及季节性边境临时执勤卡点，充分调动群防群治力量参与稳边固防工作的积极性，扩大边境防控范围，减少管控缝隙和盲区，织密边境防控网。加快基础设施建设，以建设边防大通道为抓手，加快推进边防公路以及巡防道路建设，构建多点联结、沿边贯通的边防公路网络；加快边境一线水利、电力、网络、电视广播等设施建设，强化通信网络、电视广播覆盖；完善边境地区县乡村三级医疗卫生服务体系和军地医疗卫生机构合作机制，统筹规划建设学校、医院、文化、体育等公共设施，提升边境公共服务能力。落实好大学生到边境地区就业创业特殊优惠政策，实施抵边人才专项计划，鼓励驻藏部队退役军人通过政府安置、公开考录、就业创业等方式落户边境一线，吸引区外有意愿的群众跨省向边境一线搬迁，鼓励在边境就业创业的流动人口落户，探索当地农牧民逐步转为“职业边民”办法措施，吸引更多人口向边境地区聚集。

（六）聚焦特色产业，着力构建产业体系。发展生态旅游产业。坚持特色、高端、精品，推进旅游从“门票经济”向“产业经济”转变，进一步扩大旅游开放程度，壮大旅游产业主体规模。丰富文化旅游产品，推动“旅游+、+旅游”发展模式，大力发展红色旅游、高原体验等新业态，创新有利于农牧民广泛深入参与的业态模式。以米林县城为核心打造全域旅游综合服务中心，依托大峡谷旅游廊道、江南旅游廊道和江北旅游廊道打造雅江旅游环线，以派镇、丹娘乡、羌纳乡、米林镇、扎绕乡为节点整合串联县域特色旅游资源，重点发展大峡谷生态旅游、门巴珞巴民俗游、健康休闲游，形成线面结合、特色鲜明、层次各异、带动力强的全域旅游发展布局。发展藏医药产业。加快自治区级现代农业产业园申报进度，发挥藏医药文化馆窗口作用和达尔亚干药业辐射作用，引进甘露藏药等综合实力强的藏医药企业。试验、推广藏药材种植向规模化、产业化、商品化发展，打造集研发、制造、康养等于一体的藏医药全产业链，推动藏医药产业向特色优势产业转化。突出藏医药传承创新和藏药资源保护，抓好藏医药人才队伍建设，推进藏医事业稳步发展。发展农牧综合产业。稳步实施高标准农田建设。因地制宜、统筹资金，将高标准农田建设与乡村产业发展、农村环境整治等工作相结合，有序推进建设任务。以粮食生产功能区为重点，确保粮食生产安全，抓好粮食收购，严格执行青稞最低收购价和价补分离相关政策，保护农民种粮积极性，促进种粮农民增收。加大农业科技支撑服务，重点围绕科学施肥、病虫草害防治、绿色高质高效、测土配方施肥、良种繁殖等技术措施，开展点对点、面对面技术指导服务；实施农田建设项目耕地质量定位监测，跟踪监测土壤物理性、化学性以及区域性特征等指标。加大科技对林下产业的支撑服务，加强科技创新和技术研发，因地制宜发展或套种贝母、天麻、灵芝、羊肚菌等中（藏）药材和食用菌。推动电子商务提质增效。继续深入实施电子商务进农村工程。继续推进“电子商务进农村”服务网点建设工作，加快推进农村电子商务的应用，为农牧民提供网络代购和农产品销售等服务，构建现代化的农村流通体系。积极推进电商扶贫工作。利用好农村电商服务平台，加强村级电子商务服务站点改造升级建设，打通“农产品上行”“农村生产生活资料下行”的双向通道，对米林县精选本土产品进行包装升级，提升产品竞争力，积极开展电商扶贫专场直播活动，拓宽本地产品销售渠道。

米林县2022年财政预算执行情况与2023年财政预算（草案）

米林县财政部门始终坚持以习近平新时代中国特色社会主义思想为指导，深入贯彻落实党的十九届历次全会和党的二十大精神，按照上级经济工作会议要求，坚持稳中求进工作总基调，完整、准确、全面贯彻新发展理念，服务融入新发展格局，全面深化改革开放，坚持创新驱动发展，推动高质量发展，以优化发展格局为切入点，以设施建设为支撑，以制度机制为保障，统筹疫情防控和经济社会发展，统筹发展和安全，锚定“四件大事”“四个确保”，持续做好我县“六稳”“六保”资金保障工作。

一、2022年财政预算执行情况

（一）一般公共预算。全县一般公共预算总财力为283258万元，同比增长49.34%。其中，上级补助收入为191252万元，占总财力的67.52%，同比增长12.55%；一般公共预算收入为5739万元（税收收入1685万元，非税收入4054万元），占总财力的2.03%，同比下降58.42%；调入预算稳定调节基金为9552万元，占总财力的3.37%，同比增长138.8%，上年结转76715万元，占总财力的27.08%，同比增长100%。

一般公共预算支出为177658万元，同比增长65.86%，安排预算稳定调节基金52013万元，上解支出330万元，结转下年数53257万元，收支相抵。

收入下降的主要原因为：一是减税降费和留抵退税政策影响；二是招商引资企业业务量减少，导致增值税大幅下降；三是2021年存在一次性非税收入。

（二）政府性基金预算。全县政府性基金总财力2168万元，同比增长962.75%。其中：上级补助收入306万元，占总财力的14.11%，同比增长206%；政府性基金收入完成1716万元，占总财力的79.15%，同比增长1616%；上年结转142万元，占总财力的6.54%，同比增长100%；上年结余4万元。

全县政府性基金支出完成206万元，同比增长255.17%；政府性基金结转下年1958万元；政府性基金滚存结余4万元，收支相抵。

收入增长的主要原因为：入库以往年度土地出让收入。

（三）国有资本经营预算。全县国有资本经营预算财力为3万元，均为上级国有资本经营补助收入。全年国有资本经营支出为1万元；结转下年数为2万元，收支相抵。

（四）地方政府债券和特别抗疫国债等管理。一是截至2022年12月31日自治区政府一般债券转贷5946.19万元。其中，2016年西藏自治区政府一般债券（第四期）2000万元，2017年西藏自治区政府一般债券（第四期）2000万元，2021年西藏自治区政府再融资一般债券（二期）资金1900万元,2021年政府一般债券资金46.19万；二是抗疫特别国债7223万元。其中，米林县传染病楼建设1100万元，重点乡镇污水处理及收集系统工程2115万元，乡镇生活垃圾无害化处理工程908万元，米林县避险搬迁项目2100万元，疫情应急物资储备304.73万元，实验室及设备260.25万元，医用污水处理93.25万元，病房移动数字摄影机146.5万元，减免企业房租47.64万元，水质检测设备等20.6万元，就业奖补资金127.03万元；三是杜绝违法违规举借债务，截至2022年12月31日，我县无隐性债务。

（五）"三公"经费收支情况。全县三公经费支出完成601.77万元，同比下降10.94%。其中：公务接待完成29.52万元，同比下降49.75%；因公出国（境）费用支出完成0万元，同比下降100%；公务车辆运行费及购置费支出完成572.25万元，同比下降5.89%。

二、2022年主要财政政策落实情况和财政主要工作

（一）着力创建全国民族团结进步模范区，努力做到民族团结进步走在全国前列。全县2022年平安建设、民族团结创建等资金支出1736万元。用于支持维护社会稳定，支持建设更高水平的平安米林，强化基层政法能力建设，提升社会治安管理体系和治理能力现代化水平，完善群防群治工作机制，增强驻村和寺管会干部、村居干部、"双联户"等基层管理力量，推进米林县民族团结进步模范创建工作，依法管理宗教事务，推动寺庙财税监管全覆盖等方面。

（二）着力创建高原经济高质量发展先行区，努力做到高原经济高质量发展走在全国前列。全县2022年农业、农村、教育、医疗、社会保障和就业等资金支出147781万元。用于支持加快实施乡村振兴战略，推动巩固拓展脱贫攻坚成果同乡村振兴有效衔接，深入推进农村综合改革，完善教育投入保障机制，提高米林县卫生健康水平，丰富群众文化生活，完善社保政策体系，支持保障和改善民生，提高就业质量，保障"三保"等方面。

（三）着力创建国家生态文明高地，努力做到生态文明建设走在全国前列。全县2022年生态环保等资金支出11979万元。用于支持全面推进生态保护修复，打好污染防治攻坚战，全面强化环境综合治理，促进节能减排，推动生态环境质量持续改善，加快生活垃圾、污水处理设施建设，推进城镇污水管网全覆盖等方面。

（四）着力创建国家固边兴边富民行动示范区，努力做到固边兴边富民行动走在全国前列。全县2022年兴边富民等资金支出16162万元。用于支持推进经济社会和边防建设，落实边民补助动态调整政策，支持加快推进抵边搬迁和边境村镇建设，支持军民融合发展等方面。

（五）发挥财政职能，服务经济发展。一是牢牢守住底线。通过严控增量，压减一般性支出、盘活财政存量资金和积极争取上级资金等方式，多渠道筹集资金，全县2022年盘活存量资金11378.28万元；二是深化财政体制改革。持续推动内控建设，加快预算管理一体化管理，将制度规范与信息系统建设紧密结合，用信息系统全流程监控预算管理各环节规范业务工作，预算管理"一体化"系统全面上线实施，全县2022年"一体化"系统国库集中支付完成17466笔支出；三是全面规范政府采购工作。

起草制定了《米林县本级预算单位政府采购内部控制实施方案》，明确政府采购监督管理部门职责、适用的采购方式及采购程序、政府采购合同等，进一步规范了政府采购行为，提高政府采购资金的使用效益；四是持续推进财政监督改革。落实各类审计发现问题整改任务，开展了粮食购销领域腐败问题专项整治、惠民惠农财政补贴资金“一卡通”管理问题专项治理、财经秩序专项整治等相关工作，规范财政管理，严肃财经纪律。

2022 年，全县财政预算执行情况总体良好，但仍存在一些困难和问题：一是财政收入质量不高，税收收入大幅减少，随着民生、乡村振兴等方面的县级配套资金比例要求不断增加，实际可用财力少，资金供求矛盾突显，财政收支压力大。二是预算绩效管理体系不完善，绩效预算、零基预算和预算管理一体化建设深度融合的“2+1”财政综合改革工作推进缓慢。针对这些问题，我们高度重视，以高度的责任意识和担当精神，认真研究解决措施，确保圆满完成 2023 年财政收支预算各项任务，为促进我县经济和社会事业发展做出新的贡献。

三、2023 年预算草案

2023 年财政预算安排的总体思路是：以习近平新时代中国特色社会主义思想为指导，全面贯彻党的二十大精神，深入学习贯彻上级经济工作会议精神，弘扬伟大建党精神，坚持稳中求进工作总基调，完整、准确、全面贯彻新发展理念，坚持创新驱动发展，继续做好“六稳”“六保”工作，持续改善民生；坚持政府过“紧日子”，加强财政资源统筹，调整优化支出结构，确保上级党委、政府重大决策部署落实；进一步深化预算管理制度改革，加快建立现代财税体制，防范化解债务风险，保持经济运行在合理区间。

（一）全县一般公共预算安排草案。2023 年，全县一般公共预算财力为 206625 万元，同比增长 7.98%。其中，一般公共预算收入安排 8000 万元，同比下降 33.55%；调入预算稳定调节基金 44868 万元，同比增长 1395.6%；上级转移支付 100500 万元，同比增长 0.91%；上年结转收入 53257 万元，同比下降 30.58%。

一般公共预算支出安排 206625 万元。其中：一般性支出 205088 万元；预备费 1537 万元。收支相抵，预算平衡。

2023 年预算安排重点围绕“四件大事”方面安排以下项目支出：“稳定”方面安排 56465 万元。其中，全县工资 36589.42 万元、全县公用经费 3268.33 万元，职业年金 1035.86 万元，基层政权和社区建设 188.83 万元，为民办实事经费 240 万元，基层服务岗位 180.29 万元，公益性岗位 410 万元，“四类人员”及乡村振兴专干 1876.92 万元，城乡居民及在编僧尼基本养老保险和体检补助 492.43 万元，廉政灶补贴 479.86 万元，干部职工体检费 666.41 万元，铁路护路队员劳务及保险 2018.42 万元，消防救援大队资金 430.16 万元，农村公路养护配套资金 440.73 万元，预备费 1537 万元，周转房、政务外网、辅警经费等支出 6610.13 万元。“发展”方面安排 101078 万元。其中，村级、乡级、县级党建经费 1391.68 万元，强基惠民工作经费 1469.12 万元，村干部报酬及业绩考核

1809.57万元，村务监督委员报酬157.24万元，驻村工作队生活补助及交通费648.71万元，人大经费219.82万元，乡村振兴资金25462.34万元（含县本级本年配套574万元），教育资金27739.23万元(含县本级本年配套1435万元和地方教育附加安排76万元)，市政道路建设项目8672.54万元，党校新建项目3000万元，交警大队业务技术用房建设660万元，老旧小区改造1440万元，农村公路危桥改造989.6万元，医疗卫生领域资金6037.57万元，旅游惠民资金1500万元，文化和旅游支出2542.2万元，农业发展5767.66万元，公务车辆购置180万元，困难群众救助等1517.15万元，一般债券债务付息192.49万元，外贸发展、农村公路铺装等支出9080.56万元。“生态”方面安排22908万元。其中，环境治理529.47万元，生活垃圾填埋场5760万元，国土绿化272.14万元，森林防火819.69万元，防汛及水利发展资金6096.68万元，垃圾处理及污水处理等1398.84万元，森林消防103.04万元，森林资源相关经费3069.8万元，草原资源相关经费302.76万元，生态保护补助资金1780.38万元，河长制、林长制、野生动物救治、自然灾害等支出2775.3万元。“强边”方面安排26174万元。其中，DB搬迁15440.06万元，“普惠性”边民补贴6601.14万元，强边兴边固边建设1960万元，BF保通项目417.19万元，巡逻及BJ事务等支出1755.98万元。

2023年，县本级“三公”经费预算847万元，较上年预算下降1.74%。其中：因公出国费0万元，与上年持平；公务用车购置及运行维护费762万元，较上年预算增长1.33%；公务接待费85万元，较上年预算下降22.73%。主要原因为：上年结转增加公务用车购置费90万元，导致公务用车购置及运行维护费较上年增长。

2023年，县本级“两费”预算1171万元。其中，会议费79万元，培训费1092万元。

（二）政府性基金预算安排草案。全县基金预算总财力为4992万元，同比增长126.19%。其中，县级政府性基金预算收入为2000万元，与上年持平；上级补助收入1030万元，同比增长1484.62%；上年结转收入1958万元，同比增长1278.87%；滚存结余4万元，与上年持平。

政府性基金安排支出4992万元，其中：政府性基金本级预算支出4988万元（主要用于征地和拆迁补偿支出）；年终结余4万元。收支相抵，预算平衡。

（三）国有资本经营预算安排草案。全县国有资本经营预算总财力为2.19万元，其中，上级补助收入为0.18万元，上年结转数为2.01万元。

安排国有资本经营预算支出2.19万元。收支相抵，预算平衡。

四、2023财政改革与管理工作重点

（一）落实积极财政政策，支持经济高质量发展。一是落实减税降费政策。继续落实好国家出台的减税降费政策，跟踪减税降费实施效果，确保政策红利落地；二是加大向上争资力度。抓住国家“雅下”开发发展机遇，围绕“十件民生”实事积极谋划，为全县重大项目稳

投资争取更多的上级财力支持；三是管好用好债券。优化债券使用方向，加强资金项目监管，压实主管部门和项目单位管理责任，确保资金依法合规使用。

（二）突出重点保障民生，提升农牧民群众幸福感和安全感。一是持续推进就业创业。促进高校毕业生、退役军人、农民工等重点群体创业就业，支持技能提升和灵活就业；二是促进教育优质均衡发展。全面落实教育投入“两个只增不减”要求，持续改善中小学校办学条件；三是完善社会保障体系。完善社会救助和社会福利制度；四是提升医疗卫生能力。落实基本公共卫生服务经费财政补助标准，完善预防为主的公共卫生服务体系，健全重大疫情防控机制，提高突发公共卫生事件应急处置能力；五是扩大住房保障供给。支持扩大保障性租赁住房供给，缓解低收入群体住房压力。继续支持农村危房改造改善群众住房条件；六是支持文旅体育发展。支持文化产业发展和文艺创作与扶持，建强基层文化阵地，引导推出更多精品力作，鼓励发展文化休闲和体育健身，支持文物古籍保护、研究和利用。

（三）积极推动脱贫攻坚与乡村振兴战略有效衔接，加快农业农村现代化。一是持续巩固拓展脱贫攻坚成果。严格落实“四个不摘”要求，推进“两不愁三保障”和饮水安全保障水平，坚决守住不发生规模性返贫底线；二是大力发展现代农业产业，支持高标准农田建设，促进粮食增产增收，推进我县农业现代化建设；三是深入推进乡村振兴战略，加大农村人居环境整治和乡村公共基础设施建设支持力度，努力创建美丽宜居乡村。

（四）推动绿色低碳发展，支持生态文明建设。一是继续支持生态保护修复，支持打好污染防治攻坚战，全面强化环境综合治理，促进节能减排，推动生态环境质量持续改善；二是支持生态环境治理能力提升。严格落实森林防灭火资金保障政策，继续强化生活垃圾、污水处理设施建设。落实草原生态保护补助奖励和生态就业岗位补贴和河长制及林长制相关政策。

（五）切实加强风险防控，确保基层财政平稳运行。一是坚持“三保”底线思维。继续将“三保”作为一项重要政治任务来抓，按照“三保”优先的原则，足额编制“三保”预算，加强财政承受能力评估，确保“三保”不出问题；二是坚持防范化解隐性债务风险。坚决树牢底线思维，做好隐性债务动态监测，加强违法违规举债融资执纪问责，确保不新增隐性债务。

（六）深化财政体制改革，加快建立现代财政制度。一是深入推进预算绩效管理工作，逐步完善预算绩效管理流程，健全相应的管理制度和实施细则，建立健全定量和定性相结合的共性绩效指标框架，督促各行业部门逐步构建分行业、分领域、分层次的核心绩效指标和标准体系，创新评估评价方法，提高绩效评估评价结果的客观性和准确性，强化结果应用，将绩效结果作为政策调整、安排预算、改进管理的重要依据，加强督导考核，推动绩效管理实现全覆盖；二是完善财政资金直达机制。加快预算下达和资金使用进度，确保资金直达使用单位、直接惠企利民。健全监控体系，实现全过程、全链条、全方位监管；三是坚持政府过“紧日子”。牢固树立艰苦奋斗、勤俭节约的思想，大力压减一般性支出和非刚性、非重点支出，努力降低行政运行成本；四是依法接受预算审查监督。全面落实人大决议，积极报告财政预算和政策落实等情况，主动接受人大监督。配合做好人大预算联网监督，强化全口径预算和预算执行全过程的监督。抓紧抓实审计问题整改，积极推动财会监督与纪检监察监督等其他监督的贯通协调，确保财政资金安全有效使用。

2023年落实好各项财政政策、深化财政管理改革任务艰巨，我们将更加紧密地团结在以习近平同志为核心的党中央周围，在县委、县政府的坚强领导下，认真落实人大各项决议，弘扬伟大建党精神，守正创新，踔厉奋发，迎难而上、埋头苦干、勇毅前行，推进财政事业持续发展，为奋力谱写米林高质量发展新篇章贡献力量。

2022 年米林县国民经济和社会发展统计公报

米林县统计局

2022年是全面实施“十四五”规划的重要之年，是全面落实自治区第十次党代会和市委第二次党代会精神的开局之年，是全面落实区党委、市委和县委经济工作会议精神，以迎接党的二十大胜利召开为主线，坚持稳中求进工作总基调，完整，准确，全面贯彻新发展理念，服务融入新发展理念，服务融入新发展格局，全面深化改革开放，坚持创新驱动战略，推动高质量发展，以优化发展格局为切入点，以要素和基础设施建设为支撑，以制度机制为保障，统筹疫情防控和经济社会发展，统筹发展和安全，锚定“四件大事”“四个确保”，继续做好“六稳”“六保”工作，保持经济运行在合理区间，保持平稳健康的经济环境，全县主要经济指标保持平稳增长，经济发展韧性持续恢复。

一、综合

经核算，2022年全县实现县域生产总值（GDP）20.90亿元，按可比价格计算，比上年增长1.89%。其中，第一产业增加值1.91亿元，增长2.74%；第二产业增加值8.68亿元，增长2.12%；第三产业增加值10.31亿元，增长0.51%。三产业的比例为9:42:49（详见图1、图2）。

全县一般公共预算收入0.7亿元，同比下降48.97%；公共财政预算收入占GDP比重3.37%。各项税收收入0.3亿元，同比减少62.57%，公共财政预算支出17.76亿元，同比增长65.86%（详见图3）。

图1 2018—2022年全县生产总值

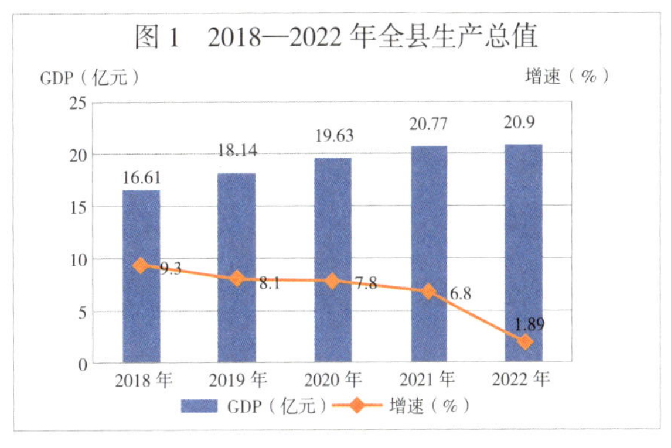

图2 2018—2022年三产比重

图3 2018—2022年财政收支情况

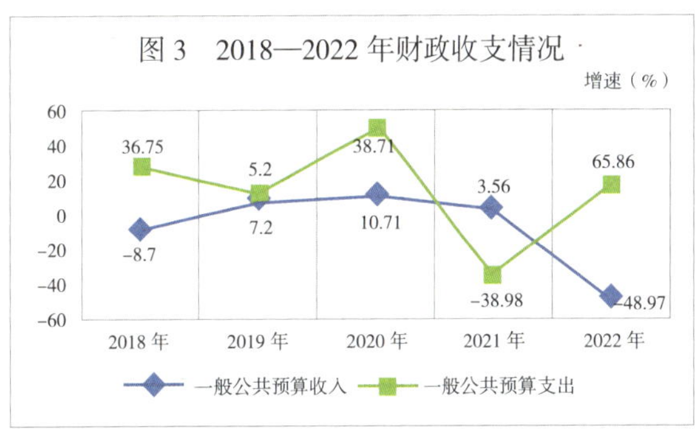

二、农业

2022年，全县农林牧渔总产值25193.80万元，同比增长4.62%。其中，农业产值11923.80万元，同比增长6.32%；林业产值411.88万元，同比下降3.45%;牧业产值10481.13万元，同比增长3.86%;农林牧渔服务业2377万元，同比增长1.28%。

粮食作物播种面积2814.5公顷；青稞面积642.44公顷；小麦面积1922.56公顷；油料种植面积285.80公顷；蔬菜种植面积350.54

公顷。

全年粮食总产量12060.29吨。其中，青稞2380.37吨、小麦8041.40吨、油料379.74吨；蔬菜4477.99吨。

全年牲畜存栏总头数118969头/只，大牲畜67707头，其中，牛62620头、羊1153只、猪50109头。

全年肉类总产量1962.35吨。其中，牛肉产量527.38吨、猪肉产量964.00吨、羊肉产量18.11吨。

全年奶类产量4124.11吨，禽蛋产量5.23吨。

三、工业

2022年，全县工业总产值0.32亿元，同比下降21.91%。规模以上工业增加值0.03亿元，同比下降47.90%。

四、固定资产投资

2022年全县固定资产投资比上年同期增长7.4%。其中，民间投资同比下降61.3%（详见图4、表1）。

2022年，全县施工项目86个，其中500万—5000万元项目63个，5000万元以上项目23个。分产业看，第一产业投资比上年下降12.57%；第二产业投资比上年增长743.39%；第三产业投资比上年下降40.47%。

图4 2018—2022年全社会固定资产投资增长

表1 七县（区）固定资产投资同比增长情况

县（区）	同比增速（%）
巴宜区	2.1
工布江达县	13.4
米林县	7.4
墨脱县	-26.3
波密县	80.9
察隅县	-23.2
朗县	-52.0

五、县内贸易

2022年，全县社会消费品零售总额3.54亿元，同比下降6.89%，按经营所在地分，城镇消费品零售总额2.36亿元，同比下降5.93%；乡村消费品零售总额1.18亿元，同比下降8.75%。

按消费类型分，商品零售2.15亿元，同比下降2.53%；餐饮收入1.33亿元，同比下降

图5 2018—2022年社会消费品零售总额

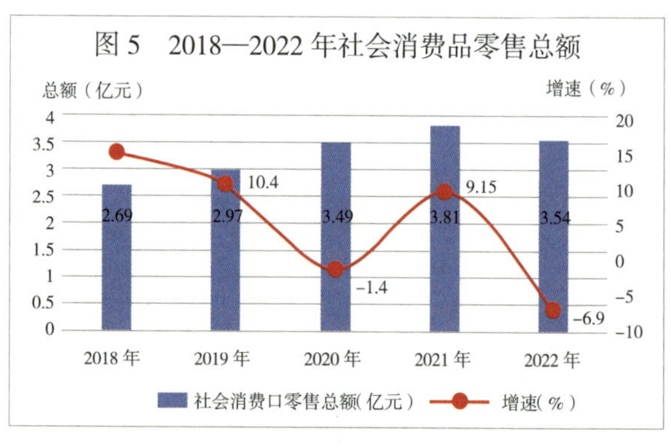

图6 七县（区）社会消费品零售总额占比

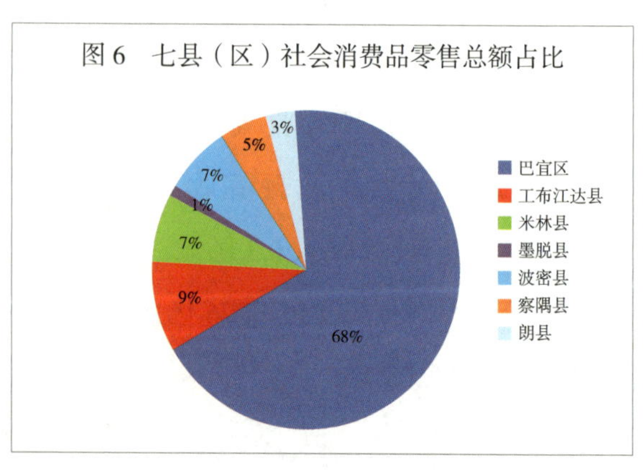

12.02%。住宿收入 0.06 亿元，同比下降 27.33%（详见图 5、图 6、表 2）。

表 2 七县（区）社会消费品零售总额情况

县（区）	社零总额（万元）	增速（%）
巴宜区	356896.1	-7.40
工布江达县	46399.5	-7.10
米林县	35445.0	-6.9
墨脱县	6789.5	-6.8
波密县	35105.0	-6.7
察隅县	23577.1	-6.5
朗县	17593.4	-6.6

六、居民人均可支配收入

2022 年农村居民人均可支配收入达 26663 元，同比增长 5.5%。其中，工资性收入 3414.17 元，同比增长 3.55%；经营净收入 15113.02 元，同比增长 4.15%；财产净收入 1454.81 元，同比增长 62.29%；转移净收入 6681 元，同比增长 1.70%。城镇居民人均可支配收入 43433 元，同比增长 5%。其中，工资性收入 37956 元，同比增长 5.1%；经营净收入 2922 元，同比增长 4%；财产净收入 890 元，同比增长 1.6%；转移净收入 1665 元，同比增长 6.7%(详见图 7、图 8、图 9、图 10)。

图 7 2018—2022 年农村居民人均可支配收入

图 8 农村居民人均可支配收入构成

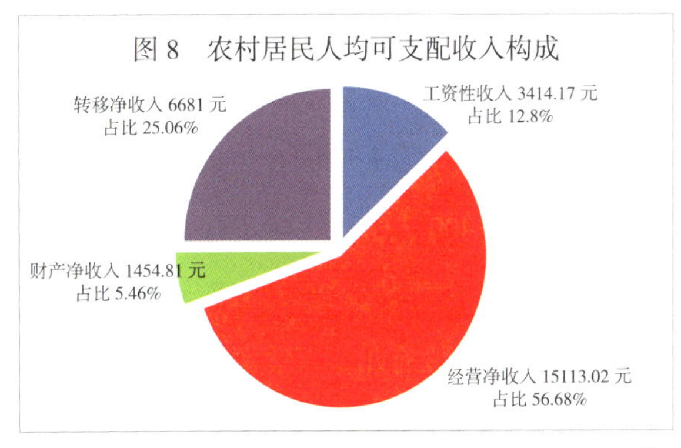

图 9 2018—2022 年城镇居民人均可支配收入

图 10 城镇居民人均可支配收入构成

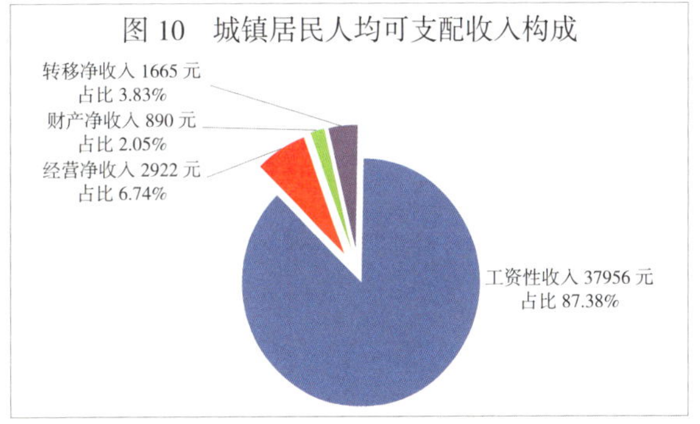

七、社会发展

2022 年累计接待游客 102.50 万人次，同比下降 45.18%；旅游收入达 9.13 亿元，同比下降 44.39%。

全年邮政业务总量 72 万元，同比增长 22.03%；电信业务总量 3749.4 万元，同比增长 6.63%。

年末金融机构各项存款余额 20.46 亿元，同比增长 18.03%；金融机构各项贷款余额 23.26 亿元，同比增长 6.25%。

2022年，普通中学1所，招生436人，比去年下降1%；在校生数1173人，比去年增长11%；教职工数113人，同比下降2%。小学9所，招生人数400人，比去年下降8%；在校生数2408人，比去年减少2%；教职工数255人，同去年持平。学龄前儿童入学率达91.45%。

2022年，全县拥有医院3个，卫生防疫机构1个，妇幼保健站1个，卫生院8所，卫生技术人员163人，其中执业（助理）医师52人，医疗机构床位数110张；其中医院36张、藏医院18张、乡镇卫生院50张、妇幼保健站6张。

年末城镇居民社会养老保险参保人数13161人，同比增长28.26%。基本医疗保险参保人数22225人，城镇职工基本医疗保险参保人数3169人。失业保险参保人数1438人，同比下降24.95%。工伤保险参保人数2346人，同比下降16.51%。

注：1.本公报中2022年数据为初步核定统计数，最终数据以《统计年鉴》为准。

2.旅游、邮政、财政、金融、教育、卫生、耕地面积等方面数据均由县有关部门提供。

3.公报中地区生产总值、各产业增加值绝对数按现价计算，增长速度按可比价计算。

4.数据存在误差，是因采用四舍五入法计算所致。

索　引

说明：

本索引为综合性主题索引，索引标目按汉语拼音字母顺序，同音字按声调顺序，同音同声调者按笔画顺序排列。标目后数字为页码。同一主题的内容在文中多处出现的，在其款目后用不同的页码标明。对特载、大事记栏目不作索引。

A

B

C

D

E

F

G

H

J

K

L

M

N

P

Q

R

S

T

W

X

Y

Z